本研究报告的出版受中国宋庆龄基金会资助

中国创业板上市公司无形资产年度研究报告（2021—2022）

文豪 陈昊 黄纪新 编著

电子工业出版社
Publishing House of Electronics Industry
北京·BEIJING

内 容 简 介

本卷简要回顾了中国创业板市场 2021 和 2022 年的发展状况；在技术类、市场类、人力资本类和资质类无形资产的分析框架下，对创业板上市公司无形资产进行分类型和分行进行了研究；编制了创业板上市公司无形资产信息年指数及质量指数，并开发了创业板上市公司无形资产价值评价指数。同时，报告还设置了科创板上市公司无形资产专题研究报告和专精特新上市公司专题研究报告。

未经许可，不得以任何方式复制或抄袭本书之部分或全部内容。
版权所有，侵权必究。

图书在版编目（CIP）数据

中国创业板上市公司无形资产年度研究报告. 2021-2022 / 文豪，陈昊，黄纪新编著. -- 北京：电子工业出版社，2025. 4. -- ISBN 978-7-121-50043-5

Ⅰ. F279.246

中国国家版本馆 CIP 数据核字第 2025ZE6872 号

责任编辑：刘志红（lzhmails@phei.com.cn）
印　　刷：河北鑫兆源印刷有限公司
装　　订：河北鑫兆源印刷有限公司
出版发行：电子工业出版社
　　　　　北京市海淀区万寿路 173 信箱　邮编　100036
开　　本：787×1 092　1/16　印张：20.25　字数：518.4 千字
版　　次：2025 年 4 月第 1 版
印　　次：2025 年 4 月第 1 次印刷
定　　价：198.00 元

凡所购买电子工业出版社图书有缺损问题，请向购买书店调换。若书店售缺，请与本社发行部联系，联系及邮购电话：(010) 88254888，88258888。
质量投诉请发邮件至 zlts@phei.com.cn，盗版侵权举报请发邮件至 dbqq@phei.com.cn。
本书咨询联系方式：(010) 88254479，lzhmails@phei.com.cn。

编委会

编委会主任

汪海粟 中南财经政法大学企业价值研究中心主任,二级教授

编委会委员(按姓氏拼音排序):

车建新 红星美凯龙家居集团股份有限公司董事长兼CEO
陈　健 福建联合中和资产评估土地房地产估价有限公司总经理
陈少瑜 普华永道中国咨询部合伙人
胡　川 中南财经政法大学工商管理学院教授,博士生导师
纪益成 厦门大学经济学院教授,博士生导师
李慈雄 上海悦心健康集团股份有限公司董事长
刘登清 北京中企华资产评估有限责任公司总裁兼CEO
刘伍堂 连城资产评估有限公司董事长
刘　勇 国家开发银行原首席经济学家,国务院参事室特约研究员
刘云波 上海德勤资产评估有限公司董事长
孙健民 天健兴业资产评估有限公司董事长
汤湘希 中南财经政法大学会计学院教授,博士生导师
王诚军 中诚君和(北京)国际资产评估有限公司董事长
王竞达 首都经济贸易大学财政税务学院教授,博士生导师
王生龙 中全资产评估(北京)有限公司董事长
王子林 中联资产评估集团董事局主席
向　勇 湖北省上市工作指导中心主任
杨　青 复旦大学经济学院金融研究院教授,博士生导师
杨伟暾 上海立信资产评估有限公司董事长
杨志明 中和资产评估有限公司董事长
俞明轩 中国人民大学商学院副教授,硕士生导师
赵　强 北京中同华资产评估有限公司资深合伙人

首卷序

中南财经政法大学企业价值研究中心对自 2009 年 10 月以来在中国创业板上市的 218 家公司所披露的无形资产信息进行深入挖掘和分析，并形成这本对完善创业板上市制度有重要参考价值的蓝皮书，这一成就值得肯定和祝贺。

首先，由高校独立研究机构对我国创业板公司无形资产信息披露状况进行系统研究，并定期公开发布成果，有利于推动上市公司无形资产信息披露质量的提升。我国上市公司的信息披露面临多重挑战，既有内部人因经营优势形成的主观操控，又有现行制度不完善形成的揭示壁垒，还有市场噪声引发的信息扭曲，以至于招股说明书和年报披露的数据未必能全面反映公司无形资产的数量和质量。蓝皮书对特定时间内不同公司在同一类型无形资产信息披露上的比较分析，至少能引起相关公司对差异原因的关注，如有必要，也应做出解释。

其次，该报告对创业板上市公司无形资产的研究，考虑了无形资产因技术进步和市场变革导致的结构演化。我同意报告作者关于当代企业具有消耗有形资产，借以形成无形资产特征的判断。无形资产确实是一个复杂系统，既涉及受有关法律保护并得到会计制度认可的以专利、商标和版权为代表的常规无形资产，也涉及尚未得到专门法律规范和会计科目反映，但在企业实际生产经营中已发挥重要作用的以资质、客户和劳动力集合为代表的非常规无形资产。后者在实践中已成为公司上市和企业并购的关键资源。正是考虑到无形资产的结构演化，该报告既对无形资产进行了基于细分类的比较研究，还对以研发费用、销售费用和政府补助为代表的无形资产投入要素进行了分析。相信这些研究将有助于人们了解无形资产的影响因素和变化规律。

再次，该报告检验了我国创业板市场关于无形资产的发现和甄别功能。中国证监会对创业板公司信息披露报告系统做出了特别规定，要求相关企业通过表外信息披露的方式，为资本市场参与者提供更多有关无形资产的信息。研究发现，这些规定对投资者了解企业无形资产并判断其价值，确实发挥了作用，IPO 时的高市净率和高市盈率至少表明，我国创业板公司通过历史积累、政策支持和自主创新取得的无形资产部分得到了资本市场的认可。同时，研究还发现，常规与非常规无形资产较多和质量较好的企业，在 IPO 时市净率往往低于无形资产较少和质量较差的企业，但在资本市场整体下行时，前者的基准日市净率往往明显高于后者。这表明资本市场在多次交易和反复甄别后，逐渐挤出非市场泡沫，对优质资产的贡献给予了理性回应。

最后，该报告针对我国上市公司无形资产信息披露制度存在的问题，提出了一系列有参考价值的建议。报告在指出当前无形资产信息披露失衡、低效甚至无效的问题后，提出了建设性意见。例如，建议对资质进行准入类、能力类和荣誉类的统计分析；可将独立董事的贡献价值细分为形象价值、专业价值和制衡价值；编制基于可能性和危害性分析构成的风险测度报告等。这些建议将有利于监管部门优化信息披露标准，提高市场效率，维护市场秩序，并保护资本市场弱势群体的利益。

人力资本、知识产权等无形资产定价入股的问题，自 20 世纪 90 年代初的股份制改制中就提出，但迄今未能有效解决。如今的创业板已非 1998 年提出的创业板，它更像是在 A 股市场中专为中小企业设计的股市板块。有效推进人力资本、知识产权的市场定价机制，不仅是创业板有别于其他股市板块的一个关键功能，而且对推动中国高新技术发展至关重要。从这个角度来看，这本蓝皮书做出了具有开创性意义的工作。

我希望今后每年都能看到不断完善的创业板无形资产蓝皮书，同时也期待创业板已上市及拟上市的公司持续优化无形资产管理，以实现基业长青。

是为序。

中国社会科学院金融研究所所长
2012 年 5 月 6 日于北京

目 录

报告一 创业板 2021—2022 年发展回顾 ·· 001

 一、2021—2022 年创业板市场整体概况 ·· 001

 二、创业板市场规模及结构 ·· 002

 三、创业板市场主要指标与经营业绩变化 ·· 005

 四、创业板市场行情变化 ·· 008

 五、新增创业板市场规则 ·· 009

报告二 2022 年创业板上市公司无形资产账面价值分析

   ——基于创业板上市公司财务报表和报表附注 ······························ 011

 一、基于招股说明书的创业板新上市公司无形资产账面价值分析 ··················· 011

 二、基于年度报告的创业板上市公司无形资产账面价值变化 ······················· 013

 三、研究结论 ·· 018

报告三 创业板上市公司技术类无形资产研究 ·· 019

 一、概念界定 ·· 019

 二、基于招股说明书的技术类无形资产披露情况 ····································· 021

 三、基于年报的技术类无形资产披露情况 ··· 032

 四、结论与小结 ··· 042

报告四 创业板上市公司市场类无形资产研究 ·· 044

 一、概念界定 ·· 044

 二、基于招股说明书的市场类无形资产披露情况 ····································· 045

 三、基于年报的市场类无形资产披露情况 ··· 053

 四、研究结论 ·· 059

· VII ·

报告五　创业板上市公司人力资源类无形资产研究 ... 060

一、概念界定 ... 060

二、基于招股说明书的人力资源类无形资产披露情况 ... 061

三、基于年报的人力资源类无形资产披露情况 ... 065

四、结论 ... 093

报告六　创业板上市公司资质研究 ... 095

一、概念界定 ... 095

二、基于招股说明书的资质无形资产披露情况 ... 097

三、基于年报的资质类无形资产披露情况 ... 104

四、结论 ... 115

报告七　创业板上市公司无形资产投入研究 ... 116

一、概念界定 ... 116

二、基于年报的无形资产投入披露情况 ... 119

三、研究结论 ... 127

报告八　创业板机械设备仪表行业无形资产研究 ... 130

一、行业概况 ... 130

二、行业无形资产规模 ... 133

三、基于无形资产竞争矩阵的行业无形资产竞争分析 ... 136

四、案例分析 ... 139

报告九　创业板软件、信息技术服务行业无形资产研究 ... 143

一、行业概况 ... 143

二、行业无形资产规模 ... 145

三、基于无形资产竞争矩阵的行业无形资产竞争分析 ... 149

四、案例分析 ... 151

报告十　创业板计算机、通讯及电子行业无形资产研究 ... 155

一、行业概况 ... 155

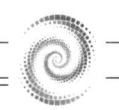

二、行业无形资产规模 ··· 157
三、基于无形资产竞争矩阵的行业无形资产竞争分析 ·················· 160

报告十一　创业板化学、橡胶、塑料行业无形资产研究 ················· 167

一、行业概况 ··· 167
二、行业无形资产规模 ··· 169
三、基于无形资产竞争矩阵的行业无形资产竞争分析 ·················· 173
四、案例分析 ··· 176

报告十二　创业板医药制造行业无形资产研究 ································ 180

一、行业概况 ··· 180
二、行业无形资产规模 ··· 183
三、基于无形资产竞争矩阵的行业无形资产竞争分析 ·················· 186
四、案例分析 ··· 189

报告十三　创业板互联网和相关服务行业无形资产研究 ················· 193

一、行业概况 ··· 193
二、行业无形资产规模 ··· 195
三、基于无形资产竞争矩阵的行业无形资产竞争分析 ·················· 198
四、案例分析 ··· 200

报告十四　创业板文化与传播及相关行业无形资产研究 ················· 203

一、行业概况 ··· 203
二、行业无形资产规模 ··· 205
三、基于无形资产竞争矩阵的行业无形资产竞争分析 ·················· 208
四、案例分析 ··· 210

报告十五　创业板与科创板上市公司无形资产年度指数（2022） ··· 213

一、2022 年度无形资产信息披露指数的构建 ······························· 213
二、2022 年度无形资产信息披露指数的统计 ······························· 219
三、2022 年度无形资产质量指数的构建 ······································ 224

四、2022年度无形资产质量指数的统计 ··· 230

五、2022年度无形资产价值评价指数的构建 ··· 235

六、2022年度无形资产价值评价指数的统计 ··· 236

报告十六　专精特新上市公司无形资产分析报告
**　　　　——以创业板、科创板和北交所企业为例** ································· 240

一、引言 ··· 240

二、专精特新上市公司发展概况 ··· 242

三、专精特新上市公司无形资产分析 ··· 249

四、专精特新上市公司无形资产质量指数 ··· 284

五、专精特新上市公司无形资产价值指数 ··· 293

附录 A　专精特新上市公司无形资产质量指数排名（2022） ················· 295

附录 B　专精特新上市公司无形资产价值指数排名（2022） ················· 305

报告一

创业板 2021—2022 年发展回顾

一、2021—2022 年创业板市场整体概况

2021 年是创业板改革并试点注册制落地实施后的首个完整年度，改革激发活力，创新引领发展，创业板上市公司交出了亮眼答卷。2021 年至 2022 年这两年来，创业板"优创新、高成长"特色更鲜明，聚焦先进制造、数字经济、绿色低碳等重点领域，支持一批战略性新兴产业和高新技术企业做优做强，同时服务传统产业和新技术新产业新业态新模式深度融合。创业板市场活力不断被激发，上市公司质量得到进一步提升。创业板新一代信息技术、生物医药、新材料、高端装备行业上市公司占比近 50%，培育出一批拥有核心技术和创新能力的优质企业，产业集群效应明显，成为服务创新驱动发展战略的重要平台。

最近两年，受疫情影响，创业板市值和市盈率均有所下降。截至 2021 年 12 月 31 日，创业板上市公司总计 1 090 家，总市值达到 14.02 万亿元，比 2020 年同期增长 28.26%，平均市盈率达到 59.99，比 2020 年同期降低 7.58%；截至 2022 年 12 月 31 日，创业板上市公司总计 1 232 家，总市值 11.30 万亿元，比 2021 年同期下降 19.62%，平均市盈率 37.49，比 2021 年同期降低 37.52%，详见表 1-1 所示。

本报告根据创业板上市公司年报披露信息，从市场规模及结构、市场行情和企业经营情况三个维度总结创业板市场 2021 年和 2022 年的发展概况，从整体上把握创业板的发展趋势。

表 1-1 2021 年和 2022 年创业板市场概况

指标名称	2021 年			2022 年		
	数值	比上年增减	增减（%）	数值	比上年增减	增减（%）
上市公司数（家）	1 090	198	22.20	1 232	142	13.03
总股本（亿股）	5 165.26	654.83	14.52	5 684.71	519.45	10.06
流通股本（亿股）	3 935.86	453.66	13.02	4 365.68	429.45	10.92
总市值（亿元）	140 240.30	30 901.76	28.26	112 721.36	-27 518.95	-19.62

续表

指标名称	2021年 数值	比上年增减	增减（%）	2022年 数值	比上年增减	增减（%）
流通市值（亿元）	98 118.03	28 487.62	40.91	79 366.67	-18 751.36	-19.11
加权平均股价（元/股）	27.15	2.91	12.00	19.83	-7.32	-26.97
平均市盈率	59.99	-4.92	-7.58	37.49	-22.51	-37.52
本年累计成交金额（亿元）	543 303.17	76 580.18	16.41	450 781.28	-92 521.89	-17.03
本年累计筹资额（亿元）	3 162.54	1 393.57	78.78	3 339.98	177.45	5.61
其中：IPO公司数（家）	199	92	85.98	148	-51	-25.63
IPO筹资额（亿元）	1 475.11	582.16	65.20	1 796.36	321.25	21.78

资料来源：深圳证券交易所《2021年深圳证券市场概况》《2022年深圳证券市场概况》。

二、创业板市场规模及结构

（一）上市公司数量

截至2021年12月31日，创业板上市公司数量达到1 090家，比2020年年底增加了198家，增幅为22.20%；截至2022年12月31日，创业板上市公司数量达到1 232家，比2021年年底增加了142家，增幅为13.03%，见图1-1。创业板每年上市公司增幅自2020年以来明显提升，说明创业板市场容量有所提高，公司上市速度有所加快。

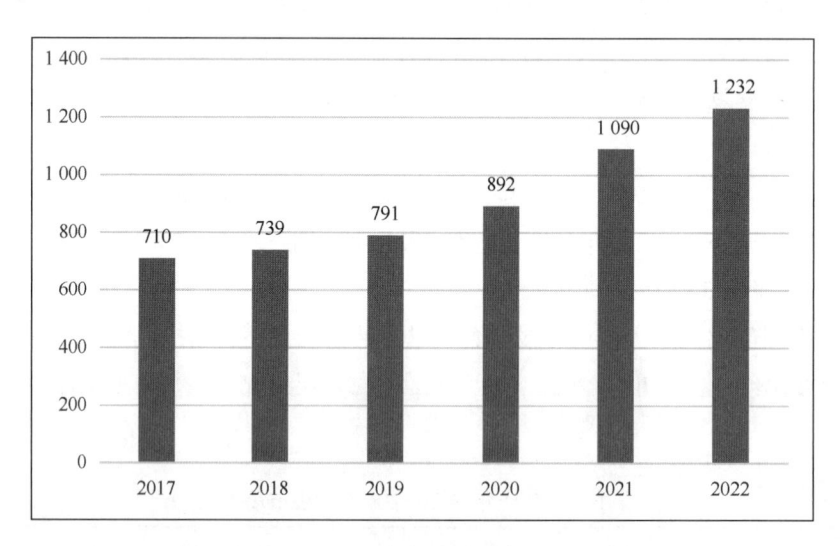

图1-1 2017—2022年创业板上市公司数量变化

资料来源：深圳证券交易所《深圳证券交易所市场统计年鉴2022》。

（二）上市公司行业分布

根据证监会《上市公司行业分类指引》（2012年修订），统计2021年和2022年创业板上市公司所属行业的分布情况，见表1-2所示。

从一级行业来看，创业板上市公司数量排名前三的行业分别为制造业、信息技术业和科研服务业，见表1-2所示，上述三大行业的企业数量占比之和近90%。总体来看，创业板上市公司的行业分布高度集中，2022年创业板新增上市公司也基本上集中在这三个行业。

表1-2 2021年和2022年创业板上市公司行业分布（单位：家）

2021年		2022年	
公司所属行业		企业数量	
制造业	757	制造业	857
信息技术	158	信息技术	179
科研服务	42	科研服务	54
公共环保	31	公共环保	35
批发和零售	25	批发和零售	26
商务服务	16	商务服务	16
文化传播	15	文化传播	16
建筑业	12	建筑业	12
农林牧渔	10	农林牧渔	10
采矿业	5	卫生	7
金融业	4	采矿业	5
卫生	4	金融业	4
运输仓储	3	运输仓储	3
水电煤气	3	水电煤气	3
教育	2	教育	2
房地产	1	房地产	1
居民服务	1	居民服务	1
住宿和餐饮	1	住宿和餐饮	1
总计	1 090	总计	1 232

数据来源：深圳证券交易所官网。

（三）上市公司区域分布

2021年和2022年创业板上市公司所属省份（直辖市/自治区）分布如表1-3所示。创业板上市公司数量排名前五位均为东部省份，分别是广东省、江苏省、浙江省、北京市、上海市。相对而言，宁夏回族自治区、广西壮族自治区、贵州省、甘肃省和内蒙古自治区等西部地区的创业板上市公司数量相对较少，东西部发展仍然不平衡，地区间的差距有进

一步扩大的趋势。

表1-3 2021年和2022年创业板上市公司所属省份（直辖市、自治区）分布（单位：家）

	省份	2021年	2022年		省份	2021年	2022年		省份	2021年	2022年
东部	广东	252	281	中部	湖北	31	36	西部	四川	35	43
	江苏	158	175		湖南	30	34		陕西	13	15
	浙江	140	156		安徽	27	34		新疆	6	8
	北京	121	129		河南	22	27		重庆	5	7
	上海	68	76		江西	14	20		云南	5	6
	山东	53	58		山西	3	4		西藏	4	6
	福建	36	43						内蒙古	3	3
	河北	16	18						甘肃	3	4
	辽宁	14	15						贵州	2	2
	天津	12	13						广西	2	3
	吉林	6	7						宁夏	1	1
	海南	3	3								
	黑龙江	3									
	深圳	2									
	合计	884	974		合计	127	155		合计	79	98

数据来源：深圳证券交易所官网。

（四）保荐机构分布

保荐机构为广大投资者把守着第一道关口，本质上是利用自身信誉为发行人提供担保、出具报告、进行查验、承担部分连带责任，其重要性不言自明。特别是在注册制改革的大框架下，保荐机构是否能够勤勉尽责和严格筛选项目、是否能够高质量地尽职和全面辅导，直接关系到中小投资者的切身利益。保荐机构要发挥好"看门人"作用，确保注册制改革平稳运行。

2021年创业板共有208家企业上会，其中通过196家，上会通过率为94.23%；2022年创业板共有224家上会，其中通过208家，上会通过率为92.86%。这两年创业板市场保荐业务数量排名前十的机构见表1-4所示。从表中可以看出，2022年创业板上市企业保荐机构的业务更加分散，排名前十的机构承接业务数量均有下降。

表1-4 2021年和2022年首发保荐业务排名前十的保荐机构（单位：家）

排名	2021年		2022年	
	机构名称	保荐业务数量	机构名称	保荐业务数量
1	中信证券	30	中信证券	17
2	中信建投	25	中信建投	14
3	华泰联合	18	华泰联合	13

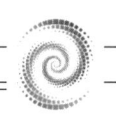

续表

排名	2021年 机构名称	2021年 保荐业务数量	2022年 机构名称	2022年 保荐业务数量
4	海通证券	16	国泰君安	11
5	民生证券	16	民生证券	8
6	长江证券	15	海通证券	8
7	国泰君安	15	国金证券	8
8	国金证券	13	中金公司	6
9	国信证券	11	长江证券	6
10	中金公司	9	安信证券	6

数据来源：巨灵金融服务平台官网。

三、创业板市场主要指标与经营业绩变化

（一）市值变化

截至2021年12月31日，创业板上市公司总市值达14.02万亿元，相比2020年末的10.93万亿元增长28.27%，市值在100～500亿元的209家，市值在500亿元以上的34家[①]，市场交易持续活跃。随着金融市场的改革完善，创业板市场迈向高质量发展。

截至2022年12月31日，创业板上市公司总市值只有11.30万亿元，相比2021年末的14.02万亿元下降了19.40%；其中，新增上市公司市值总和8 719.32亿元，占比7.71%，有202家上市公司市值超百亿元，11家上市公司市值超千亿元。从市值结构上看，2022年创业板新增上市公司以中小市值公司为主，数量占比相对2021年略微减少。2022年创业板不同市值区间新增上市公司数量分别为59家（0～30亿元）、44家（30～50亿元）、29家（50～100亿元）、18家（100～500亿元），百亿元以下中小市值公司数量占比83.60%，而2021年新增中小市值公司数量占比高达91.96%。创业板市场总市值的月度变化情况如图1-2所示。

（二）平均市盈率

市盈率是公司的股价与每股盈利的比值，它是最常用来评估股价水平是否合理的指标之一。截至2021年年底，创业板上市公司平均市盈率为59.99。截至2022年年底，创业板上市公司平均市盈率为37.49，受疫情的影响，该指标相较于2021年呈现出下降的趋势。尽管如此，本报告估计创业板上市公司平均市盈率将会逐步恢复。一方面，新冠疫情对经济社会的影响已有较大减弱，投资者对创业板市场的信心逐渐恢复；另一方面，随着创业板

[①] 经2021年深交所统计年鉴核对（p202～206）。

注册制的不断推进，未来会有越来越多的优质企业登陆创业板，那么创业板的估值水平也会逐步提升。2022年创业板上市公司平均市盈率的月度变化情况如图1-4所示。

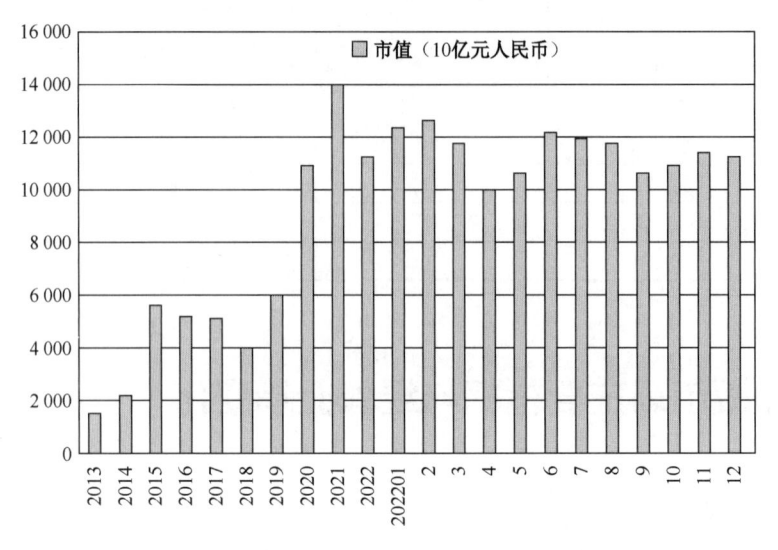

图1-2 创业板上市公司2022年总市值的月度变化

数据来源：深圳证券交易所官网

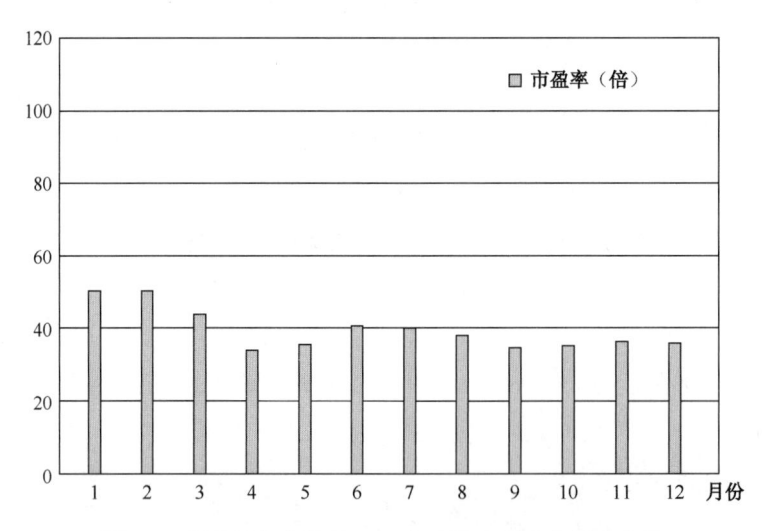

图1-3 创业板上市公司2022年平均市盈率的月度变化

数据来源：深圳证券交易所官网

（三）经营业绩

创业板于2021年正式进入"千企时代"，截至2021年12月31日创业板公司达1 090家，数量增加的同时，业绩持续保持高增长。2021年度，创业板上市公司实现平均营业收

入24.37亿元，同比增长24%，平均净利润1.69亿元，同比增长25%。此外，1 090家创业板公司中，963家公司实现盈利，占比84%，671家公司实现盈利增长，占比59%。其中，242家公司净利润增幅达50%以上，141家公司净利润翻番。

2022年，创业板上市公司经营业绩稳中有进，平均营业收入和平均净利润与2021年相比仍保持增长。截至2022年12月31日，创业板公司达1 232家，平均实现营业收入27.86亿元，同比增长14.44%，平均净利润1.95亿元，同比增长15.38%。此外，1 232家创业板公司中，973家公司实现盈利，占比78.89%，603家公司实现盈利增长，占比48.94%。其中，189家公司净利润增幅达50%以上，124家公司净利润翻番。

在业绩高增长的同时，动力电池、生物医药、通信等板块集聚效应显著，例如，新能源板块汇集了上游锂电资源、中游电池研发及下游汽车制造全产业链领军企业。具体来看，2022年度创业板上市公司经营业绩呈现出以下特点。

第一，龙头企业逆势成长，持续引领行业发展。面对复杂多变的市场环境，创业板龙头企业顶住压力、抢抓机遇，经营业绩逆势成长，为稳住经济大盘提供了坚强保障。2022年，市值排名位列创业板前100名的头部公司的平均营业收入为94.14亿元，较2021年下降14.45%，但平均净利润达12.76亿元，同比增长0.55%。其中，宁德时代创造了净利润高达334.57亿元的记录，位居创业板第一，远超位居第二名的迈瑞医疗（净利润为96.10亿元）。

第二，研发加持，创新引领发展。创业板企业坚持以科技创新引领发展，研发投入持续加大。2022年，创业板公司研发投入超1 744.70亿元，同比增长近28.17%，平均每家上市公司的研发投入为1.42亿元。其中，宁德时代研发投入达155亿元，汇川技术、深信服等8家公司的研发投入均超20亿元。

第三，注册制下新上市公司业绩稳定。截至2022年12月31日，创业板注册制下新上市公司达412家，数量占比为33.44%。注册制下新上市公司2022年合计营业收入9 075.28亿元，占创业板整体营业收入的26.44%，平均每家实现营业收入22.03亿元；实现净利润633.83亿元，占创业板整体净利润的26.35%，平均每家实现净利润1.54亿元。

第四，退市机制常态化，优胜劣汰不手软。2022年，创业退市机制持续发挥"优胜劣汰"的积极作用。据统计，2022年有6家上市公司退市，"有进有出、优胜劣汰"的市场化、常态化退市机制逐步建立。

第五，电力设备与有色金属行业业绩亮眼。2022年，创业板中超七成的行业实现营业收入正增长，其中，电力设备和有色金属行业的营业收入增幅超过50%。在电力设备行业方面，受益于海外户储放量和国内大储项目逐步落地，储能板块持续火热带动电力设备行业增长，其中宁德时代实现营业收入3 285.94亿元，同比增长152.07%，占整个电力设备行业营业收入的39.74%。在有色金属行业方面，锂镍等能源金属价格快速上涨，带动有色金属行业增长，其中天华新能实现营业收入170.30亿元，同比增长401.26%，

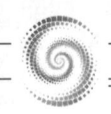

四、创业板市场行情变化

创业板指数反映了创业板市场行情的变化。2021年，创业板指数表现最强，累计上涨12.02%，大幅跑赢了上证指数、深证成指、科创50、沪深300等一系列主要股指，并在2021年7月下旬一度创6年来新高。创业板最新市盈率为87.56倍，远高于上证主板、深证主板、北交所和科创板。在资金持续涌入的情况下，其估值也在不断走高。Wind数据显示，2021年A股四大指数——上证指数（000001.SH）、深证成指（399001.SZ）、科创50指数（000688.SH）、创业板指（399006.SZ）分别累计上涨4.80%、2.67%、0.37%、12.02%，其中创业板指涨幅居首，科创50指数则垫底。截至2021年12月31日，深圳创业板1 090家上市公司，经计算有47.43%的企业实现股价全年累计上涨，涨幅翻倍的企业数量为52家。在2021年A股上市公司股价涨幅前50强中，创业板有5家，占比为10%。

2021年创业板指数走势如图1-4所示，创业板指数在2021年表现良好，上半年涨幅较大，下半年则处于相对稳定的波动状态。具体来看，在2月中旬到3月上旬大幅下跌后，经过十几个交易日的震荡，3月下旬开始剧烈反弹，涨势一直持续到7月22日。受教育"双减"政策冲击，7月23日、26日、27日大幅下跌，此后一直在震荡。

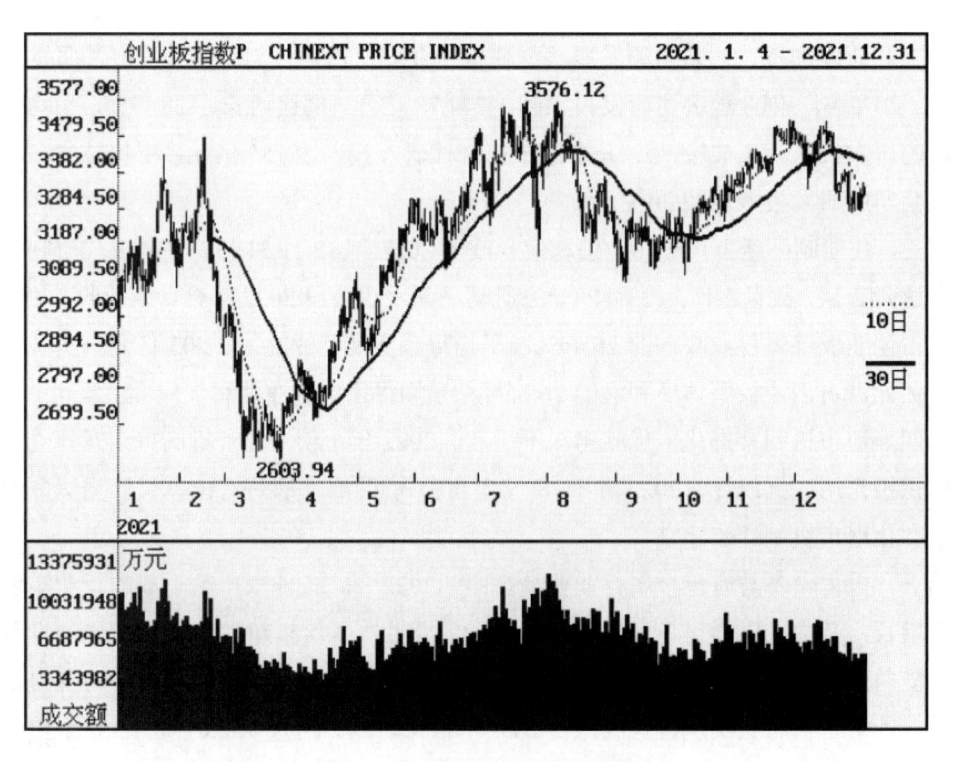

图1-4 2021年创业板指数走势

数据来源：深圳证券交易所官网。

2022年创业板指数报收 2 346.77 点，年跌幅为 29.37%，相较于上证指数、深证成指、科创 50、沪深 300 来说，是跌幅最大的。2022 年创业板走势如图 1-5 所示，创业板指数在 2022 年上半年呈现下降的趋势，下半年则处于相对稳定的波动状态。具体来看，在 1 月中旬到 4 月上旬大幅下跌后，创业板指数达到全年最低位，于 5 月上旬开始有所回升，涨势一直持续到 8 月下旬，此后经历小幅度下降后，维持相对稳定的波动状态。

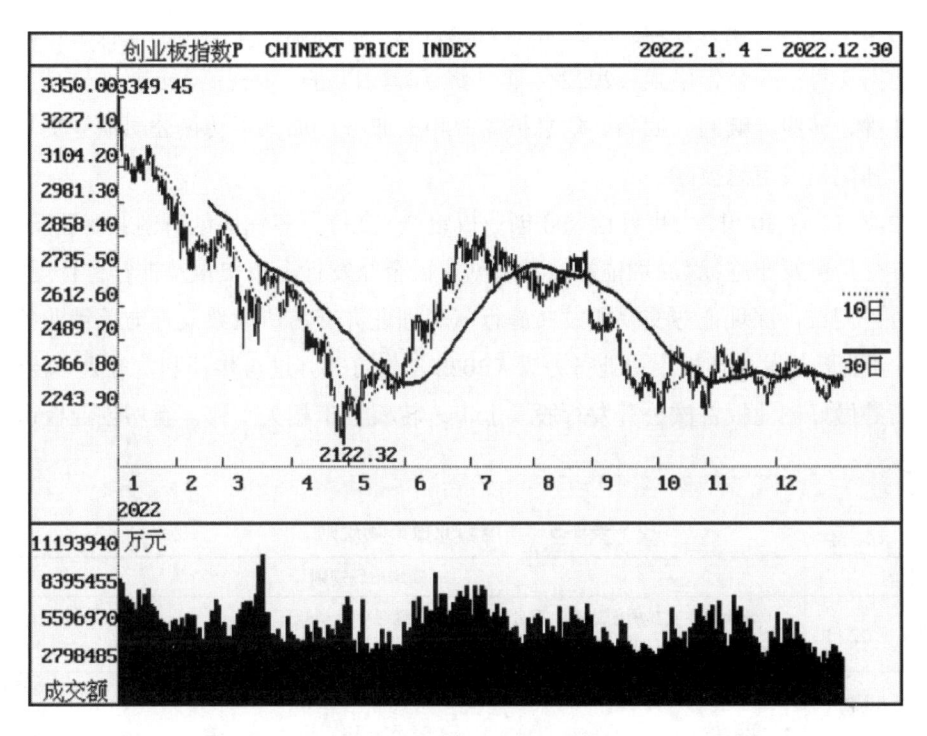

图 1-5　2022 年创业板指数走势

数据来源：深圳证券交易所官网。

五、新增创业板市场规则

2021 年 6 月 22 日，为完善创业板试点注册制下并购重组审核机制，切实发挥并购重组提升上市公司质量的作用，深圳证券交易所发布了《深圳证券交易所创业板上市公司重大资产重组审核规则》，为进一步做好与转板上市相关规则的衔接，还出台了《深圳证券交易所创业板上市委员会管理办法（2021 年修订）》。

2021 年 7 月 23 日，为规范全国中小企业股份转让系统挂牌公司向深圳证券交易所创业板转板上市保荐书的编制和报送，深圳证券交易所发布了《深圳证券交易所创业板发行上市申请文件受理指引》《深圳证券交易所创业板上市保荐书内容与格式指引》。

2021 年 9 月 18 日，为进一步深化新股发行定价机制市场化改革，更好地发挥市场发行机制作用，根据中国证监会的要求，并结合注册制下新股发行承销运行实践，深圳证券交易所发布了《深圳证券交易所创业板首次公开发行证券发行与承销业务实施细则（2021 年修订）》。

2022 年 7 月 29 日，深圳证券交易所发布施行《深圳证券交易所创业板上市公司自律监管指南第 1 号——业务办理（2022 年 7 月修订）》《深圳证券交易所创业板上市公司自律监管指南第 2 号——公告格式（2022 年 4 月修订）》，以进一步规范可转换公司债券发行、上市与挂牌、转股、赎回、回售、信息披露等相关业务，加强可转换公司债券交易异常波动监管，强化相关信息披露。

2022 年 12 月 30 日，为更好地坚守创业板定位，支持更多优质创新创业企业发行上市，深圳证券交易所发布施行《深圳证券交易所创业板企业发行上市申报及推荐暂行规定（2022 年修订）》。同日，深圳证券交易所发布施行《深圳证券交易所股票发行与承销业务指南第 4 号——创业板首发及转板上市业务办理（2022 年修订）》，进一步便利发行人、转板公司、主承销商等做好创业板首次公开发行股票上市、转板上市相关工作。新增创业板市场规则见表 1-5。

表 1-5 新增创业板市场规则

时间	新增市场规则
2021 年 6 月 22 日	《深圳证券交易所创业板上市公司重大资产重组审核规则》《深圳证券交易所创业板上市委员会管理办法（2021 年修订）》
2021 年 7 月 23 日	《深圳证券交易所创业板发行上市申请文件受理指引》《深圳证券交易所创业板上市保荐书内容与格式指引》
2021 年 9 月 18 日	《深圳证券交易所创业板首次公开发行证券发行与承销业务实施细则（2021 年修订）》
2022 年 7 月 29 日	《深圳证券交易所创业板上市公司自律监管指南第 1 号——业务办理（2022 年 7 月修订）》《深圳证券交易所创业板上市公司自律监管指南第 2 号——公告格式（2022 年 4 月修订）》
2022 年 12 月 30 日	《深圳证券交易所创业板企业发行上市申报及推荐暂行规定（2022 年修订）》《深圳证券交易所股票发行与承销业务指南第 4 号——创业板首发及转板上市业务办理（2022 年修订）》

资料来源：深圳证券交易所官网。

报告二

2022 年创业板上市公司无形资产账面价值分析
——基于创业板上市公司财务报表和报表附注

本报告以截至 2022 年 12 月 31 日前上市的创业板上市公司招股说明书，以及在 2023 年 4 月 30 日前已披露的年报为数据来源，对创业板上市公司无形资产账面价值信息进行整体评价。

一、基于招股说明书的创业板新上市公司无形资产账面价值分析

2022 年 1 月 1 日至 2022 年 12 月 31 日报告期内，新增 148 家创业板上市公司。本报告针对上述报告期内新增的创业板上市公司无形资产账面价值的变化趋势及构成展开分析。

（一）新增公司无形资产账面价值的变化趋势

为考察创业板新上市公司无形资产账面价值的整体变化趋势，本报告共统计了上述报告期内新增创业板上市公司年度报告的无形资产账面价值信息。新上市企业的无形资产账面价值均值在 2022 年达到 12 121.02 万元，相比 2021 年新上市公司无形资产账面价值均值上升约 137.84%，见表 2-1。剔除商誉后，报告期内创业板新增的上市公司无形资产的账面价值为 11 234.80 万元，相比 2021 年新上市公司无形资产账面价值均值上升约 147.85%，见表 2-2。

表 2-1　2018—2022 年新增公司无形资产账面价值（含商誉）

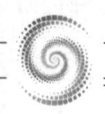

年份	总额（万元）	新上市公司数量（家）	均值（万元）	均值增长率(%)
2018	528 616.5	33	16 018.68	354.43
2019	237 573.4	52	4 568.72	−71.48
2020	368 542.7	88	3 444.32	−24.61
2021	1 014 182.29	199	5 096.39	47.97
2022	1 793 910.26	148	12 121.02	137.84

数据来源：2022 年统计期创业板新增上市公司招股说明书。

注：表中"均值"为总额/新上市公司家数。

表 2-2　2017—2022 年新增公司无形资产账面价值（不含商誉）

年份	总额（万元）	新上市公司数量（家）	均值（万元）	均值增长率(%)
2017	179 549.80	88	2 040.34	/
2018	517 380.80	33	15 678.21	668.41
2019	233 711.00	52	4 494.44	−71.33
2020	365 124.32	88	3 412.38	−24.08
2021	9,02 042.21	199	4 532.88	32.84
2022	1 662 750.29	148	11 234.80	147.85

数据来源：2022 年统计期创业板新增上市公司招股说明书。

注：表中"均值"计算方式同表 2-1。

（二）新增公司无形资产账面价值的构成分析

本报告沿用以往年度《创业板上市公司无形资产蓝皮书》的做法，将无形资产分为"边缘无形资产""经典无形资产""其他无形资产"和"商誉"四个大类。边缘无形资产是指具有无形资产的某些特征，但不能与一般意义上的无形资产一同确认和计量的那部分无形资产，包括土地使用权和特许权[①]。经典无形资产是指现行会计核算体系中表现形态主要是知识产权的那部分无形资产，包括专利权及专有技术、著作权、商标权、软件技术投资、许可权等。其他无形资产是指除边缘无形资产、经典无形资产和商誉外的无形资产[②]。按照上述分类方式对 2022 年报告期内新增创业板上市公司招股说明书中的无形资产明细科目的账面价值进行统计分析，结果见表 2-3 所示。

2022 年创业板新上市公司无形资产账面价值的整体结构较 2021 年新上市的公司有如下变化：一是土地使用权的占比显著下降，特许权的总额和均值占比显著上升，边缘无形

---

① 特许权，也称特许经营权，是指由权力当局（政府）授予个人或法人实体的一项特权。

② 其他无形资产，是指人力资本、客户名单、客户关系等无形资产。

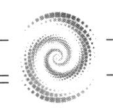

资产账面总额的占比从 2021 年的 81.88%上升至 2022 年的 83.93%；二是经典无形资产、其他无形资产占比有小幅上升；三是商誉占比有所下降。

表 2-3　2022 年与 2021 年新增公司无形资产账面价值

类型名称	2022 年 总额（万元）	均值（万元）	占比（%）	2021 年 总额（万元）	均值（万元）	占比（%）
土地使用权	685 536.10	4 632.00	38.21	739 477.69	3 715.97	72.91
特许权	820 017.50	5 540.66	45.71	90 992.16	457.25	8.97
小计：边缘无形资产	1 505 553.60	10 172.66	83.93	830 469.85	4 173.22	81.88
专利权及专有技术	69 340.84	468.52	3.87	13 173.59	66.20	1.30
软件及著作权	58 690.37	396.56	3.27	53 203.94	267.36	5.25
商标权	446.40	3.02	0.02	1 458.08	7.32	0.14
许可权	0	0	0	379.54	1.91	0.04
小计：经典无形资产	128 477.61	868.09	7.16	68 215.15	342.79	6.73
商誉	131 159.97	886.22	7.31	112 140.08	563.52	11.06
其他无形资产	28 719.09	194.05	1.60	3 357.21	16.87	0.33
合计：无形资产账面价值	1 793 910.26	12 121.02	100	1 014 182.29	4 536.43	100

数据来源：2022 年统计期创业板新增上市公司招股说明书。

注：表中"均值"计算方式同表 2-1，"占比"为构成公司无形资产账面价值的类型/无形资产账面价值。

二、基于年度报告的创业板上市公司无形资产账面价值变化

（一）无形资产账面价值的变化趋势

为考察创业板上市公司无形资产账面价值的整体变化趋势，本报告共统计了 2022 年报告期内创业板上市公司年度报告中的无形资产账面价值信息[①]，共计 1 232 家公司，并与之前年份进行对比，如表 2-4 所示。

统计表明，创业板上市公司 2022 年年报披露的无形资产账面价值总额（含商誉）达到 4 106.59 亿元，每家公司无形资产账面价值均值约为 3.33 亿元，占总资产比例为 6.63%，均值与占比相比 2021 年均有所下降。

---

① 这里的无形资产账面价值信息是企业年度报告合并资产负债表中披露的无形资产账面价值和商誉账面价值之和。

表 2-4　2017—2022 年创业板上市公司无形资产账面价值及占比（含商誉）

年份	无形资产账面价值 总额（万元）	无形资产账面价值 均值（万元）	资产总额（万元）	无形资产占总资产比例（%）
2017	35 348 107.77	49 231.35	222 200 545.5	15.91
2018	35 744 452.95	48 043.62	257 642 263.8	13.87
2019	36 111 369.28	45 309.12	288 700 122.2	12.51
2020	38 636 683.82	43 314.67	324 951 083.4	11.89
2021	37 957 206.68	34 823.13	487 572 434.88	7.78
2022	41 065 935.44	33 332.74	619 168 527.81	6.63

数据来源：2017—2022 年创业板上市公司年度报告。

注：表中"均值"为无形资产账面价值/当年披露年报上市公司数量，"无形资产占总资产比例"为无形资产账面价值/资产总额。

由于近年来创业板市场并购活动频繁，企业并购商誉增长较快。为了消除并购活动形成的商誉对无形资产的影响，本报告将剔除商誉后无形资产的账面价值进行了统计，结果见表 2-5。不考虑商誉的账面价值，2017—2020 年创业板上市公司报告的无形资产均值逐年上升，从 2017 年的 14 979.98 万元/家上升到 2020 年的 20 929.87 万元/家。2021 年创业板上市公司的无形资产均值相对下降，为 19755.07 万元/家，2022 年，无形资产均值相对上升，为 20 521.35 万元/家。虽然均值相对上升，但是比重仍呈下降趋势。与此同时，对比表 2-4 可知，包括商誉在内的无形资产总账面价值占比近年来有所下降，说明商誉账面价值占比近年来下降较为明显。

表 2-5　2017—2022 年创业板上市公司无形资产账面价值及占比（不含商誉）

年份	无形资产账面价值 总额（万元）	无形资产账面价值 均值（万元）	资产总额（万元）	无形资产占总资产比例（%）
2017	10 755 627.07	14 979.98	222 200 545.5	4.84
2018	13 564 172.95	18 231.42	257 642 263.8	5.26
2019	16 400 326.61	20 577.57	268 989 079.5	6.10
2020	18 669 440.88	20 929.87	276 584 309.3	6.75
2021	21 533 027.50	19 755.07	487 572 434.88	4.42
2022	25 282 301.28	20 521.35	619 168 527.81	4.08

数据来源：2017—2022 年创业板上市公司年度报告。

注：表中均值和占比计算方式同表 2-4。

（二）无形资产账面价值的构成分析

2022 年创业板上市公司无形资产各明细科目的账面价值见表 2-6。2022 年年度报告所披露的无形资产账面价值的构成中，边缘无形资产和商誉占比较高，而经典无形资产占比较低。其中，商誉占比下降，边缘无形资产占比上升；经典无形资产无论是均值还是占比

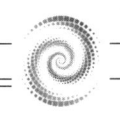

均呈下降趋势，且相比商誉和边缘无形资产仍相对较低。

表 2-6　2022 年创业板上市公司无形资产账面价值（含土地使用权）

类型名称	2022 年 总额（万元）	2022 年 均值（万元）	2022 年 占比（%）	2021 年 总额（万元）	2021 年 均值（万元）	2021 年 占比（%）
土地使用权	11 619 559.18	9 431.46	28.29	9 282 874.32	8 516.40	24.46
特许权	6 606 373.40	5 362.32	16.09	5 878 220.08	5 392.86	15.49
小计：边缘无形资产	**18 225 932.58**	**14 793.78**	**44.38**	**15 161 094.4**	**13 909.26**	**39.95**
专利权及专有技术	2 095 693.80	1 701.05	5.10	1 853 430.68	1 700.40	4.88
软件及著作权	1 662 827.11	1 349.70	4.05	2 325 730.29	2 133.70	6.13
商标权	199 790.99	162.17	0.49	277 640.81	254.72	0.73
许可权	1 407.03	1.14	0.01	48 503.26	44.50	0.12
小计：经典无形资产	**3 959 718.93**	**3 214.06**	**9.65**	**4 505 305.04**	**4 133.32**	**11.87**
商誉	15 783 634.16	12 811.39	38.43	16 424 179.19	15 068.05	43.27
其他无形资产	3 096 649.77	2 513.51	7.54	1 866 628.05	1 712.50	4.92
无形资产账面价值总额	41 065 935.44	33 332.74	100.00	37 957 206.68	34 823.13	100.00

数据来源：创业板上市公司 2022 年年度报告。

注：表中"均值"为总额/当年披露年报上市公司数；占比为该类无形资产账面总额/无形资产账面价值总额。

边缘无形资产和商誉通常都是外购形成的，以市场价值入账，而经典无形资产通常部分自创无形资产的资本化，或仅以申请、注册登记等程序支出入账，无法反映其市场价值。为排除土地使用权账面价值的干扰，本报告将剔除此项后的创业板上市公司无形资产账面价值进行统计，结果如表 2-7 所示。

表 2-7　2022 年创业板上市公司无形资产账面价值（不含土地使用权）

类型名称	2022 年 总额（万元）	2022 年 均值（万元）	2022 年 占比（%）	2021 年 总额（万元）	2021 年 均值（万元）	2021 年 占比（%）
特许权	6 606 373.40	5 362.32	22.44	5 878 220.08	5 392.86	20.50
专利权及专有技术	2 095 693.80	1 701.05	7.12	1 853 430.68	1 700.40	6.46
软件及著作权	1 662 827.11	1 349.70	5.65	2 325 730.29	2 133.70	8.11
商标权	199 790.99	162.17	0.68	277 640.81	254.72	0.97
许可权	1 407.03	1.14	0.01	48 503.26	44.50	0.17
商誉	15 783 634.16	12 811.39	53.60	16 424 179.19	15 068.05	57.28
其他无形资产	3 096 649.77	2 513.51	10.52	1 866 628.05	1 712.50	6.51
无形资产账面价值总额	29 446 376.26	23 901.28	100.00	28 674 332.37	26 306.73	100.00

数据来源：创业板上市公司 2022 年年报。

注：表中"均值"和"占比"计算方式同表 2-6。

（三）无形资产账面价值的行业比较

本报告基于证监会二级行业分类标准（2012 版），对统计期披露了 2022 年年报的公司进行了行业分类比较分析。各行业的无形资产账面价值如表 2-8 所示。2022 年，无形资产账面价值均值位居前三的行业依次是水利、环境和公共设施管理业、电力、热力、燃气及水生产和供应业行业及金融业。与此同时，制造业及信息传输、软件和信息服务业的企业数量明显多于其他行业，但其无形资产账面价值均值却相对较低。

表 2-8 2022 年创业板公司不同行业的无形资产账面价值（含土地使用权）

行业	公司数量（家）	无形资产账面价值 总额（万元）	无形资产账面价值 均值（万元）
水利、环境和公共设施管理业	35	6 284 063.97	179 544.68
卫生和社会工作	7	820 974.94	117 282.13
电力、热力、燃气及水生产和供应业	3	375 705.52	125 235.17
采矿业	5	341 190.52	68 238.10
文化、体育和娱乐业	16	1 394 269.42	87 141.84
金融业	4	480 069.55	120 017.39
教育	2	46 655.52	23 327.76
租赁和商务服务业	16	426 100.09	26 631.26
批发和零售贸易	26	629 177.86	24 199.15
信息传输、软件和信息技术服务业	179	5 442 857.93	30 407.03
科学研究和技术服务业	54	1 368 544.40	25 343.41
农林牧渔业	10	310 074.82	31 007.48
制造业	857	22 980 941.21	26 815.57
交通运输、仓储和邮政业	3	35 238.70	11 746.23
建筑业	12	109 926.96	9 160.58
居民服务、修理和其他服务业	1	2 613.19	2 613.19
房地产	1	416.57	416.57
住宿和餐饮业	1	17 114.28	17 114.28
合计	1 232	41 065 935.44	926 241.82

数据来源：创业板上市公司 2022 年年度报告。

注：表中"均值"为行业无形资产账面价值总额/该行业公司数量。

为了排除土地使用权对其他类别无形资产账面价值的干扰，本报告在剔除土地使用权后对各行业的无形资产均值进行再次排序，其结果如表 2-9 所示。从无形资产账面价值中剔除土地使用权后，前三名的行业并未发生变化。与此同时，从绝对金额来看，均值下降最多的是农林牧渔业、制造业等，表明这些行业土地使用权账面价值占比较高。

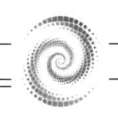

表 2-9 2022 年创业板不同行业的无形资产账面价值（不含土地使用权）

行业	公司数量（家）	总额（万元）	均值（万元）
水利、环境和公共设施管理业	35	6 064 059.64	173 258.85
卫生和社会工作	7	744 664.15	106 380.59
电力、热力、燃气及水生产和供应业	3	340 575.24	113 525.08
采矿业	5	328 204.31	65 640.86
文化、体育和娱乐业	16	1 288 708.54	80 544.28
教育	2	42 312.11	21 156.05
金融业	4	434 474.44	108 618.61
租赁和商务服务业	16	421 394.74	26 337.17
批发和零售贸易	26	552 931.34	21 266.59
信息传输、软件和信息技术服务业	179	4 813 750.39	26 892.46
科学研究和技术服务业	54	1 079 336.43	19 987.71
制造业	857	13 228 595.90	15 435.93
建筑业	12	31 863.06	2 655.25
交通运输、仓储和邮政业	3	7 154.84	2 384.95
农林牧渔业	10	48 207.10	4 820.71
居民服务、修理和其他服务业	1	2 613.19	2 613.19
房地产	1	416.57	416.57
住宿和餐饮业	1	17 114.28	17 114.28
合计	1 232	29 446 376.26	809 049.13

数据来源：创业板上市公司 2022 年年度报告。

注：表中"均值"计算方法同表 2-8。

为了考察商誉的影响，在剔除商誉账面价值后，无形资产账面价值均值下降最多的行业依次是金融业、卫生和社会工作业及电力、热力、燃气及水生产和供应业，见表 2-10。

表 2-10 2022 年创业板分行业无形资产账面价值（不含商誉）

行业	公司数量（家）	总额（万元）	均值（万元）
水利、环境和公共设施管理业	35	5 960 355.04	170 295.86
文化、体育和娱乐业	16	1 018 304.03	63 644.00
采矿业	5	266 908.24	53 381.65
电力、热力、燃气及水生产和供应业	3	186 333.07	62 111.02
农林牧渔业	10	282 325.80	28 232.58
卫生和社会工作	7	124 331.48	17 761.64
交通运输、仓储和邮政业	3	33 413.34	11 137.78
信息传输、软件和信息技术服务业	179	2 066 976.48	11 547.35
租赁和商务服务业	16	51 817.51	3 238.59

续表

行业	2022 年 公司数量（家）	无形资产账面价值 总额（万元）	均值（万元）
制造业	857	14 490 373.21	16 908.25
科学研究和技术服务业	54	461 090.65	8 538.72
建筑业	12	105 322.84	8 776.90
教育	2	8 223.72	4 111.86
批发和零售贸易	26	162 928.26	6 266.47
金融业	4	56 439.47	14 109.87
居民服务、修理和其他服务业	1	503.96	503.96
房地产	1	416.57	416.57
住宿和餐饮业	1	6 237.61	6 237.61
合计	1 232	25 282 301.28	487 220.68

数据来源：创业板上市公司 2022 年年度报告。

注：表中"均值"计算方法同表 2-8。

三、研究结论

第一，基于招股说明书，2022 年新上市创业板公司无形资产账面价值的整体结构较之 2021 年上市的公司，有如下变化：一是土地使用权的账面均值和占比下降，边缘无形资产账面总额的占比从 2021 年的 81.88% 上升至 2022 年的 83.93%；二是专利权及专有技术、其他无形资产的占比有所提高，但其他各项无形资产占比均有所下降。每家公司无形资产账面价值均值约为 1.21 亿元，均值相比 2021 年均大幅提高。

第二，基于年度报告，2022 年创业板上市公司年报披露的无形资产账面价值总额（含商誉）达到 4 107 亿元，每家公司无形资产账面价值均值约为 3.33 亿元，占总资产比例为 6.63%，均值和占比相比 2021 年均有所下降。其中，边缘无形资产占比上升，经典无形资产和商誉无论是均值还是占比均小幅下降，其他无形资产占比有所上升。

第三，土地使用权依然是影响行业无形资产排名的重要因素。在很多行业，土地使用权占无形资产的比例较高，其他无形资产的占比普遍偏低。剔除土地使用权之后，农林牧渔业、制造业无形资产的均值大幅下降。原因在于这些行业的企业的无形资产中土地使用权占比较高，因此将该项剔除后该行业的无形资产账面价值排名下降较多。

报告三

创业板上市公司技术类无形资产研究

专利、非专利技术、技术标准和软件著作权均是与技术高度相关的无形资产，与企业竞争力之间存在一定关系。因此，本报告对 2021 年和 2022 年创业板公司的专利技术、非专利技术、技术标准和著作权四种技术类无形资产的统计数据进行分析，从而持续观测创业板上市公司技术类无形资产的发展态势。

一、概念界定

技术类无形资产是指与技术密切关联的，不具有实物形态，为特定主体拥有或控制并且能够为其带来收益的资产或资源。其基本内容为所有与技术密切关联的无形资产，包括常规技术类无形资产及非常规技术类无形资产。常规技术类无形资产包括专利技术、非专利技术和著作权；非常规技术类无形资产主要是指技术标准。

（一）专利技术

专利源于英文单词"Patent"。专利是以知识产权形态存在的发明创造。根据财政部 2006 年颁布的《企业会计准则第 6 号——无形资产》定义，无形资产主要包括专利权、非专利技术、商标权、著作权、特许权和土地使用权，因此可以确认专利是无形资产的一种。根据《中华人民共和国专利法》，专利分为发明专利、实用新型专利和外观设计专利三种，其保护期限自申请日起分别为 20 年、10 年和 10 年。专利具有专有性、地域性和时间性特征。

（二）非专利技术

对非专利技术内涵和边界的界定仍然存在诸多争议，原因在于诸多类似概念广泛存在

于技术领域，容易产生混淆。为厘清非专利技术与其他相关概念的差别和联系，本报告做出如下梳理与界定（见图3-1）。

```
            ┌─ 专利技术
            │
            │                          ┌─ 经营秘密
            │                          │              ┐
            │          ┌─ 专有技术（技术秘密、技术诀窍）├─ 商业秘密
            └─ 非专利技术 │                          ┘
                        │
                        └─ 普通非专利技术
```

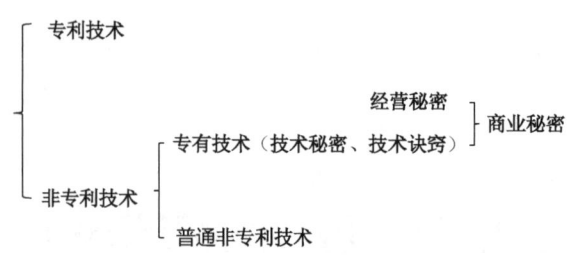

图3-1 非专利技术相关概念关系图

本报告认为，非专利技术与专有技术是存在差异的。根据《中华人民共和国技术进出口（2020修订）管理条例》及其《实施细则》的规定，专有技术（Know-how）是指未予以公开的、未取得工业产权法律保护的制造某种产品或者应用某项工艺以及产品设计、工艺流程、配方、质量控制和管理等方面的技术知识。由此可见，专有技术只是非专利技术成果的一种，非专利技术包含已公开的非专利技术和未公开的非专利技术两类。未公开的非专利技术一般即指专有技术。而已公开的非专利技术，又称为普通非专利技术或公有技术，是指已经向社会公开而为公众所知或不必作过多花费即可获得和掌握的技术成果，包括失效专利技术成果。专有技术是指发明者未申请专利或不够申请专利条件而未经公开、在生产经营活动中已采用了的、能为持有者带来经济利益的各种技术和经验，一般包括工业专有技术、商业贸易专有技术、管理专有技术等，是商业秘密的组成部分。专有技术的特征有非专利性、秘密性、获利性、新颖性、可传授性、动态性等。

1993年，我国《反不正当竞争法》将商业秘密定义为"不为公众所知悉，能为权利人带来经济利益，具有实用性并经权利人采取保密措施的技术信息和经营信息"。根据该定义，商业秘密包含两类：一类是技术信息，也称为"专有技术""技术秘密""技术诀窍"等，如生产工艺、产品配方、计算机软件等；二是经营信息，主要包括客户名单、经营管理策略广告方案、数据库、产品销售方案、未公开的合同条款、谈判方案、供求分析报告等。因此可以认为：一方面，专有技术可以（但并不必然）构成商业秘密；另一方面，并非所有的商业秘密都涵盖专有技术。

综上，本报告将非专利技术定义为：与专利技术相对的，包含处于保密状态尚未公开的专有技术（技术秘密、技术诀窍）和已向社会公开而为公众所知的普通非专利技术的符合法律要求和社会公益的一切技术成果。本报告沿用《蓝皮书（2016—2017）》对非专利技术的分类，将创业板公司拥有的非专利技术分为三类：一是明确说明拥有并披露的非专利技术（以下简称第一类）；二是明确说明拥有并披露的专有技术（以下简称第二类）；三是《企业会计准则第28号——会计政策、会计估计变更和差错更正》予以披露的核心技术中，剔除其中说明正在申请专利或已获得专利授权技术之外的技术（以下简称第三类）。

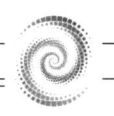

（三）技术标准

技术标准，指的是一种或一系列具有一定强制性要求或指导性功能、内容含有细节技术要求和有关技术方案的文件，其目的是使相关的产品或服务达到一定的安全要求或市场准入要求。技术标准的实质就是对一个或几个生产技术设立必须符合要求的条件。一般来说，能够成为标准的都是某行业内先进的、规则的、平台的技术，是经过充分论证的、对特定问题提供有效的解决方案。

技术标准具有许多与无形资产相类似的特征，例如，具有依附性、网络外部性、排他性、未来收益的不确定性等，因此可被归为非常规无形资产。

依据《中华人民共和国标准化法》，标准级别可以划分为国家标准、行业标准、地方标准和团体标准、企业标准 4 个层次。各层次之间有一定的依从关系和内在联系，形成一个覆盖全国又层次分明的标准体系。

随着标准级别的提高，技术标准影响的范围越大，使用的主体越多，相应创造的价值也就越大。企业标准的提案方可以通过企业标准，提高产品性能的稳定性凭借高质量的产品吸引消费者，培养新的消费习惯，进而将企业标准申报为行业标准，甚至是国家标准，以提高行业内其他企业的准入门槛，获取时间优势和垄断利润。

（四）著作权

著作权，又称为版权，是自然人、法人或者其他组织对文学、艺术或科学作品依法享有的财产权利和精神权利的总称。根据《中华人民共和国著作权法》（2020 修正）的规定，著作权包括发表权、署名权、修改权、复制权等十七项人身权和财产权。此外，中国公民、法人或者非法人组织的作品，不论是否发表，依法享有著作权。

从会计核算的角度来看，著作权应纳入无形资产的范畴，进行初始确认和后续计量。从资产评估的角度来看，企业也应对所拥有的著作权进行价值评估，从而将其纳入企业的整体价值之中。本报告在最新研究过程中发现，与上版报告相比，有更多创业板上市公司对其著作权进行了会计核算和资产评估，披露著作权数量的公司占比超过六成，说明创业板公司创业板上市公司对著作权的重要性认识有所提高，同时也加大了对著作权经济价值的挖掘。

二、基于招股说明书的技术类无形资产披露情况

本报告延续以往蓝皮书的研究框架，将技术类无形资产分为专利技术、非专利技术、技术标准和著作权四类，各自包含内容及统计口径详见表 3-1。

表 3-1　技术类无形资产的分类及统计口径

无形资产类型	分类		统计口径
技术类无形资产	专利技术	发明专利	名称、类型、专利号、授权日期、权利人
		实用新型专利	
		外观设计专利	
	非专利技术	第一类	名称、来源、数量、权属人、功能、技术水平、取得时间、许可情况、账面价值
		第二类	
		第三类	
	技术标准		类型、制定/参与制定、数量
	软件著作权		类型、数量、取得方式

从 1 090 家样本公司的招股说明书披露的信息来看，95.60%和 81.65%的创业板上市公司披露了其专利和非专利技术信息，说明超过八成的创业板公司在上市前拥有一定的核心技术。披露技术标准和软件著作权的企业占比分别为 35.14%和 55.96%，较 2021 年均出现上涨。相较之下可以发现，创业板上市公司技术类无形资产的存续结构依然存在较为明显的差异（见表 3-2）。

表 3-2　2022 年基于招股说明书的创业板公司技术类无形资产披露情况

技术类无形资产类型	披露公司数量（家）	占比（%）
专利技术	1 042	95.60%
非专利技术	890	81.65%
技术标准	383	35.14%
软件著作权	610	55.96%

注：表中"占比"为披露某项技术类无形资产的公司总数/1 090 家样本公司。

此外，在 1 090 家公司中，有 10 家公司[①]未拥有或未披露技术类无形资产，占比为 0.92%，其余 1 080 家公司均至少拥有一种技术类无形资产。如图 3-2 所示，在拥有技术类无形资产的公司当中，拥有两种和三种技术类无形资产的公司占比最多，分别是 46.42%和 36.06%；仅拥有一种技术类无形资产的公司占比为 8.26%；而拥有四种技术类无形资产的公司最少，占比为 7.98%。

---

① 这 10 家公司为：300015、300022、300175、300239、300859、300867、301052、301073、301078、301155。其中属于制造业的企业 3 家，属于批发与零售业的企业 2 家，属于水利、环境和公共设施管理业的企业 1 家，属于住宿和餐饮业的企业 1 家，属于文化、体育和娱乐业的企业 1 家，属于卫生和社会工作的企业 1 家。

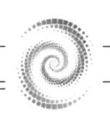

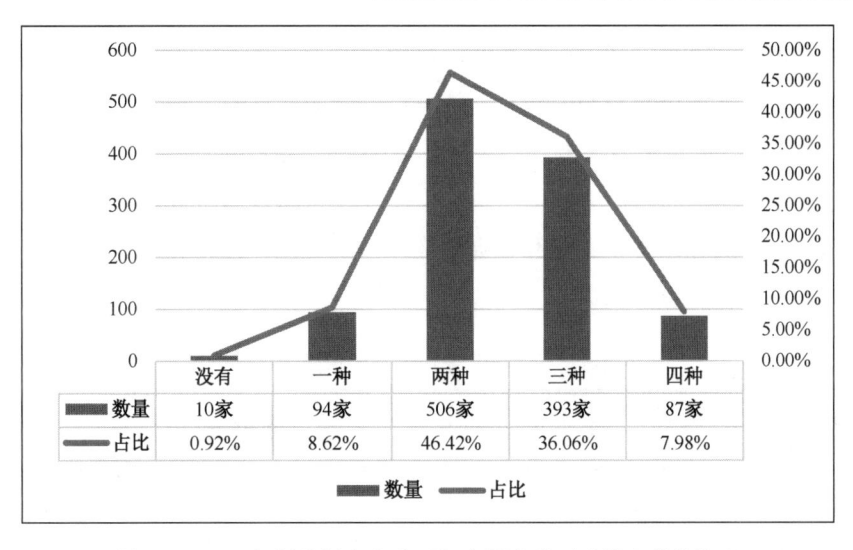

图 3-2　2022 年创业板上市公司拥有技术类无形资产种类情况

（一）专利技术

1. 整体披露情况

有 1 042 家公司披露了专利信息，占所有样本公司的比例为 95.60%，具体披露情况见表 3-3。

表 3-3　专利信息披露整体情况（一）

专利类型	数量（家）	占比（%）	总数（件）	均值（件/家）
发明专利	847	81.29	12 262	11.77
实用新型	847	81.29	34 240	32.86
外观设计	476	45.68	10 203	9.79

注："数量"指的是披露某项专利信息的公司数量；"占比"为披露某项专利的公司总数/1 042 家样本公司；"总数"为 1 042 家样本公司披露专利总数；"均值"为某项专利的披露总数/1 042 家样本公司。表 3-4 同。

表 3-4　专利信息披露整体情况（二）

专利类型	已授权专利 数量（占比）	已授权专利 总数（均值）	正在申请专利 数量（占比）	正在申请专利 总数（均值）
发明专利	847（81.29%）	12 262（11.77）	75（7.20%）	3 330（3.20）
实用新型	847（81.29%）	34 240（32.86）	34（3.26%）	1 138（1.09）
外观设计	476（45.68%）	10 203（9.79）	11（1.06%）	72（0.07）
其他	25（2.40%）	77（0.07）	304（29.17%）	30（0.03）

注："其他"指的是披露了专利技术情况但未说明具体专利类型。

2. 不同行业披露情况

从专利的行业分布看，制造业、信息传输、软件和信息技术服务业、科学研究和技术服务业拥有最多的已授权专利；而制造业，电力、热力、燃气及水生产和供应业、科学研究和技术服务业的已授权专利均值最高。从正在申请的专利看，制造业，信息传输、软件和信息技术服务业，以及电力、热力、燃气及水生产和供应业的总量和均值均位于前三位。从已授权专利中发明专利占比看，信息传输、软件和信息技术服务业与科学研究和技术服务业均超过45%；而建筑业、卫生和社会工作，以及文化、体育和娱乐业正在申请专利中发明专利占比最高，均为100%。

表 3-5 不同行业专利信息披露描述（一）

行业 \ 专利类型	发明专利	实用新型	外观设计
采矿业	4（80%）	3（60%）	2（40%）
电力、热力、燃气及水生产和供应业	3（100%）	3（100%）	0（0）
房地产业	0（0）	1（100%）	0（37.50%）
建筑业	7（58.33%）	10（83.33%）	3（25%）
交通运输、仓储和邮政业	1（33.33%）	0（0）	0（0）
教育	2（100%）	1（100%）	2（100%）
金融业	0（0）	1（25%）	0（100%）
居民服务、修理和其他服务业	0（0）	1（100%）	1（100%）
科学研究和技术服务业	33（78.57%）	29（69.05%）	18（42.86%）
农林牧渔业	6（60%）	5（50%）	3（30%）
批发和零售贸易	10（40%）	11（44%）	12（48%）
水利、环境和公共设施管理业	26（83.87%）	29（93.55%）	10（32.26%）
卫生和社会工作	1（25%）	2（50%）	0（0）
文化、体育和娱乐业	3（20%）	1（6.67%）	3（20%）
信息传输、软件和信息技术服务业	78（48.37%）	80（50.63%）	54（34.17%）
制造业	671（88.64%）	668（88.24%）	368（48.61%）
租赁和商务服务业	5（31.25%）	5（31.25%）	4（25%）
住宿和餐饮业	0（0）	0（0）	0（0）

注：括号外数据表示对应行业中披露某项专利信息的公司数量，括号中数据为该行业中披露某项专利信息的公司占比，计算方式为：披露该项信息公司数/该行业公司总数。下表3-7同。

根据表 3-5 统计结果显示，整体来看，每个行业披露这三类专利的情况参差不齐，每个行业均进行了专利披露。其中，披露情况最好的前三行业分别是制造业，科学研究和技术服务业，以及水利、环境和公共设施管理业，不仅对三项专利资产均进行了披露，而且发明专利和实用新型专利披露比例均达到了 50% 以上。

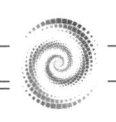

表 3-6 不同行业专利信息披露描述（二）

专利类型 行业	发明专利	实用新型	外观设计
采矿业	26（5.20）	68（13.60）	120（24）
电力、热力、燃气及水生产和供应业	222（7.33）	108（36）	0（0）
房地产业	0（0）	9（9）	0（0）
建筑业	37（3.08）	342（28.5）	83（6.92）
交通运输、仓储和邮政业	3（1）	0（0）	0（0）
教育	13（6.50）	120（60）	66（33）
金融业	0（0）	10（2.5）	0（0）
居民服务、修理和其他服务业	0（0）	6（6）	12（12）
科学研究和技术服务业	533（12.69）	1 933（46.02）	970（22.38）
农林牧渔业	58（5.8）	283（28.3）	27（2.7）
批发和零售贸易	69（2.76）	276（11.04）	352（14.08）
水利、环境和公共设施管理业	291（9.39）	1 131（36.48）	60（1.93）
卫生和社会工作	15（3.75）	52（13）	0（0）
文化、体育和娱乐业	4（0.26）	5（0.33）	11（0.73）
信息传输、软件和信息技术服务业	1 390（8.79）	1 291（8.17）	353（2.23）
制造业	9 863（13.03）	28 671（37.87）	8 142（10.76）
租赁和商务服务业	10（0.625）	78（6.5）	12（0.75）
住宿和餐饮业	0（0）	0（0）	0（0）

注：括号外数据表示对应行业中披露的某项专利的总数，括号中数据为该行业中某项专利的均值，计算方式为：某项专利的披露总数/该行业公司总数。表 3-8 同。

由表 3-6 可知，披露专利数量最多的行业是制造业，三类专利总量分别达到了 9 863 项、28 671 项和 8 142 项。从发明专利、实用新型和外观设计三类专利在每个行业的披露情况看，科学研究和技术服务业发明专利均值最高为 12.69 项/家，科学研究和技术服务业实用新型专利均值最高为 46.02 项/家，科学研究和技术服务业外观设计专利均值最高为 22.38 项/家。

表 3-7 不同行业专利信息披露描述（三）

专利类型 行业	发明专利 已授权	发明专利 正在申请	实用新型 已授权	实用新型 正在申请	外观设计 已授权	外观设计 正在申请
采矿业	4（80%）	3（60%）	3（60%）	1（20%）	2（40%）	0（0）
电力、热力、燃气及水生产和供应业	3（100%）	1（33.33%）	3（100%）	0（0）	0（0）	0（0）
房地产业	0（0）	0（0%）	1（100%）	0（0）	0（37.50%）	0（0）
建筑业	7（58.33%）	2（20%）	10（83.33%）	1（10%）	3（25%）	0（0）
交通运输、仓储和邮政业	1（33.33%）	0（0）	0（0）	0（0）	0（0）	0（0）
教育	2（100%）	1（50%）	1（100%）	0（0）	2（100%）	0（0）
金融业	0（0）	1（20%）	1（25%）	0（0）	0（100%）	0（0）

续表

专利类型 行业	发明专利 已授权	发明专利 正在申请	实用新型 已授权	实用新型 正在申请	外观设计 已授权	外观设计 正在申请
居民服务、修理和其他服务业	0（0）	0（0）	1（100%）	0（0）	1（100%）	0（0）
科学研究和技术服务业	33（78.57%）	4（16.67%）	29（69.05%）	3（12.50%）	18（42.86%）	1（4.17%）
农林牧渔业	6（60%）	2（25%）	5（50%）	0（0）	3（30%）	1（12.50%）
批发和零售贸易	10（40%）	1（10%）	11（44%）	2（20%）	12（48%）	0（0）
水利、环境和公共设施管理业	26（83.87%）	10（45.45%）	29（93.55%）	8（36.36%）	10（32.26%）	2（9.09%）
卫生和社会工作	1（25%）	1（25%）	2（50%）	0（0）	0（0）	0（0）
文化、体育和娱乐业	3（20%）	1（6.67%）	1（6.67%）	0（0）	3（20%）	0（0）
信息传输、软件和信息技术服务业	78（48.37%）	39（26.35%）	80（50.63%）	23（15.54%）	54（34.17%）	9（6.08%）
制造业	671（88.64%）	203（33.01%）	668（88.24%）	117（19.02%）	368（48.61%）	40（6.50%）
租赁和商务服务业	5（31.25%）	6（42.86%）	5（31.25%）	4（28.57%）	4（25%）	2（14.29%）
住宿和餐饮业	0（0）	0（0）	0（0）	0（0）	0（0）	0（0）

表 3-8 不同行业专利信息披露描述（四）

专利类型 行业	发明专利 已授权	发明专利 正在申请	实用新型 已授权	实用新型 正在申请	外观设计 已授权	外观设计 正在申请
采矿业	26（5.20）	11（2.2）	68（13.60）	3（0.6）	120（24）	0（0）
电力、热力、燃气及水生产和供应业	222（7.33）	2（0.67）	108（36）	0（0）	0（0）	0（0）
房地产业	0（0）	0（0）	9（9）	0（0）	0（0）	0（0）
建筑业	37（3.08）	2（0.2）	342（28.5）	3（0.3）	83（6.92）	0（0）
交通运输、仓储和邮政业	3（1）	0（0）	0（0）	0（0）	0（0）	0（0）
教育	13（6.50）	5（2.5）	120（60）	0（0）	66（33）	0（0）
金融业	0（0）	2（0.4）	10（2.5）	0（0）	0（0）	0（0）
居民服务、修理和其他服务业	0（0）	0（0）	6（6）	0（0）	12（12）	0（0）
科学研究和技术服务业	533（12.69）	52（2.17）	1 933（46.02）	21（0.88）	970（22.38）	1（0.04）
农林牧渔业	58（5.8）	3（0.38）	283（28.3）	0（0）	27（2.7）	13（1.63）
批发和零售贸易	69（2.76）	4（0.4）	276（11.04）	5（0.5）	352（14.08）	0（0）
水利、环境和公共设施管理业	291（9.39）	147（6.68）	1 131（36.48）	42（1.91）	60（1.93）	4（0.18）
卫生和社会工作	15（3.75）	9（2.25）	52（13）	0（0）	0（0）	0（0）
文化、体育和娱乐业	4（0.26）	1（0.07）	5（0.33）	0（0）	11（0.73）	0（0）

续表

专利类型 行业	发明专利 已授权	发明专利 正在申请	实用新型 已授权	实用新型 正在申请	外观设计 已授权	外观设计 正在申请
信息传输、软件和信息技术服务业	1 390（8.79）	1 289（8.71）	1 291（8.17）	85（0.57）	353（2.23）	70（0.47）
制造业	9 863（13.03）	2 536（4.12）	28 671（37.87）	1 045（1.7）	8 142（10.76）	472（0.77）
租赁和商务服务业	10（0.625）	15（1.07）	78（6.5）	22（1.57）	12（0.75）	3（0.21）
住宿和餐饮业	0（0）	0（0）	0（0）	0（0）	0（0）	0（0）

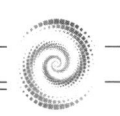

表 3-7 和表 3-8 统计结果显示，科学研究和技术服务业，水利、环境和公共设施管理业、制造业、信息传输、软件和信息技术服务业及租赁和商务服务业对已授权专利和正在申请专利信息的披露情况优于其他行业。另外，已授权专利的披露情况明显优于正在申请专利的情况，且前者的总量和均量均高于后者。

（二）非专利技术

1. 整体披露情况

在 1 090 家样本企业中，有 890 家披露了非专利技术，占所有样本公司的比例为 81.65%，具体披露情况见图 3-3。

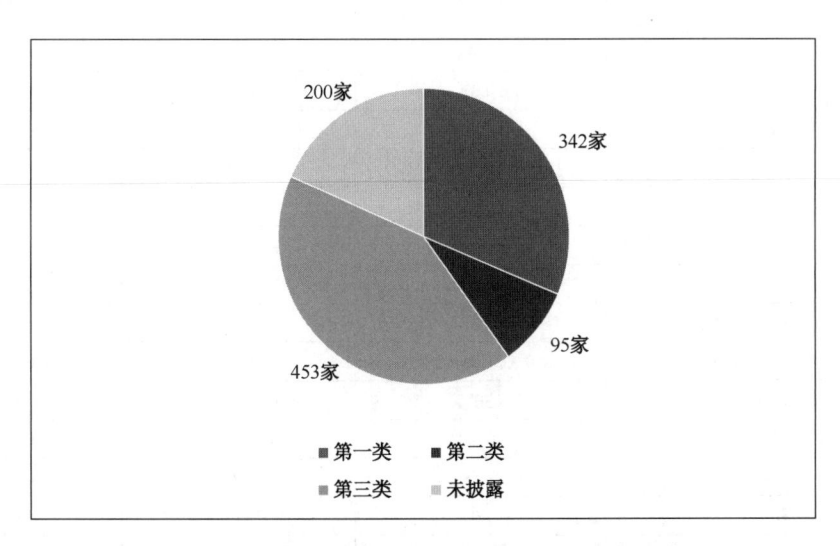

图 3-3 创业板上市公司非专利技术信息披露情况

经统计，1 090 家样本公司共计拥有 7 975 项非专利技术，各类型非专利技术的数量及占比见图 3-4。

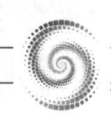

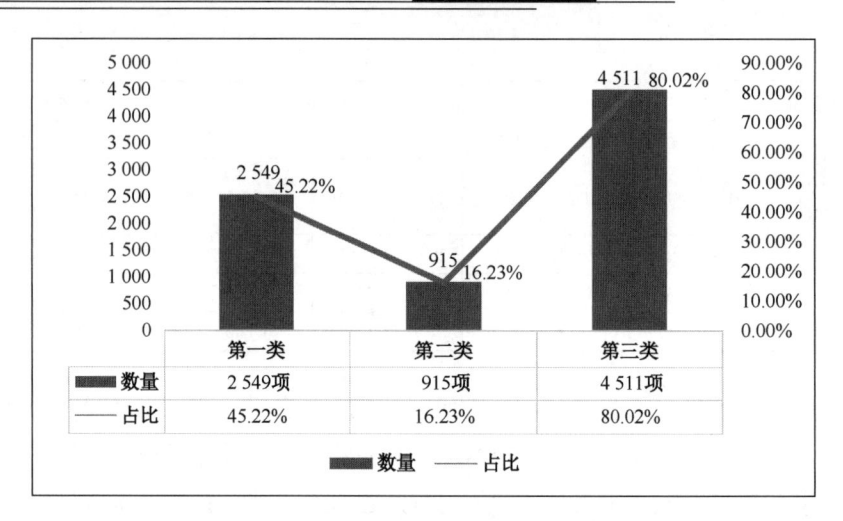

图 3-4　各类型非专利技术的披露数量及占比

注："数量"是指每类非专利技术的披露项数;"占比"是指每类非专利技术披露项数占非专利技术披露项数总数之比。

2．不同行业披露情况

不同行业非专利技术信息披露描述（一）见表 3-9。

表 3-9　不同行业非专利技术信息披露描述（一）

行业＼非专利技术类型	第一类	第二类	第三类
采矿业	4（80%）	0（0）	0（0）
电力、热力、燃气及水生产和供应业	0（0）	2（66.67%）	0（0）
房地产业	0（0）	0（0）	0（0）
建筑业	2（16.67%）	1（8.33%）	5（41.67%）
交通运输、仓储和邮政业	1（33.33%）	0（0）	0（0）
教育	0（0）	1（50%）	1（50%）
金融业	3（60.00%）	1（20%）	1（20%）
居民服务、修理和其他服务业	0（0）	0（0）	1（100.00%）
科学研究和技术服务业	9（21.43%）	1（2.38%）	26（61.90%）
农林牧渔业	3（30%）	1（10%）	6（60%）
批发和零售贸易	4（16.00%）	1（4%）	10（40.00%）
水利、环境和公共设施管理业	7（22.58%）	5（16.13%）	12（38.71%）
卫生和社会工作	0（0）	1（25.00%）	2（50.00%）
文化、体育和娱乐业	4（26.67%）	1（6.67%）	4（26.67%）
信息传输、软件和信息技术服务业	48（30.38%）	15（9.49%）	68（43.04%）
制造业	254（33.55%）	65（8.59%）	305（40.29%）
租赁和商务服务业	2（12.50%）	1（6.25%）	10（62.50%）
住宿和餐饮业	0（0）	0（0）	0（0）

注：括号外数据表示对应行业中披露某项非专利技术信息的公司数量，括号中数据为该行业中披露某项非专利技术信息的公司占比，计算方式为：披露该项信息公司数/该行业公司总数。

在18个行业里，有10个行业的公司对三类非专利技术都进行了披露，有两个行业的公司对两类非专利技术都进行了披露，有四个行业仅披露了一类的非专利技术，房地产业、住宿和餐饮业未披露非专利技术的情况，详情见表3-10。

表3-10 不同行业非专利技术信息披露描述（二）

非专利技术类型 行业	第一类	第二类	第三类
采矿业	30（6.00）	0（0）	0（0）
电力、热力、燃气及水生产和供应业	0（0）	25（8.33）	0（0）
房地产业	0（0）	0（0）	0（0）
建筑业	15（1.25）	3（0.25）	66（5.5）
交通运输、仓储和邮政业	15（5.00）	0（0）	0（0）
教育	0（0）	11（5.50）	16（8.00）
金融业	77（15.40）	7（1.40）	10（2.00）
居民服务、修理和其他服务业	0（0）	0（0）	10（10.00）
科学研究和技术服务业	17（0.4）	4（0.09）	81（1.93）
农林牧渔业	5（0.5）	2（0.2）	11（1.1）
批发和零售贸易	4（0.16）	19（0.76）	54（2.16）
水利、环境和公共设施管理业	57（1.83）	95（3.06）	73（2.35）
卫生和社会工作	0（0）	7（1.75）	34（8.5）
文化、体育和娱乐业	32（2.13）	5（0.33）	34（2.27）
信息传输、软件和信息技术服务业	602（3.81）	171（1.08）	665（4.21）
制造业	1 684（2.22）	559（0.74）	3 395（4.48）
租赁和商务服务业	11（0.69）	14（0.88）	55（3.44）
住宿和餐饮业	0（0）	0（0）	0（0）

注：括号外数据表示对应行业中披露的某项非专利技术的总数，括号中数据为该行业中某项非专利技术的均值，计算方式为：某项非专利技术的披露总数/该行业公司总数。

如表3-10所示，非专利技术拥有总量排在前三位的行业分别是制造业（5 638项），信息传输、软件和信息技术服务业（1 438项）和水利、环境和公共设施管理业（225项）。从三类非专利技术的行业均值来看，行业内拥有第一类非专利技术的数量均值最高的为金融业，为15.40项/家，行业内拥有第二类非专利技术的数量均值最高的为电力、热力、燃气及水生产和供应业，为8.33项/家，行业内拥有第三类非专利技术的数量均值最高的为居民服务、修理和其他服务业，为10.00项/家。制造业的公司数量多，披露总量的情况优于其他行业，另外信息传输、软件和信息技术服务业，水利、环境和公共设施管理业，以及科学研究和技术服务业里面聚集大量的高科技企业，拥有的工业专有技术、商业贸易专有技术、管理专有技术等为其带来经济收益。

（三）技术标准

1. 整体披露情况

在 1 090 家样本公司中，只有 383 家拥有并披露了技术标准信息，将 32 家未准确披露技术标准数量的公司剔除后，剩余的 351 家占所有样本公司的 31.19%，在其招股说明书中披露共计技术标准 2 554 项。1 090 家样本公司的平均拥有量是 2.34 项/家。

2. 不同行业披露情况

如表 3-11 所示，技术标准主要集中在制造业，但披露数量比例最高的是建筑业，而且行业之间存在差异明显，仅有 10 个行业拥有技术标准，科学研究与技术服务业均值排名最高达到 9.69 项/家，其次是水利、环境和公共设施管理业，为 2.77 项/家。这主要与行业属性有关，科学、信息技术行业需要技术标准去规范和推动发展。

表 3-11　不同行业技术标准信息披露描述

行业 \ 技术标准	披露公司数量（占比）	披露总数（均值）
采矿业	2（40%）	7（1.4）
电力、热力、燃气及水生产和供应业	0（0）	0（0）
房地产业	0（0）	0（0）
建筑业	6（50.00%）	23（1.92）
交通运输、仓储和邮政业	0（0）	0（0）
金融业	0（0）	0（0）
居民服务、修理和其他服务业	0（0）	0（0）
科学研究和技术服务业	14（33.33%）	407（9.69）
农林牧渔业	1（10.00%）	1（0.1）
批发和零售贸易	1（4.00%）	2（0.08）
水利、环境和公共设施管理业	14（45.16%）	86（2.77）
卫生和社会工作	0（0）	0（0）
文化、体育和娱乐业	1（6.67%）	1（0.07）
信息传输、软件和信息技术服务业	44（27.85%）	316（2）
制造业	267（35.27%）	1 715（2.27）
租赁和商务服务业	1（6.25%）	1（0.063）
住宿和餐饮业	0（0）	0（0）

注："披露公司数量"表示对应行业中披露某项技术标准信息的公司数量；"占比"为该行业中披露某项技术标准信息的公司占比，计算方式为：披露该项信息公司数/该行业公司总数；"披露总数"为对应行业中披露的某项技术标准的总数；"均值"为该行业中某项技术标准的均值，计算方式为：某项技术标准的披露总数/该行业公司总数。

(四）软件著作权

1. 整体披露情况

在 1 090 家样本公司中，有 602 家创业板上市公司在其招股说明书中披露了软件著作权共计 26 363 项，较 2021 年增加 8 370 项。1 090 家样本公司的整体平均拥有量是 24.18 项/家。

2. 不同行业披露情况

超过七成的行业披露软件著作权的公司数量超过该行业总公司数量的一半。制造业、信息传输、软件和信息技术服务业，以及科学研究和技术服务业所拥有的软件著作权数量最多，占软件著作权总量的比例分别为 37.29%、30.65% 和 23.98%，三者合计占比达总量的九成以上。在剔除未披露软件著作权的公司的情况下，平均拥有软件著作权数量排名前三的行业分别是科学研究和技术服务业（150.50 项/家），信息传输、软件和信息技术服务业（62.22 项/家），以及批发和零售商贸业（31.56 项/家），详见表 3-12。

表 3-12 不同行业软件著作权信息披露描述

行业 \ 软件著作权	披露公司数量（占比）	披露总数（均值）
采矿业	2（40%）	93（18.60）
电力、热力、燃气及水生产和供应业	1（33.33%）	3（1.00）
房地产业	1（100%）	29（29.00）
建筑业	4（33.33%）	81（6.75）
交通运输、仓储和邮政业	3（100%）	56（18.67）
教育	1（50%）	21（10.50）
金融业	4（80%）	140（28.00）
居民服务、修理和其他服务业	1（100%）	1（1.00）
科学研究和技术服务业	35（83.33%）	6 321（150.5）
农林牧渔业	3（30.00%）	9（0.9）
批发和零售贸易	15（60.00%）	789（31.56）
水利、环境和公共设施管理业	14（66.67%）	148（7.05）
卫生和社会工作	2（50%）	90（22.5）
文化、体育和娱乐业	13（86.67%）	376（25.07）
信息传输、软件和信息技术服务业	148（93.67%）	9 831（62.22）
制造业	342（45.18%）	8 080（10.67）
租赁和商务服务业	12（75.00%）	295（18.44）

注："披露公司数量"表示对应行业中披露某项软件著作权信息的公司数量；"占比"为该行业中披露某项软件著作权信息的公司占比，计算方式为：披露该项信息公司数/该行业公司总数；"披露总数"为对应行业中披露的某项软件著作权的总数；"均值"为该行业中某项软件著作权的均值，计算方式为：某项软件著作权的披露总数/该行业公司总数。

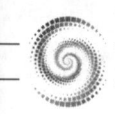

三、基于年报的技术类无形资产披露情况

表 3-13 基于年报的创业板公司技术类无形资产披露情况（一）

年份	2017 年	2018 年	2019 年	2020 年	2021 年	2022 年
专利技术	584（81.84%）	636（85.60%）	698（88.46%）	762（85.42%）	665（61.01%）	713（57.87%）
非专利技术	295（41.10%）	330（44.41%）	269（34.09%）	271（30.38%）	1 044（95.78%）	197（15.99%）
技术标准	129（17.79%）	186（25.03%）	196（24.84%）	166（18.61%）	306（28.34%）	255（20.70%）
软件著作权	258（35.93%）	309（41.59%）	267（33.50%）	327（36.66%）	397（36.42%）	458（37.18%）

注：括号外数据表示对应年份中披露某项技术类无形资产信息的公司数量，括号中数据为该年份中披露某项技术类无形资产信息的公司占比，计算方式为：披露该项信息公司数/该年份所有上市公司总数。

根据表 3-13 的统计结果，上市公司在年报中对专利技术及非专利技术的披露情况明显好于另外两类技术类无形资产，但披露专利技术的公司占比在 2022 年有所下降，占 57.87%，较 2021 年下降 3.14%，同时，披露的非专利技术公司占比在 2022 年大幅度下降，仅占比 15.99%，较 2021 年下降 79.79%。技术标准的披露数量比例较低，连续六年为 10%~38%。而软件著作权的披露比例较为稳定，连续六年维持在 33%~41%之间。

就四类技术类无形资产披露的情况来看，2022 年专利技术的总量较 2021 年有所上升，为 92 538 项，均值下降，由 84.26 项/家下降到 75.11 项/家；非专利技术的总量与均量波动较大，在 2018 年大幅增加，均量达到最大值，为 7.78 项/家，2019、2020 年两年数量急剧下降，2021 年回升，2022 年又有所下降；技术标准在 2020 年的总量与均值达到最大值，而在 2021 年的数量骤减，2022 年均值与 2021 年相对持平；软件著作权的总量和均值也是表现上升趋势，2022 年的披露总量达到最大值，详见表 3-14。

表 3-14 基于年报的创业板公司技术类无形资产披露情况（二）

年份	2017 年	2018 年	2019 年	2020 年	2021 年	2022 年
专利技术	64 392（89.68）	72 374（97.41）	66 543（84.34）	80 924（90.72）	91 845（84.26）	92 538（75.11）
非专利技术	1 033（1.44）	5 781（7.78）	335（0.42）	497（0.56）	548（0.50）	512（0.42）
技术标准	838（1.17）	1 294（0.73）	2 927（3.71）	3 645（4.09）	934（0.86）	4 994（4.01）
软件著作权	26 446（36.83）	37 257（50.14）	44 287（55.57）	66 878（74.98）	73 331（67.28）	109 034（88.50）

注：括号外数据表示对应年份中披露的某项技术类无形资产的总数，括号中数据为该年份中披露的某项技术类无形资产均值，计算方式为：披露的某项技术类无形资产的总数/该年份所有上市公司总数。

（一）专利

1. 整体披露情况

根据表 3-15 对授权专利技术的统计，披露专利技术的上市公司比例整体呈现下降的趋

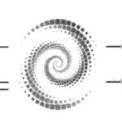

势，2022年发明专利的披露公司占比为41.88%，实用新型专利的披露公司占比35.14%，外观设计专利的披露公司占比34.01%。

表3-15　2017—2022年专利信息披露整体情况

专利类型 年份	发明专利 披露公司数量（占比）	发明专利 披露总数（均值）	实用新型专利 披露公司数量（占比）	实用新型专利 披露总数（均值）	外观设计专利 披露公司数量（占比）	外观设计专利 披露总数（均值）
2017年	584（81.84%）	14 410（20.07）	584（81.84%）	23 252（32.38）	584（81.84%）	5 104（7.11）
2018年	636（85.60%）	16 404（22.07）	636（85.60%）	25 457（34.26）	636（85.60%）	41 861（56.34）
2019年	469（59.44%）	27 945（35.42）	352（44.61%）	34 879（44.21）	219（27.76%）	3 719（4.71）
2020年	453（50.78%）	29 075（32.3）	346（38.79%）	43 530（48.8）	223（25%）	8 319（9.33）
2021年	497（45.59%）	31 433（28.84）	374（34.31%）	50 067（45.93）	257（23.58%）	10 345（9.49）
2022年	516（41.88%）	41 784（33.92）	433（35.14%）	62 738（50.92）	431（34.01%）	11 119（9.02）

注："披露公司数量"表示对应年份中披露某项专利信息的公司数量；"占比"为该年份中披露某项专利信息的公司占比，计算方式为：披露该项信息公司数/该年份上市公司总数；"披露总数"为对应年份中披露的某项专利的总数；"均值"为该年份中某项专利的均值，计算方式为：某项专利的披露总数/该年份上市公司总数。

从披露的具体情况看，创业板上市公司授权专利数量有所上升。目前授权专利达到了92 538项，平均拥有量下降到75.11项/家。实用新型专利技术、发明专利技术和外观设计专利的总数均呈现持续增长。其中，宁德时代（300750）和中洲特材（300963）分别拥有6 583项专利和10 894项专利，表现十分突出。

2. 不同行业披露情况

考虑到行业的代表性以及行业样本公司的数量，本报告从14个证监会颁布的上市公司一级行业分类中选取上市公司数量较多的四个行业进行典型分析，具体包括制造业，信息传输、软件和信息技术服务业，科学研究和技术服务业，以及水利、环境和公共设施管理业。（报告四、报告六和报告七中的行业选取同此报告。）

（1）制造业

根据表3-17的统计结果，制造业近五年披露专利技术的上市公司比例整体呈现下降趋势。发明专利披露占比最高的年份为2017年，占比为67.00%；实用新型专利在2019年的披露占比最高，为51.21%；外观设计专利披露公司数量（占比）和披露总数（均值）均在2022年达到最高。

（2）信息传输、软件和信息技术服务业

综合来看，该行业发明专利的披露情况波动较大，实用新型专利的披露情况相对稳定，外观设计专利的披露情况也相对稳定。从2017年到2022年，发明专利的披露公司数量呈现波动的趋势，从45个到50个不等。占比方面，从2019年的最高42.14%到2022年下降至27.93%。实用新型专利的披露总数均值在不同年份间波动，2020年最高，为2 184次，

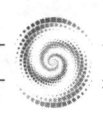

2017年最低，为1 266个，整体趋势相对稳定。详见表3-16。

表3-16 制造业专利信息披露整体情况

专利类型 年份	发明专利 披露公司数量（占比）	发明专利 披露总数（均值）	实用新型专利 披露公司数量（占比）	实用新型专利 披露总数（均值）	外观设计专利 披露公司数量（占比）	外观设计专利 披露总数（均值）
2017年	339（67.00%）	11 216（22.17）	255（50.40%）	20 094（39.71）	156（30.83%）	4 013（7.93）
2018年	329（63.89%）	13 169（25.57）	251（48.74%）	21 317（41.39）	157（30.49%）	4 666（9.06）
2019年	360（66.79%）	21 138（39.22）	276（51.21%）	30 302（56.22）	168（31.17%）	3 021（5.60）
2020年	360（58.44%）	22 730（36.90）	277（44.97%）	37 791（61.35）	157（29.06%）	7 247（11.76）
2021年	406（53.63%）	25 409（23.31）	311（41.08%）	43 415（39.83）	212（28.01%）	8 751（8.03）
2022年	453（52.92%）	34 561（40.38）	348（40.65%）	53 376（62.36）	346（40.42%）	9 765（11.40）

注："披露公司数量"表示对应年份中披露列示技术类无形资产的制造业公司数量；"占比"为该年份中披露某项专利信息的制造业公司占比，计算方式为：披露该项信息制造业公司数/该年份制造业上市公司总数；"披露总数"为对应年份制造业中披露的某项专利的总数；"均值"为该年份制造业中某项专利的均值，计算方式为：制造业中某项专利的披露总数/该年份制造业上市公司总数。以下分行业统计各类技术类无形资产披露情况的指标计算均同此说明。

表3-17 信息传输、软件和信息技术服务业专利信息披露整体情况

专利类型 年份	发明专利 披露公司数量（占比）	发明专利 披露总数（均值）	实用新型专利 披露公司数量（占比）	实用新型专利 披露总数（均值）	外观设计专利 披露公司数量（占比）	外观设计专利 披露总数（均值）
2017年	45（35.43%）	2 100（16.54）	29（22.83%）	1 266（9.97）	23（18.11%）	974（7.67）
2018年	53（40.46%）	2 024（15.45）	40（30.53%）	1 829（13.96）	30（22.90%）	658（5.02）
2019年	59（42.14%）	5 259（37.56）	36（25.71%）	1 764（12.6）	29（20.71%）	619（4.42）
2020年	83（33.11%）	4 482（30.28）	40（22.30%）	2 184（14.76）	30（17.57%）	760（5.14）
2021年	48（30.38%）	4 102（25.96）	29（18.35%）	2 278（14.42）	25（15.82%）	1 339（8.47）
2022年	50（27.93%）	4 777（26.69）	39（21.79%）	2 182（12.19）	39（21.79%）	871（4.56）

（3）科学研究与技术服务业

该行业整体公司数量有所增加，但专利信息披露情况呈现明显的下降趋势，但在2022年有所上升。发明专利和实用新型披露公司数量占比在2017年均最高，分别为56.25%和43.75%。外观设计披露公司数量不断上升，但占比呈现波动趋势，披露均值在2022年最高，达到5.5。详见表3-18。

表3-18 科学研究与技术服务业专利信息披露整体情况

专利类型 年份	发明专利 披露公司数量（占比）	发明专利 披露总数（均值）	实用新型专利 披露公司数量（占比）	实用新型专利 披露总数（均值）	外观设计专利 披露公司数量（占比）	外观设计专利 披露总数（均值）
2017年	9（56.25%）	510（31.88）	7（43.75%）	589（36.81）	4（25.00%）	33（2.06）
2018年	9（45.00%）	607（30.35）	6（30.00%）	457（22.85）	3（15.00%）	31（1.55）

续表

专利类型 年份	发明专利 披露公司数量（占比）	发明专利 披露总数（均值）	实用新型专利 披露公司数量（占比）	实用新型专利 披露总数（均值）	外观设计专利 披露公司数量（占比）	外观设计专利 披露总数（均值）
2019 年	10（50%）	654（32.7）	8（40%）	425（21.25）	4（20%）	26（1.3）
2020 年	10（41.67%）	817（34.04）	8（33.33%）	1 028（42.83）	4（16.67%）	132（5.5）
2021 年	11（26.19%）	743（17.69）	9（21.43%）	1 799（42.83）	4（9.52%）	50（1.19）
2022 年	17（31.48%）	1 015（18.80）	15（27.78%）	3 038（56.26）	15（27.78%）	105（1.94）

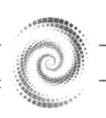

（4）水利、环境和公共设施管理业

根据表 3-19 的统计，2022 年该行业中披露发明专利、外观设计专利和实用新型专利信息的上市公司数量占比较 2020 年、2021 年有所上升。从披露的数量上看，发明专利的外观设计专利总量和均值呈现下降的趋势，实用新型专利的总量与均值与上一年相比有所上升。

表 3-19　水利、环境和公共设施管理业专利信息披露整体情况

专利类型 年份	发明专利 披露公司数量（占比）	发明专利 披露总数（均值）	实用新型专利 披露公司数量（占比）	实用新型专利 披露总数（均值）	外观设计专利 披露公司数量（占比）	外观设计专利 披露总数（均值）
2017 年	6（46.15%）	190（14.62）	5（38.46%）	286（22.00）	3（23.08%）	11（0.85）
2018 年	4（28.57%）	83（5.93）	4（28.57%）	196（14）	2（14.29%）	10（0.71）
2019 年	10（58.82%）	253（14.88）	7（41.18%）	579（34.06）	5（29.41%）	34（2）
2020 年	10（45.45%）	416（18.91）	7（31.82%）	868（39.45）	5（22.73%）	86（3.91）
2021 年	13（41.93%）	623（20.09）	7（22.58%）	897（28.94）	5（16.13%）	105（3.39）
2022 年	15（42.86%）	575（16.43）	7（20.00%）	1 052（30.06）	7（20.00%）	57（1.63）

（二）非专利技术

1. 整体披露情况

据表 3-20 显示，2017—2022 年，第一类非专利技术的披露情况呈现"U 字型"趋势，从 2017 年占比 4.12%开始，披露公司数量占比逐年上升，至 2020 年达到高峰，占比达到 30.20%。然而，从 2021 年开始，这一比例开始逐年下降，2021 年降至 25.23%，到 2022 年则进一步下降到 23.64%。与此同时，第一类非专利技术的披露总数均值也经历了相应的变化，从 2017 年的 0.09 项/家逐渐增加到 2021 年的 1.91 项/家，但 2022 年又下降到 0.21 项/家。

在第二类非专利技术的披露方面，虽然披露公司数量占比在整体上有所波动，但并未呈现出明显的上升或下降趋势。从披露总数均值来看，第二类非专利技术的均值在 2017 年

至 2022 年间呈现出一定的起伏,但整体变化不大。

第三类非专利技术,其披露情况则较为特殊。第三类非专利技术的披露公司数量占比在 2017 年至 2022 年间呈现出上升的趋势,尤其在 2021 年和 2022 年,披露公司数量占比分别达到了 66.69%和 63.53%。然而,值得注意的是,第三类专利技术的披露数量在却连续三年为 0。

表 3-20　2017—2022 年非专利技术信息披露整体情况

非专利技术类型 年份	第一类 披露公司数量（占比）	第一类 披露总数（均值）	第二类 披露公司数量（占比）	第二类 披露总数（均值）	第三类 披露公司数量（占比）	第三类 披露总数（均值）
2017 年	30（4.12%）	65（0.09）	191（26.60%）	305（0.42）	74（10.31%）	663（0.93）
2018 年	63（8.48%）	8（0.01）	198（26.65%）	124（0.17）	70（9.42%）	5 545（7.46）
2019 年	217（21.29%）	0（0）	34（4.31%）	335（0.43）	18（2.28%）	0（0）
2020 年	241（30.20%）	408（0.52）	27（3.38%）	89（0.11）	3（0.38%）	0（0）
2021 年	275（25.23%）	524（1.91）	42（3.85%）	24（0.57）	727（66.69%）	0（0）
2022 年	291（23.64%）	264（0.21）	50（4.06%）	65（0.05）	782（63.53%）	6（0）

2．不同行业披露情况

（1）制造业

根据表 3-21 的统计结果,较之 2021 年,2022 年披露第一类和第二类非专利技术信息的制造业上市公司占比均有所回落,第三类占比有所提高。2022 年,制造业中披露三类非专利技术的上市公司占比分别为 28.10%、4.57%和 67.33%。从三类非专利技术披露的总数来看,三类非专利的披露数量均有较大攀升。

表 3-21　制造业非专利技术信息披露整体情况

非专利技术类型 年份	第一类 披露公司数量（占比）	第一类 披露总数（均值）	第二类 披露公司数量（占比）	第二类 披露总数（均值）	第三类 披露公司数量（占比）	第三类 披露总数（均值）
2018 年	50（9.71%）	8（0.02）	145（28.16%）	71（0.14）	51（9.90%）	5 499（10.68）
2019 年	168（30.83%）	142（0.69）	25（4.59%）	0（0）	12（2.20%）	0（0）
2020 年	190（30.79%）	152（0.38）	19（3.08%）	89（0.22）	3（0.74%）	0（0）
2021 年	205（32.28%）	154（0.24）	30（4.72%）	4（0）	393（61.89%）	0（0）
2022 年	240（28.10%）	254（0.30）	39（4.57%）	44（0.05）	575（67.33%）	0（0）

（2）信息传输、软件和信息技术服务业

根据表 3-22 的统计结果,2022 年该行业披露非专利技术信息的上市公司数量较之 2021 年有所增长。2022 年,该行业中披露三类非专利技术的上市公司占比分别达到 20.56%、2.78%和 76.67%。信息传输、软件和信息技术服务业对第三类非专利技术信息的披露实现

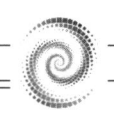

了从无到有，且披露公司数量增长至 138 家。

表 3-22　信息传输、软件和信息技术服务业非专利技术信息披露整体情况

非专利技术类型　年份	第一类 披露公司数量（占比）	第一类 披露总数（均值）	第二类 披露公司数量（占比）	第二类 披露总数（均值）	第三类 披露公司数量（占比）	第三类 披露总数（均值）
2018 年	8（6.11%）	0（0）	26（19.85%）	0（0）	12（9.16%）	33（0.25）
2019 年	25（17.86%）	0（0）	6（4.29%）	0（0）	4（2.86%）	0（0）
2020 年	26（22.03%）	0（0）	3（2.54%）	0（0）	0（0）	0（0）
2021 年	27（19.01%）	315（2.22）	4（2.82%）	0（0）	101（71.13%）	0（0）
2022 年	37（20.56%）	10（0.06）	5（2.78%）	0（0）	138（76.67%）	6（0.03）

（3）科学研究与技术服务业

根据表 3-23 的统计结果，2019 年，科学研究与技术服务业上市公司对第一类非专利技术信息的披露实现了从无到有；2020 年，该行业上市公司对第三类非专利技术的披露比例却下降到零；2021 年，对第二类非专利技术的披露比例也下降到零，但对第三类非专利技术的披露比例显著增加，达 84.00%；2022 年，三类非专利技术披露公司占比分别为 9.26%、7.41% 和 83.33%。

表 3-23　科学研究与技术服务业非专利技术信息披露整体情况

非专利技术类型　年份	第一类 披露公司数量（占比）	第一类 披露总数（均值）	第二类 披露公司数量（占比）	第二类 披露总数（均值）	第三类 披露公司数量（占比）	第三类 披露总数（均值）
2018 年	0（0）	0（0）	3（15%）	0（0）	3（15%）	4（0.2）
2019 年	2（9.52%）	0（0）	1（4.76%）	0（0）	1（4.76%）	0（0）
2020 年	4（16.67%）	0（0）	1（4.17%）	0（0）	0（0）	0（0）
2021 年	3（12%）	0（0）	0（0）	0（0）	21（84%）	0（0）
2022 年	5（9.26%）	0（0）	4（7.41%）	1（0.02）	45（83.33%）	0（0）

（4）水利、环境和公共设施管理业

根据表 3-24 的统计结果，从三类非专利技术信息披露的总数来看，该行业在 2022 年对三类非专利技术信息的披露较前四年有不同程度提升，其中第二类非专利技术披露数量实现零的突破。

表 3-24　水利、环境和公共设施管理业非专利技术信息披露整体情况

非专利技术类型　年份	第一类 披露公司数量（占比）	第一类 披露总数（均值）	第二类 披露公司数量（占比）	第二类 披露总数（均值）	第三类 披露公司数量（占比）	第三类 披露总数（均值）
2018 年	1（7.14%）	0（0）	5（35.71%）	0（0）	2（14.29%）	4（0.29）
2019 年	5（29.41%）	0（0）	0（0）	0（0）	1（5.88%）	0（0）

续表

非专利技术类型 年份	第一类 披露公司数量（占比）	第一类 披露总数（均值）	第二类 披露公司数量（占比）	第二类 披露总数（均值）	第三类 披露公司数量（占比）	第三类 披露总数（均值）
2020年	6（2.73%）	0（0）	0（0）	0（0）	0（0）	0（0）
2021年	7（38.89%）	0（0）	0（0）	0（0）	10（55.56%）	0（0）
2022年	9（25.71%）	0（0）	2（5.71%）	20（0.57）	24（68.57%）	0（0）

（三）技术标准

1．整体披露情况

总体来看，拥有技术标准并予以披露的创业板上市公司数量呈上升趋势。2022年披露占比最高，为28.19%，披露公司的总数也达到最高，达347家。在剔除未披露技术标准数量或披露不清的样本后，创业板上市公司披露的技术标准总量呈现出上升趋势，2022年显著增加，披露技术标准的总量达7 041项，相比去年增加268项。披露技术标准的均值为5.72项/家，相比于2021年减少了0.49项/家（见表3-25）。

表3-25　2017—2022年技术标准信息披露整体情况

技术标准 年份	披露公司数量（占比）	披露总数（均值）
2017年	129（17.97%）	838（1.12）
2018年	187（25.17%）	1 294（1.74）
2019年	196（24.84%）	2 927（3.71）
2020年	166（18.61%）	3 645（4.09）
2021年	306（28.07%）	6 773（6.21）
2022年	347（28.19%）	7 041（5.72）

2．不同行业披露情况

（1）制造业

根据表3-26的统计结果，制造业中披露技术标准的公司数量呈现出波动式上升的趋势，2022年的披露占比为30.44%，披露公司数量为260家，均为近五年来最高值。披露的技术标准数量与均值均呈现出增长的趋势，2022年披露的技术标准数量达3 387项，其均值达到3.97项/家。

表 3-26　制造业技术标准信息披露整体情况

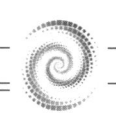

年份 / 技术标准	披露公司数量（占比）	披露总数（均值）
2017 年	96（18.97%）	507（1.00）
2018 年	102（19.81%）	701（1.36）
2019 年	140（25.97%）	1 691（3.14）
2020 年	122（19.77%）	2 268（3.68）
2021 年	221（29.19%）	3 115（4.11）
2022 年	260（30.44%）	3 387（3.97）

（2）信息传输、软件和信息技术服务业

根据表 3-27 的统计结果，该行业披露技术标准的公司数量呈现出波动式上升的趋势，2022 年的披露占比为 23.33%，披露公司数量为 42 家。披露的技术标准数量与均值均呈现出增长的趋势，2022 年披露的技术标准数量达 802 项，其均值达到 4.46 项/家。

表 3-27　信息传输、软件和信息技术服务业技术标准信息披露整体情况

年份 / 技术标准	披露公司数量（占比）	披露总数（均值）
2017 年	18（14.17%）	98（0.77）
2018 年	17（12.98%）	128（0.98）
2019 年	33（23.57%）	253（1.81）
2020 年	20（13.51%）	324（2.19）
2021 年	37（23.42%）	759（4.80）
2022 年	42（23.33%）	802（4.46）

（3）科学研究与技术服务业

根据表 3-28 的统计结果，科学研究与技术服务业中披露技术标准的公司数量呈现出波动式上升的趋势，2022 年的披露占比为 48.15%，披露公司数量为 26 家，为近五年来最高值。披露的技术标准数量与均值均呈现出增长的趋势，2022 年披露的技术标准数量达 2 366 项，其均值达到 43.81 项/家。

表 3-28　科学研究与技术服务业技术标准信息披露整体情况

年份 / 技术标准	披露公司数量（占比）	披露总数（均值）
2017 年	1（6.25%）	1（0.06）
2018 年	7（35.00%）	410（20.50）
2019 年	10（50%）	859（42.95）
2020 年	11（45.83%）	785（32.71）
2021 年	21（50%）	2 299（54.74）
2022 年	26（48.15%）	2 366（43.81）

（4）水利、环境和公共设施管理业

根据表 3-29 的统计结果，该行业中披露技术标准的公司数量与披露公司数量占比持续增长，2022 年披露公司的总数达 19 家，达到近五年来的最高值，占比达 54.29%。同时，披露技术标准的总数与均值也持续增长，2022 年的披露技术标准的总数达 486 项，均值达 13.89 项/家，相较于 2021 年有所回落。

表 3-29　水利、环境和公共设施管理业技术标准信息披露整体情况

年份 \ 技术标准	披露公司数量（占比）	披露总数（均值）
2017 年	3（23.08%）	8（0.62）
2018 年	4（28.57%）	18（1.29）
2019 年	2（11.76%）	11（0.65）
2020 年	8（36.37%）	155（7.05）
2021 年	17（54.84%）	482（15.54）
2022 年	19（54.29%）	486（13.89）

（四）软件著作权

1. 整体披露情况

根据表 3-30 的统计结果，2017—2022 年，创业板上市公司中披露软件著作权的公司数量整体上升，披露此项信息的公司占比基本保持稳定，基本维持在 33%～41%。创业板上市公司所披露的软件著作权总量逐渐增多，2022 年披露总量为 93 406 项，为近五年来最高值。从年度均值的变化来看，2017—2022 年创业板上市公司的软件著作权平均拥有量不断增加，且增幅较大，2021 年有所下降，2022 年又有所上升，为近五年最高值，披露软件著作权数量的均值为 75.88 项/家。披露软件著作权信息的企业中不乏表现优秀者，其中汉仪股份（301270）以 16 677 项软件著作权，成为拥有软件著作权最多的企业。

表 3-30　2017—2022 年软件著作权信息披露整体情况

年份 \ 软件著作权	披露公司数量（占比）	披露总数（均值）
2017 年	258（35.93%）	26 446（36.83）
2018 年	309（41.59%）	37 257（50.14）
2019 年	267（33.50%）	44 287（55.57）
2020 年	327（36.66%）	66 878（74.98）
2021 年	396（36.33%）	73 331（67.28）
2022 年	211（17.14%）	93 406（75.88）

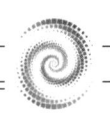

2. 不同行业披露情况

（1）制造业

根据表 3-31 的统计结果，制造业中披露软件著作权信息的公司数量趋势趋于平稳，披露比例从 2019 年开始维持在 30% 左右，2021 年的披露比例为 31.57%。披露的软件著作权的总量呈"U 型"变化，2021 年的披露总量达到最大值，为 27 917 项，披露的均值有所下降，为 36.88 项/家。整体来看，制造业的软件著作权披露情况有所好转，增长趋势明显。

表 3-31　制造业软件著作权信息披露整体情况

年份 \ 软件著作权	披露公司数量（占比）	披露总数（均值）
2017 年	163（32.21%）	9 386（18.55）
2018 年	102（19.81%）	701（1.36）
2019 年	156（28.94%）	18 152（33.68）
2020 年	193（31.28%）	23 535（38.14）
2021 年	239（31.57%）	27 917（36.88）
2022 年	125（14.64%）	30 144（35.30）

（2）信息传输、软件和信息技术服务业

根据表 3-32 的统计结果，该行业中披露软件著作权的公司数量波动变化，披露比例由 62.03% 下降至 36.67%。披露软件著作权的总量波动变化，2022 年达到均值的最大值，为 287.45 项/家。

表 3-32　信息传输、软件和信息技术服务业软件著作权信息披露整体情况

年份 \ 软件著作权	披露公司数量（占比）	披露总数（均值）
2017 年	80（62.99%）	14 282（112.46）
2018 年	17（12.98%）	128（0.98）
2019 年	81（57.86%）	22 732（162.37）
2020 年	92（62.16%）	31 408（212.22）
2021 年	98（62.03%）	31 426（198.89）
2022 年	66（36.67%）	51 741（287.45）

（3）科学研究与技术服务业

根据表 3-33 的统计结果，科学研究与技术服务业中披露软件著作权的公司数量于 2022 年达到 16 家，占比为 29.63%。2022 年披露的软件著作权总量较往年有所上升，达 11 160 项，但是均值持续大幅度下降，为 206.67 项/家，相较于 2021 年的 247.86 项/家，下降了 41.19 项/家。

表 3-33　科学研究与技术服务业软件著作权信息披露整体情况

软件著作权 年份	披露公司数量（占比）	披露总数（均值）
2017 年	6（37.50%）	514（32.13）
2018 年	7（35.00%）	410（20.50）
2019 年	6（30%）	1 060（53）
2020 年	10（43.48%）	9 729（422.96）
2021 年	19（45.24%）	10 410（247.86）
2022 年	16（29.63%）	11 160（206.67）

（4）水利、环境和公共设施管理业

根据表 3-34 的统计结果，该行业中披露软件著作权的公司数量有所减少，2022 年仅有 4 家。披露的软件著作权总量与均值呈现上升趋势，2022 年达到最大值，为 361 项和 10.31 项/家。

表 3-34　水利、环境和公共设施管理业软件著作权信息披露整体情况

软件著作权 年份	披露公司数量（占比）	披露总数（均值）
2017 年	3（23.08%）	13（1.00）
2018 年	4（28.57%）	18（1.29）
2019 年	4（23.53%）	50（2.94）
2020 年	10（45.45%）	186（8.45）
2021 年	13（41.93%）	310（10）
2022 年	4（11.43%）	361（10.31）

四、结论与小结

（一）技术类无形资产的行业差异依旧明显

从总量上看，基于各个行业之间企业数量差距等原因，制造业，信息传输、软件和信息技术服务业的各类技术类无形资产总量均排在前列，具有明显的规模优势。从技术类无形资产的行业均值来看，专利平均拥有量较高的行业是信息传输、软件和信息技术服务业以及制造业；非专利技术平均拥有量较高的行业是水利、环境和公共设施管理业，信息传输、软件和信息技术服务业，以及租赁和商务服务业；技术标准平均拥有量较高的行业是信息传输、软件和信息技术服务业，水利、环境和公共设施管理业，以及制造业；软件著作权平均拥有量较高的行业是信息传输、软件和信息技术服务业。另外，近几年，制造业，信息传输、软件和信息技术服务业的技术类无形资产规模呈现出较高增速的趋势，一方面

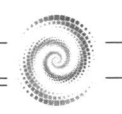

是因为现代企业更加依靠技术类无形资产带来收益，所以加大了技术类无形资产的研发投入，另一方面可能是因为受到政府政策及宏观经济的影响。

（二）技术类无形资产的结构不均衡

技术类无形资产的结构不均衡主要反映在创业板上市公司对不同类型技术类无形资产的披露质量及重视程度。在招股说明书中，专利及非专利技术类无形资产的披露情况都明显高于技术标准及软件著作权。但在上市之后，除专利技术覆盖率呈上升趋势之外，其他技术类无形资产的总体披露情况都有所下降。可能的原因有：其一，非专利技术作为公司的主要核心技术，不适合向外界公布；其二，参与技术标准的制定门槛相对较高，获得技术标准认定的难度比较大；其三，软件著作权对于部分行业企业的作用不显著，上市公司缺乏对软件著作权的重视。总体而言，技术类无形资产结构不平衡的现状十分明显。

报告四

创业板上市公司市场类无形资产研究

商标、客户、竞争地位和竞争优势均是与市场高度相关的无形资产，构成公司核心竞争力的重要组成部分。本报告对 2022 年 12 月 31 日前上市的 1 232 家公司的商标、客户、竞争地位、核心竞争优势等信息进行描述性统计，以探究创业板上市公司有关市场类无形资产的现状和变化趋势。

一、概念界定

（一）商标

商标是用来区别一个经营者的品牌或服务和其他经营者的商品或服务的标记。根据《中华人民共和国商标法》规定，经商标局核准注册的商标为注册商标，包括商品商标、服务商标和集体商标、证明商标；商标注册人享有商标专用权，受法律保护。如果是驰名商标，将会获得跨类别的商标专用权法律保护。作为一种可辨认的常规无形资产，商标是市场经济下供买卖双方在商品交换活动中辨认商品质量、档次、品位的标志。商标权则是将商标法律化、制度化，并且为消费大众所认可的一种知识产权。

（二）客户

客户指用货币或某种有价值的物品来换取接受财产、服务、产品或某种创意的自然人或组织。客户是商业服务或产品的采购者，他们可能是最终的消费者、代理人或供应链内的中间人。大客户又被称为重点客户、主要客户、关键客户、优质客户等，指的是对产品（或服务）消费频率高、消费量大、客户利润率高而对企业经营业绩能产生一定影响的客户，除此之外的客户群则可划入中小客户范畴。客户属于非常规的一类无形资产，但是随着市

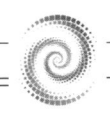

场经济和企业竞争的加剧，客户资源逐步成为衡量企业无形资产状况的重要指标之一。

（三）竞争地位

竞争地位是指企业在目标市场中所占据的位置，是企业规划竞争战略的重要依据。企业的竞争地位不同，其竞争战略也不同。创业板上市公司的竞争地位主要由"核心产品的市场占有率"和"市场排名"两项指标加以体现。其中，市场占有率指的是，一个企业的销售量（或销售额）在市场同类产品中所占的比重，体现了企业对市场的控制能力；市场排名一般是根据既有规则对企业多个要素打分后按照权重进行加总的分数排名，能够较为全面地体现企业在行业中的竞争地位。在当前经济环境下，竞争地位也开始被纳入非常规无形资产的范畴之中，一个企业在行业中所处的地位也成为其重要的资源与能力。

（四）竞争优势

竞争优势是一种特质，它可以使组织在市场中得到的价值超过它的竞争对手。企业组织通过保持竞争优势，模仿或取代竞争对手获得更多的经济价值。延续此前蓝皮书的做法，本报告市场类无形资产的企业核心竞争优势从企业的技术研发、产品性能、品牌、客户资源、行业经验、人才团队、服务、营销网络、管理、资质、商业模式、市场地位、成本、产业链和企业文化 15 个方面进行评价。作为非常规的一类无形资源，企业的各项能力作为持续竞争优势的潜在来源，指的是一个公司比其他公司做得突出的一系列活动，它可能出现在特定的职能中，也可能与特定技术或产品设计相联系，或者存在于管理价值链各要素的联系之中。

二、基于招股说明书的市场类无形资产披露情况

本报告延续以往年度研究报告的研究框架，将市场类无形资产分为商标、客户、竞争地位和竞争优势四类，具体统计口径见表 4-1。

表 4-1　市场类无形资产的分类及统计口径

无形资产类型	分类	统计口径
市场类无形资产	商标	商标图形或名称、持有商标数量、申请商标数量、商标荣誉、有效日期、取得方式、注册证号、商标类别、商标权属
	客户	"前五大客户销售占比"和"主要客户基本情况"
	竞争地位	"核心产品的市场占有率"和"市场排名"
	竞争优势	技术研发、产品性能、品牌、客户资源、行业经验、人才团队、服务、营销网络、管理、资质、商业模式、市场地位、成本、产业链和企业文化

从 1 232 家样本公司招股说明书披露的信息来看，拥有并披露商标、客户、竞争地位、核心竞争优势等市场类无形资产的公司占比均超过 80%，其中核心竞争优势的占比为 98.94%（见表 4-2），略低于 2021 年披露情况；而商标、客户信息和竞争地位的披露情况略高于 2021 年。

表 4-2　基于招股说明书的创业板上市公司市场类无形资产披露情况

市场类无形资产类型	2021 年 披露公司数量（家）	占比（%）	2022 年 披露公司数量（家）	占比（%）
商标	951	87.25	1 095	88.88
客户	1 035	94.95	1 169	94.89
竞争地位	875	80.28	999	81.09
核心竞争优势	1 087	99.72	1 213	98.94

注："占比"的计算方式为：披露某项市场类无形资产的公司总数/1 232。

（一）商标

1. 整体披露情况

基于公司招股说明书数据，1 232 家创业板上市公司总计持有 44 559 项商标，平均每家公司持有商标数为 43.18 项，高于上年的 33.49 项/家，说明 2022 年新上市的 148 家公司平均商标持有量较之前有明显增加。此外，133 家新上市的公司披露了正在申请的商标数量，平均每家公司正在申请商标数为 0.34 项，从均值来看低于上年。新上市企业使用副商标模式有利于商标的推广和保护，有助于运用商标实施品牌战略，但同时也增加了相关的管理费用（见表 4-3）。

表 4-3　商标信息披露整体情况

商标状态	2021 年 数量（家）	占比（%）	总数（项）	均值（项/家）	2022 年 数量（家）	占比（%）	总数（项）	均值（项/家）
持有商标	914	83.85	36 522	33.49	1 059	85.96	44 559	43.18
申请商标	133	12.20	417	0.38	133	10.80	417	0.34
商标荣誉	486	44.59	537	0.49	510	41.40	561	0.46

注："数量"指的是披露某项商标信息的公司数量；"占比"的计算方式为：披露某项商标信息的公司总数/1 232；"总数"为 1 232 家样本公司披露商标总数；"均值"的计算方法为：某项商标信息的披露总数/1 232。

从商标荣誉来看，2022 年新增上市公司中有 24 家公司披露了商标荣誉共 24 项，合计披露了商标荣誉的公司数量达到 510 家。24 家公司中，持有"中国驰名商标"的公司数量为 10 家，持有省、直辖市一级商标荣誉的公司数量为 14 家。

2. 不同行业披露情况

如表 4-4 所示，从商标持有量的披露情况来看，采矿业、教育业、农林牧渔业披露该项信息公司占比较低，均未达 65%。整体而言，电力、热力、燃气及水生产和供应业最重视商标信息的披露，公司数量最多的制造业、信息传输、软件和信息技术服务业对商标信息披露较为重视。

表 4-4 2021 年和 2022 年不同行业商标信息披露公司数及占比

行业	2021 年 持有商标	2021 年 申请商标	2021 年 商标荣誉	2022 年 持有商标	2022 年 申请商标	2022 年 商标荣誉
采矿业	3（60.00%）	0（0%）	1（20.00%）	3（60.00%）	0（0%）	1（20.00%）
电力、热力、燃气及水生产和供应业	3（100%）	1（33.33%）	3（100%）	3（100%）	1（33.33%）	3（100%）
建筑业	9（75.00%）	0（0%）	7（58.33%）	9（75.00%）	0（0%）	7（58.33%）
交通运输、仓储和邮政业	2（66.67%）	1（33.33%）	1（33.33%）	2（66.67%）	1（33.33%）	1（33.33%）
教育业	1（50.00%）	1（50.00%）	1（50.00%）	1（50.00%）	1（50.00%）	1（50.00%）
金融业	4（80.00%）	0（0%）	1（20.00%）	4（80.00%）	0（0%）	1（20.00%）
居民服务、修理和其他服务业	1（100%）	0（0%）	0（0%）	1（100%）	0（0%）	0（0%）
科学研究和技术服务业	39（92.86%）	4（9.52%）	11（26.19%）	51（94.44%）	4（7.41%）	12（22.22%）
农林牧渔业	6（54.55%）	1（9.09%）	5（45.45%）	6（54.55%）	1（9.09%）	5（45.45%）
批发和零售贸易	19（86.36%）	1（4.55%）	6（27.27%）	20（86.96%）	1（4.35%）	6（26.09%）
水利、环境和公共设施管理业	25（80.65%）	7（22.58%）	10（32.26%）	29（82.86%）	7（20.00%）	10（28.57%）
卫生和社会工作	2（50.00%）	2（50.00%）	2（50.00%）	5（71.43%）	2（28.57%）	2（28.57%）
文化、体育和娱乐业	13（76.47%）	3（17.65%）	7（41.18%）	14（77.78%）	3（16.67%）	7（38.89%）
信息传输、软件和信息技术服务业	138（86.79%）	16（10.06%）	81（50.94%）	160（87.91%）	16（8.79%）	83（45.60%）
制造业	636（84.24%）	96（12.72%）	347（45.96%）	737（85.90%）	96（11.19%）	367（42.77%）
租赁和商务服务业	11（68.75%）	0（0%）	3（18.75%）	12（70.59%）	0（0%）	4（23.53%）

注：括号外数据表示对应行业中披露某项商标信息的公司数量，括号中数据为该行业中披露某项商标信息的公司占比，计算方式为：披露该项信息公司数/该行业公司总数。

如表 4-5 所示，从总量上看，由于上市企业数量较多，制造业的商标持有量最多；但从均值上看，批发和零售贸易的表现则更好。从各行业各类商标均值来看，采矿业，金融业，科学研究和技术服务业，批发和零售贸易，水利、环境和公共设施管理业，文化、体育和娱乐业，信息传输、软件和信息技术服务业，制造业，租赁和商务服务业的持有商标均值都超过 20 件，表明这些行业对商标品牌高度重视。

表 4-5　2021 年和 2022 年不同行业商标信息披露总数与均值

行业	2021年 持有商标	2021年 申请商标	2021年 商标荣誉	2022年 持有商标	2022年 申请商标	2022年 商标荣誉
采矿业	145（29）	0（0）	1（0.20）	145（29）	0（0）	1（0.20）
电力、热力、燃气及水生产和供应业	32（10.67）	1（0.33）	3（1）	32（10.67）	1（0.33）	3（1）
建筑业	198（16.50）	0（0）	7（0.58）	198（16.50）	0（0）	7（0.58）
交通运输、仓储和邮政业	11（3.67）	0（0）	1（0.33）	11（3.67）	0（0）	1（0.33）
教育业	6（3）	1（0.50）	1（0.50）	6（3）	1（0.50）	1（0.50）
金融业	231（46.20）	0（0）	1（0.20）	231（46.20）	0（0）	1（0.20）
居民服务、修理和其他服务业	2（2）	0（0）	0（0）	2（2）	0（0）	0（0）
科学研究和技术服务业	1 655（39.40）	5（0.12）	13（0.31）	1 834（33.96）	5（0.09）	14（0.26）
农林牧渔业	71（6.45）	9（0.82）	5（0.45）	71（6.45）	9（0.82）	5（0.45）
批发和零售贸易	2 909（132.23）	0（0）	8（0.36）	3 134（136.26）	0（0）	8（0.35）
水利、环境和公共设施管理业	623（20.10）	9（0.29）	10（0.32）	789（22.54）	9（0.26）	10（0.29）
卫生和社会工作	65（13）	13（2.60）	2（0.40）	218（31.14）	13（1.86）	2（0.29）
文化、体育和娱乐业	715（42.06）	44（2.59）	7（0.41）	902（50.11）	44（2.44）	7（0.39）
信息传输、软件和信息技术服务业	3 689（23.20）	86（0.54）	89（0.56）	5 311（29.18）	86（0.47）	91（0.50）
制造业	25 374（33.61）	249（0.33）	285（0.38）	30 745（35.83）	249（0.29）	305（0.36）
租赁和商务服务业	555（34.69）	0（0）	3（0.17）	689（40.53）	0（0）	4（0.24）

注：括号外数据表示对应行业中披露的某项商标的总数，括号中数据为该行业中某项商标的均值，计算方式为：某项商标的披露总数/该行业公司总数。

（二）客户

1. 整体披露情况

本报告以"主导客户类型"反映企业最主要客户的所有制属性。例如，国企客户占多数，则该企业被归为国企客户主导类型；以"前五大客户合计销售占比"描述企业客户集中程度。客户集中度高，有利于企业管理，降低交易成本，但过度依赖大客户也会带来潜在风险。

从客户类型上看，2018—2022 年，在招股说明书中明确披露公司客户信息的上市公司数量依次为 91 家、52 家、89 家、182 家和 131 家。民企、国企、外企这三类客户主导的上市公司占比最高（见表 4-6）。

表 4-6 基于招股说明书的创业板上市公司 2018—2022 年主导客户类型占比情况

年份		2018 年	2019 年	2020 年	2021 年	2022 年
披露年度客户的公司数（家）		91	52	89	182	131
主导客户类型占比	国企	27.50%	23.10%	24.73%	20.33%	11.45%
	外企	13.10%	21.20%	34.35%	26.37%	16.03%
	民企	50.50%	34.60%	27.13%	47.25%	70.99%
	行政事业单位	6.60%	7.70%	1.31%	4.95%	1.53%
	其他	2.30%	13.50%	12.48%	1.10%	0.00%

注：表格中的数据只统计每年报告期内新增上市公司披露情况的数据。"其他"类型的客户包括台资企业、港资企业、中外合资企业等所有制性质的企业客户。

2. 不同行业披露情况

如表 4-7 所示，从披露公司数量占比来看，绝大部分行业的公司披露率都是 100%，说明绝大部分行业内的企业将客户信息纳入重要的无形资产披露范畴。从前五大客户合计销售额占比来看，前三名行业为采矿业（52.09%）、建筑业（48.91%）、制造业（46.33%）；后三名行业为卫生和社会工作（8.92%）、批发和零售贸易业（14.39%）、金融业（20.19%）。这也反映出不同行业对于大客户依赖程度的强弱存在差异。

表 4-7 2021—2022 年不同行业客户信息披露描述

行业 \ 客户信息	2021 年 披露公司数量（占比）	2021 年 前五大客户合计销售占比均值	2022 年 披露公司数量（占比）	2022 年 前五大客户合计销售占比均值
采矿业	5（100%）	52.09%	5（100%）	52.09%
电力、热力、燃气及水生产和供应业	3（100%）	28.36%	3（100%）	28.36%
建筑业	12（100%）	48.91%	12（100%）	48.91%
交通运输、仓储和邮政业	3（100%）	31.71%	3（100%）	31.71%
教育业	2（100%）	33.97%	2（100%）	33.97%
金融业	5（100%）	20.19%	5（100%）	20.19%
居民服务、修理和其他服务业	1（100%）	33.97%	1（100%）	33.97%
科学研究和技术服务业	41(97.62%)	29.28%	53（98.15%）	30.75%
农林牧渔业	11（100%）	28.92%	11（100%）	28.92%
批发和零售贸易	18（81.82%）	13.32%	19（82.61%）	14.39%
水利、环境和公共设施管理业	30（96.77%）	44.65%	34（97.14%）	45.51%
卫生和社会工作	5（100%）	11.78%	7（87.50%）	8.92%
文化、体育和娱乐业	16（94.12%）	34.42%	17（94.44%）	34.79%
信息传输、软件和信息技术服务业	157（98.74%）	28.72%	178（97.80%）	30.85%
制造业	746（98.81%）	46.20%	838（97.67%）	46.33%
租赁和商务服务业	16（100%）	27.03%	17（100.00%）	27.17%

注："披露公司数量"表示对应行业中披露相关客户信息的公司数量；"占比"为该行业中披露相关客户信息的公司占比，计算方式为：披露该项信息公司数/该行业公司总数；"前五大客户合计销售占比均值"为对应行业中前五大客户合计销售的均值，计算方式为：行业各公司前五大客户销售占比累加/行业企业数量。

(三）竞争地位

1. 整体披露情况

创业板上市公司的竞争地位主要由"核心产品的市场占有率"和"市场排名"两项指标加以体现。

2021年，199家样本公司中，有150家披露了竞争地位相关信息，占比75.38%；2022年新上市的148家中，有124家披露，占比83.78%（见表4-8）。

绝大多数披露竞争地位信息的公司都拥有多个产品类型，虽然不同产品的市场占有率差异较大，但各项产品的市场排名较为稳定，多数集中于市场前十名。

从主营产品的市场占有率来看，有4家公司超过了70%。其中，制造业公司占据3席，文化、体育和娱乐业占据1席。这4家公司均为提供具有实物形态工业产品的企业。值得注意的是，2022年新上市的148家公司中有105家披露了市场占有率信息。

表4-8 基于招股说明书的主营产品市场占有率大于70%的企业

证券代码	公司名称	行业	产品类型	市场占有率
301207	华兰疫苗	制造业	四价流感病毒裂解疫苗	86.10%
301231	荣信文化	文化、体育和娱乐业	少儿图书	86.98%
301266	宇邦新材	制造业	9主栅及以上光伏组件	89.00%
			有铅焊带互连的光伏组件	93.70%
301349	信德新材	制造业	PAN基碳纤维	90.00%

注：市场占有率数据来源于上市公司的招股说明书，未披露相关信息的公司不在统计范围内。

2. 不同行业披露情况

如表4-9所示，从总量上看，披露竞争地位的公司数量前三大行业分别是制造业，信息传输、软件和信息技术服务业和科学研究和技术服务业，而这其中制造业占据绝大部分。从占比上看，采矿业，电力、热力、燃气及水生产和供应业，交通运输、仓储和邮政业，教育业，金融业这五个行业的公司全部（100%）对竞争地位进行了披露；而后三名行业分别为建筑业（75.00%），科学研究和技术服务业（70.37%）和居民服务、修理和其他服务业（0%）。行业间存在较大差距的原因主要有两个方面：一是占比达到100%的行业其上市公司数量较少，二是不同行业由于行业性质和所处市场环境，其竞争程度存在差异，故披露程度也存在差异。

表4-9 不同行业竞争地位信息披露公司数量及占比

行业	截至2022年底披露公司数量（占比）	截至2021年底披露公司数量（占比）
采矿业	5（100%）	5（100%）
电力、热力、燃气及水生产和供应业	3（100%）	3（100%）

续表

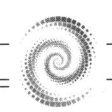

行业	截至2022年底披露公司数量（占比）	截至2021年底披露公司数量（占比）
建筑业	9（75.00%）	9（75.00%）
交通运输、仓储和邮政业	3（100%）	3（100%）
教育业	2（100%）	2（100%）
金融业	5（100%）	5（100%）
居民服务、修理和其他服务业	0（0.00%）	0（0.00%）
科学研究和技术服务业	41（75.93%）	31（73.81%）
农林牧渔业	9（81.82%）	9（81.82%）
批发和零售贸易	19（82.61%）	18（81.82%）
水利、环境和公共设施管理业	29（82.86%）	27（87.10%）
卫生和社会工作	6（87.50%）	4（80%）
文化、体育和娱乐业	15（83.33%）	14（82.35%）
信息传输、软件和信息技术服务业	148（81.32%）	127（79.87%）
制造业	689（80.30%）	604（80.00%）
租赁和商务服务业	14（82.35%）	13（81.25%）

注："披露公司数量"表示对应行业中披露相关竞争地位信息的公司数量；"占比"为该行业中披露相关竞争地位信息的公司占比，计算方式为：披露该项信息公司数/该行业公司总数。

（四）核心竞争优势

1. 整体披露情况

本报告从技术研发、产品性能、品牌、客户资源、行业经验、人才团队、服务、营销网络、管理、资质、商业模式、市场地位、成本、产业链和企业文化，这15个方面对企业核心竞争优势进行评价。截止到2021年底，1 090家样本公司中有1 088家披露了竞争优势相关信息，占比99.82%。截止到2022年底，1 232家样本公司中有1 230家披露了竞争优势相关信息，占比99.84%。

2. 不同行业披露情况

如表4-10所示，制造业上市公司披露的各项核心竞争优势都是最多的，其次是信息传输、软件和信息技术服务业和科学研究和技术服务业。对核心竞争优势披露较少的行业分别是居民服务、修理和其他服务业，教育业和房地产业。其他行业在这15项核心竞争优势方面都或多或少有所欠缺。

表 4-10　基于招股说明书的各行业拥有核心竞争优势的公司数量（单位：家）

核心竞争优势＼行业	技术研发	产品性能	品牌	客户资源	行业经验	人才团队	服务	营销网络	管理	资质	商业模式	市场地位	成本	产业链	企业文化
采矿业	5	2	2	1	0	5	2	1	3	0	3	0	1	0	0
电力、热力、燃气及水生产和供应业	2	2	1	1	1	2	0	1	2	0	1	0	0	0	0
房地产业	0	0	1	1	0	1	1	0	0	1	1	0	0	0	0
建筑业	9	6	7	2	6	10	4	4	7	5	5	5	3	3	2
交通运输、仓储和邮政业	0	1	2	2	0	2	2	0	2	0	1	0	0	0	0
教育业	1	1	0	1	1	0	0	1	1	1	2	2	0	0	0
金融业	5	2	2	4	1	4	2	2	2	1	0	0	2	0	0
居民服务、修理和其他服务业	0	0	1	0	1	0	1	1	1	1	1	1	1	1	1
科学研究和技术服务业	48	27	42	38	31	42	33	10	30	30	30	31	14	17	14
农林牧渔业	10	6	7	3	3	5	4	6	4	3	4	5	4	4	2
批发和零售贸易	16	14	16	15	10	14	16	15	17	6	15	15	5	10	2
水利、环境和公共设施管理业	29	12	27	10	16	29	17	3	21	16	15	15	10	14	3
卫生和社会工作	6	2	6	2	3	6	4	1	7	5	4	2	0	0	1
文化、体育和娱乐业	7	5	17	8	5	14	2	11	7	1	10	9	4	6	5
制造业	844	679	507	544	296	509	357	284	428	237	282	394	310	253	123
信息传输、软件和信息技术服务业	158	72	92	110	69	114	102	60	64	50	66	71	18	23	31
租赁和商务服务业	13	3	12	12	6	11	8	6	6	1	5	4	2	0	3

如表 4-11 所示，综合来看，核心竞争优势拥有比率较高的行业有居民服务、修理和其他服务业，科学研究和技术服务业，批发和零售贸易业和制造业，而核心竞争优势拥有量较低的几大行业有交通运输、仓储和邮政业，电力、热力、燃气及水生产和供应业和采矿业。表 4-10 和 4-11 的统计表明，核心竞争优势构成受到行业特性以及其发展阶段的影响而呈现差异化。

表 4-11　基于招股说明书的各行业公司核心竞争优势拥有比率（单位：%）

核心竞争优势＼行业	技术研发	产品性能	品牌	客户资源	行业经验	人才团队	服务	营销网络	管理	资质	商业模式	市场地位	成本	产业链	企业文化
采矿业	100.0	40.0	40.0	20.0	0.0	100.0	40.0	20.0	60.0	0.0	60.0	0.0	20.0	0.0	0.0
电力、热力、燃气及水生产和供应业	66.7	66.7	33.3	33.3	33.3	66.7	0.0	33.3	66.7	0.0	33.3	0.0	0.0	0.0	0.0
房地产业	0.0	0.0	100.0	100.0	0.0	100.0	100.0	0.0	0.0	100.0	100.0	0.0	0.0	0.0	0.0

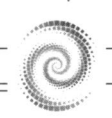

续表

核心竞争优势 行业	技术研发	产品性能	品牌	客户资源	行业经验	人才团队	服务	营销网络	管理	资质	商业模式	市场地位	成本	产业链	企业文化
建筑业	75.0	50.0	58.3	16.7	50.0	83.3	33.3	33.3	58.3	41.7	41.7	41.7	25.0	25.0	16.7
交通运输、仓储和邮政业	0.0	33.3	66.7	66.7	0.0	66.7	66.7	0.0	66.7	33.3	0.0	0.0	0.0	0.0	0.0
教育业	50.0	50.0	0.0	50.0	50.0	0.0	0.0	50.0	50.0	50.0	100.0	100.0	0.0	0.0	0.0
金融业	100.0	40.0	40.0	80.0	20.0	80.0	40.0	40.0	40.0	20.0	0.0	40.0	0.0	0.0	0.0
居民服务、修理和其他服务业	0.0	0.0	100.0	0.0	100.0	0.0	100.0	100.0	100.0	100.0	100.0	100.0	100.0	100.0	100.0
科学研究和技术服务业	88.9	50.0	77.8	70.4	57.4	77.8	61.1	18.5	55.6	55.6	55.6	57.4	25.9	31.5	25.9
农林牧渔业	90.9	54.5	63.6	27.3	27.3	45.5	36.4	54.5	36.4	27.3	36.4	45.5	36.4	36.4	18.2
批发和零售贸易	69.6	60.9	69.6	65.2	43.5	60.9	69.6	65.2	73.9	26.1	65.2	65.2	21.7	43.5	8.7
水利、环境和公共设施管理业	82.9	34.3	77.1	28.6	45.7	82.9	48.6	8.6	60.0	45.7	42.9	42.9	28.6	40.0	8.6
卫生和社会工作	75.0	25.0	75.0	25.0	37.5	75.0	50.0	12.5	87.5	62.5	62.5	50.0	25.0	0.0	12.5
文化、体育和娱乐业	38.9	27.8	94.4	44.4	27.8	77.8	11.1	61.1	38.9	5.6	55.6	50.0	22.2	33.3	27.8
制造业	98.4	79.1	59.1	63.4	34.5	59.3	41.6	33.1	49.9	27.6	32.9	45.9	36.1	29.5	14.3
信息传输、软件和信息技术服务业	86.8	39.6	50.5	60.4	37.9	62.6	56.0	33.0	35.2	27.5	36.3	39.0	9.9	12.6	17.0
租赁和商务服务业	76.5	17.6	70.6	70.6	35.3	64.7	47.1	35.3	35.3	5.9	29.4	23.5	11.8	0.0	17.6

注：核心竞争优势拥有比率的计算方式为：行业中拥有该核心竞争优势的企业数量/行业企业总数。

三、基于年报的市场类无形资产披露情况

截至 2022 年 12 月 31 日，共有 1 232 家创业板上市公司披露了 2022 年年报。表 4-12 统计数据显示，2021 年年报中创业板上市公司对商标信息进行披露的仅占十分之一左右，远低于招股说明书的信息披露比例，2022 年商标信息披露比例相较于 2021 年来说更低，而关于客户、竞争地位和竞争优势信息披露的公司占比都较高。

表 4-12 基于公司年报的创业板公司市场类无形资产披露情况

年份	2021 年	2022 年
商标	121（11.10%）	23（1.87%）
客户	1 083（99.36%）	1 223（99.27%）
竞争地位	972（89.17%）	1 169（94.89%）
核心竞争优势	1 089（99.91%）	1 232（100.00%）

注：括号外数据表示对应年份中披露某项市场类无形资产信息的公司数量，括号中数据为该年份中披露某项市场类无形资产信息的公司占比，计算方式为：披露该项信息公司数/该年份所有上市公司总数。

（一）商标

1. 整体披露情况

基于公司年报数据，1 232 家创业板上市公司披露持有商标信息的比例为 8.69%，总计持有 13 959 项商标，平均每家公司持有商标数为 11.33 项，低于上年的 16.97 项/家，说明披露年报的公司平均商标持有量较上年有所下降。此外，共有 22 家公司披露了正在申请的商标数量，为 1 202 项，从均值来看低于上年。披露的商标荣誉的公司为 129 家，为 129 项，从均值来看少于上年。两类商标信息披露均值未出现明显上涨的态势，说明上市公司一方面更聚焦推广主商标，另一方面对副商标推广模式趋于理性（见表 4-13）。

表 4-13 2021 年和 2022 年商标信息披露整体情况

年份 \ 商标状态	持有商标 披露公司数量（占比）	持有商标 披露总数（均值）	申请商标 披露公司数量（占比）	申请商标 披露总数（均值）	商标荣誉 披露公司数量（占比）	商标荣誉 披露总数（均值）
2021 年	115（10.55%）	18 498（16.97）	27（2.48%）	1 735（1.59）	121（11.10%）	135（0.12）
2022 年	107（8.69%）	13 959（11.33）	22（1.79%）	1 202（0.98）	129（10.47%）	129（0.10）

注："披露公司数量"表示对应年份中披露某项商标信息的公司数量；"占比"为该年份中披露某项商标信息的公司占比，计算方式为：披露该项信息公司数/该年份上市公司总数；"披露总数"为对应年份中披露的某项商标的总数；"均值"为该年份中某项商标的均值，计算方式为：某项商标的披露总数/该年份上市公司总数。以下对分行业及分区域披露情况的统计中，指标计算均同此说明。

2. 不同行业披露情况

（1）制造业

如表 4-14 所示，从制造业商标信息披露情况来看，持有商标披露公司数量占比 7.82%，低于整体披露情况，披露总数为 9 258 项，均值为 10.80 项/家，略低于整体披露情况。另外，制造业上市公司中披露申请商标、商标荣誉的公司占比为 1.87%、13.54%，均值为 1.26 项/家、0.14 项/家，两项指标均高于整体披露情况，这说明制造业中上市公司相比整体较多采用副商标战略。

表 4-14 2021 年和 2022 年制造业商标信息披露整体情况

年份 \ 商标状态	持有商标 披露公司数量（占比）	持有商标 披露总数（均值）	申请商标 披露公司数量（占比）	申请商标 披露总数（均值）	商标荣誉 披露公司数量（占比）	商标荣誉 披露总数（均值）
2021 年	73（9.64%）	13 535（17.88）	20（2.64%）	1 614（2.13）	109（14.40%）	124（0.16）
2022 年	67（7.82%）	9 258（10.80）	16（1.87%）	1 083（1.26）	116（13.54%）	116（0.14）

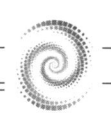

（2）信息传输、软件和信息技术服务业

如表 4-15 所示，从信息传输、软件和信息技术服务业商标信息披露情况来看，持有商标披露公司数量占比 11.73%，高于整体披露情况，披露总数为 1 904 项，均值为 10.64 项/家，低于整体披露情况。另外，信息传输、软件和信息技术服务业上市公司中披露申请商标、商标荣誉的公司均值为 0.42 项/家、0.03 项/家，两个指标均低于整体披露情况。

表 4-15　2021 年和 2022 年信息传输、软件和信息技术服务业商标信息披露情况

年份 商标状态	持有商标 披露公司数量（占比）	持有商标 披露总数（均值）	申请商标 披露公司数量（占比）	申请商标 披露总数（均值）	商标荣誉 披露公司数量（占比）	商标荣誉 披露总数（均值）
2021 年	24（15.19%）	1 864（11.87）	6（3.80%）	102（0.65）	4（2.53%）	4（0.03）
2022 年	21（11.73%）	1 904（10.64）	4（2.23%）	75（0.42）	5（2.79%）	5（0.03）

（3）科学研究与技术服务业

如表 4-16 所示，从科学研究与技术服务业商标信息披露情况来看，持有商标披露公司数量占比 5.56%，低于整体披露情况，披露总数为 1 044 项，均值为 19.33 项/家，高于整体披露情况。另外，科学研究与技术服务业上市公司中披露申请商标、商标荣誉的公司为 0 家。

表 4-16　2021 年和 2022 年科学研究与技术服务业商标信息披露整体情况

年份 商标状态	持有商标 披露公司数量（占比）	持有商标 披露总数（均值）	申请商标 披露公司数量（占比）	申请商标 披露总数（均值）	商标荣誉 披露公司数量（占比）	商标荣誉 披露总数（均值）
2021 年	4（9.52%）	1 485（35.36）	0（0%）	0（0）	0（0%）	0（0）
2022 年	3（5.56%）	1 044（19.33）	0（0%）	0（0）	0（0%）	0（0）

（二）客户

整体披露情况

如图 4-1 所示，从前五大客户合计销售占比平均值来看，2018 年与 2019 年基本持平，2020 年较大幅度上升，2021 年出现回落，2022 年小幅度上升。总的来看，创业板上市公司客户集中度呈现波动上升的趋势。说明创业板上市公司企业越来越重视培育优质主导客户，认识到优质的大客户会带来产业链整合效应，使整个产业链商品的流动性更加协调，最大化产业链利益。但值得注意的是，客户集中度应保持在一个适度的水平，过高或过低都存在潜在的问题。

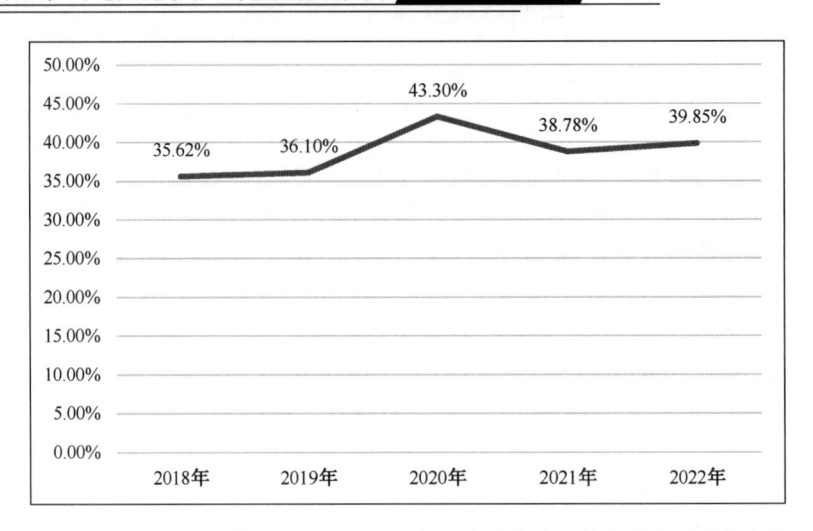

图 4-1 2018—2022 年创业板上市公司前五大客户合计销售占比平均值变化

（三）竞争地位

1. 整体披露情况

从 2018—2022 年竞争信息披露情况来看，未在年报中披露竞争地位的企业占比呈波动变化趋势。2022 年，未披露竞争地位的企业占比为 6.01%，较 2021 年大幅度下降。而披露信息的企业大多数选择定性描述，定性描述企业所占比重增加较 2021 年有所减少，另外有 27.84% 的企业选择定量描述（见表 4-17）。

表 4-17 2018—2022 竞争地位信息披露整体情况（单位：%）

竞争地位 年份	定性描述	定量描述	未披露	上升企业占比
2018 年	38.31	59.84	1.85	40.55
2019 年	80.9	13.04	6.02	8.41
2020 年	43.05	53.03	3.92	39.8
2021 年	70.27	18.90	10.83	24.22
2022 年	66.15	27.84	6.01	35.55

进一步的，本报告对创业板上市公司市场竞争地位的变动情况进行分析。统计发现，近年来市场竞争地位上升的企业占比呈现波动变化趋势，这可能与近年来行业整体产能过剩、市场竞争加剧的宏观经济背景相关。

2. 不同行业披露情况

根据对选取的制造业，信息传输、软件和信息技术服务业，科学研究与技术服务业三个典型行业的分析，披露竞争地位信息时选择定量描述的公司占比均大幅上升，选择定性

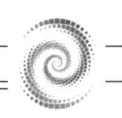

描述的公司占比均有一定的下降（见表 4-18）。

表 4-18 2021 年和 2022 年竞争地位信息披露整体情况（单位：%）

年份	行业	定性描述	定量描述	未披露	上升企业占比
2021 年	制造业	73.05	17.83	9.12	25.76
	信息传输、软件和信息技术服务业	64.56	17.72	17.72	18.35
	科学研究与技术服务业	64.28	19.05	16.67	26.19
2022 年	制造业	66.74	26.72	6.53	37.11
	信息传输、软件和信息技术服务业	64.34	24.02	11.64	27.37
	科学研究与技术服务业	59.21	30.74	10.05	38.89

（四）核心竞争优势

1．整体披露情况

证监会要求公司年报应对企业核心竞争优势的变化进行有效披露，其中包括设备、专利、核心技术人员等七大类。表 4-19 反映了 2018—2022 年创业板企业的竞争优势总数变动情况。

表 4-20 为核心竞争优势变动占比统计，计算方式为：某种指标变动数量/核心竞争优势变动总量。可以发现，2018—2022 年，设备的变动占比总体呈上升趋势，反映出上市公司对核心竞争优势的重视程度不断上升。核心技术人员的变动占比总体呈下降趋势，其中 2022 年比 2021 年下降了 1.87%，反映出上市公司对核心技术人员的重视程度在近两年下降。独特经营方式和盈利模式在 2018—2022 年呈现出先下降后上升的趋势。2022 年专利的变动占比比 2021 年上升了 5.06%。非专利技术和特许经营权的变动占比变化较小，资源要素使用则几乎没有变化。总体而言，设备、核心技术人员以及独特经营方式和盈利模式创业板上市公司变动较为活跃的竞争优势。

表 4-19 2018—2022 年核心竞争优势数量变动披露情况（单位：项）

年份 指标	2018 年	2019 年	2020 年	2021 年	2022 年
设备	62	527	635	1 090	1 231
专利	19	765	873	1 078	1 115
非专利技术	56	749	853	1 065	307
特许经营权	0	60	49	111	118
核心技术人员	375	639	669	591	421
独特经营方式和盈利模式	330	498	472	930	886
资源要素使用	2	2	0	0	19

注："资源要素使用"指允许他人使用自己所有的资源要素或作为被许可方使用他人资源要素。表 4-20、表 4-21、表 4-22 同此说明。

表 4-20 2018—2022 年核心竞争优势变动占比统计（单位：%）

指标 \ 年份	2018 年	2019 年	2020 年	2021 年	2022 年
设备	7.3	16.27	17.88	22.40	30.05
专利	2.3	23.61	24.58	22.16	27.22
非专利技术	6.6	23.12	24.02	21.89	7.49
特许经营权	0.0	1.85	1.38	2.28	2.88
核心技术人员	44.4	19.72	18.84	12.15	10.28
独特经营方式和盈利模式	39.1	15.37	13.29	19.12	21.63
资源要素使用	0.20	0.06	0.00	0.00	0.46

注：变动占比指的是每种竞争优势占竞争优势总变动量比重，即某种指标变动数量/核心竞争优势变动总量。表 4-22 同此说明。

2．不同行业披露情况

2021—2022 年，制造业，信息传输、软件和信息技术服务业，科学研究与技术服务业三个代表性行业中披露的核心竞争优势变动的数量如表 4-21 所示。2022 年，三个行业中涉及设备、专利和核心技术人员的竞争优势变动数量最多（见表 4-21）。

表 4-21 2021—2022 年代表性行业核心竞争优势变动的数量披露情况（单位：项）

指标 \ 年份	2021 年 制造业	信息传输、软件和信息技术服务业	科学研究与技术服务业	2022 年 制造业	信息传输、软件和信息技术服务业	科学研究与技术服务业
设备	757	158	42	857	179	54
专利	755	154	41	821	144	43
非专利技术	749	151	39	237	31	9
特许经营权	71	11	2	57	13	3
核心技术人员	415	114	14	298	54	24
独特经营方式和盈利模式	677	115	33	633	101	39
资源要素使用	0	0	0	12	3	0

2021—2022 年制造业，信息传输、软件和信息技术服务业，科学研究与技术服务业三个代表性行业中披露了核心竞争优势变动数量的占比情况如表 4-22 所示。2022 年，制造业、信息传输、软件和信息技术服务业和科学研究与技术服务业核心竞争优势变动占比最高的前三项均分别是设备、专利和独特经营方式和盈利模式。

表 4-22 2021—2022 年制造业核心竞争优势变动占比统计（单位：%）

指标 \ 年份	2021 年 制造业	信息传输、软件和信息技术服务业	科学研究与技术服务业	2022 年 制造业	信息传输、软件和信息技术服务业	科学研究与技术服务业
设备	22.11	22.48	24.56	29.40	34.10	31.40
专利	22.05	21.91	23.98	28.16	27.43	25.00

续表

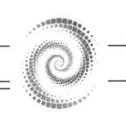

年份 指标	2021年 制造业	2021年 信息传输、软件和信息技术服务业	2021年 科学研究与技术服务业	2022年 制造业	2022年 信息传输、软件和信息技术服务业	2022年 科学研究与技术服务业
非专利技术	21.88	21.48	22.81	8.13	5.90	5.23
特许经营权	2.07	1.56	1.17	1.96	2.48	1.74
核心技术人员	12.12	16.22	8.19	10.22	10.29	13.95
独特经营方式和盈利模式	19.77	16.36	19.30	21.72	19.24	22.67
资源要素使用	0.00	0.00	0.00	0.41	0.57	0.00

四、研究结论

（一）市场类无形资产覆盖率较高但是质量迥异

无论从招股说明书还是年报来看，创业板上市公司普遍富集市场类无形资产。以招股说明书为例，绝大多数公司披露了至少一项市场类无形资产，四类资产的披露比率均超过80%，总体而言，披露的比例较高。同时，不同创业板上市公司所拥有的同类资产披露情况存在较大差别，一些企业对其市场类无形资产进行了详细披露（包含报告中所涉及的各项要素），而不少企业仅披露了简单的数量信息，这也与企业自身经营情况的差异性有关。

（二）市场类无形资产存在明显的行业异质性

对于不同行业，创业板上市公司所拥有的市场类无形资产状况存在较大的差异。以商标类资产为例，制造业和信息传输、软件和信息技术服务业在持有商标项数、申请商标项数和获得商标荣誉这三项指标中占有绝对优势。同样的，以客户类资产为例，采矿业、建筑业、制造业的前五大客户销售额占比较大，对大客户依存度最高；卫生和社会工作、批发和零售贸易、金融业的前五大客户销售额占比较小，以散户为主，对大客户依存度最低。这都反映出了不同行业的创业板上市公司在市场类无形资产方面存在很大的行业异质性。

（三）市场类无形资产年度变化趋势不一

以年报客户数据为例，2018—2022年创业板上市公司前的五大客户合计销售占比平均值呈波动变化趋势：2018年到2020年呈上升趋势，2021年相较于2019年大幅度下降，2022年小幅增加。再以核心竞争优势为例，核心竞争优势具体包含的设备、专利、非专利技术等各项核心竞争优势变动占比的变化趋势都不尽相同。

报告五

创业板上市公司人力资源类无形资产研究

创业板以快速成长的高科技中小企业为主体。此类企业通常具有无形资产富集的特征，除了会计制度接受并纳入计量报告范围的以专利、商标为代表的常规无形资产外，以高管团队为核心的人力资源类无形资产开始受到越来越多投资者的关注。根据证监会相关规定，上市公司需要在招股说明书和年度报告中对人力资源类无形资产进行信息披露。本报告以 2022 年 12 月 31 日前上市的 1 232 家公司为对象，研究创业板上市公司的人力资源类无形资产。

一、概念界定

本报告涉及的人力资源类无形资产主要包括：高级管理人员、独立董事、创业股东、员工四类。

（一）高级管理人员

高级管理人员是创业板上市公司人力资源类无形资产的重要组成部分，在企业生产经营中制定决策、规范运营和引导发展。根据《中华人民共和国公司法》第二百一十六条：高级管理人员，是指公司的经理、副经理、财务负责人、上市公司董事会秘书和公司章程规定的其他人员。

（二）独立董事

根据证监会《上市公司独立董事规则（2022）》，上市公司独立董事，是指不在上市公司担任除董事外的其他职务，并与其所受聘的上市公司及其主要股东、实际控制人不存在

直接或间接利害关系，或者其他可能影响其进行独立客观判断关系的董事。独立董事作为公司治理模式的重要组成部分，在公司监管，尤其是上市公司监管方面具有重要意义。该办法的实施效果，以及独立董事履行专业和制衡能力的强弱与公司治理水平高度相关。因此，可将独立董事视作上市公司的异质性无形资产，即非常规无形资产。

（三）创业股东

创业股东是企业处于创业阶段时的实际控制人，是创业板上市公司快速成长的关键因素。之前的创业板无形资产年度报告对创业股东的内涵、特征与分类，及其对企业价值贡献等问题进行了深入分析，本报告继续沿用相关定义和研究框架。

（四）员工

员工与高管、独立董事、创业股东共同构成创业板上市公司的人力资源，但较其他类型人力资源无形资产，员工的流动性更大。本报告沿用年度研究报告对员工类无形资产的研究路径，主要关注创业板上市公司劳动力集合（生产型人力资本）和技术研发型人力资本两部分。

二、基于招股说明书的人力资源类无形资产披露情况

本报告对创业板上市公司人力资源相关信息进行统计分析。同时，每部分内容新增行业分析与区域分析。人力资源类无形资产的统计口径如下表 5-1 所示。

表5-1 人力资源类无形资产的分类及统计口径

分类		统计口径
高管	总经理	年龄、性别、学历及教育背景、内部兼职情况、薪酬、持股、更替情况
	财务总监	年龄、性别、学历及教育背景、内部兼职情况、薪酬、持股、更替情况
	董事会秘书	年龄、性别、学历及教育背景、内部兼职情况、薪酬、持股、更替情况
独立董事		年龄、性别、学历及职称、专业和从业背景、董事津贴
股东		股东整体结构现状、创业股东组织类型
员工		员工数量、学历、专业结构

需要说明的是，对高管中总经理、财务总监以及董事会秘书（以下简称"董秘"）的学历及教育背景数据来自招股说明书，年龄、性别、兼职、薪酬、持股、更替等数据来源于年报。因此，依据信息来源的不同，对高管的统计分析将放在两个部分。

（一）总经理学历及教育背景

招股说明书中披露了总经理学历的公司共有 1 182 家。本科及以上学历的总经理人数占比大约为 86.40%，比 2021 年上升了 5.70%（见表 5-2）。

表 5-2　创业板上市公司总经理学历分布

学历	2021 年 人数（个）	占比（%）	2022 年 人数（个）	占比（%）
高中及以下	49	4.61	62	5.25
大专	156	14.69	99	8.38
本科	385	36.25	415	35.11
硕士（包括在读）	384	36.16	517	43.74
博士（包括在读）	88	8.29	89	7.53
合计	1 062	100.00	1 182	100

划分行业后，由于行业划分可能存在部分重叠，所以人数略有出入，以后同类表格同理，不再一一说明。本科及以上学历总经理比例达 100%的行业有十一个，而这一比例较低的行业是农、林、牧、渔业，仅为 55.56%（见表 5-3）。

表 5-3　不同行业本科及以上学历总经理人数及占比

行业	2021 年 人数（个）	占比（%）	2022 年 人数（个）	占比（%）
采矿业	3	100.00	4	100.00
电力、热力、燃气及水生产和供应业	2	100.00	3	100.00
建筑业	9	90.00	12	100.00
教育业	0	0.00	2	100.00
房地产业	1	100.00	1	100.00
金融业	0	0.00	4	100.00
交通运输、仓储和邮政业	2	66.67	2	66.67
居民服务、修理和其他服务业	1	100.00	1	100.00
科学研究和技术服务业	40	97.56	50	100.00
农、林、牧、渔业	9	90.00	5	55.56
批发和零售业	16	69.57	23	88.46
水利、环境和公共设施管理业	23	82.14	32	94.12
卫生和社会工作	4	100.00	6	100.00
文化、体育和娱乐业	11	73.33	15	93.75
信息传输、软件和信息技术服务业	138	87.90	162	94.74
制造业	663	84.57	682	82.87
住宿和餐饮业	1	100.00	1	100.00
租赁和商务服务业	12	92.31	16	100.00

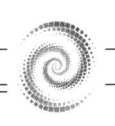

（二）财务总监学历及教育背景

创业板上市公司中有 1 232 家在招股说明书中披露财务总监学历及教育背景。具有本科及以上学历的财务总监合计占比 75.41%，具有本科学历的财务总监占比最大，为 51.38%（见表 5-4）。

表 5-4　创业板上市公司财务总监学历分布

学历	2021 年 人数（个）	2021 年 占比（%）	2022 年 人数（个）	2022 年 占比（%）
高中及以下	62	5.71	63	5.11
大专	208	19.15	240	19.48
本科	552	50.83	633	51.38
硕士（包括在读）	253	23.3	285	23.13
博士（包括在读）	11	1.01	11	0.89

分行业看，有六个行业的本科及以上学历财务总监比例达 100%，分别是采矿业、电力、热力、燃气及水生产和供应业、房地产业、居民服务、修理和其他服务业，租赁和商务服务业，住宿和餐饮业。本科及以上学历财务总监比例较低的行业是教育、交通运输、仓储和邮政业（见表 5-5）。

表 5-5　不同行业本科及以上学历财务总监人数及占比

行业	2021 年 人数（个）	2021 年 占比（%）	2022 年 人数（个）	2022 年 占比（%）
采矿业	4	100.00	4	100.00
电力、热力、燃气及水生产和供应业	2	100.00	2	100.00
建筑业	8	80.00	8	80.00
教育业	0	0.00	0	0.00
房地产业	1	100.00	1	100.00
金融业	0	0.00	0	0.00
交通运输、仓储和邮政业	1	50.00	1	50.00
居民服务、修理和其他服务业	1	100.00	1	100.00
科学研究和技术服务业	38	88.37	49	89.09
农、林、牧、渔业	9	81.82	9	81.82
批发和零售业	19	90.48	20	90.91
水利、环境和公共设施管理业	24	85.71	26	83.87
卫生和社会工作	3	75.00	5	71.43
文化、体育和娱乐业	13	81.25	14	82.35
信息传输、软件和信息技术服务业	129	81.13	149	81.87
制造业	536	72.93	611	73.00
住宿和餐饮业	1	100.00	1	100.00
租赁和商务服务业	14	100.00	15	100.00

（三）董事会秘书学历及教育背景

有 1 229 家上市公司在招股说明书中披露了董秘的学历信息。具有本科及以上学历的董秘合计占比 87.43%。其中，具有本科学历的董秘占比最高，为 48.19%（见表 5-6）。

表 5-6　创业板上市公司董事会秘书学历分布

学历	2021 年 人数（个）	2021 年 占比（%）	2022 年 人数（个）	2022 年 占比（%）
高中及以下	13	1.19	14	1.13
大专	127	11.62	141	11.36
本科	529	48.40	598	48.19
硕士（包括在读）	394	36.05	454	36.58
博士（包括在读）	30	2.74	33	2.66

分行业看，金融业和教育业的董事会秘书具有本科及以上学历的占比最低，为 0，交通运输、仓储和邮政业的占比较低，为 33.33%，其他行业本科及以上董事会秘书占比均在 80% 以上，有十个行业占比为 100%（见表 5-7）。

表 5-7　不同行业本科及以上学历董事会秘书人数及占比

行业	2021 年 人数（个）	2021 年 占比（%）	2022 年 人数（个）	2022 年 占比（%）
采矿业	3	100.00	3	100.00
电力、热力、燃气及水生产和供应业	2	100.00	2	100.00
建筑业	9	100.00	9	100.00
教育业	0	0.00	0	0.00
房地产业	1	100.00	1	100.00
金融业	0	0.00	0	0.00
交通运输、仓储和邮政业	1	33.33	3	33.33
居民服务、修理和其他服务业	1	100.00	1	100.00
科学研究和技术服务业	44	100.00	56	100.00
农、林、牧、渔业	10	90.91	11	90.91
批发和零售业	20	90.91	23	91.31
水利、环境和公共设施管理业	28	87.50	35	88.57
卫生和社会工作	4	100.00	6	100.00
文化、体育和娱乐业	17	100.00	18	100.00
信息传输、软件和信息技术服务业	147	94.84	178	95.51
制造业	652	83.70	868	85.37
住宿和餐饮业	1	100.00	1	100.00
租赁和商务服务业	13	100.00	14	100.00

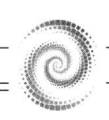

三、基于年报的人力资源类无形资产披露情况

（一）创业板上市公司高管研究

1. 总经理

2021年有16家公司未明确披露总经理，只统计该年度1 074家创业板上市公司的总经理相关信息。2022年有20家公司未明确披露总经理，只统计该年度1 212家创业板上市公司的总经理相关信息。

（1）年龄

2021年，创业板上市公司总经理的平均年龄为50.31岁，与上年相比有所下降。2022年，创业板上市公司总经理的平均年龄为50.17岁，与2021年相比进一步下降（见表5-8）。2022年，50～59岁年龄段的总经理人数最多，占比48.43%；其次是40～49岁年龄段，占比34.65%。最年轻的总经理年龄为27岁，最年长的总经理年龄为76岁。分行业来看，各行业总经理平均年龄差距不大。平均年龄最小的是教育业，为43岁；平均年龄最大的行业是住宿和餐饮业，为58岁。

表5-8　2021年和2022年创业板上市公司总经理年龄分布

年龄	2021年 人数（个）	2021年 占比（%）	2022年 人数（个）	2022年 占比（%）
30岁以下	5	0.47	7	0.58
30～39岁	93	8.66	102	8.42
40～49岁	368	34.26	420	34.65
50～59岁	518	48.23	587	48.43
60岁及以上	90	8.38	96	7.92
合计	1 074	100.00	1 212	100.00

（2）性别

2021年，样本公司中的女性总经理人数为106人，占总人数的比例为9.87%，与2020年相比略有上升。2022年，样本公司中的女性总经理人数为116人，占总人数的比例为9.57%，与2021年相比略有下降（见图5-1）。

分行业来看，女性总经理比例在各行业差别较大。没有女性总经理的行业有六个，分别是电力、热力、燃气及水生产和供应业，教育业，房地产业，金融业，居民服务、维修和其他服务业，卫生和社会工作。而女性总经理比例最高的是住宿和餐饮业，达100%，但该行业只有一家企业，其次是交通运输、仓储和邮政业，达33.33%（见表5-9）。

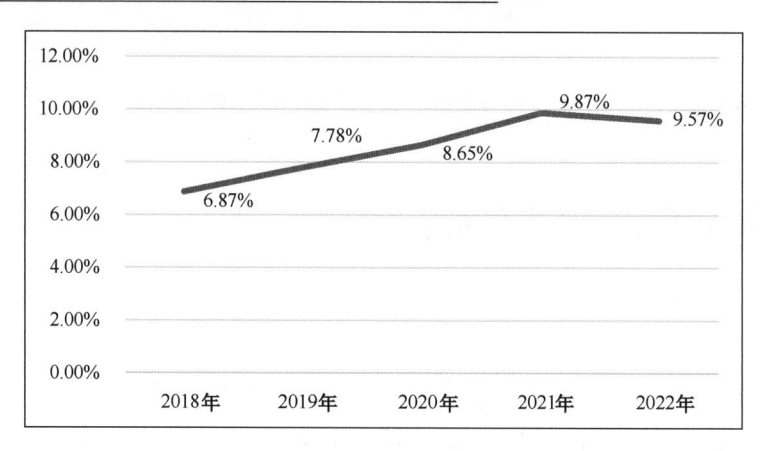

图 5-1 2018—2022 年创业板上市公司女性总经理占比变化

表 5-9 2022 年不同行业女性总经理人数及占比

行业	2021 年 人数（个）	2021 年 占比（%）	2022 年 人数（个）	2022 年 占比（%）
采矿业	1	20.00	1	20.00
电力、热力、燃气及水生产和供应业	0	0.00	0	0.00
建筑业	1	8.33	2	16.67
教育业	0	0.00	0	0.00
房地产业	0	0.00	0	0.00
金融业	0	0.00	0	0.00
交通运输、仓储和邮政业	1	33.33	1	33.33
居民服务、修理和其他服务业	0	0.00	0	0.00
科学研究和技术服务业	6	14.29	5	9.43
农、林、牧、渔业	2	20.00	3	33.33
批发和零售业	5	20.00	7	26.92
水利、环境和公共设施管理业	10	32.26	9	26.47
卫生和社会工作	0	0.00	0	0.00
文化、体育和娱乐业	3	20.00	4	25.00
信息传输、软件和信息技术服务业	19	12.03	19	10.98
制造业	53	7.00	60	7.09
住宿和餐饮业	1	100.00	1	100.00
租赁和商务服务业	4	25.00	4	25.00

（3）内部兼职情况

截至 2021 年底，创业板上市公司兼任董事长或副董事长职务的总经理有 527 人，占比 49.07%，比 2020 年末下降了 0.71%；截至 2022 年底，创业板上市公司兼任董事长或副董事长职务的总经理有 606 人，占比 50%，比 2021 年末上升了 0.93%（见表 5-10）。除此之外，还有部分公司的总经理兼任董事、董秘、技术总监、财务总监等职务。

分行业看，总经理兼任董事长或副董事长的情况在各行业中差距较大。兼职比例最高

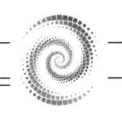

的是居民服务、修理和其他服务业，为100%。除此之外，比例最高的是采矿业，为80%。比例最低的是房地产业，交通运输、仓储和邮政业和住宿和餐饮业，为0。

表5-10 2021年和2022年不同行业总经理兼任董事长（副董事长）的人数及占比

行业	2021年 人数（个）	2021年 占比（%）	2022年 人数（个）	2022年 占比（%）
采矿业	4	80.00	4	80.00%
电力、热力、燃气及水生产和供应业	2	66.67	1	33.33%
建筑业	7	58.33	5	41.67%
教育业	2	100.00	1	50.00%
房地产业	0	0.00	0	0.00%
金融业	3	75.00	3	75.00%
交通运输、仓储和邮政业	1	33.33	0	0.00%
居民服务、修理和其他服务业	1	100.00	1	100.00%
科学研究和技术服务业	17	40.48	24	45.28%
农、林、牧、渔业	5	50.00	6	66.67%
批发和零售业	14	56.00	14	53.85%
水利、环境和公共设施管理业	8	25.81	10	29.41%
卫生和社会工作	2	50.00	3	42.86%
文化、体育和娱乐业	7	46.67	9	56.25%
信息传输、软件和信息技术服务业	74	46.84	85	49.13%
制造业	372	49.14	434	51.30%
住宿和餐饮业	1	100.00	0	0.00%
租赁和商务服务业	6	37.50	6	37.50%

（4）薪酬

2021年，披露总经理薪酬的样本公司有1 060家。总经理的平均薪酬为1 290.76万元，上一年为103.26万元，增幅很大；2022年，披露总经理薪酬的样本公司有1 209家，总经理的平均薪酬为2 991.31万元，增幅仍超过1倍。

其中，薪酬在50~100万元之间（含50万）的公司最多，占比为42.17%；其次是100万元以上，占比为37.74%。薪酬最高的是戎美股份（301088）的总经理温迪，年薪高达793 012.21万元；第二名是蒙泰高新（300876）的总经理郭清海，年薪为457 820.05万元；第三名是迈瑞医疗（300760）的总经理吴昊，年薪为1 695.38万元。

2022年，薪酬在50~100万元之间（含50万）的公司最多，占比为41.44%；其次是100万元以上，占比为39.12%（见表5-11）。薪酬最高的总经理年薪高达1 951 935.00万元；第二名是通用电梯（300931）的总经理徐志明，年薪为856 463.11万元；第三名是扬电科技（301012）的总经理程俊明，年薪为476 708万元。

薪酬高达几十亿甚至百亿，需要核实，这也是导致近两年平均薪酬突然大幅升高的原因。

表 5-11 2022 年创业板上市公司总经理薪酬分布

薪酬（万元）	2021 年 人数（个）	2021 年 占比（%）	2022 年 人数（个）	2022 年 占比（%）
(0,10)	10	0.94	17	1.41%
[10,30)	52	4.91	45	3.72%
[30,50)	151	14.25	173	14.31%
[50,100)	447	42.17	501	41.44%
100 及以上	400	37.74	473	39.12%
合计	1 060	100.00	1 209	100.00%

如图 5-2 和图 5-3 所示 2014—2022 年，创业板上市公司总经理的平均薪酬呈不断上升趋势，2022 年最高与最低薪酬之间的差距较之 2020 年有所上升。分行业看，总经理平均年薪最高的是制造业，为 4 233.40 万元；最低的是教育业，为 33.79 万元。

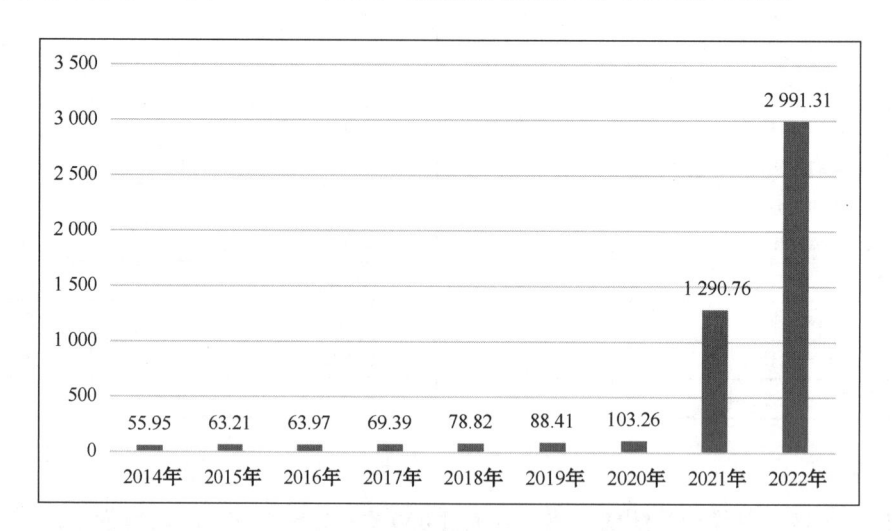

图 5-2 2014—2022 年总经理平均年薪变化情况（单位：万元）

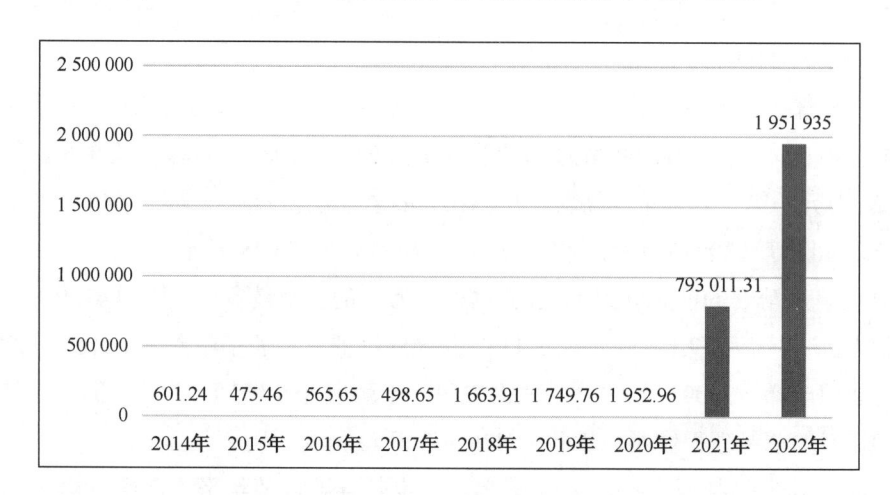

图 5-3 2014—2022 年总经理年薪最高值与最低值的差距变化（单位：万元）

（5）持股情况

2021年，披露总经理持股情况的样本公司有874家。2014—2022年，创业板上市公司总经理持股的比例变化起伏较大，2022年较之2021年下降了0.05%（见图5-4）。

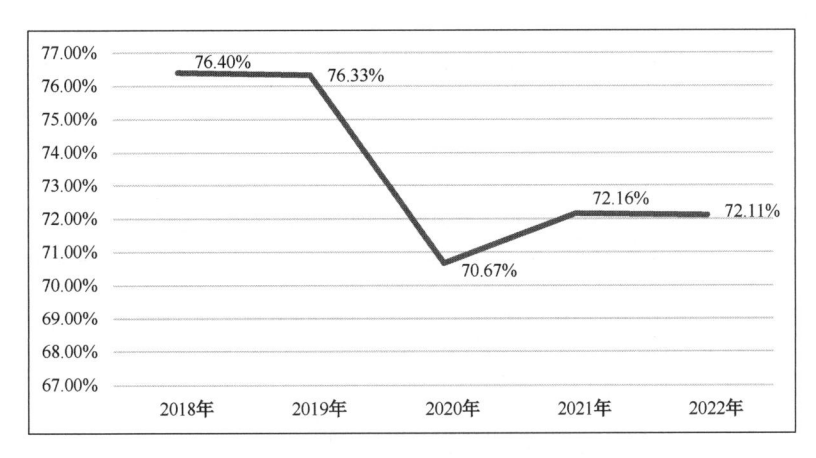

图 5-4　2018—2022年创业板上市公司总经理持股比例变化趋势

分行业看，除房地产业、居民服务、修理和其他服务业、住宿和餐饮业的企业总经理未持股外，其他行业中总经理持股的企业比例均达40%。持股比例最高的是电力、热力、燃气及水生产和供应业以及教育业，均达100%（见表5-12）。

表 5-12　2021年和2022年分行业总经理持股的企业数及其行业占比

行业	2021年 企业数（个）	2021年 行业占比（%）	2022年 企业数（个）	2022年 行业占比（%）
采矿业	3	60.00	2	40.00%
电力、热力、燃气及水生产和供应业	3	100.00	3	100.00%
房地产业	0	0.00	7	58.33%
建筑业	6	50.00	2	100.00%
交通运输、仓储和邮政业	2	66.67	0	0.00%
教育业	2	100.00	2	50.00%
金融业	4	100.00	2	66.67%
居民服务、修理和其他服务业	0	0.00	0	0.00%
科学研究和技术服务业	29	69.05	32	60.38%
农、林、牧、渔业	6	60.00	7	77.78%
批发和零售业	19	76.00	18	69.23%
水利、环境和公共设施管理业	21	67.74	23	67.65%
卫生和社会工作	3	75.00	5	71.43%
文化、体育和娱乐业	10	66.67	10	62.50%
信息传输、软件和信息技术服务业	108	68.35	124	71.68%
制造业	550	72.66	628	74.23%
住宿和餐饮业	0	0.00	0	0.00%
租赁和商务服务业	9	56.25	9	56.25%

（6）更替情况

分行业看，在过去一年中有四个行业的总经理没有发生变动，分别是交通运输、仓储和邮政业，居民服务、修理和其他服务业，卫生和社会工作以及住宿和餐饮业。

2022年，总经理发生变动的创业板公司有309家，变动比例为26.70%，与去年相比上升了14.12%。发生变动的行业中，变动比例最大的是电力、热力、燃气及水生产和供应业和建筑业，变动比例为100%；最低的是科学研究和技术服务业，变动比例为12.20%（见表5-13）。

表5-13　2022年分行业总经理变动人数及占比

行业	2021年 人数（个）	2021年 占比（%）	2022年 人数（个）	2022年 占比（%）
采矿业	2	40.00	2	40.00
电力、热力、燃气及水生产和供应业	0	0.00	3	100.00
房地产业	0	0.00	3	25.00
建筑业	3	25.00	2	100.00
交通运输、仓储和邮政业	1	33.33	0	0.00
教育业	0	0.00	1	25.00
金融业	2	50.00	1	33.33
居民服务、修理和其他服务业	0	0.00	0	0.00
科学研究和技术服务业	9	21.43	5	12.20
农、林、牧、渔业	3	30.00	3	33.33
批发和零售业	2	8.33	5	20.00
水利、环境和公共设施管理业	1	3.23	6	20.00
卫生和社会工作	1	25.00	0	0.00
文化、体育和娱乐业	6	40.00	3	20.00
信息传输、软件和信息技术服务业	16	10.32	51	34.00
制造业	84	11.26	220	29.69
住宿和餐饮业	1	100.00	0	0.00
租赁和商务服务业	4	25.00	4	26.67

2. 财务总监

因迪威迅（300167）、金运激光（300220）、百纳千成（300291）、三六五王（300295）、*ST 计通（300330）、麦克奥迪（300341）、中铁装配（300374）、富邦股份（300387）、杭州高新（300478）、雪榕生物（300511）、恒实科技（3030513）、爱司凯（300521）、幸福蓝海（300528）、健帆生物（300529）、中旗股份（300575）、英飞特（300582）、熙菱信息（300588）、朗进科技（300594）、美力科技（300611）、三角防务（300775）、中简科技（300777）、松原股份（300893）、德固特（300950）23家公司未在2022年年度报告中披露财务总监的信息，因此本报告只统计其余1 209家创业板上市公司财务总监的相关情况。

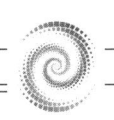

（1）年龄

2022年，在披露了财务总监的1 209家上市公司中，财务总监的平均年龄为45.7岁。年龄最大的是艾布鲁（301259）的殷明坤，为73岁，年龄最小的是炬华科技（300360）的丁嘉禾，为29岁。从年龄分布的情况看，40～49岁之间的财务总监人数最多，占比达50.21%；其次是50～59岁之间，占比为30.02%（见表5-14）。

表5-14　2022年创业板上市公司财务总监年龄分布

年龄	2021年 人数（个）	2021年 占比（%）	2022年 人数（个）	2022年 占比（%）
30岁以下	1	0.09	1	0.08
30～39岁	210	19.50	229	18.94
40～49岁	557	51.72	607	50.21
50～59岁	298	27.67	363	30.02
60岁及以上	11	1.02	9	0.74
合计	1 077	100.00	1 209	100.00

分行业看，2022年各行业财务总监平均年龄在39～51岁之间。平均年龄最小的行业为交通运输、仓储和邮政业，为39岁；平均年龄最大的是居民服务、修理和其他服务业，为51岁（见图5-5）。

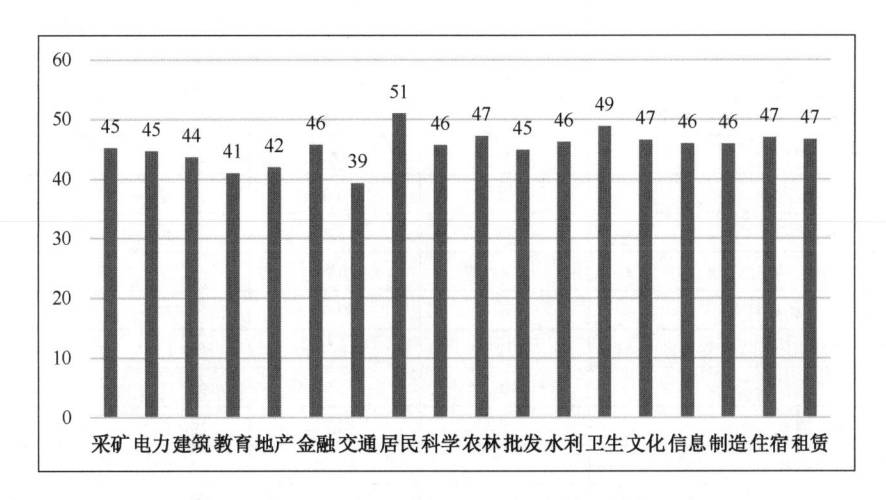

图5-5　2022年分行业财务总监平均年龄（单位：岁）

（2）性别

2014—2022年，创业板上市公司的财务总监男女比例平均约为2:1。2022年，男性财务总监比例为女性财务总监比例的1.5倍，与2021年相比略有下降（见图5-6）。

分行业看，有五个行业没有女性财务总监，分别是教育业、交通运输、仓储和邮政业和住宿和餐饮业。女性财务总监比例最高的是房地产业和居民服务、修理和其他服务业，占比100%，但这两个行业都只有一家公司（见表5-15）。

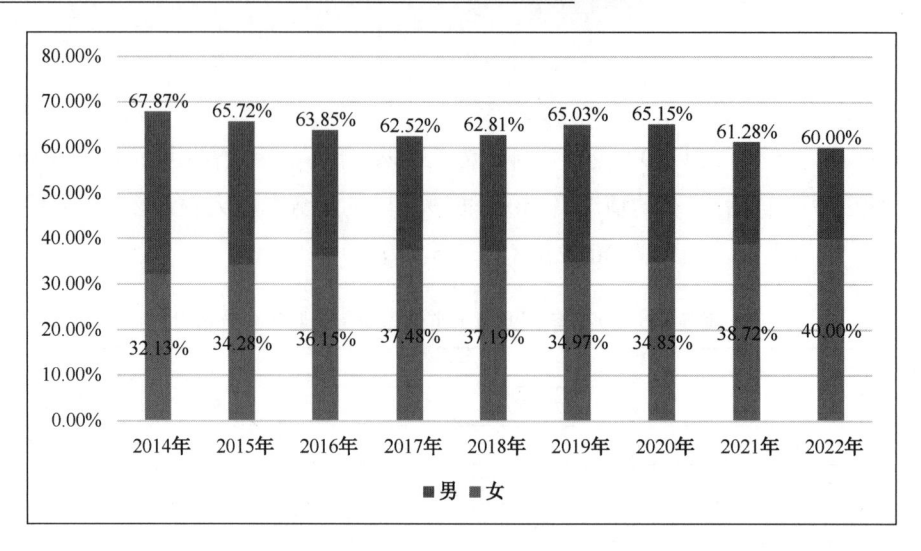

图 5-6　2014—2022 年创业板上市公司财务总监性别占比变化趋势

表 5-15　2022 年分行业女性财务总监人数及占比

行业	2021 年 人数（个）	2021 年 占比（%）	2022 年 人数（个）	2022 年 占比（%）
采矿业	1	20.00	1	20.00
电力、热力、燃气及水生产和供应业	0	0.00	1	33.33
房地产业	1	100.00	4	33.33
建筑业	5	41.67	0	0.00
交通运输、仓储和邮政业	0	0.00	1	100.00
居民服务、修理和其他服务业	1	100.00	2	50.00
教育业	0	0.00	0	0.00
金融业	2	50.00	1	100.00
科学研究和技术服务业	18	43.90	26	48.15
农、林、牧、渔业	6	30.00	6	66.67
批发和零售业	6	60.00	8	30.77
水利、环境和公共设施管理业	12	38.71	12	34.29
卫生和社会工作	0	25.00	2	28.57
文化、体育和娱乐业	5	35.71	6	42.86
信息传输、软件和信息技术服务业	66	42.31	80	45.98
制造业	285	38.05	323	38.36
住宿和餐饮业	0	0.00	0	0.00
租赁和商务服务业	9	56.25	10	62.50

（3）内部兼职情况

2022 年年报中 1 209 家上市公司披露的财务总监兼职情况呈现多元化特征。经统计，专职于财务总监一职的有 668 人，占比为 55.25%，比上年增加 4.67%。其他财务总监均存在内部兼职的情况，甚至存在兼任四份职务的状况（见图 5-7）。

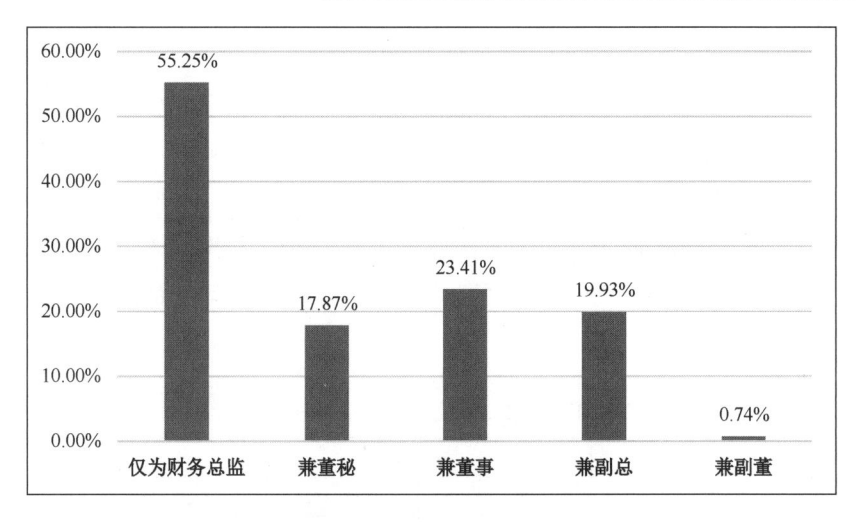

创业板上市公司人力资源类无形资产研究 报告五

图 5-7 2022 年创业板上市公司财务总监内部兼职占比

（柱状图数据：仅为财务总监 55.25%，兼董秘 17.87%，兼董事 23.41%，兼副总 19.93%，兼副董 0.74%）

分行业看，财务总监兼职比例最高的是居民服务、修理和其他服务业以及住宿和餐饮业，达 100%；兼职比例最低的是电力、热力、燃气及水生产和供应业和房地产业，比例为 0（见表 5-16）。

表 5-16 2022 年分行业财务总监兼职人数及占比

行业	2021 年 人数（个）	2021 年 占比（%）	2022 年 人数（个）	2022 年 占比（%）
采矿业	4	80.00	4	80.00
电力、热力、燃气及水生产和供应业	1	33.33	0	0.00
房地产业	0	0.00	6	50.00
建筑业	5	41.67	0	0.00
交通运输、仓储和邮政业	0	0.00	0	0.00
教育业	1	50.00	2	50.00
金融	2	50.00	1	33.33
居民服务、修理和其他服务业	1	100.00	1	100.00
科学研究和技术服务业	19	46.34	16	29.63
农、林、牧、渔业	6	66.67	7	77.78
批发和零售业	16	64.00	15	57.69
水利、环境和公共设施管理业	16	51.61	18	51.43
卫生和社会工作	2	50.00	3	42.86
文化、体育和娱乐业	6	42.86	6	42.86
信息传输、软件和信息技术服务业	83	53.21	90	51.72
制造业	366	48.87	382	45.37
住宿和餐饮业	1	100.00	1	100.00
租赁和商务服务业	13	81.25	11	68.75

（4）薪酬

2021年，1 077家披露财务总监信息的创业板上市公司中有1家未披露财务总监的薪酬情况。2022年，1 209家披露财务总监信息的创业板上市公司中有20家未披露财务总监的薪酬情况。近两年财务总监的平均薪酬继续上升，增幅分别为4.69%和6.91%（见图5-8）。2022年财务总监的薪酬在40万以上的占比最高，为73.59%，其次是在30～40万元之间（含40万），为13.29%（见表5-7）。薪酬最低的年薪仅为1.27万元，薪酬最高的年薪高达670.48万元。

表5-7　2022年创业板上市公司财务总监薪酬分布

薪酬（万元）	2021年 人数（个）	2021年 占比（%）	2022年 人数（个）	2022年 占比（%）
0	29	2.70	7	0.59
(0,10)	17	1.58	12	1.01
[10,20)	46	4.28	43	3.62
[20,30)	80	7.43	94	7.91
[30,40)	154	14.31	158	13.29
40及以上	750	69.70	875	73.59
合计	1 076	100.00	1 189	100.00

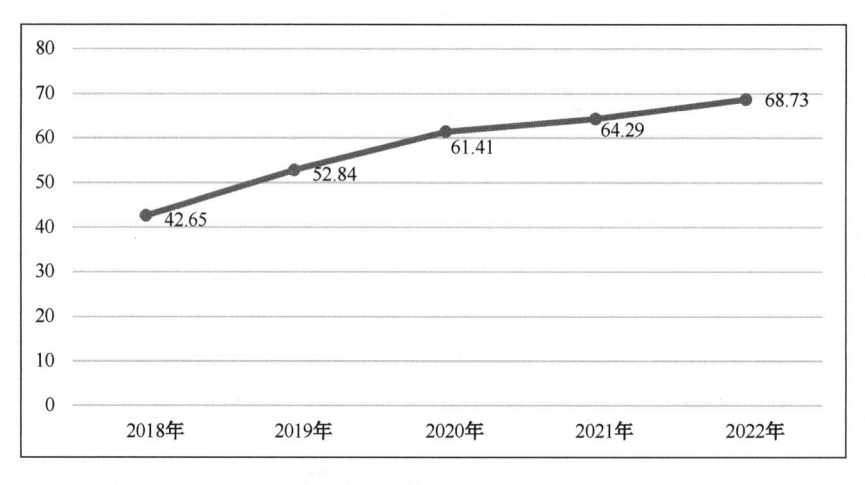

图5-8　2018—2022年财务总监平均年薪变化情况（单位：万元）

分行业看，2022年财务总监平均年薪最高的是金融业，达154.85万元；最低的是住宿和餐饮业，为27.30万元（见图5-9）。

（5）持股情况

2022年，创业板上市公司中存在财务总监持股情况的公司有414家，占1 209家披露了财务总监情况的创业板上市公司的34.24%，比上年减少了6.71%（见图5-10）。

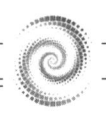

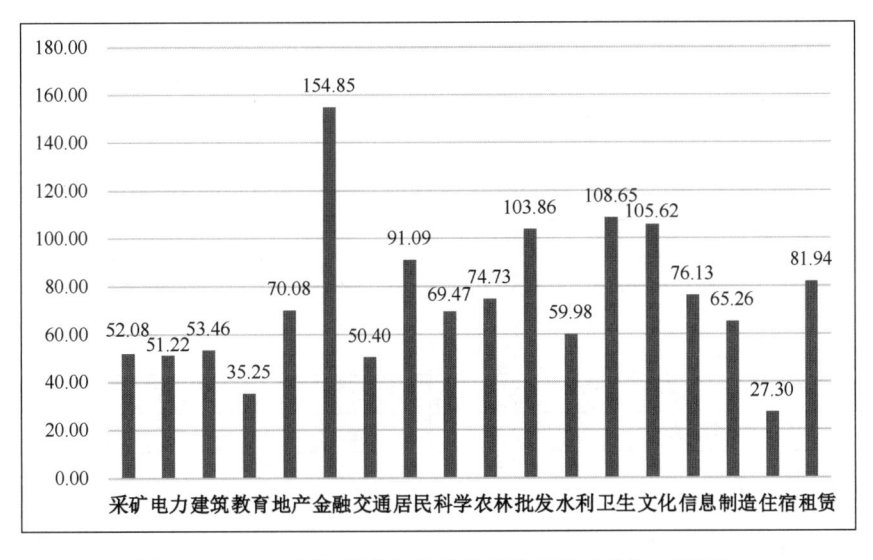

图 5-9　2022 年不同行业财务总监平均年薪（单位：万元）

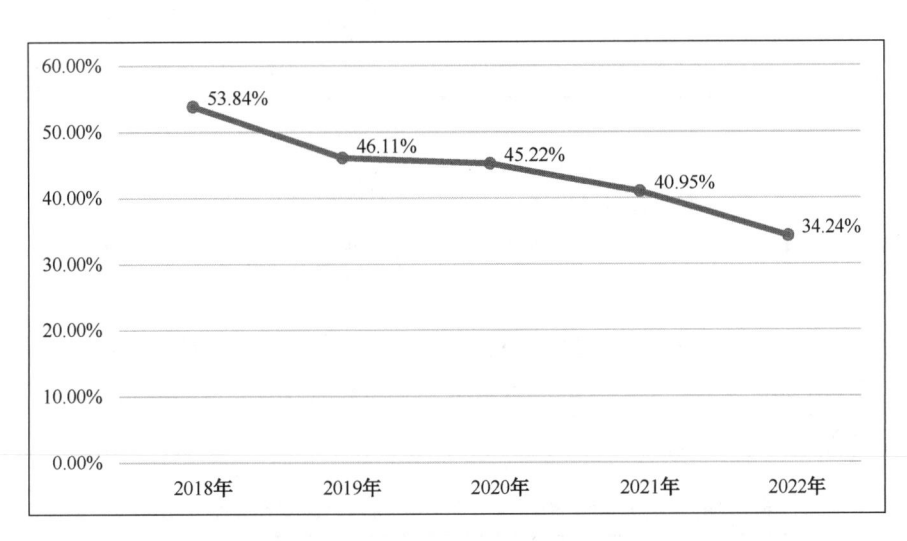

图 5-10　2018—2022 年创业板上市公司财务总监持股比例变化趋势

分行业看，2022 年电力、热力、燃气及水生产和供应业，教育、房地产业，交通运输、仓储和邮政业的财务总监未持股，持股比例最高的行业是居民服务、修理和其他服务业及住宿和餐饮业，持股比例为 100%（见表 5-18）。

表 5-18　2022 年分行业财务总监持股人数及占比

行业	2021 年 人数（个）	2021 年 占比（%）	2022 年 人数（个）	2022 年 占比（%）
采矿业	1	20.00	5	0.00
电力、热力、燃气及水生产和供应业	2	66.67	3	100.00
房地产业	0	0.00	12	16.67
建筑业	3	25.00	2	0.00

续表

行业	2021年 人数（个）	占比（%）	2022年 人数（个）	占比（%）
交通运输、仓储和邮政业	0	0.00	1	0.00
教育业	0	0.00	4	50.00
金融业	2	50.00	3	0.00
居民服务、修理和其他服务业	1	100.00	1	100.00
科学研究和技术服务业	12	28.57	54	16.67
农、林、牧、渔业	4	40.00	10	30.00
批发和零售业	7	28.00	26	23.08
水利、环境和公共设施管理业	7	22.58	35	25.71
卫生和社会工作	1	25.00	7	14.29
文化、体育和娱乐业	4	26.67	16	31.25
信息传输、软件和信息技术服务业	76	48.10	179	43.02
制造业	315	41.61	857	33.84
住宿和餐饮业	1	100.00	1	100.00
租赁和商务服务业	5	31.25	16	31.25

（6）更替情况

本报告将2022年前上市的1 232家公司的2021年年报与2022年年报进行对比。2022年，财务总监发生变动的创业板上市公司有407家，变动比例为33.66%，与去年相比上升了16.21%。

分行业看，2022年财务总监没有发生变化的行业有四个，分别是金融业，交通运输、仓储和邮政业，居民服务、修理和其他服务业，住宿和餐饮业。变化比例最高的行业是电力、热力、燃气及水生产和供应业，教育和房地产业，为100%（见表5-19）。

表5-19　2021年和2022年不同行业财务总监变动人数及占比

行业	2021年 人数（个）	占比（%）	2022年 人数（个）	占比（%）
采矿业	1	20.00	2	40.00
电力、热力、燃气及水生产和供应业	0	0.00	3	100.00
房地产业	1	100.00	4	33.33
建筑业	4	33.33	2	100.00
交通运输、仓储和邮政业	1	33.33	1	100.00
教育业	0	0.00	0	0.00
金融业	1	25.00	0	0.00
居民服务、修理和其他服务业	1	100.00	0	0.00
科学研究和技术服务业	6	14.63	18	33.33
农、林、牧、渔业	2	22.22	1	11.11
批发和零售业	5	20.00	8	30.77
水利、环境和公共设施管理业	6	19.35	16	45.71
卫生和社会工作	2	50.00	4	57.14

续表

行业	2021年 人数（个）	2021年 占比（%）	2022年 人数（个）	2022年 占比（%）
文化、体育和娱乐业	2	14.29	7	50.00
信息传输、软件和信息技术服务业	23	14.74	56	32.18
制造业	129	17.22	277	32.90
住宿和餐饮业	0	0.00	0	0.00
租赁和商务服务业	5	31.25	8	50.00

3. 董事会秘书

（1）年龄

如表5-21所示，2021年，有1 088家创业板上市公司披露了董事会秘书的年龄，平均年龄是43.60岁。2022年，有1 231家创业板上市公司披露了董事会秘书的年龄，平均年龄是43.22岁。相比总经理和财务总监，董秘呈现出相对年轻化的特征。2022年40～49岁年龄段的董秘人数最多，占比为42.00%；其次是30～39岁年龄段，占比为35.85%，此种特征与2021年相一致，见表5-20所示。最年轻的董秘年龄为26岁，最年长的董秘年龄为73岁。

表5-20　2022年创业板上市公司董事会秘书年龄分布

年龄	2021年 人数（个）	2021年 占比（%）	2022年 人数（个）	2022年 占比（%）
30岁以下	11	1.01	11	0.89
30～39岁	390	35.85	403	32.74
40～49岁	457	42.00	559	45.41
50～59岁	217	19.94	241	19.58
60岁及以上	13	1.19	17	1.38
合计	1 088	100.00	1 231	100.00

分行业看，2022年各行业董事会秘书平均年龄均在39～51岁。平均年龄最大的行业是居民服务，为51岁；最小的是采矿业，为39.80岁（见图5-11）。

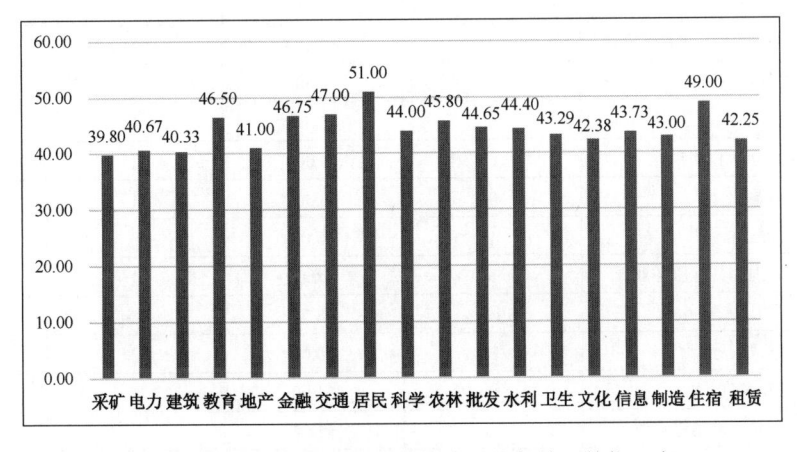

图5-11　2022年分行业董事会秘书平均年龄（单位：岁）

（2）性别

2021年，创业板上市公司合计披露了1 089名董秘的性别，其中女性董秘有365人，占比33.52%，与上年相比有所上升。2022年，创业板上市公司合计披露了1 231名董秘的性别，其中女性董秘有430人，占比34.93%，与2021年相比进一步上升，反映近两年女性董秘的占比持续上升的趋势（见图5-12）。

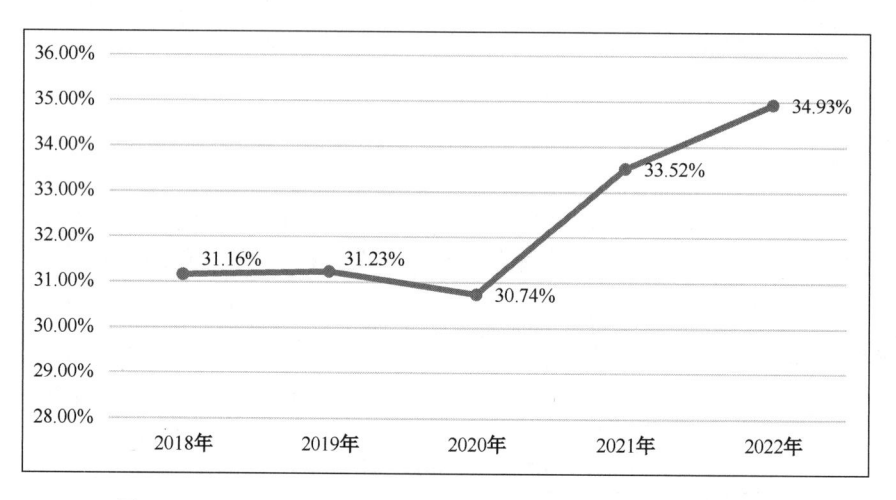

图5-12　2018—2022年创业板上市公司女性董事会秘书占比变化

分行业看，教育，交通运输、仓储和邮政业和住宿，餐饮业没有女性董事会秘书。在有女性董事会秘书的行业中，占比最低的是农、林、牧、渔业，为20%；最高的是居民服务、修理和其他服务业、电力、热力、燃气及水生产和供应业，均为100.00%；比例次高的是房地产业、租赁和商务服务业，为50%（见表5-21）。

表5-21　2021年和2022年不同行业女性董事会秘书人数及占比

行业	2021年 人数（个）	2021年 占比（%）	2022年 人数（个）	2022年 占比（%）
采矿业	2	40.00	2	40.00
电力、热力、燃气及水生产和供应业	3	100.00	3	100.00
房地产业	0	0.00	6	50.00
建筑业	6	50.00	0	0.00
交通运输、仓储和邮政业	0	0.00	1	100.00
教育业	0	0.00	1	25.00
金融业	1	25.00	0	0.00
居民服务、修理和其他服务业	1	100.00	1	100.00
科学研究和技术服务业	12	28.57	18	33.33
农、林、牧、渔业	3	30.00	2	20.00
批发和零售业	6	24.00	7	26.92
水利、环境和公共设施管理业	13	41.94	9	25.71

续表

行业	2021年 人数（个）	占比（%）	2022年 人数（个）	占比（%）
卫生和社会工作	2	50.00	2	28.57
文化、体育和娱乐业	6	40.00	6	37.50
信息传输、软件和信息技术服务业	57	36.08	73	40.78
制造业	246	32.50	291	34.00
住宿和餐饮业	0	0.00	0	0.00
租赁和商务服务业	7	43.75	8	50.00

（3）内部兼职情况

2021年，1 090家创业板公司均披露了董事会秘书的内部兼职情况；2022年年报，1 232家创业板公司均披露了董事会秘书的内部兼职情况。在公司内部兼职方面，董秘的兼职比总经理和财务总监更加多样化。2021年，专职于董秘一职的人数为196人，占比17.98%，比上年减少2.92%，兼职副总经理的董秘人数最多，共631人，占比57.89%。2022年，专职于董秘一职的人数为232人，占比19.24%，比上年增加1.26%，兼职副总经理的董秘人数共705人，占比57.22%。分行业看，兼职比例最低的行业是教育，为50%，采矿业，房地产业，金融业，交通运输、仓储和邮政业，居民服务、修理和其他服务业，住宿和餐饮业的所有董事会秘书都有兼职（见表5-22）。

表5-22　2022年不同行业董事会秘书兼职人数及占比

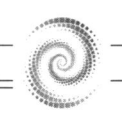

行业	2021年 人数（个）	占比（%）	2022年 人数（个）	占比（%）
采矿业	5	100%	5	100.00
电力、热力、燃气及水生产和供应业	2	66.67	2	66.67
房地产业	1	100.00	10	83.33
建筑业	10	83.33	1	50.00
交通运输、仓储和邮政业	3	100	1	100.00
教育业	2	100	4	100.00
金融业	4	100.00	3	100.00
居民服务、修理和其他服务业	1	100.00	1	100.00
科学研究和技术服务业	35	83.33	41	75.93
农、林、牧、渔业	8	80.00	8	80.00
批发和零售业	19	76.00	21	80.77
水利、环境和公共设施管理业	24	75.00	24	68.57
卫生和社会工作	3	75.00	5	71.43
文化、体育和娱乐业	13	86.67	12	75.00
信息传输、软件和信息技术服务业	129	83.23	151	84.36
制造业	622	82.38	690	80.51
住宿和餐饮业	1	100.00	1	100.00
租赁和商务服务业	9	56.25	15	93.75

（4）薪酬

2021年，在年报中有28名董秘的薪酬情况未被披露，其中舒泰神（300204）披露董秘的薪酬为24万元以及15万美元，故仅分析剩下的1 061家公司，这些公司的董秘的平均薪酬为355.61万元。2022年，在年报中有18名董秘的薪酬情况未被披露，故仅分析剩下的1 214家公司，这些公司的董秘的平均薪酬为66.54万元。从薪酬区间分布来看，50万以上的董秘人数最多，其次是40万至50万之间（含40万）（见表5-23）。

表5-23 2022年创业板上市公司董事会秘书薪酬分布

薪酬（万元）	2021年 人数（个）	占比（%）	2022年 人数（个）	占比（%）
(0,20)	59	5.56	62	5.11
(20,30)	85	8.01	103	8.48
(30,40)	166	15.65	171	14.09
(40,50)	172	16.21	180	14.83
50以上	579	54.57	698	57.50
合计	1 061	100.00	1 214	100.00

分行业看，2022年董事会秘书平均年薪最高的行业是金融业，高达153.32万元；次高的是卫生和社会工作业，为103.55万元；最低的是教育，为31.43万元（见图5-13）。

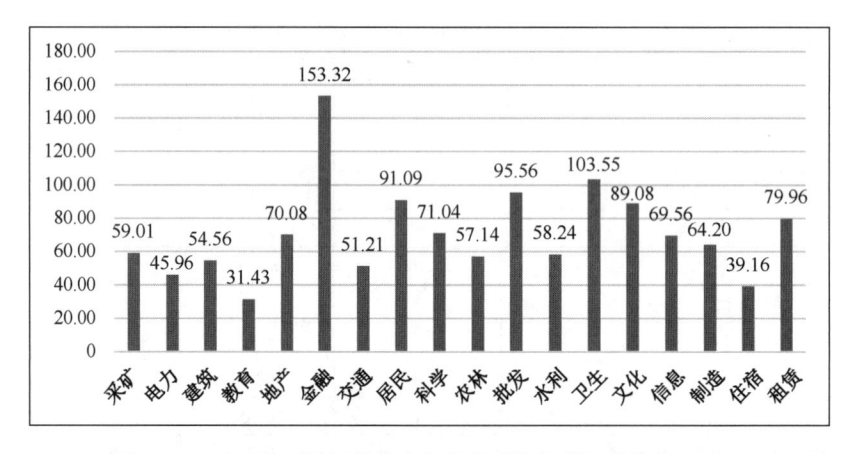

图5-15 2022年不同行业董事会秘书平均年薪（单位：万元）

（5）持股情况

2021年，创业板上市公司持股的董秘有493人，占比45.23%，比上年减少了1.70%。2022年，创业板上市公司持股的董秘有547人，占比44.40%，比上年进一步减少了0.83%（见图5-14）。

图 5-14　2018—2022 年创业板上市公司董事会秘书持股比例变化趋势

分行业看，2022 年采矿业、房地产业和交通运输、仓储和邮政业的董秘均未持股，居民服务、修理，住宿和餐饮业的持股比例为 100%（见表 5-24）。

表 5-24　2021 年和 2022 年不同行业董事会秘书持股人数及占比

行业	2021 年 人数（个）	2021 年 占比（%）	2022 年 人数（个）	2022 年 占比（%）
采矿业	1	20.00	0	0.00%
电力、热力、燃气及水生产和供应业	1	33.33	2	66.67%
房地产业	0	0.00	3	25.00%
建筑业	3	25	1	50.00%
交通运输、仓储和邮政业	0	0.00	0	0.00%
教育业	1	50.00	2	50.00%
金融业	2	50.00	0	0.00%
居民服务、修理和其他服务业	1	100.00	1	100.00%
科学研究和技术服务业	18	42.86	24	44.44%
农、林、牧、渔业	3	30.00	3	30.00%
批发和零售业	9	36.00	12	46.15%
水利、环境和公共设施管理业	14	45.16	15	42.86%
卫生和社会工作	1	25.00	1	14.29%
文化、体育和娱乐业	8	53.33	7	43.75%
信息传输、软件和信息技术服务业	92	58.23	95	53.07%
制造业	334	44.12	377	43.99%
住宿和餐饮业	1	100.00	1	100.00%
租赁和商务服务业	4	25.00	3	18.75%

（6）更替情况

2021 年董秘发生变动的有 196 名，占比 19.91%，比上年增加 2.08%；2022 年董秘发生变动的有 235 名，占比 21.04%，比上年增加 1.13%。

分行业看，有五个行业的董事会秘书没有发生变动，分别是电力、热力、燃气及水生

产和供应业，金融业，居民服务、修理和其他服务业，农、林、牧、渔业及住宿和餐饮业。董事会秘书发生变动比例最高的行业是房地产业，为100%，次高的为教育业，为50%（见表5-25）。

表5-25 2022年不同行业董事会秘书变动人数及占比

行业	2021年 人数（个）	2021年 占比（%）	2022年 人数（个）	2022年 占比（%）
采矿业	1	20.00	1	20.00
电力、热力、燃气及水生产和供应业	1	33.33	0	0.00
房地产业	0	0.00	3	25.00
建筑业	5	31.25	1	50.00
交通运输、仓储和邮政业	0	0.00	1	100.00
教育业	0	0.00	0	0.00
金融业	1	25.00	1	33.33
居民服务、修理和其他服务业	0	0.00	0	0.00
科学研究和技术服务业	8	19.05	10	18.52
农、林、牧、渔业	1	10.00	0	0.00
批发和零售业	1	4.00	5	19.23
水利、环境和公共设施管理业	7	22.58	11	31.43
卫生和社会工作	1	25.00	1	14.29
文化、体育和娱乐业	2	13.33	2	12.50
信息传输、软件和信息技术服务业	32	20.25	41	22.91
制造业	152	20.08	177	20.68
住宿和餐饮业	0	0.00	0	0.00
租赁和商务服务业	5	31.25	5	31.25

（二）创业板上市公司独立董事研究

1. 独立董事占董事会比例

中国证监会修订出台《上市公司独立董事规则（2022）》要求中国上市公司董事会成员中应当至少包括三分之一的独立董事。2021年和2022年创业板上市公司均满足这一要求。

2. 年龄

2021年，1 090家创业板上市公司披露的3 223名独立董事中，有3位独立董事未披露年龄。2022年，1 232家创业板上市公司披露的3 626名独立董事中，有7位独立董事未披露年龄。2022年，在已披露年龄的3 619名独立董事中，处于50～59岁之间的独立董事占比最大，为42.97%，其次是处于40～49岁之间的独立董事，占比为27.30%。年龄最小的独立董事27岁；年龄最大的独立董事86岁（见表5-26）。

表 5-26 2022 年创业板上市公司独立董事年龄分布

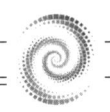

年龄	2021 年 人数（个）	占比（%）	2022 年 人数（个）	占比（%）
30 岁以下	0	0.00	1	0.03
30~39 岁	135	4.19	132	3.65
40~49 岁	905	28.11	988	27.30
50~59 岁	1 470	45.65	1 555	42.97
60~69 岁	618	19.19	828	22.88
70 岁及以上	92	2.86	115	3.18
合计	3 220	100.00	3 619	100.00

分行业看，2022 年各行业独立董事平均年龄均在 48~58 岁之间。平均年龄最小的是居民服务、修理和其他服务业，为 47.67 岁；最大的是住宿和餐饮业，为 58.33 岁（见图 5-15）。

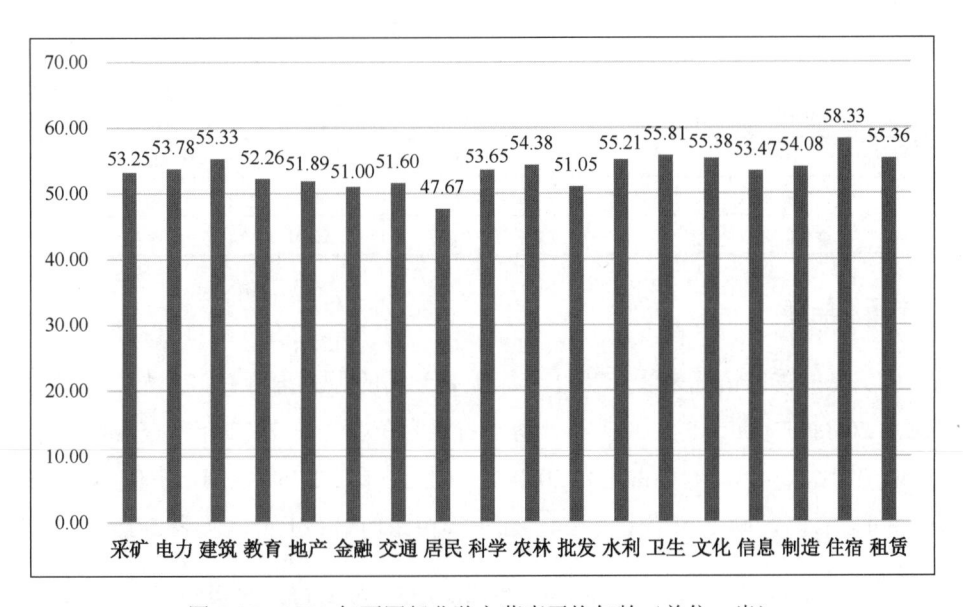

图 5-15 2022 年不同行业独立董事平均年龄（单位：岁）

3. 性别

2021 年，1 090 家创业板上市公司中的 3 223 名独立董事中均披露了性别。在已披露性别的 2 991 名独立董事中，男性有 2 562 名，占比达 79.49%；女性有 661 名，占比为 20.51%。2022 年，1 232 家创业板上市公司中的 3 626 名独立董事中有 3 位未披露性别。在已披露性别的 3 623 名独立董事中，男性有 2 881 名，占比达 79.52%；女性有 472 名，占比为 20.48%。

分行业看，女性独立董事占比最低的行业是交通运输、仓储和邮政业，居民服务、修理和其他服务业以及房地产业；最高的是住宿和餐饮业，为 66.67%（见表 5-27）。

表 5-27　2021 年和 2022 年不同行业女性独立董事人数及占比

行业	2021 年 人数（个）	2021 年 占比（%）	2022 年 人数（个）	2022 年 占比（%）
采矿业	8	50.00	6	37.50
电力、热力、燃气及水生产和供应业	4	44.44	4	44.44
房地产业	0	0.00	0	0.00
建筑业	7	20.59	7	20.00
交通运输、仓储和邮政业	0	0.00	0	0.00
教育业	1	16.67	1	16.67
金融业	1	10.00	3	30.00
居民服务、修理和其他服务业	0	0.00	0	0.00
科学研究和技术服务业	24	19.51	31	19.38
农、林、牧、渔业	8	25.00	8	25.00
批发和零售业	16	21.33	12	16.44
水利、环境和公共设施管理业	15	15.96	19	18.63
卫生和社会工作	3	25.00	5	23.81
文化、体育和娱乐业	7	16.28	7	14.58
信息传输、软件和信息技术服务业	97	20.86	108	20.57
制造业	457	20.42	522	20.70
住宿和餐饮业	2	66.67	2	66.67
租赁和商务服务业	11	22.92	7	14.89

4．学历及职称

从学历信息披露的情况来看，2021 年未披露学历的独立董事有 172 人，占比 5.34%，本科占比为 20.88%，硕士占比 32.14%，博士占比为 39.19%。2022 年未披露学历的独立董事有 92 人，占比 2.54%，本科占比为 20.24%，硕士占比 32.76%，博士占比为 42.08%（见表 5-29）。可以看出，硕士和博士占比与 2021 年相比均略有上升（见表 5-28）。

表 5-28　2021 年和 2022 年创业板上市公司独立董事学历分布

学历		中专	大专	本科	硕士	博士	未披露
2021 年	人数（个）	0	79	673	1 036	1 263	172
	占比（%）	0.00	2.45	20.88	32.14	39.19	5.34
2022 年	人数（个）	0	85	734	1 188	1 526	93
	占比（%）	0.00	2.34	20.24	32.76	42.08	2.56

从职称信息披露的情况来看，2021 年未披露职称的独立董事占比 39.22%；拥有高级职称的独立董事有 1 867 人，占比 57.93%；拥有中级职称的独立董事有 86 人，占比 2.67%%。2022 年未披露职称的独立董事占比 18.75%，比 2020 年高，幅下降；拥有高级职称的独立董事有 2 408 人，占比 66.41%；拥有中级职称的独立董事有 537 人，占比 14.81%（见表 5-29）。

可以看出，拥有中高级职称的独立董事占比大幅上升。

表 5-29　2021 年和 2022 年创业板上市公司独立董事职称分布

职称		高级职称	中级职称	初级职称	未披露
2021 年	人数（个）	1 867	86	6	1 264
	占比（%）	57.93	2.67	0.19	39.22
2022 年	人数（个）	2 408	537	1	680
	占比（%）	66.41	14.81	0.03	18.75

不同行业的独立董事学历与职称分布如表 5-30 和表 5-31 所示。硕、博士学历独立董事占比最高的集中在教育、金融等行业；住宿和餐饮业，农、林、牧、渔业等行业中本科以及下学历的独立董事占比较高。2022 年，高级职称独立董事占比最高的是电力、热力、燃气及水生产和供应业、建筑业，均超过 70%；最低的是教育业和居民服务、修理和其他服务业。

表 5-30　2021 年和 2022 年不同行业独立董事学历分布（单位：%）

行业 \ 学历	2021 年 本科及以下	硕士	博士	未披露	2022 年 本科及以下	硕士	博士	未披露
采矿业	18.75	50.00	25.00	6.25	18.75	50.00	25.00	6.25
电力、热力、燃气及水生产和供应业	11.11	0.00	44.44	44.44	11.11	0.00	77.78	11.11
房地产业	33.33	0.00	66.67	0.00	33.33	0.00	66.67	0.00
建筑业	14.71	29.41	50.00	5.88	22.86	25.71	51.43	0.00
交通运输、仓储和邮政业	11.11	22.22	0.00	66.67	11.11	33.33	33.33	22.22
教育业	0.00	66.67	33.33	0.00	0.00	66.67	16.67	16.67
金融业	0.00	40.00	40.00	20.00	10.00	60.00	30.00	0.00
居民服务、修理和其他服务业	0.00	66.67	33.33	0.00	0.00	66.67	33.33	0.00
科学研究和技术服务业	21.14	42.28	30.08	6.50	16.25	41.88	37.50	4.38
农、林、牧、渔业	43.75	25.00	31.25	0.00	34.38	21.88	43.75	0.00
批发和零售业	25.33	30.67	41.33	2.67	20.55	36.99	39.73	2.74
水利、环境和公共设施管理业	20.21	31.91	45.74	2.13	22.55	32.35	39.22	5.88
卫生和社会工作	16.67	33.33	41.67	8.33	14.29	38.10	47.62	0.00
文化、体育和娱乐业	33.33	30.95	35.71	0.00	27.08	31.25	41.67	0.00
信息传输、软件和信息技术服务业	16.99	36.99	40.86	5.16	17.90	35.05	44.95	2.10
制造业	24.80	30.65	39.23	5.32	24.05	31.54	41.96	2.46
住宿和餐饮业	66.67	33.33	0.00	0.00	66.67	33.33	0.00	0.00
租赁和商务服务业	20.83	35.42	41.67	2.08	21.28	38.30	40.43	0.00

表 5-31 2021年和2022年不同行业独立董事职称分布（单位：%）

行业 \ 职业	2021年 高级职称	中级职称	初级职称	未披露	2022年 高级职称	中级职称	初级职称	未披露
采矿业	50.00	7.14	0.00	42.86	50.00	0.00	12.50	37.50
电力、热力、燃气及水生产和供应业	44.44	0.00	0.00	55.56	77.78	0.00	11.11	11.11
房地产业	50.00	0.00	0.00	50.00	66.67	0.00	33.33	0.00
建筑业	56.25	6.25	0.00	37.50	77.14	0.00	11.43	11.43
交通运输、仓储和邮政业	50.00	0.00	0.00	50.00	55.56	0.00	22.22	22.22
教育业	50.00	0.00	0.00	50.00	33.33	0.00	16.67	50.00
金融业	40.00	10.00	0.00	50.00	50.00	0.00	10.00	40.00
居民服务、修理和其他服务业	50.00	0.00	0.00	50.00	33.33	0.00	33.33	33.33
科学研究和技术服务业	45.53	2.44	0.00	52.03	60.00	0.00	20.63	19.38
农、林、牧、渔业	58.82	0.00	0.00	41.18	65.63	0.00	21.88	12.50
批发和零售业	45.83	0.00	0.00	54.17	53.42	0.00	19.18	27.40
水利、环境和公共设施管理业	52.58	4.12	0.00	43.30	67.65	0.00	14.71	17.65
卫生和社会工作	52.94	0.00	0.00	47.06	61.90	0.00	14.29	23.81
文化、体育和娱乐业	53.49	2.33	0.00	44.19	62.50	0.00	10.42	27.08
信息传输、软件和信息技术服务业	54.41	3.01	0.22	42.37	63.43	0.00	13.14	23.43
制造业	60.50	2.59	0.22	36.68	68.03	0.04	14.74	17.19
住宿和餐饮业	33.33	33.33	0.00	33.33	66.67	0.00	33.33	0.00
租赁和服务服务业	52.08	2.08	0.00	45.83	65.96	0.00	10.64	23.40

5. 专（从）业背景

2021年，创业板上市公司未披露独立董事专业背景信息的比例为12.13%，管理专业背景和技术专业背景的独立董事人数最多，总计占比42.17%。2022年，未披露独立董事专业背景信息的比例为5.14%，与2021年相比下降了6.99%，管理专业背景和技术专业背景的独立董事人数最多，总计占比48.75%，有所上升（见表5-32）。

表 5-32 2021年2022年创业板上市公司独立董事专业背景分布

专业背景		管理学（包括财务会计）	法学	技术	其他	未披露
2021年	人数（个）	1 359	571	622	280	391
	占比（%）	42.17	17.72	19.29	8.69	12.13
2022年	人数（个）	1 759	698	935	30	186
	占比（%）	48.75	19.35	25.91	0.83	5.16

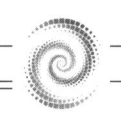

分行业看，不同行业中独立董事的专业背景差异较大。例如，交通运输、仓储和邮政业，电力、热力、燃气及水生产和供应业具有管理学专业背景的独立董事比例最大；房地产业，居民服务、修理和其他服务业具有法学专业背景的独立董事比例最大；农、林、牧、渔业具有技术背景的独立董事比例最大（见表5-33）。

表5-33 2022年不同行业独立董事专业背景分布（单位：%）

专业背景 行业	管理学 （包括财务会计）	法学	技术	其他	未披露
采矿业	62.50	12.50	6.25	0.00	18.75
电力、热力、燃气及水生产和供应业	66.67	11.11	11.11	0.00	11.11
房地产业	33.33	33.33	33.33	0.00	0.00
建筑业	51.43	20.00	22.86	2.86	2.86
交通运输、仓储和邮政业	66.67	11.11	11.11	0.00	11.11
教育	50.00	16.67	0.00	0.00	33.33
金融业	60.00	20.00	0.00	0.00	20.00
居民服务、修理和其他服务业	33.33	33.33	33.33	0.00	0.00
科学研究和技术服务业	44.59	24.20	29.94	0.00	1.27
农、林、牧、渔业	40.63	25.00	34.38	0.00	0.00
批发和零售业	52.05	20.55	17.81	1.37	8.22
水利、环境和公共设施管理业	41.58	20.79	31.68	0.00	5.94
卫生和社会工作	61.90	14.29	14.29	0.00	9.52
文化、体育和娱乐业	54.17	25.00	6.25	8.33	6.25
信息传输、软件和信息技术服务业	53.05	16.79	22.33	0.76	7.06
制造业	47.63	19.39	27.56	0.80	4.62
住宿和餐饮业	66.67	33.33	0.00	0.00	0.00
租赁和商务服务业	63.83	19.15	8.51	0.00	8.51

6. 董事津贴

2021年，创业板上市公司未披露独立董事津贴的比例为0.68%，未在所任职的创业板上市公司领取津贴的独立董事有178人，占比5.52%。2022年，创业板上市公司未披露独立董事津贴的比例为0.52%，未在所任职的创业板上市公司领取津贴的独立董事有111人，占比3.05%，其中大部分是在报告期末新上任的独立董事。津贴在5~10万元的独立董事最多，其次是津贴在0~5万元的（见表3-34）。津贴最高的为迈瑞医疗（300760）的独立董事，津贴为40万元。

表5-34 2021年和2022年创业板上市公司独立董事津贴分布

年度津贴总额		0	0~5万	5~10万	10万及以上	未披露
2021年	人数（个）	178	771	1 870	382	22
	占比（%）	5.52	23.92	58.02	11.85	0.68

续表

2022年	年度津贴总额	0	0~5万	5~10万	10万及以上	未披露
	人数（个）	111	695	2 232	569	19
	占比（%）	3.06	19.17	61.56	15.69	0.52

分行业看，独立董事平均津贴最高的行业是住宿和餐饮业，最低的是交通运输、仓储和邮政业（见图5-16）。

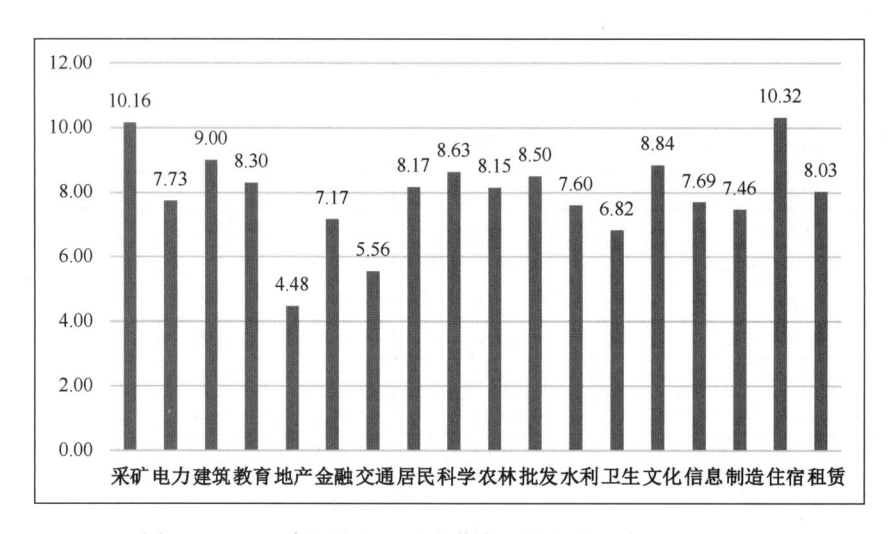

图5-16 2022年不同行业独立董事平均津贴（单位：万元）

（三）创业板上市公司创业股东研究

本报告统计了创业板上市公司招股说明书和2022年年报中披露的前十大股东或持股5%以上及在公司有决策权的重要股东的信息，剔除了机构投资者、社会公众股、持股比例较小或者不在公司担任职务以及在公司决策中话语权极小的股东。

2021年，1 089家创业板上市公司在共披露了10 890名重要股东：自然人股东5 768名，占比53.02%；法人股东3 308名，占比30.41%。2022年，1 232家创业板上市公司共披露了12 320名重要股东：自然人股东6 400名，占比51.95%；法人股东3 595名，占比29.18%。可以看出，创业板上市公司的自然人股东总数远多于法人股东（见表5-35）。

表5-35 2021年和2022年创业板上市公司的股东结构

股东类型	2021年		2022年	
	人数（个）	占比（%）	人数（个）	占比（%）
自然人	5 777	53.05	6 400	51.95
法人	3 310	30.39	3 595	29.18
其他	1 803	16.56	2 325	18.87
合计	10 890	100.00	12 320	100.00

与 2021 年相比，创业板上市公司的股权结构和控股情况在 2022 年发生较大变化：自然人股东占比 51.95%，比 53.05% 下降大约 11.15%，自然人股东比法人股东高出大约 22.77%（见图 5-17）。

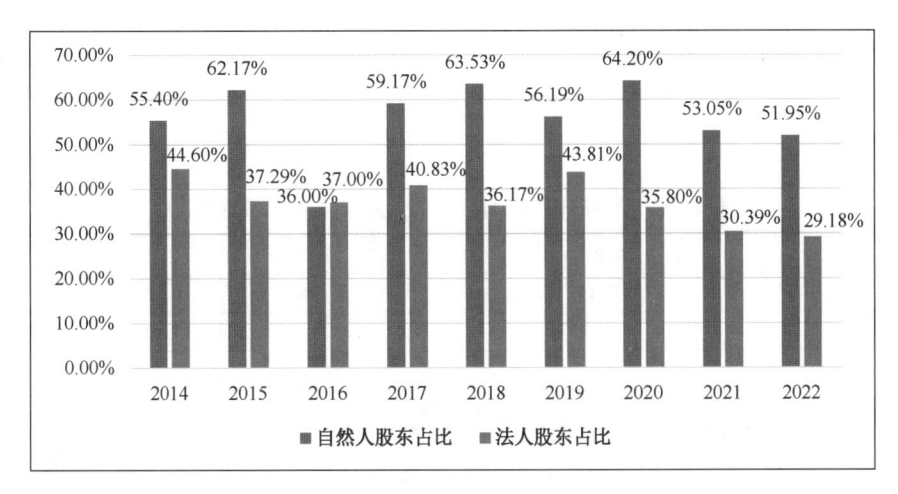

图 5-17　2014—2022 年创业股东整体结构变化趋势

分行业看，所有行业自然人股东占据很大优势。相比 2021 年，教育、采矿业、电力、热力、燃气及水生产和供应业、居民服务、修理和其他服务业、金融业、住宿和餐饮业以及水利、环境和公共设施管理业的自然人股东占比均有上升（见表 5-36）。

表 5-36　2021 年和 2022 年不同行业股东构成占比（单位：%）

行业 \ 股东类型	2021 年 自然人股东	2021 年 法人股东	2022 年 自然人股东	2022 年 法人股东
采矿业	70.00	20.00	78.00	16.00
电力、热力、燃气及水生产和供应业	56.67	30.00	70.00	16.67
房地产业	70.00	30.00	0.00	60.00
建筑业	62.5	19.17	61.67	30.00
交通运输、仓储和邮政业	66.67	23.33	40.00	33.33
教育业	40.00	25.00	80.00	15.00
金融业	55.00	35.00	60.00	17.50
居民服务、修理和其他服务业	60.00	10.00	70.00	20.00
科学研究和技术服务业	46.43	34.29	42.59	38.52
农、林、牧、渔业	50.00	35.00	43.00	40.00
批发和零售业	58.40	25.60	43.46	35.77
水利、环境和公共设施管理业	52.50	30.31	52.86	34.29
卫生和社会工作	42.50	25.00	30.00	51.43
文化、体育和娱乐业	60.67	22.67	35.63	40.63
信息传输、软件和信息技术服务业	57.53	27.27	55.14	28.32
制造业	52.13	31.20	52.44	27.94
住宿和餐饮业	40.00	50.00	60.00	0.00
租赁和商务服务业	45.63	38.13	44.38	34.38

（四）创业板上市公司员工研究

1. 数量

创业板上市公司平均员工数量近年来一直保持上升的趋势。2021 年，平均员工数量较去年增加 218 人，增幅为 9.94%。2022 年，平均员工数量较去年增加 56 人，增幅为 2.32%（见表 5-37）。

表 5-37　2016—2022 年创业板上市公司员工数量情况

年份	2018 年	2019 年	2020 年	2021 年	2022 年
样本数量（家）	744	789	892	1 090	1 232
平均员工数量（个）	1 931	2 020	2 194	2 412	2 468
最小值（个）	66	53	71	71	62
最大值（个）	88 119	103 863	111 900	156 880	155 481

本报告统计了 2016—2022 年创业板上市公司年度增员变化情况。某年份的增员统计以上一年的样本企业为比照组。例如，2022 年的增员统计是以 2021 年的 1 090 家样本企业为比照组的，结果如表 5-39 所示。2022 年的 1 090 家企业在 2022 年的员工平均增长率为 4.80%，平均增员人数为 116 人，增员企业占比 63.59%。其中，宁德时代（300750）增员人数最多，为 35 313 人（见表 5-38）。

表 5-38　2018—2022 年创业板上市公司年度增员变化情况

时间	样本数量（家）	平均增员人数（个）	增员企业占比（%）	平均增长率（%）
2018 年	744	83	69.97	14.35
2019 年	789	89	66.09	9.90
2020 年	892	174	55.94	7.46
2021 年	1 090	218	54.59	34.34
2022 年	1 232	112	63.59	4.80

注："平均增员人数"为 2022 年员工总人数-2021 年员工总人数；

"增员企业占比"为 2022 年员工数量较 2021 年增加的样本企业个数/2022 年企业样本数；

"平均增长率"为（2022 年员工总人数-2021 年员工总人数）/2021 年员工总人数。

分行业看，各行业平均每家上市公司的员工数量差距较大。2022 年，创业板上市公司平均员工数量最多的行业是房地产业（133 171 人），以及卫生和社会工作（9 014 人），其他行业平均员工数量均低于 6 000 人，平均员工数量最低的是采矿业，为 595 人（见图 5-18）。

2. 学历

考虑到数据口径的统一性，本报告对员工的学历划分为"高中及以下""专科""本科""硕士及以上"四类。凡未按上述口径进行员工学历信息披露的企业均被排除在样本之外。

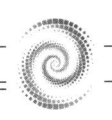

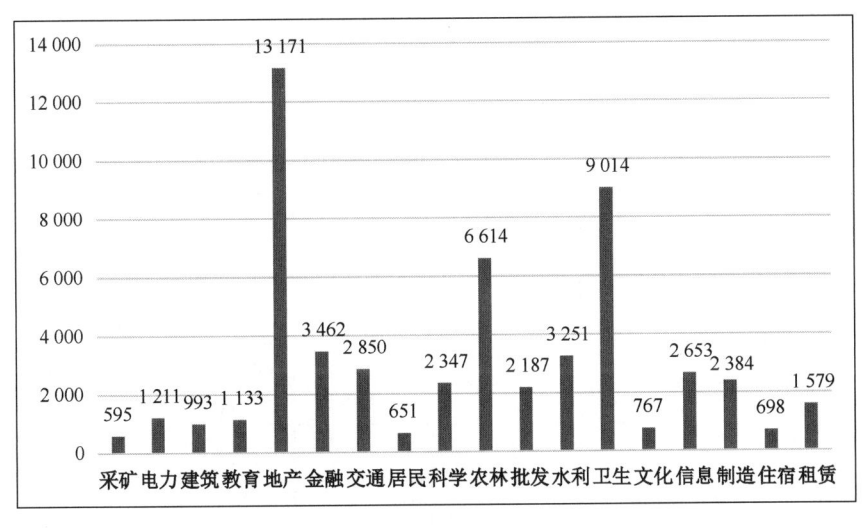

图 5-18 2022 年不同行业员工平均数量（单位：个）

2021 年，1 090 家上市公司中，只有 729 家企业按上述口径披露了员工学历信息；2022 年，1 232 家上市公司中，有 1 230 家企业按上述口径披露了员工学历信息（见表 5-38）。

表 5-38 2021 年和 2022 年样本公司员工的学历分布

年份	学历	高中及以下	专科	本科	硕士及以上
2021 年	人数（个）	713 065	341 513	400 129	60 864
	占比（%）	47.05	22.53	26.40	4.02
2022 年	人数（个）	1 614 218	481 773	808 085	119 652
	占比（%）	53.39	15.93	26.72	3.96

2022 年，我国创业板上市公司学历整体水平有所下降。高中及以下学历的员工占比为 53.93%，较 2021 年上升 6.34%；专科学历的员工占比为 15.93%，较 2021 年下降 6.60%；本科学历的员工占比为 26.72%，较 2021 年上升 0.32%；硕士及以上学历的员工占比为 3.96%，较 2021 年下降 0.06%。

分行业看，硕士及以上学历员工比例最高的是金融业，为 15.55%，最低的是住宿和餐饮业，为 0.46%（见表 5-39）。

表 5-39 2022 年不同行业样本公司员工学历分布（单位：%）

行业 \ 学历	2021 年 高中及以下	专科	本科	硕士及以上	2022 年 高中及以下	专科	本科	硕士及以上
采矿业	35.34	26.56	30.69	7.41	35.61	28.88	29.12	6.39
电力、热力、燃气及水生产和供应业	48.01	27.71	21.58	2.70	47.77	28.21	21.93	2.09
建筑业	47.51	31.94	19.62	0.93	35.56	22.91	35.95	5.58
教育业	27.21	34.22	35.53	3.04	44.09	0.00	51.54	4.37

续表

行业\学历	2021年 高中及以下	2021年 专科	2021年 本科	2021年 硕士及以上	2022年 高中及以下	2022年 专科	2022年 本科	2022年 硕士及以上
房地产业	42.63	35.46	20.75	1.16	43.61	34.01	21.48	0.90
金融业	9.65	19.32	57.08	13.96	8.20	18.83	57.42	15.55
交通运输、仓储和邮政业	8.25	23.88	52.41	15.46	55.57	26.09	17.50	0.84
居民服务、修理和其他服务业	58.58	19.75	18.94	2.72	78.80	0.00	20.74	0.46
科学研究和技术服务业	33.64	37.91	26.97	1.47	16.35	39.47	38.02	6.16
农、林、牧、渔业	81.65	7.69	9.08	1.58	14.00	16.43	54.26	15.31
批发和零售业	12.84	40.59	40.12	6.46	81.26	5.88	11.17	1.69
水利、环境和公共设施管理业	18.00	27.19	44.40	10.41	41.43	31.57	25.34	1.66
卫生和社会工作	8.80	24.98	59.93	6.29	76.30	7.56	13.84	2.30
文化、体育和娱乐业	55.96	21.81	19.25	2.99	21.23	7.60	60.82	10.35
信息传输、软件和信息技术服务业	67.76	24.78	6.76	0.69	15.47	19.02	60.62	4.90
制造业	17.26	26.16	47.92	8.66	64.52	14.55	17.87	3.06
住宿和餐饮业					56.02	28.94	13.32	1.72
租赁和商务服务业					50.86	17.38	26.25	5.52

3. 岗位结构

本报告仅对创业板上市公司年报所披露的销售人员、技术（研发）人员和生产人员数量进行统计分析，凡未按上述口径进行员工岗位信息披露的企业均被排除在样本之外。2021年有16家企业没有按上述口径披露员工岗位信息，有1074家企业按上述口径披露了员工岗位信息。2022年有9家企业没有按上述口径披露员工岗位信息，有1223家企业按上述口径披露了员工岗位信息（见表5-40）。

表5-40　2021年和2022年样本公司员工的岗位分布

	岗位	销售	技术（研发）	生产	其他
2021年	人数（个）	264 221	646 411	1 328 481	360 630
2021年	占比（%）	10.16	24.86	51.10	13.87
2022年	人数（个）	279 477	810 118	1 472 624	477 998
2022年	占比（%）	9.19	26.65	48.44	15.72

2022年，创业板上市公司的销售人员、技术（研发）人员和生产人员的比例较2021年略有变动。销售人员的比例下降了大约0.97%，技术（研发）人员上升了约1.79%，生产人员下降了2.66%。总体来看，生产人员所占比例仍然最大。

分行业看员工岗位结构。2022年，创业板上市公司中销售人员占比最高的行业是批发和零售业，达68.36%；技术人员占比最高的行业是信息传输、软件和信息技术服务业，为

71.25%；生产人员占比最高的行业是水利、环境和公共设施管理业，为81.60%（见表5-41）。

表5-41 2021年和2022年分行业样本公司员工岗位分布（单位：%）

行业 \ 岗位	2021年 销售	2021年 技术（研发）	2021年 生产	2022年 销售	2022年 技术（研发）	2022年 生产
采矿业	7.87	17.28	38.13	7.16	17.59	39.11
电力、热力、燃气及水生产和供应业	9.34	19.50	50.96	8.37	20.23	51.71
房地产业	0	0	0	5.98	23.57	52.76
建筑业	4.32	24.91	51.88	14.03	7.11	18.05
交通运输、仓储和邮政业	20.72	14.86	52.79	0.36	10.83	0.00
教育业	25.27	5.28	32.14	25.15	24.73	2.58
金融业	48.06	46.85	0.50	9.46	9.17	65.10
居民服务、修理和其他服务业	2.80	2.47	0	4.92	5.53	0.00
科学研究和技术服务业	7.68	51.19	27.95	7.22	49.70	27.51
农、林、牧、渔业	4.71	7.45	76.59	5.76	7.74	76.22
批发和零售业	66.75	7.61	6.59	68.36	8.54	5.51
水利、环境和公共设施管理业	2.39	7.41	82.84	2.31	7.92	81.60
卫生和社会工作	18.37	58.76	0.16	20.81	38.19	1.26
文化、体育和娱乐业	28.28	20.65	27.29	29.01	13.71	28.18
信息传输、软件和信息技术服务业	9.84	66.73	6.47	7.59	71.25	6.97
制造业	8.72	17.13	61.56	8.44	18.05	60.49
住宿和餐饮业	4.85	5.03	57.02	6.88	5.59	49.43
租赁和商务服务业	12.71	7.55	16.30	13.89	7.27	13.49

四、结论

（一）高管

整体来看，一则在性别方面，较之2021年，2022年女性总经理占比下降0.20%，女性财务总监上升1.18%，女性董秘上升0.41%。二则内部兼职比例有所下降，但依旧存在高管兼任三份甚至多份职务的情况。三则总经理、财务总监和董事会秘书的更替比例均上升。2022年，总经理更替比例上升了14.12%，财务总监上升了16.21%，董秘则上升了21.04%。分行业看，总经理变动比例最大的是住宿和餐饮业，比例为100%，主要是由于该行业仅有一家公司，财务总监变化比例最高的行业是电力、热力、燃气及水生产和供应业，教育业和房地产业，为100.00%，董事会秘书变动比例最高的是房地产业，为100.00%。

（二）独立董事

整体来看，一则独立董事的信息披露质量有所改善。学历、职称和专业背景的披露比例较之 2021 年都有所上升。对于独立董事的姓名、性别、年龄、薪酬、近五年主要工作经历等方面的信息基本能够按照相关准则要求进行披露，且较为详细。相比而言，学历、职称和专业背景等信息的披露质量仍然有待提高。二则创业板上市公司的独董结构优化。具体表现为，女性独立董事占比下降了 0.03%；硕士及以上学历的独立董事占比上升 3.51%。分行业看，独立董事中博士学历占比最高的是电力、热力、燃气及水生产和供应业。

（三）创业股东

整体来看，一则创业板上市公司的股东结构、股权结构和控股情况总体稳定。2022 年，自然人股东占比有所下降。二则同时具备知识技术和关系背景的创业股东占比居多。在有自然人创业股东的公司中，单一知识技术类的创业股东占比最小。分行业看，自然人股东占比低的行业较少。文化传播行业法人股东占比大于自然人股东，其他行业自然人股东占据很大优势。

（四）员工

整体来看，一是员工数量和结构都有所变化。2022 年，创业板上市公司的员工数量保持增长趋势。同时，本科以上高学历员工占比上升了 0.32%，生产人员仍占大多数，但比例下降了 2.66%。二是信息披露口径存在差异。整体上，创业板上市公司的员工信息披露质量较高，专业结构和学历信息披露情况也较好。另外，各公司对员工岗位、学历的统计口径也存在较为明显的差异。分行业看，硕士及以上学历员工占比最高的是金融业，为 15.55%，高中及以下学历员工占比最多的是批发和零售业，为 81.26%。

报告六

创业板上市公司资质研究

资质是公司无形资产的重要组成部分。本报告延续中国创业板上市公司无形资产研究框架，对 2021 年和 2022 年创业板上市公司的资质信息进行统计分析，进一步剖析资质信息披露的行业与区域特征，归纳了资质信息披露中尚存的问题。

一、概念界定

资质是指组织能力的证明，包含四个基本属性：条件属性、证明属性、公信力属性、稀缺属性。资质拥有者能够通过获得资质进入某一领域（市场）的权利，或取得政府的特许补助，或得到相关利益者的认可，进而能够为公司创造超额利润，具有无形资产属性。因此，本报告认为资质是政府或非政府组织为维护市场秩序、调整市场结构和优化资源配置，在特定行业、特定期限和特定范围内对符合条件的组织或个人行为给予的，以证书或证明性文件为载体的权利证明或能力认证，并将其界定为无形资产。

资质因授予单位的不同表现出较大的差异。一是政府授予资质，认可度最高，公信力最强，包括强制性认证和专业能力认证。强制性认证资质包括强制产品认证和行政许可；专业能力认证是由政府机构授予证明其也具备在该行业从事生产、经营、销售的能力。二是由第三方认证机构授予资质，包括质量管理体系认证、环境管理体系认证。三是行业协会、合作公司等其他机构授予的资质，其认可度相对较小。

本报告涉及的资质内容主要包括：准入类资质、能力类资质、荣誉类资质三类，如表 6-1 所示。

表 6-1 本报告涉及的资质的分类

资　质	准入类资质	政府注册登记证
		政府许可证
	能力类资质	政府专业能力认证

续表

资　质	能力类资质	特殊能力扶持认证
		行业协会等级认证
	荣誉类资质	质量管理体系认证
		环境认证
		公司获奖
		产品获奖

（一）准入类资质

准入类资质，即政府或非政府组织授予的市场/资源等垄断性或准入性权利。包括 5G 牌照、高铁牌照等，主要影响企业的市场地位。按照内容分类，该类资质有四种形式：一是由政府授予的对特殊行业或市场的垄断性经营资格，如烟草、电信等行业的经营资格；二是由政府授予的对某类自然或非自然资源的使用或经营性权利，如采矿权、航线经营权、频道使用权等；三是由政府授予的对某些行业或市场的准入性经营资格，如中介服务行业中的审计和资产评估机构的证券业从业资格。

（二）能力类资质

能力类资质，即政府或非政府组织根据单位的能力水平不同，授予的能力等级认证，不同等级的单位在经营范围方面有所不同。该类资质普遍存在于建筑、医药类行业中，主要影响企业的经营范围。按照内容分类，该类资质主要包括：一是政府专业认证类，如政府专业认可的建筑企业甲等，系统集成资质乙级，医院三级甲等，不同的等级有不同的规模、能力和经营范围；二是特殊能力扶持认证类资质，企业若拥有这样的资质每年可以获得政府的政策扶持，如高新技术企业每年可以获得税收减免优惠等；三是行业协会认证类，行业协会颁发的证书可以让组织获得领先优势或其他益处。

（三）荣誉类资质

荣誉类资质，即政府组织、行业协会或专业组织对企业或产品在质量、环保、创新等方面的认可和奖励。按照内容分类，该类资质主要包括：一是质量管理体系的认证，其证明了企业的质量体系和质量保证能力符合相应要求，是对企业质量管理水平的一种认可；二是环境认证，在实施 ISO14001 环境管理体系标准认证时，要审核企业在产品设计、生产工艺、材料选用、废物处置等各个阶段是否达标。随着环境意识的逐渐增强，消费者在进行品牌联想时会考虑环境保护因素，产品达到不同的排放标准，企业的形象会有所差异，

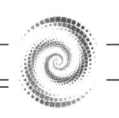

进而影响其对环保的反应和企业环境绩效；三是单位的获奖证书，如中国 IT 服务管理优秀解决方案奖、国家火炬计划项目等，表明了企业在行业和社会中的影响力和认可水平；四是产品获奖证书，如汽车用高性能尼龙复合材料获得高新技术产品认证，可以提升产品的市场影响力和公信力。

二、基于招股说明书的资质无形资产披露情况

本报告延续以往年度研究报告的研究框架，将资质类无形资产分为准入类、能力类和荣誉类三类，各自包含内容及统计口径如表 6-2 所示。

表 6-2 资质类无形资产的分类及统计口径

无形资产类型	分类		统计口径
资质类无形资产	准入类资质	政府注册登记证	名称、编号、有效期、级别、品种范围、审批机关
		政府许可证	
	能力类资质	政府专业能力认证	名称、编号、级别、品种范围、地域范围、有效期、审批机关
		特殊能力扶持认证	名称、编号、有效期、授权单位
		行业协会等级认证	名称、级别、品种范围、编号、有效期、授权单位
	荣誉类资质	质量认证	证书名称、证书编号、有效期、认证机构
		环境认证	
		公司获奖证书	公司荣誉、编号、认证时间、认证机构
		产品获奖证书	产品荣誉、产品名称、证书编号、认证时间、认证机构

基于招股说明书信息，截至 2022 年 12 月 31 日，创业板上市公司资质类无形资产披露的整体情况见表 6-3 和表 6-4。创业板上市公司中披露能力类资质的公司最多，有 486 家，占到总量的 39.45%。相较于其他两类资质，创业板上市公司获得的能力类无形资产最多，达到了 5 277 项，是准入类资质的 1.32 倍，荣誉类资质的 1.10 倍。

表 6-3 基于招股说明书的创业板公司资质类无形资产披露情况

资质类无形资产类型	披露公司数量（家）	占比（%）
准入类资质	347	28.17%
能力类资质	486	39.45%
荣誉类资质	403	32.71%

注："占比"的计算方式为：披露某项资质的公司总数/1 232。

表6-4　基于招股说明书的创业板公司资质类无形资产披露数量情况

资质类无形资产类型	披露数量（项）	均值（项）	最大值（项）	最小值（项）
准入类资质	3 996	3.24	402	0
能力类资质	5 277	4.28	474	0
荣誉类资质	4 814	3.91	110	0

注："均值"的计算方式为：某项资质的披露总数/1 232。

分行业来看，制造业披露资质数量最多，达到 8 690 项，其次是信息传输、软件和信息技术服务业，1 736 项，科学研究和技术服务业 1 227 项，卫生和社会工作 569 项。其中，卫生和社会工作与科学研究和技术服务业获得的资质均值最高，平均每家公司分别有 81.29 项资质和 22.72 项资质（见表 6-5）。

表6-5　基于招股说明书的创业板公司不同行业资质类无形资产披露情况

行业	公司数量（家）	准入类（项）	能力类（项）	荣誉类（项）	合计（项）	均值（项/家）
采矿业	5	1	27	5	33	6.60
电力、热力、燃气及水生产和供应业	3	0	0	0	0	0.00
建筑业	12	23	66	40	129	10.75
交通运输、仓储和邮政业	3	0	27	1	28	9.33
居民服务、修理和其他服务业	1	0	0	0	0	0.00
科学研究和技术服务业	54	109	415	703	1 227	22.72
农林牧渔业	10	52	14	48	114	11.40
批发和零售贸易	26	364	105	78	547	21.04
水利、环境和公共设施管理业	35	133	162	153	448	12.80
卫生和社会工作	7	471	64	34	569	81.29
文化、体育和娱乐业	16	134	32	94	260	16.25
制造业	857	2 683	3 046	2 961	8 690	10.14
信息传输、软件和信息技术服务业	179	145	999	592	1 736	9.70
租赁和商务服务业	16	6	71	104	181	11.31
房地产业	1	0	0	0	0	0.00
教育业	2	0	0	0	0	0.00
金融业	4	0	16	0	16	4.00
住宿和餐饮业	1	74	0	1	75	75.00

注："合计"列数值为"准入类""能力类"和"荣誉类"三列数值之和，"均值"的计算方式为：某项资质的披露总数/各行业公司数量。表6-6、表6-10、表6-13同。

（一）准入类资质

1. 整体披露情况

截至 2022 年 12 月 31 日，创业板有 347 家公司披露了准入类资质的信息，占所有样本

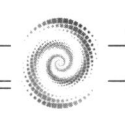

公司的比例为28.17%，具体披露情况见表6-6。

表6-6 准入类资质披露整体情况

准入类资质类型	披露公司数量（家）	占比（%）	总数（项）	均值（项/家）
政府注册登记证	277	22.48	1 744	1.42
政府许可证	353	28.65	2 796	2.27

注："占比"的计算方式为：披露某项准入类资质的公司总数/1 232；"均值"的计算方法为：某项准入类资质的披露总数/1 232。

2. 不同行业披露情况

披露政府注册登记证和政府许可证信息最多的是制造业的上市公司，分别有213家和247家。但由于制造业公司数量基数大，相较于其他公司数量少的行业，制造业披露了资质的公司所占比例并不高，仅为24.85%和28.82%（居民服务、修理和房地产业以及住宿和餐饮业只有一家公司披露，不具有代表性）。具体情况如表6-7所示。

表6-7 不同行业准入类资质信息披露的公司数量和占比

行业 \ 准入类资质类型	政府注册登记证	政府许可证
采矿业	0（0.00%）	1（20.00%）
电力、热力、燃气及水生产和供应业	0（0.00%）	3（100.00%）
建筑业	1（8.33%）	2（16.67%）
交通运输、仓储和邮政业	0（0.00%）	0（0.00%）
居民服务、修理和其他服务业	0（0.00%）	1（100.00%）
科学研究和技术服务业	12（22.22%）	20（37.04%）
农林牧渔业	2（20.00%）	4（40.00%）
批发和零售贸易	9（34.62%）	11（42.31%）
水利、环境和公共设施管理业	5（14.29%）	14（40.00%）
卫生和社会工作	4（57.14%）	5（71.43%）
文化、体育和娱乐业	1（6.25%）	4（25.00%）
制造业	213（24.85%）	247（28.82%）
信息传输、软件和信息技术服务业	20（11.17%）	38（21.23%）
租赁和商务服务业	0（0.00%）	2（12.50%）
房地产业	0（0.00%）	0（0.00%）
教育业	0（0.00%）	0（0.00%）
金融业	0（0.00%）	0（0.00%）
住宿和餐饮业	0（0.00%）	1（100.00%）

注：括号外数据表示对应行业中披露某项资质信息的公司数量，括号中数据为该行业中披露某项资质信息的公司占比，计算方式为：披露该项信息公司数/该行业公司总数。表6-11、表6-14同。

同样，制造业的公司披露的政府注册登记证和政府许可证数量最多，分别为1 236项和1 731项。从行业均值来看，披露政府注册登记证和政府许可均值证最高的均是卫生和

社会工作,分别为 24.43 项/家和 42.86 项/家(居民服务、修理和房地产业以及住宿和餐饮业只有一家公司披露,不具有代表性)。具体情况如表 6-8 所示。

表 6-8 不同行业准入类资质信息披露的资质数量和均值

行业 \ 准入类资质类型	政府注册登记证	政府许可证
采矿业	0（0.00）	1（0.20）
电力、热力、燃气及水生产和供应业	0（0.00）	3（1.00）
建筑业	17（1.42）	6（0.50）
交通运输、仓储和邮政业	0（0.00）	0（0.00）
居民服务、修理和其他服务业	0（0.00）	14（14.00）
科学研究和技术服务业	52（0.96）	66（1.22）
农林牧渔业	21（2.10）	32（3.20）
批发和零售贸易	157（6.04）	210（8.08）
水利、环境和公共设施管理业	24（0.69）	99（2.83）
卫生和社会工作	171（24.43）	300（42.86）
文化、体育和娱乐业	3（0.19）	131（8.19）
制造业	1 236（1.44）	1 731（2.02）
信息传输、软件和信息技术服务业	63（0.35）	122（0.68）
租赁和商务服务业	0（0.00）	7（0.44）
房地产业	0（0.00）	0（0.00）
教育业	0（0.00）	0（0.00）
金融业	0（0.00）	0（0.00）
住宿和餐饮业	0（0.00）	74（74.00）

注:括号外数据表示对应行业中披露的某项资质的总数,括号中数据为该行业中某项资质的均值,计算方式为:某项资质的披露总数/该行业公司总数。表 6-12、表 6-15 同。

（二）能力类资质

1. 整体披露情况

截至 2022 年 12 月 31 日,创业板有 486 家公司披露了能力类资质,占所有样本公司的比例为 39.45%,如表 6-9 所示。其中,披露特殊能力认证的公司最多,有 772 家,占比 62.66%。披露数量最多的也是特殊能力认证,达到了 3 449 项。在三种能力类资质中,披露行业协会等级认证的公司数量和总数最少,仅有 102 家、278 项。

表 6-9 能力类资质披露整体情况

能力类资质类型	披露公司数量（家）	占比（%）	总数（项）	均值（项/家）
政府专业能力认证	317	25.73	2 975	2.41
特殊能力扶持认证	772	62.66	3 449	2.80
行业协会等级认证	102	8.28	278	0.23

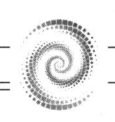

2. 不同行业披露情况

披露能力类资质的公司数量排名前三的行业是制造业、信息传输、软件和信息技术服务业，以及科学研究和技术服务业。从占比看，披露政府专业能力认证、特殊能力扶持认证和行业协会等级认证的公司数量占比最高的行业均是科学研究和技术服务业，分别有48.15%、83.33%和22.22%（居民服务、修理和房地产业以及住宿和餐饮业只有一家公司披露，不具有代表性），具体情况如表6-10所示。

表6-10 不同行业能力类资质信息披露的公司数量及占比

能力类资质类型 行业	政府专业能力认证	特殊能力扶持认证	行业协会等级认证
采矿业	1（20.00%）	3（60.00%）	0（0.00%）
电力、热力、燃气及水生产和供应业	0（0.00%）	1（33.33%）	0（0.00%）
建筑业	3（25.00%）	5（41.67%）	0（0.00%）
交通运输、仓储和邮政业	0（0.00%）	2（66.67%）	0（0.00%）
居民服务、修理和其他服务业	0（0.00%）	0（0.00%）	0（0.00%）
科学研究和技术服务业	26（48.15%）	45（83.33%）	12（22.22%）
农林牧渔业	0（0.00%）	6（60.00%）	1（10.00%）
批发和零售贸易	10（38.46%）	14（53.85%）	0（0.00%）
水利、环境和公共设施管理业	14（40.00%）	25（71.43%）	5（14.29%）
卫生和社会工作	1（14.29%）	5（71.43）	1（14.29%）
文化、体育和娱乐业	0（0.00%）	11（68.75%）	0（0.00%）
制造业	218（25.44%）	541（63.13%）	69（8.05%）
信息传输、软件和信息技术服务业	41（22.91%）	105（58.66%）	12（6.70%）
租赁和商务服务业	3（18.75%）	8（50.00%）	2（12.50%）
房地产业	0（0.00%）	1（100.00%）	0（0.00%）
教育业	0（0.00%）	0（0.00%）	0（0.00%）
金融业	0（0.00%）	3（75.00%）	0（0.00%）
住宿和餐饮业	0（0.00%）	0（0.00%）	0（0.00%）

披露能力类资质总数排名前三的行业是制造业、信息传输、软件和信息技术服务业，以及科学研究和技术服务业。从均值看，披露政府专业能力认证数量均值最高的行业是科学研究和技术服务业，有5.35项/家；披露特殊能力扶持认证数量均值最高的行业是卫生和社会工作，有8.43项/家；披露行业协会等级认证数量均值最高的行业是租赁和商务服务业，有1.06项/家（居民服务、修理和房地产业以及住宿和餐饮业只有一家公司披露，不具有代表性），具体情况如表6-11所示。

表 6-11　不同行业能力类资质信息披露的资质数量及均值

能力类资质类型 行业	政府专业能力认证	特殊能力扶持认证	行业协会等级认证
采矿业	3（0.60）	28（5.60）	0（0.00）
电力、热力、燃气及水生产和供应业	0（0.00）	3（1.00）	0（0.00）
建筑业	24（2.00）	37（3.08）	0（0.00）
交通运输、仓储和邮政业	0（0.00）	30（10.00）	0（0.00）
居民服务、修理和其他服务业	0（0.00）	0（0.00）	0（0.00）
科学研究和技术服务业	289（5.35）	188（3.48）	49（0.91）
农林牧渔业	0（0.00）	23（2.30）	2（0.20）
批发和零售贸易	45（1.73）	83（3.19）	0（0.00）
水利、环境和公共设施管理业	65（1.86）	124（3.54）	15（0.43）
卫生和社会工作	4（0.57）	59（8.43）	1（0.14）
文化、体育和娱乐业	0（0.00）	52（3.25）	0（0.00）
制造业	1 893（2.21）	2 141（2.50）	164（0.19）
信息传输、软件和信息技术服务业	641（3.58）	578（3.23）	30（0.17）
租赁和商务服务业	11（0.69）	69（4.31）	17（1.06）
房地产业	0（0.00）	3（3.00）	0（0.00）
教育业	0（0.00）	0（0.00）	0（0.00）
金融业	0（0.00）	31（7.75）	0（0.00）
住宿和餐饮业	0（0.00）	0（0.00）	0（0.00）

（三）荣誉类资质

1. 整体披露情况

截至 2022 年 12 月 31 日，创业板有 403 家公司披露了荣誉类资质的信息，占所有样本公司的比例为 32.71%，具体披露情况如表 6-12 所示。

表 6-12　荣誉类资质披露整体情况

荣誉类资质类型	披露公司数量（家）	占比（%）	总数（项）	均值（项/家）
质量认证	505	40.99	2 270	1.84
环境认证	169	13.72	200	0.16
公司获奖证书	401	32.55	3 278	2.66
产品获奖证书	152	12.34	915	0.74

2. 不同行业披露情况

披露 4 种类型荣誉类资质的公司数量排名前三的行业均是制造业、信息传输、软件和

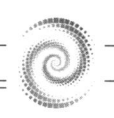

信息技术服务业,以及科学研究和技术服务业。从占比看,披露质量认证证书的公司数量占比最高的行业是科学研究和技术服务业,有59.26%;披露环境认证证书的公司数量占比最高的行业是电力、热力、燃气及水生产和供应业,有33.33%;披露公司获奖证书和产品获奖证书的公司数量占比最高的行业是农林牧渔业,分别有60.00%和50.00%(居民服务、修理和房地产业以及住宿和餐饮业只有一家公司披露,不具有代表性),具体情况如表6-13所示。

表6-13 不同行业荣誉类资质信息披露公司数量及占比

荣誉类资质类型 行业	质量认证	环境认证	公司获奖证书	产品获奖证书
采矿业	2（40.00%）	1（20.00%）	1（20.00%）	0（0.00%）
电力、热力、燃气及水生产和供应业	1（33.33%）	1（33.33%）	1（33.33%）	1（33.33%）
建筑业	3（25.00%）	1（8.33%）	3（25.00%）	2（16.67%）
交通运输、仓储和邮政业	0（0.00%）	0（0.00%）	1（33.33%）	0（0.00%）
居民服务、修理和其他服务业	1（100.00%）	1（100.00%）	0（0.00%）	0（0.00%）
科学研究和技术服务业	32（59.26%）	8（14.81%）	31（57.41%）	12（22.22%）
农林牧渔业	5（50.00%）	1（10.00%）	6（60.00%）	5（50.00%）
批发和零售贸易	12（46.15%）	0（0.00%）	10（38.46%）	1（3.85%）
水利、环境和公共设施管理业	14（40.00%）	4（11.43%）	16（45.71%）	6（17.14%）
卫生和社会工作	2（28.57%）	1（14.29%）	4（57.14%）	0（0.00%）
文化、体育和娱乐业	3（18.75%）	3（18.75%）	4（25.00%）	5（31.25%）
制造业	367（42.82%）	123（14.35%）	272（31.74%）	101（11.79%）
信息传输、软件和信息技术服务业	60（33.52%）	24（13.41%）	47（26.26%）	17（9.50%）
租赁和商务服务业	3（18.75%）	1（6.25%）	5（31.25%）	2（12.50%）
房地产业	0（0.00%）	0（0.00%）	0（0.00%）	0（0.00%）
教育业	0（0.00%）	0（0.00%）	0（0.00%）	0（0.00%）
金融业	0（0.00%）	0（0.00%）	0（0.00%）	0（0.00%）
住宿和餐饮业	0（0.00%）	0（0.00%）	0（0.00%）	0（0.00%）

披露4种类型荣誉类资质的总数排名前三的行业是制造业、信息传输、软件和信息技术服务业,以及科学研究和技术服务业。从均值看,披露质量认证证书、环境认证证书、公司获奖证书和产品获奖证书数量均值最高的行业均是科学研究和技术服务业,分别有5.22项/家、0.33项/家、6.48项/家和5.39项/家(居民服务、修理和房地产业以及住宿和餐饮业只有一家公司披露,不具有代表性),具体情况见表6-14。

表 6-14　不同行业荣誉类资质信息披露的资质数量及均值

荣誉类资质类型 行业	质量认证	环境认证	公司获奖证书	产品获奖证书
采矿业	4（0.80）	1（0.20）	5（1.00）	0（0.00）
电力、热力、燃气及水生产和供应业	9（3.00）	1（0.33）	2（0.67）	2（0.67）
建筑业	20（1.67）	1（0.08）	27（2.25）	9（0.75）
交通运输、仓储和邮政业	0（0.00）	0（0.00）	1（0.33）	0（0.00）
居民服务、修理和其他服务业	9（9.00）	1（1.00）	0（0.00）	0（0.00）
科学研究和技术服务业	282（5.22）	18（0.33）	350（6.48）	291（5.39）
农林牧渔业	10（1.00）	1（0.10）	32（3.20）	18（1.80）
批发和零售贸易	73（2.81）	0（0.00）	70（2.69）	10（0.38）
水利、环境和公共设施管理业	114（3.26）	4（0.11）	98（2.80）	39（1.11）
卫生和社会工作	9（1.29）	1（0.14）	31（4.43）	0（0.00）
文化、体育和娱乐业	4（0.25）	3（0.19）	34（2.13）	59（3.69）
制造业	1 468（1.71）	139（0.16）	2 049（2.39）	407（0.47）
信息传输、软件和信息技术服务业	228（1.27）	29（0.16）	485（2.71）	72（0.40）
租赁和商务服务业	40（2.50）	1（0.06）	94（5.88）	8（0.50）
房地产业	0（0.00）	0（0.00）	0（0.00）	0（0.00）
教育业	0（0.00）	0（0.00）	0（0.00）	0（0.00）
金融业	0（0.00）	0（0.00）	0（0.00）	0（0.00）
住宿和餐饮业	0（0.00）	0（0.00）	0（0.00）	0（0.00）

三、基于年报的资质类无形资产披露情况

此部分将 2018—2022 年年报中新增的资质情况进行了对比，如表 6-15 所示。准入类资质在这三类中是披露的最少的，且 2021 年有明显的下滑趋势。2021 年，创业板上市公司总数增多且披露公司数量减少，导致 2021 年成为 5 年之中的低点，披露的公司数量占比下滑至 14.95%，到 2022 年有明显的上涨，达到峰值 46.59%，是 2021 年的 3.12 倍。本报告分析 2021 年的变化主要是受到新冠疫情的影响。能力类资质是这三类之中披露最多的，尽管相较上年 2018 年有所下滑，但是 2019 年至 2020 年迅速回升，几乎所有的公司都披露了能力类资质。2021 年再次骤降至 26.97%，但在 2022 年又回复至 98.21%。荣誉类资质的披露从 2018 年至 2021 年来呈现下降的态势，这一点在比例上显示得更加明显，当然上市公司数量快速地上涨是一个重要原因。但在 2022 年，荣誉类资质的披露翻倍增长，且占比大幅上升到 81.01%。

表 6-15　基于年报的创业板上市公司资质类无形资产披露公司数量及占比

年份	2018 年	2019 年	2020 年	2021 年	2022 年
准入类资质	105（15.79%）	226（28.36%）	231（25.90%）	163（14.95%）	574（46.59%）
能力类资质	464（69.77%）	783（98.24%）	875（98.09%）	294（26.97%）	1 210（98.21%）
荣誉类资质	384（57.74%）	313（39.27%）	329（36.88%）	248（22.75%）	998（81.01%）

注：括号外数据表示对应年份中披露某项资质类无形资产信息的公司数量，括号中数据为该年份中披露某项资质类无形资产信息的公司占比，计算方式为：披露该项信息公司数/该年份所有上市公司总数。

三类里披露无形资产的数目和占比的变化趋势和上表中披露公司的数量的变化趋势基本上相同，只是增长幅度并不相同。如表 6-16 所示，可以看到，能力类资质数目众多，尤其是 2018 年之后迅速增长，在 2021 年有所下降，平均每家公司披露 3.33 项，2022 年均值达到顶点，平均每家公司披露 12.22 项。准入类资质数量在 2018 年至 2020 年间稳步上升，2021 年有所下降，在 2022 年均值达到峰值，平均每家公司披露 11.00 项。荣誉类资质数量从 2018 到 2020 年比较稳定，在 2021 年略微下降，在 2022 年达到峰值，平均每家公司披露 10.13 项。

表 6-16　基于年报的创业板上市公司资质类无形资产披露的资质数量及均值

年份	2018 年	2019 年	2020 年	2021 年	2022 年
准入类资质	227（0.34）	913（1.15）	1 342（1.50）	2 176（2.00）	13 561（11.00）
能力类资质	1 109（1.67）	6 238（7.83）	7 002（7.85）	3 631（3.33）	15 051（12.22）
荣誉类资质	1 824（2.74）	1 602（2.01）	1 991（2.23）	1 970（1.81）	12 477（10.13）

注：括号外数据表示对应年份中披露的某项资质类无形资产的总数，括号中数据为该年份中披露的某项资质类无形资产均值，计算方式为：披露的某项资质类无形资产的总数/该年份所有上市公司总数。

（一）准入类资质

1. 整体披露情况

披露政府注册登记证的公司数量五年来都呈"V"型，但整体是上升的趋势；披露政府许可证的公司数量五年来呈波动趋势，2019 年至 2020 年持续上升，2021 年有所下降，2022 年再次上升；政府注册登记证披露的占比近几年来不断在提高，而政府许可证披露的占比在 2017 年至 2020 年不断提高，在 2021 年有所下降，2022 年再次显著提高（见表 6-18）。

在披露总数方面可以看到，政府注册登记证的披露数量五年来是呈上升趋势的。2018 年的均值仅 0.15 项/家，2021 年均值突破到 1.37 项/家，在 2022 年创近几年的历史新高，达到了平均 8.40 项/家。与之不同的是，政府许可证的披露总数在 2018 年至 2020 年间不断上升，2021 年略有下滑后，2022 年又上涨至 2.58/家。以上数据可以看到，2021 年均呈现短暂的下降，本报告推测主要是受新冠疫情的影响所致（见表 6-17）。

表 6-17　2018—2022 年准入类资质信息披露整体情况

年份 \ 准入类资质类型	政府注册登记证 披露公司数量（占比）	政府注册登记证 披露总数（均值）	政府许可证 披露公司数量（占比）	政府许可证 披露总数（均值）
2018 年	51（7.67%）	98（0.15）	69（10.38%）	127（0.19）
2019 年	75（9.41%）	476（0.60）	172（21.58%）	406（0.51）
2020 年	93（10.43%）	469（0.53）	193（21.64%）	865（0.97）
2021 年	125（11.47%）	1 497（1.37）	115（10.55%）	663（0.61）
2022 年	424（34.42%）	10 348（8.40）	451（36.61%）	3 174（2.58）

注："披露公司数量"表示对应年份中披露某项准入类资质信息的公司数量；"占比"为该年份中披露某项准入类资质信息的公司占比，计算方式为：披露该项信息公司数/该年份上市公司总数；"披露总数"为对应年份中披露的某项准入类资质的总数；"均值"为该年份中某项准入类资质的均值，计算方式为：某项准入类资质的披露总数/该年份上市公司总数。表 6-19 按对应资质类型、对应行业或对应区域选取样本，指标计算同此说明。

2. 不同行业披露情况

（1）制造业

整体来看，制造业披露准入类资质的公司数量占此行业公司总数的比重并不高，如表 6-18 所示。2018—2019 年，制造业公司披露的政府注册登记证多于于政府许可证，但在 2020 年实现了反超，2021 年与 2022 年，政府注册登记证再次多于政府许可证的披露数量。2022 年披露的政府注册登记证最多，有 8 883 项，均值达到了 10.37 项/家；2018 年披露的数量最少，为 86 项，均值为 0.21 项/家。类似地，2022 年披露的政府许可证最多，有 2 446 项，均值为 2.85 项/家；2018 年披露的最少，为 71 项，均值为 0.17 项/家。

表 6-18　制造业准入类资质信息披露整体情况

年份 \ 准入类资质类型	政府注册登记证 披露公司数量（占比）	政府注册登记证 披露总数（均值）	政府许可证 披露公司数量（占比）	政府许可证 披露总数（均值）
2018 年	46（11.30%）	86（0.21）	48（11.79%）	71（0.17）
2019 年	66（11.98%）	459（0.83）	126（22.87%）	267（0.48）
2020 年	86（13.94%）	453（0.73）	138（22.37%）	569（0.92）
2021 年	103（13.61%）	1 445（1.91）	88（11.62%）	484（0.64）
2022 年	364（42.47%）	8 883（10.37）	354（41.31%）	2 446（2.85）

（2）信息传输、软件和信息技术服务业

信息传输、软件和信息技术服务业披露准入类资质的公司数量不及制造业。2022 年的披露情况最好，有 13 家公司披露了政府注册登记证，37 家公司披露了政府许可证，如表 6-19 所示。2018 年至 2021 年间，该行业披露政府注册登记证数量呈波动趋势，均值从 0.08 项/家减少到 0.01 项/家，2022 年大幅增长至 4.21 项/家。政府许可证披露数量最多的年份也是

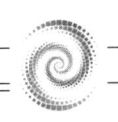

2022 年，有 284 项，均值也是近几年最高的。

表 6-19　信息传输、软件和信息技术服务业准入类资质信息披露整体情况

准入类资质类型 年份	政府注册登记证 披露公司数量（占比）	披露总数（均值）	政府许可证 披露公司数量（占比）	披露总数（均值）
2018 年	2（1.98%）	8（0.08）	6（5.94%）	9（0.09）
2019 年	3（2.10%）	3（0.02）	21（14.69%）	48（0.34）
2020 年	1（0.68%）	1（0.01）	20（13.51%）	98（0.66）
2021 年	3（1.90%）	3（0.02）	9（5.70%）	23（0.15）
2022 年	13（7.26%）	753（4.21）	37（20.67%）	284（1.59）

（3）科学研究和技术服务业

科学研究和技术服务业披露准入类资质的公司数量较少。2022 年披露政府注册登记证的公司最多，有 12 家，占比达到 22.22%；2022 年披露政府许可证的公司数量也为近几年最多的，达到了 13 家，占比为 24.07%（见表 6-20）。

表 6-20　科学研究与技术服务业准入类资质信息披露整体情况

准入类资质类型 年份	政府注册登记证 披露公司数量（占比）	披露总数（均值）	政府许可证 披露公司数量（占比）	披露总数（均值）
2018 年	0（0.00%）	0（0.00%）	0（0.00%）	0（0.00）
2019 年	2（9.52%）	5（0.24）	4（19.05%）	25（1.19）
2020 年	2（8.33%）	9（0.38）	5（20.83%）	6（0.25）
2021 年	3（7.14%）	13（0.31）	2（4.76%）	5（0.12）
2022 年	12（22.22%）	597（11.06）	13（24.07%）	49（0.91）

（4）水利、环境和公共设施管理业

水利、环境和公共设施管理业披露准入类资质的公司数量较少，2019 年、2021 年和 2022 年分别有 1 家、9 家和 18 家公司披露了政府注册登记证，占比为 6.67%、29.03% 和 51.43%；2022 年披露政府许可证的公司最多，达到了 18 家，占比为 51.43%（见表 6-21）。

表 6-21　水利、环境和公共设施管理业准入类资质信息披露整体情况

准入类资质类型 年份	政府注册登记证 披露公司数量（占比）	披露总数（均值）	政府许可证 披露公司数量（占比）	披露总数（均值）
2018 年	0（0.00%）	0（0.00）	1（7.69%）	1（0.08）
2019 年	1（6.67%）	2（0.13）	5（33.33%）	19（1.27）
2020 年	0（0.00%）	0（0.00）	7（31.82%）	20（0.91）
2021 年	9（29.03%）	12（0.39）	2（6.45%）	3（0.10）
2022 年	18（51.43%）	29（0.83）	18（51.43%）	226（6.46）

（二）能力类资质

1. 整体披露情况

2018—2022 年，披露特殊能力扶持认证的公司数量相较其他、其他类型资质，历年都是最多的。除行业协会等级认证外，其余两个类型资质的公司披露数量最近几年都有不同程度的上升，直到 2021 年有所下降，但在 2022 年各项资质的披露公司数量大幅上升，并且达到近几年来的峰值，相较于 2018 年有很大的提升（见表 6-22）。

表 6-22　2018—2022 年能力类资质信息披露公司数量及占比

能力类资质类型 年份	政府专业能力认证 披露公司数量（家）	占比（%）	特殊能力扶持认证 披露公司数量（家）	占比（%）	行业协会等级认证 披露公司数量（家）	占比（%）
2018 年	78	11.73	378	56.84	31	4.66
2019 年	176	22.08	781	97.99	46	5.77
2020 年	220	24.66	860	96.41	44	4.93
2021 年	140	12.84	287	26.33	36	3.30
2022 年	598	48.54	1 185	96.19	227	18.43

从总体来看，披露的特殊能力扶持认证的数量最多，在 2022 年达到峰值，有 8 107 项，均值为 6.58 项/家；披露的行业协会等级认证数量最少。从均值来看，政府专业能力认证和行业协会等级认证的均值在 2018—2020 年呈上升趋势，2021 年，三项资质的披露数量均值均有所下降，但在 2022 年再次增长并达到近几年来的峰值（见表 6-23）。

表 6-23　2018—2022 年能力类资质信息披露总数及均值

能力类资质类型 年份	政府专业能力认证 披露总数（项）	均值（项/家）	特殊能力扶持认证 披露总数（项）	均值（项/家）	行业协会等级认证 披露总数（项）	均值（项/家）
2018 年	168	0.25	629	0.95	48	0.07
2019 年	558	0.70	4 519	5.67	80	0.10
2020 年	967	1.08	4 535	5.08	112	0.13
2021 年	939	0.86	2 282	2.09	91	0.08
2022 年	6 217	5.05	8 107	6.58	727	0.59

2. 不同行业披露情况

（1）制造业

从披露相关信息的公司总数来看，制造业披露特殊能力扶持认证的公司数量较多，2022 年披露公司数量为近五年最多；但是从占比来看 2019 年最多，达到了 98.37%，可以说几乎所有的制造业公司都披露了特殊能力扶持认证，如表 6-24 所示。披露行业协会等级认证

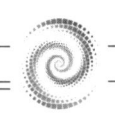

的公司数量较少，2022年年报披露最多，有129家公司进行了披露，占比也最高，达到了15.05%。从占比来看，除特殊能力扶持认证外，2022年披露的政府专业能力认证和行业协会等级认证的公司数量占比均是近五年最高的。

表6-24 制造业能力类资质信息披露公司数量及占比

能力类资质类型 年份	政府专业能力认证 披露公司数量（家）	政府专业能力认证 占比（%）	特殊能力扶持认证 披露公司数量（家）	特殊能力扶持认证 占比（%）	行业协会等级认证 披露公司数量（家）	行业协会等级认证 占比（%）
2018年	41	10.07	238	58.48	15	3.69
2019年	90	16.33	542	98.37	25	4.54
2020年	130	21.07	600	97.24	30	4.86
2021年	94	12.42	189	24.97	21	2.77
2022年	403	47.02	835	97.43	129	15.05

制造业企业披露政府专业能力认证、特殊能力扶持认证和行业协会等级认证的总数在2018年至2020年间总体呈增长趋势，在2021年除政府专业能力认证外均有所下降，但在2022年再度上涨达到峰值。制造业企业披露的行业协会等级认证数量一直较少，2022年最多，达到了362项，但均值也仅有0.42项/家（见表6-25）。

表6-25 制造业能力类资质信息披露总数及均值

能力类资质类型 年份	政府专业能力认证 披露总数（项）	政府专业能力认证 均值（项/家）	特殊能力扶持认证 披露总数（项）	特殊能力扶持认证 均值（项/家）	行业协会等级认证 披露总数（项）	行业协会等级认证 均值（项/家）
2018年	81	0.20	388	0.95	26	0.06
2019年	241	0.44	2 624	4.76	46	0.08
2020年	539	0.87	2 656	4.30	70	0.11
2021年	617	0.82	1 217	1.61	52	0.07
2022年	4 635	5.41	4 617	5.39	362	0.42

（2）信息传输、软件和信息技术服务业

从披露公司总数来看，信息传输、软件和信息技术服务业披露特殊能力扶持认证的公司数量较多，2022年披露最多，共有174家公司进行了披露，但从占比来看2019年最大，达到了98.60%；披露行业协会等级认证的公司数量较少，2022年披露最多，共有40家公司披露了行业协会等级认证。从披露公司数量的增长趋势来看，2018年至2021年，行业协会等级认证披露公司数量持续下降但在2022年增长并达到峰值。而政府专业能力认证和特殊能力扶持认证的披露公司数量在2018年至2020年间持续上升，2021年有所下降，2022年再度上升并达到峰值（见表6-26）。

表 6-26　信息传输、软件和信息技术服务业能力类资质信息披露公司数量及占比

能力类资质类型 年份	政府专业能力认证 披露公司数量（家）	占比（%）	特殊能力扶持认证 披露公司数量（家）	占比（%）	行业协会等级认证 披露公司数量（家）	占比（%）
2018 年	24	23.76	62	61.39	11	10.89
2019 年	54	37.76	141	98.60	11	7.69
2020 年	55	37.16	145	97.97	7	4.73
2021 年	27	17.09	52	32.91	6	3.80
2022 年	101	56.42	174	97.21	40	22.35

信息传输、软件和信息技术服务业企业披露政府专业能力认证、特殊能力扶持认证的数量在 2018 年至 2020 年间持续增长，2021 年有所下降，2022 年再度增长并达到近年来的峰值。披露行业协会等级认证的总数一直较小，2022 年披露最多，共披露了 155 项，但均值也仅为 0.87/家（见表 6-27）。

表 6-27　信息传输、软件和信息技术服务业能力类资质信息披露总数及均值

能力类资质类型 年份	政府专业能力认证 披露总数（项）	均值（项/家）	特殊能力扶持认证 披露总数（项）	均值（项/家）	行业协会等级认证 披露总数（项）	均值（项/家）
2018 年	44	0.44	107	1.06	16	0.16
2019 年	163	1.14	952	6.66	18	0.13
2020 年	248	1.68	999	6.75	14	0.09
2021 年	225	1.42	397	2.51	18	0.11
2022 年	665	3.72	1 451	8.11	155	0.87

（3）科学研究和技术服务业

从披露公司总数来看，科学研究和技术服务业披露特殊能力扶持认证的公司数量较多，2022 年披露最多，共有 53 家公司进行了披露，但 2019 与 2020 年占比最大，均达到 100%，实现了充分披露（见表 6-28）。

表 6-28　科学研究与技术服务业能力类资质信息披露公司数量及占比

能力类资质类型 年份	政府专业能力认证 披露公司数量（家）	占比（%）	特殊能力扶持认证 披露公司数量（家）	占比（%）	行业协会等级认证 披露公司数量（家）	占比（%）
2017 年	1	6.25	12	75.00	1	6.25
2018 年	0	0.00	0	0.00	0	0.00
2019 年	12	57.14	21	100	1	4.76
2020 年	13	54.17	24	100	2	8.33
2021 年	4	9.52	5	11.90	1	2.38
2022 年	37	64.91	53	98.15	21	38.89

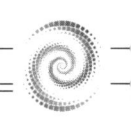

科学研究和技术服务业披露政府专业能力认证、特殊能力扶持认证的公司数量在2019年至2020年间均有较大的跃升，但是从均值来看只有披露特殊能力扶持认证的有较大的提升；2021年披露数目均减少，但在2022年再次增长并且达到近年来的峰值；披露行业协会等级认证的总数一直较小，其中2022年披露数量最多，达到129项（见表6-29）。

表6-29　科学研究与技术服务业能力类资质信息披露总数及均值

能力类资质类型 年份	政府专业能力认证		特殊能力扶持认证		行业协会等级认证	
	披露总数（项）	均值（项/家）	披露总数（项）	均值（项/家）	披露总数（项）	均值（项/家）
2018年	0	0.00	0	0.00	0	0.00
2019年	52	2.48	205	9.76	6	0.29
2020年	60	2.50	144	6.00	13	0.54
2021年	20	0.48	110	2.62	1	0.02
2022年	626	11.59	551	10.20	129	2.39

（4）水利、环境和公共设施管理业

从披露公司总数来看，水利、环境和公共设施管理业披露特殊能力扶持认证的公司数量较多。从占比来看，2019年披露特殊能力扶持认证的公司占比达100%，最低时2021年占比仅为29%。披露政府专业能力的公司数量2022年最多，有20家，但2019年占比最高，达到了60%。披露行业协会等级认证的公司数量一直较少（见表6-30）。

表6-30　水利、环境和公共设施管理业能力类资质信息披露公司数量及占比

能力类资质类型 年份	政府专业能力认证		特殊能力扶持认证		行业协会等级认证	
	披露公司数量（家）	占比（%）	披露公司数量（家）	占比（%）	披露公司数量（家）	占比（%）
2018年	1	7.70	7	53.85	0	0.00
2019年	9	60.00	15	100.00	3	20.00
2020年	11	50.00	20	90.91	1	4.55
2021年	5	16.13	9	29.03	2	6.45
2022年	20	57.14	32	91.43	8	22.86

水利、环境和公共设施管理业披露政府专业能力认证和特殊能力扶持认证的总数在2019年和2020年均有较大的跃升，但是从均值来看只有披露特殊能力扶持认证的有较大的提升，2021年披露数目均减少，但在2022年再次增长并且达到近年来的峰值。披露政府专业能力的公司数量2022年最多，有98家，但2019年均值最大，达到了4.47项/家。特殊能力扶持认证的披露总数2022年最多，有464家，均值达到了13.26项/家。行业协会等级认证的披露总数一直较小。具体情况如表6-31所示。

表 6-31　水利、环境和公共设施管理业能力类资质信息披露总数及均值

能力类资质类型 年份	政府专业能力认证 披露总数（项）	政府专业能力认证 均值（项/家）	特殊能力扶持认证 披露总数（项）	特殊能力扶持认证 均值（项/家）	行业协会等级认证 披露总数（项）	行业协会等级认证 均值（项/家）
2018 年	8	0.62	12	0.92	0	0.00
2019 年	67	4.47	125	8.33	3	0.20
2020 年	69	3.14	138	6.27	1	0.05
2021 年	15	0.48	107	3.45	3	0.10
2022 年	98	2.80	464	13.26	18	0.51

（三）荣誉类资质

1. 整体披露情况

披露质量认证证书、环境认证证书和公司获奖证书的公司数量在 2018—2021 年间整体呈波动趋势，而披露产品获奖证书的公司数量 2018—2021 年基本呈下降趋势，但都在 2022 年达到峰值。整体看来，披露公司获奖证书的公司数量多于披露质量认证证书、环境认证证书和产品获奖证书的公司数量。从占比来看，披露产品获奖证书的公司数量在 2018 年占比最高，为 27.22%；披露质量认证证书、环境认证证书和公司获奖证书的公司数量在 2022 年占比最高，分别达到了 47.56%、26.95% 和 65.91%。

在 2018—2022 年中，每年披露的公司获奖证书数量均多于质量认证证书、环境认证证书和产品获奖证书。各项证书的披露数量与均值均在 2022 年达到峰值。其中，质量认证证书有 1 777 项，平均 1.44 项/家；环境认证证书有 414 项，平均 0.34 项/家；公司获奖证书有 7 277 项，平均 5.91 项/家；产品获奖证书有 3 009 项，平均 2.44 项/家（见表 6-32）。

表 6-32　2018—2022 年荣誉类资质信息披露总数及占比

荣誉类资质类型 年份	质量认证证书 披露公司数量（占比）	质量认证证书 披露总数（均值）	环境认证证书 披露公司数量（占比）	环境认证证书 披露总数（均值）	公司获奖证书 披露公司数量（占比）	公司获奖证书 披露总数（均值）	产品获奖证书 披露公司数量（占比）	产品获奖证书 披露总数（均值）
2018 年	115（17.29%）	234（0.35）	27（4.06%）	30（0.05）	323（48.57%）	1 335（2.01）	181（27.22%）	489（0.74）
2019 年	310（38.90%）	945（0.19）	116（14.55%）	136（0.17）	253（31.74%）	1 191（1.49）	153（19.20%）	411（0.52）
2020 年	389（43.61%）	1 207（1.35）	150（16.82%）	181（0.20）	276（30.94%）	1 500（1.68）	140（15.70%）	491（0.55）
2021 年	105（9.63%）	225（0.21）	81（7.43%）	94（0.09）	236（21.65%）	1 693（1.55）	71（6.51%）	277（0.25）
2022 年	586（47.56%）	1 777（1.44）	332（26.95%）	414（0.34）	812（65.91%）	7 277（5.91）	307（24.92%）	3 009（2.44）

2. 不同行业披露情况

（1）制造业

从总数来看，制造业披露公司获奖证书的公司数量多于披露质量认证证书、环境认证

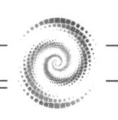

证书和产品获奖证书的公司数量。2018—2022年间，披露质量认证证书和环境认证证书的公司数量呈现先增后减再增的趋势，在2022年达到最大值；2018—2021年披露公司获奖证书和产品获奖证书的公司数量波动走低，但在2022年再度增长并达到峰值。

制造业企业在2018年至2022年间披露的公司获奖证书数量持续增长，在2022年达到最大值；在2018年至2022年间披露的质量认证证书和环境认证证书数量呈现先增后减再增的趋势，在2022年达到峰值；在2018年至2021年间披露的产品获奖证书数量整体呈下降趋势，但在2022年再度增长并达到近年内的最大值（见表6-33）。

表6-33 制造业荣誉类资质信息披露公司整体情况

荣誉类资质类型 年份	质量认证证书 披露公司数量（占比）	质量认证证书 披露总数（均值）	环境认证证书 披露公司数量（占比）	环境认证证书 披露总数（均值）	公司获奖证书 披露公司数量（占比）	公司获奖证书 披露总数（均值）	产品获奖证书 披露公司数量（占比）	产品获奖证书 披露总数（均值）
2018年	77（18.92%）	148（0.36）	17（4.18%）	18（0.04）	177（43.49%）	688（1.69）	112（27.52%）	254（0.62）
2019年	241（43.74%）	747（1.36）	99（17.97%）	109（0.20）	168（30.49%）	753（1.37）	95（17.24%）	243（0.44）
2020年	299（48.46%）	877（1.42）	124（20.10%）	149（0.24）	174（28.20%）	769（1.25）	84（13.61%）	217（0.35）
2021年	80（10.57%）	174（0.23）	64（5.87%）	67（0.09）	153（20.21%）	1 043（1.38）	51（6.74%）	169（0.22）
2022年	474（55.31%）	1 436（1.68）	278（22.56%）	354（0.41）	576（67.21%）	3 903（4.55）	217（25.32%）	1 342（1.57）

（2）信息传输、软件和信息技术服务业

从披露相关信息的公司数量来看，信息传输、软件和信息技术服务业披露公司获奖证书的公司数量较多。披露几项证书的公司数量均在2022年最多，分别有57家、27家、106家和40家；从占比来看，披露质量认证证书的公司数量在2020年占比最大，达到了37.84%；披露环境认证证书的公司数量在2022年占比最大，达到了15.08%；披露公司获奖证书和产品获奖证书的公司数量在2018年占比最大，分别达到了62.38%和24.75%。

总体来看，信息传输、软件和信息技术服务业在2018年至2021年披露几项资质的公司数量与披露几项资质的总数均呈先增后减的趋势，但在2022年再度增长并达到六年间的最大值。

（3）科学研究和技术服务业

从总数来看，科学研究和技术服务业披露公司获奖证书的公司数量较多。披露几项证书的公司数量和占比在2018年至2022年间呈现波动的增长趋势，但均在2022年达到最大值（见表6-35）。

表 6-34　信息传输、软件和信息技术服务业荣誉类资质信息披露整体情况

荣誉类资质类型 年份	质量认证证书 披露公司数量（占比）	质量认证证书 披露总数（均值）	环境认证证书 披露公司数量（占比）	环境认证证书 披露总数（均值）	公司获奖证书 披露公司数量（占比）	公司获奖证书 披露总数（均值）	产品获奖证书 披露公司数量（占比）	产品获奖证书 披露总数（均值）
2018 年	18 (17.82%)	37 (0.37)	4 (3.96%)	6 (0.06)	63 (62.38%)	259 (2.56)	25 (24.75%)	68 (0.67)
2019 年	40 (27.97%)	130 (0.91)	8 (5.59%)	8 (0.06)	57 (39.86%)	300 (2.10)	33 (23.08%)	92 (0.64)
2020 年	56 (37.84%)	198 (1.34)	14 (9.46%)	16 (0.11)	48 (32.43%)	324 (2.19)	31 (20.95%)	111 (0.75)
2021 年	13 (8.23%)	29 (0.18)	9 (5.70%)	9 (0.06)	43 (27.22%)	300 (1.90)	13 (8.23%)	76 (0.48)
2022 年	57 (31.84%)	208 (1.16)	27 (15.08%)	31 (0.17)	106 (59.22%)	725 (4.05)	40 (22.35%)	162 (0.91)

和披露公司数量相似，科学研究和技术服务业在 2018 年至 2022 年间披露的各项荣誉类资质数量和均值呈现波动增长的趋势，在 2022 年达到峰值，且 2022 年的披露数量与均值显著高于其他几年。

表 6-35　科学研究与技术服务业荣誉类资质信息披露整体情况

荣誉类资质类型 年份	质量认证证书 披露公司数量（占比）	质量认证证书 披露总数（均值）	环境认证证书 披露公司数量（占比）	环境认证证书 披露总数（均值）	公司获奖证书 披露公司数量（占比）	公司获奖证书 披露总数（均值）	产品获奖证书 披露公司数量（占比）	产品获奖证书 披露总数（均值）
2018 年	0 (0.00%)	0 (0.00)	0 (0.00%)	0 (0.00)	0 (0.00%)	0 (0.00)	0 (0.00%)	0 (0.00)
2019 年	8 (38.10%)	19 (0.90)	2 (9.52%)	2 (0.10)	7 (33.33%)	30 (1.43)	5 (23.81%)	10 (0.48)
2020 年	9 (37.50%)	26 (1.08)	2 (8.33%)	5 (0.21)	14 (58.33%)	157 (6.54)	6 (25.00%)	39 (1.63)
2021 年	2 (4.76%)	5 (0.12)	2 (4.76%)	2 (0.05)	4 (9.52%)	23 (0.55)	0 (0.00%)	0 (0.00)
2022 年	22 (40.74%)	54 (1.00)	11 (20.37%)	11 (0.20)	38 (70.37%)	1 818 (33.67)	17 (31.48%)	1 302 (24.11)

（4）水利、环境和公共设施管理业

从披露公司总数来看，水利、环境和公共设施管理业五年披露质量认证证书、环境认证证书、公司获奖证书和产品获奖证书的公司分别共有 20 家、9 家、59 家和 31 家，披露公司获奖证书的公司明显较多，如表 6-36 所示。从占比来看，披露环境认证证书和产品获奖证书的公司数量在 2019 年占比最大，分别达到 20.00% 和 46.67%；披露质量认证证书和公司获奖证书的公司数量在 2022 年占比最大，分别达到 28.57% 和 88.57%。

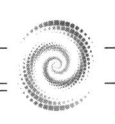

水利、环境和公共设施管理业在 2019 年披露的环境认证证书数量多于其他几年，共披露了 13 项；在 2022 年披露的质量认证证书、公司获奖证书和产品获奖证书数量多于其他几年，分别披露了 30 项、248 项和 58 项。从均值来看，环境认证证书的披露总数均值在 2019 年最高，达到 0.87 家/项；产品获奖证书的披露总数均值在 2022 年最高，达到 1.66 项/家；质量认证证书和公司获奖证书的披露总数均值在 2022 年最高，分别达到 0.86 项/家和 7.09 项/家。

表 6-36　水利、环境和公共设施管理业荣誉类资质信息披露整体情况

荣誉类资质类型 年份	质量认证证书 披露公司数量（占比）	质量认证证书 披露总数（均值）	环境认证证书 披露公司数量（占比）	环境认证证书 披露总数（均值）	公司获奖证书 披露公司数量（占比）	公司获奖证书 披露总数（均值）	产品获奖证书 披露公司数量（占比）	产品获奖证书 披露总数（均值）
2018 年	2（15.38%）	2（0.15）	0（0.00%）	0（0.00）	7（53.85%）	16（1.23）	6（46.15%）	26（2.00）
2019 年	4（26.67%）	7（0.47）	3（20.00%）	13（0.87）	4（26.67%）	21（1.40）	7（46.67%）	19（1.27）
2020 年	3（13.64%）	5（0.23）	1（4.55%）	1（0.05）	9（40.91%）	42（1.91）	5（22.73%）	15（0.68）
2021 年	1（3.23%）	1（0.03）	2（6.45%）	12（0.39）	8（25.81%）	65（2.10）	1（3.23%）	7（0.23）
2022 年	10（28.57%）	30（0.86）	3（8.57%）	3（0.09）	31（88.57%）	248（7.09）	12（34.29%）	58（1.66）

四、结论

从招股说明书披露的信息来看，整体上，披露能力类资质的公司数量最多，同时公司披露数量最多的也是能力类资质，反映出不同类型资质的获取门槛与重要程度存在差异。分行业来看，制造业，信息传输、软件和信息技术服务业，以及科学研究与技术服务业中披露准入类资质信息的上市公司数量最多；而披露准入类资质数量最多的三个行业是制造业、卫生和社会工作以及批发和零售贸易。制造业、信息传输、软件和信息技术服务业，以及科学研究和技术服务业披露能力类和荣誉类资质信息的上市公司数量最多，同时，披露的上述两类资质的数量也最多。

从年报披露的信息来看，2018 年至 2022 年的五年间，披露的三类资质总数最多的是 2022 年，其次是 2020 年和 2019 年。同时，2022 年披露准入类资质、能力类资质和荣誉类资质的公司数量都是最多的。分行业来看，由于制造业公司数量多于其他行业，因此披露了资质信息的制造业公司数量，以及该行业披露的资质数量均多于其他行业。但从披露相关资质信息的公司占比，以及披露的资质均值来看，不同行业差异明显，各具重点。整体上讲，在 2019 年和 2020 年各个行业和各项资质信息披露数量都有一个较大的上升幅度，而 2021 年整体均有所下降，2022 年各项资质信息披露数量整体再次大幅度上升并成为近几年来披露数量最多的年份。

报告七

创业板上市公司无形资产投入研究

企业无形资产的形成，是企业持续投入的结果。无形资产的投入反映企业无形资产的维护状况和存续潜力，但由于受到会计制度的限制，无形资产的投入通常在企业的会计报告中作为期间费用处理。期间费用是企业本期发生的、不能直接或间接归入营业成本，而是直接计入当期损益的各项费用，包括销售费用、管理费用和财务费用等。期间费用会直接影响企业的利润，并且与无形资产存在紧密联系。一方面，企业无形资产的形成往往依赖企业内外部资金的投入与支持，如计入管理费用的研发支出等；另一方面，无形资产的使用也直接影响期间费用，如企业自用无形资产的摊销计入管理费用等。此外，政府为企业提供的各类税收优惠和财政补贴为上市公司提供了一定的资金支持。因此，关于企业的期间费用、研发支出以及政府补助的研究对探讨创业板上市公司无形资产的形成路径具有重要意义。本报告在以往年度研究报告的基础上，对2021年和2022年统计期间披露了年报的创业板上市公司的销售费用、管理费用、财务费用、研发支出和政府补助五类财务数据进行统计分析，以较为全面地反映创业板上市公司无形资产的投入情况。

一、概念界定

本报告涉及的无形资产投入主要包括：销售费用、管理费用、财务费用、研发支出、政府补贴五类。

（一）销售费用

销售费用是指企业在销售产品、自制半成品和工业性劳务等过程中发生的各项费用，包括由企业负担的包装费、运输费、装卸费、展览费、广告费、租赁费（不包括融资租赁费），以及为销售本企业产品而专设的销售机构的费用，包括职工工资、福利费、差旅费、

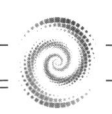

办公费、折旧费、修理费、物料消耗和其他经费。销售费用和管理费用、财务费用属于期间费用,在发生的当期计入损益,同时应在利润表中予以披露。

销售费用在企业无形资产价值创造的过程中扮演重要角色,是驱动企业无形资产形成的必要条件。首先,广告费的投入能够提高产品知名度和美誉度,树立企业形象,培养忠实的消费群体,甚至可以利用长期的高额广告投入形成行业壁垒,因此有助于形成商标或品牌类无形资产。其次,销售人员的薪酬和展览费都是形成客户类无形资产的必要投入,而分销和促销活动则有助于形成销售网络等无形资产。最后,销售人员在营销活动中积累的营销技巧和销售经验都属于企业重要的智力资本,因此销售费用还有助于形成人力资本类无形资产。

(二)管理费用

管理费用是指企业为组织和管理企业生产经营所发生的费用,包括企业在筹建期间内发生的开办费、董事会和行政管理部门在企业的经营管理中发生的或者应由企业统一负担的公司经费(包括行政管理部门职工工资及福利费、物料消耗、低值易耗品摊销、办公费和差旅费等)、工会经费、董事会费(包括董事成员津贴、会议费和差旅费等)、聘请中介机构费、咨询费(含顾问费)、诉讼费、业务招待费、房产税、车船税、土地使用税、印花税、技术转让费、矿产资源补偿费、研究费用、排污费,以及企业生产车间(部门)和行政管理部门等发生的固定资产修理费用等。

《企业会计准则第 6 号——无形资产》中第十七条规定,"使用寿命有限的无形资产,其应摊销金额应当在使用寿命内系统合理摊销""无形资产的摊销金额一般应当计入当期损益,其他会计准则另有规定的除外"。财政部于 2001 年印发的《企业会计准则——无形资产》也提到"无形资产的成本,应当自取得当月起在预计使用年限内分期平均摊销"。《会计科目使用说明》中第 171 号"无形资产"中提到"各种无形资产应分期平均摊销,摊销无形资产时,借记'管理费用'科目,贷记本科目"。这就使得多年来实务界一直通过管理费用而非其他期间费用科目核算无形资产摊销,并计入当期损益。只是在某项无形资产包含的经济利益通过所生产的产品或其他资产实现时,其摊销金额将计入相关资产的成本。

(三)财务费用

《企业会计准则应用指南》提到,财务费用是指企业为筹集生产经营所需资金等而发生的费用,包括应作为期间费用的利息支出(减利息收入)、汇兑损失以及相关的手续费等。财务费用与企业的筹资规模和结构相关,但并不成正比。值得注意的是,与其他期间费用不同,利息和汇兑除了会产生支出和损失,也可能产生收入或收益,因此财务费用可能出

现负值。对于非外贸企业而言，汇兑收益往往占比极小，若财务费用出现负值，往往是由于企业闲置资金过多导致利息收入超过贷款利息支出而产生的，这一规律对于分析创业板上市公司财务费用的数额和结构具有重要意义。

（四）研发支出

研发支出是无形资产核算中新增加的一个科目，它是指在研究与开发过程使用资产的折旧、消耗的原材料、直接参与开发人员的工资及福利费、开发过程中发生的租金以及借款费用等。研发活动从广义上来讲也是一种投资行为，但较一般的经营性投资活动而言，具有更大的风险性与收益不确定性，因而增加了研发支出在会计上确认与计量的困难。

国际上关于研发费用的会计处理方法归纳起来主要有三种。一是销记法，即遵循谨慎性原则将研发费用在当期全部费用化；二是递延法，即先将研发费用资本化为一项资产，在以后获得收入时再摊销该无形资产；三是有条件资本化法，即研发前期将研发支出费用化，待满足资本化条件后再将其进行资本化处理。

在我国，早期对于研发支出的会计处理沿用了国际上费用化处理的惯例。我国财政部与1995年5月发布了关于R&D会计处理的准则征求意见稿，并于2001年1月正式发布了《企业会计准则——无形资产》，其中规定："自行开发并依法申请取得的无形资产，其入账价值应按依法取得时发生的注册费、律师费等确定；依法申请取得前发生的研究与开发费用应于发生时确认为当期费用"。2006年，我国财政部对《企业会计准则》进行了修订，修订后的《企业会计准则——基本准则》自2007年施行。根据《企业会计准则——基本准则》制定的《企业会计准则第6号——无形资产》规定："企业内部研究开发项目的支出，应当区分研究阶段支出与开发阶段支出。""研究阶段的支出，应于发生时计入当期损益。开发阶段的支出，能够证明符合规定的条件，才能确认为无形资产"。这种两阶段的会计处理模式体现了我国会计准则与国际会计准则的趋同化与进步，为我国企业的跨国经营与稳步发展提供了良好的条件。

（五）政府补助

政府补助是指企业从政府无偿取得货币性资产或非货币性资产，但不包括政府作为企业所有者投入的资本。政府包括各级政府及其所属机构，国际类似组织也在此范围之内。

关于政府补助的分类，2017年修订后的《企业会计准则第16号——政府补助》指出：政府补助是指企业从政府无偿取得补助，表现为货币性资产或非货币性资产。政府补助主要包括财政拨款、财政贴息、税收返还和无偿划拨非货币性资产。

关于政府补助的确认，《企业会计准则第16号——政府补助》规定，政府补助分为与

资产相关的政府补助和与收益相关的政府补助。前者是指企业取得的、用于购建或以其他方式形成长期资产的政府补助。后者是指除与资产相关的政府补助之外的政府补助。

无论是国际专业组织，还是不同国家颁布的政府补助相应准则，虽然在表述上有些许差异，但是都强调了政府补助是政府对企业某些活动的推动和促进，而不是与企业之间的交易。创业板作为中小企业直接融资的特殊平台，其成立的初衷主要是为了使得大批创新型的中小企业能够通过这一平台纾解融资困境，进而促进科学技术的产业化。在这一点上，政府补助的投入目的与创业板的作用殊途同归。因此，研究创业板公司的政府补助，也具有更强的显著性和特殊性。

在以创新型企业为主的创业板企业中，大部分上市公司都获得了各类政府补助，相较于其他板块而言，积累了更多的无形资产。因此，创业板公司所获得的政府补助，是研究该类无形资产形成原因的一个关键要素。

二、基于年报的无形资产投入披露情况

由于本报告更关注无形资产投入的变化趋势，旨在为分析投入变化对无形资产形成的影响作用提供借鉴，因此，本报告主要以统计截止期创业板上市公司已披露的年报信息为数据来源进行分析。2021年披露了年报的上市创业板公司有1 090家，2022年披露了年报的创业板上市公司有1 232家。本报告对无形资产投入的统计口径入如下表7-1所示。

表7-1　无形资产投入的分类及统计口径

类型	分类	统计口径
无形资产投入	销售费用	销售费用率
	管理费用	管理费用率
	财务费用	财务费用率
	研发支出	研发支出金额、研发投入强度、开发支出金额
	政府补助	政府补助金额

（一）销售费用

1. 整体披露情况

创业板上市公司从2018年至2022年销售费用率的平均值，结果如表7-2所示。

表7-2　2018—2022年销售费用率披露情况

年份	披露公司数量（占比）	平均销售费用率
2018年	741（99.60%）	9.98%

续表

年份	披露公司数量（占比）	平均销售费用率
2019 年	794（99.60%）	10.15%
2020 年	890（99.78%）	10.23%
2021 年	1 084（99.45%）	8.48%
2022 年	1 227（99.59%）	8.09%

注："披露公司数量"指的是披露销售费用的公司数量；"占比"为披露销售费用的公司数量所占比例，计算方式为：披露销售费用的公司数量/当年披露年报上市公司总数；销售费用率的计算方式为：销售费用/营业收入，"平均销售费用率"的计算方式为：披露销售费用的公司的销售费用率总和/当年披露销售费用的上市公司总数。

近5年，创业板上市公司大多都披露了销售费用，在2022年有5家公司未披露销售费用。2018年至2020年创业板上市公司的平均销售费用率呈现稳步上升的趋势，但是从2021年开始该比率出现下降，其中2020年至2021年减幅较大，下降了1.75%，而2021年至2022年下降了0.39%。

2．不同行业披露情况

（1）制造行业

2018年至2022年，制造业，信息传输、软件和信息技术服务行业，以及科学研究和技术服务行业三个代表性行业披露销售费用的情况如表7-3所示。

制造行业的创业板上市公司对销售费用的披露情况相对完善，2018年至2022年所有公司都披露了企业的销售费用。2018年至2020年创业板上市的制造业企业平均销售费用率稳定在10%左右，2021年至2022年则下降至7.50%左右。

2018年至2022年间，信息传输、软件和信息技术服务行业的公司对销售费用的披露情况较为完善，仅存在1家公司于2021年未对销售费用进行披露。2018年至2022年，信息传输、软件和信息技术行业的平均销售费用率在11%上下浮动，且近5年平均销售费用率均高于整个创业板上市公司平均水平。

科学研究和技术服务行业的创业板上市公司对销售费用的披露情况完善，2018年至2022年间所有的公司都披露了销售费用。近5年来该行业的平均销售费用率集中在5%~7%之间，并在2021年达到最大值6.71%，但从整体上看，该行业的销售费用率的平均水平仍然低于整个创业板上市公司的平均水平。

表7-3 三个代表性行业的销售费用率披露情况

年份	制造业 披露公司数量（占比）	制造业 平均销售费用率	信息传输、软件和信息技术服务业 披露公司数量（占比）	信息传输、软件和信息技术服务业 平均销售费用率	科学研究和技术服务业 披露公司数量（占比）	科学研究和技术服务业 平均销售费用率
2018 年	516（100%）	10.08%	131（100%）	11.60%	20（100%）	5.23%
2019 年	545（100%）	10.20%	140（100%）	10.99%	21（100%）	6.26%
2020 年	619（100%）	10.16%	148（100%）	11.34%	25（100%）	5.98%

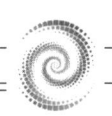

续表

年份	制造业 披露公司数量（占比）	平均销售费用率	信息传输、软件和信息技术服务业 披露公司数量（占比）	平均销售费用率	科学研究和技术服务业 披露公司数量（占比）	平均销售费用率
2021年	757（100%）	7.64%	157（99.37%）	10.66%	42（100%）	6.71%
2022年	857（100%）	7.36%	179（100%）	11.46%	54（100%）	6.19%

注："披露公司数量"指的是所有行业中披露销售费用的公司数量；"占比"为披露销售费用的所在行业公司数量所占比例，计算方式为：披露销售费用的所在行业公司数量/当年该行业披露年报上市公司总数；销售费用率的计算方式为：销售费用/营业收入，"平均销售费用率"的计算方式为：披露销售费用的所在行业公司的销售费用率总和/当年该行业披露销售费用的上市公司总数。

（二）管理费用

1. 整体披露情况

2018年至2022年，创业板上市公司的管理费用披露情况及管理费用率平均值如表7-4所示。除了2021年存在1家公司未披露管理费用，其余年份创业板上市公司均对管理费用进行了披露。就平均管理费用率来说，2018年至2020年间，创业板上市公司的该项指标在10%左右波动，2021年至2022年则呈现下降的态势。总体来说，近五年创业板上市公司的平均管理费用率呈波动下降趋势。

表7-4　2018—2022年管理费用率披露情况

年份	披露公司数量（占比）	平均管理费用率
2018年	744（100%）	10.28%
2019年	797（100%）	9.80%
2020年	892（100%）	10.12%
2021年	1 089（99.91%）	9.68%
2022年	1 232（100%）	8.93%

注："披露公司数量"指的是披露管理费用的公司数量；"占比"为披露管理费用的公司数量所占比例，计算方式为：披露管理费用的公司数量/当年披露年报的上市公司总数；管理费用率的计算方式为：管理费用/营业收入，"平均管理费用率"的计算方式为：披露管理费用的公司的管理费用率总和/当年披露管理费用的上市公司总数。

2. 不同行业披露情况

如表7-5所示，2018年至2022年制造业，信息传输、软件和信息技术服务行业，以及科学研究和技术服务行业三个代表性行业披露管理费用的情况。

制造业的创业板上市公司对管理费用的披露情况较好，所有公司都披露了管理费用。近5年来，制造业的平均管理费用率呈现波动下降，并且都明显低于创业板市场整体平均水平。

2018 年至 2022 年间，信息传输、软件和信息技术服务行业的公司基本上都披露了企业的管理费用，只有 2021 年存在 1 家公司未披露管理费用。2018 年至 2021 年间，该行业的平均管理费用率指标在 11%左右浮动，2022 年则上升至 12.23%。总体来讲，该行业在管理费用率指标的平均水平上高于创业板市场整体水平。

科学研究和技术服务行业中所有公司在近 5 年间均披露了管理费用。2018 年至 2021 年间，该行业的平均管理费用率稳定在 11.50%左右，2022 年则上升至 12.21%。整体来看，科学研究和技术服务业的平均管理费用率高于整个创业板上市企业的平均水平。

表 7-5　三个代表性行业的管理费用率披露情况

年份	制造业 披露公司数量（占比）	制造业 平均管理费用率	信息传输、软件和信息技术服务业 披露公司数量（占比）	信息传输、软件和信息技术服务业 平均管理费用率	科学研究和技术服务业 披露公司数量（占比）	科学研究和技术服务业 平均管理费用率
2018 年	516（100%）	10.09%	131（100%）	11.36%	20（100%）	11.17%
2019 年	545（100%）	9.62%	140（100%）	10.55%	21（100%）	11.24%
2020 年	619（100%）	9.96%	148（100%）	10.98%	25（100%）	11.21%
2021 年	757（100%）	7.89%	157（99.37%）	11.33%	42（100%）	11.62%
2022 年	857（100%）	7.56%	179（100%）	12.23%	54（100%）	12.21%

注："披露公司数量"指的是所在行业中披露管理费用的公司数量；"占比"为披露管理费用的所在行业公司数量所占比例，计算方式为：披露管理费用的所在行业公司数量/当年该行业披露年报的上市公司总数；管理费用率的计算方式为：管理费用/营业收入，"平均管理费用率"的计算方式为：披露管理费用的所在行业公司的管理费用率总和/当年该行业披露管理费用的上市公司总数。

（三）财务费用

1. 整体披露情况

2018 年至 2022 年创业板上市公司的财务费用披露情况如表 7-6 所示。近 5 年来除了 2021 年存在 1 家上市公司未披露财务费用，其余年份所有创业板上市公司均完成对财务费用的披露。

表 7-6　2018—2021 年财务费用率披露情况

年份	披露公司数量（占比）	平均财务费用率
2018 年	744（100%）	1.08%
2019 年	797（100%）	1.88%
2020 年	892（100%）	1.58%
2021 年	1 089（99.91%）	1.81%
2022 年	1 232（100%）	0.86%

注："披露公司数量"指的是披露财务费用的公司数量；"占比"为披露财务费用的公司数量所占比例，计算方式为：披露财务费用的公司数量/当年披露年报上市公司总数；财务费用率的计算方式为：财务费用/营业收入，"平均财务费用率"的计算方式为：披露财务费用的公司的财务费用率总和/当年披露财务费用的上市公司总数。

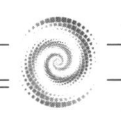

2018 年至 2021 年平均财务费用率呈现出波动上升的趋势，并在 2019 年达到最大值 1.88%。2022 年创业板上市公司的平均财务费用率下降至 0.86%。

2．不同行业披露情况

2018 年至 2022 年，制造业，信息传输、软件和信息技术服务行业，以及科学研究和技术服务行业三个代表性行业披露财务费用的情况如表 7-7 所示。

2018 年至 2022 年制造业所有的创业板上市公司都披露了财务费用。近 5 年制造业企业的平均财务费用率波动较大，2019 年该项指标从 1.08%大幅上升至 2.08%，之后三年持续下降，在 2022 年大幅下降至 0.16%。

2018 年至 2022 年信息传输、软件和信息技术服务行业的所有公司都披露了财务费用，2021 年有 1 家未披露财务费用。近 5 年该行业的平均财务费用率在 1%~2%波动，2022 年达到最大值 1.82%。整体来看，该行业的平均财务费用率低于创业板上市公司整体平均水平，这在一定程度上说明信息传输、软件和信息技术服务行业的多数公司资金都比较充裕。

2018 年至 2022 年间在创业板上市的所有科学研究和技术服务行业的公司都披露了财务费用，其平均财务费用率集中在-1%~1%之间，其中 2022 年该项指标达到最低值-0.92%，2019 年该项指标达到最高值 1.07%。综合来讲，科学研究和技术服务业的公司财务费用率的平均水平远低于创业板上市公司的平均水平。

表 7-7　三个代表性行业的财务费用率披露情况

年份	制造业 披露公司数量（占比）	平均财务费用率	信息传输、软件和信息技术服务业 披露公司数量（占比）	平均财务费用率	科学研究和技术服务业 披露公司数量（占比）	平均财务费用率
2018 年	516（100%）	1.08%	131（100%）	1.05%	20（100%）	-0.32%
2019 年	545（100%）	2.08%	140（100%）	1.54%	21（100%）	1.07%
2020 年	619（100%）	1.60%	148（100%）	1.25%	25（100%）	0.88%
2021 年	757（100%）	1.29%	157（99.37%）	1.22%	42（100%）	0.36%
2022 年	857（100%）	0.16%	179（100%）	1.82%	54（100%）	-0.92%

注："披露公司数量"指的是所在行业中披露财务费用的公司数量；"占比"为披露财务费用的所在行业公司数量所占比例，计算方式为：披露财务费用的所在行业公司数量/当年该行业披露年报上市公司总数；财务费用率的计算方式为：财务费用/营业收入，"平均财务费用率"的计算方式为：披露财务费用的所在行业公司的财务费用率总和/当年该行业披露财务费用的上市公司总数。

（四）研发支出

1．整体披露情况

在剔除未披露研发支出或研发支出为零的部分样本之后，计算 2018 年至 2022 年间创

业板上市公司研发支出金额与研发投入强度的平均值，结果如表 7-8 所示。

表 7-8　2018—2022 年研发支出相关指标披露情况

年份	披露公司数量（占比）	平均研发支出（万元）	平均研发投入强度
2018 年	732（98.39%）	7 897	6.64%
2019 年	786（98.62%）	9 385	7.00%
2020 年	889（99.66%）	10 284	7.62%
2021 年	1 069（98.07%）	12 404	8.57%
2022 年	1 208（98.05%）	14 155	6.43%

注："披露公司数量"指的是披露研发支出的公司数量；"占比"为披露研发支出的公司数量所占比例，计算方式为：披露研发支出的公司数量/当年披露年报的上市公司总数；"平均研发支出"这一栏中的金额是四舍五入后的近似值；"平均研发投入强度"的计算方法为：研发支出/营业收入。

2018 年至 2020 年创业板上市公司对研发支出的披露率持续上升，2021 年至 2022 年则出现下降。创业板上市公司的平均研发支出逐年上涨，从 2018 年的 7 897 万元上涨至 2022 年的 14 155 万元。就平均研发投入强度而言，2018 年至 2021 年呈现出稳定增长的态势，2022 年却大幅下降至 6.43%，说明创业板上市公司研发支出增长的速度低于营业收入增长的速度。

根据《企业会计准则第 6 号——无形资产》的规定，企业内部研究开发项目的支出应当区分研究阶段支出和开发阶段支出。研究阶段的支出应当于发生时计入当期损益（管理费用）；开发阶段的支出能够证明符合规定的条件，应当确认为无形资产，即进行资本化处理从而计入"开发支出"科目。基于上述规定，本报告对 2018 年至 2022 年创业板上市公司的"开发支出"数据进行统计，并由此计算创业板上市公司的平均资本化率，统计结果如表 7-9 所示。

表 7-9　2018—2022 年开发支出相关指标披露情况

年份	披露公司数量（占比）	平均开发支出（万元）	增长率	平均资本化率
2018 年	197（26.48%）	4 107	-3.64%	37.23%
2019 年	226（28.36%）	3 586	-12.69%	21.86%
2020 年	245（27.47%）	4 156	15.90%	40.41%
2021 年	215（19.72%）	7 077.8	70.30%	33.19%
2022 年	218（17.69%）	7 349.2	4%	33.15%

注："披露公司数量"指的是披露开发支出的公司数量；"占比"为披露开发支出的公司数量所占比例，计算方式为：披露开发支出的公司数量/当年披露年报的上市公司总数；"平均开发支出"的计算方法为：披露的开发支出总额/当年披露开发支出的上市公司总数；"增长率"的计算方法为：（本年的平均开发支出-上年的平均开发支出）/上年的平均开发支出；资本化率的计算公式为：开发支出/研发支出，"平均资本化率"的计算方法为：披露的资本化率的总和/当年披露开发支出的上市公司总数。

由表 7-9 可知，创业板上市公司研发支出的资本化情况在 2018 年至 2022 年呈现以下特征：

一是将研发投入进行资本化处理的企业数量较少，尽管2018年至2020年进行资本化处理的样本企业占企业总数的比重维持在26%～28.50%，但之后两年间该比重不增反降，2022年资本化的样本公司仅占总数的17.69%，相较于近几年的数据，其占比最小。

二是进行资本化的样本公司平均开发支出波动上涨，并在2022年达到最大值7 349.20万元，其增长率为4%。其中，2021年的平均开发支出增长速度最快，达到了70.30%。

三是样本公司的平均资本化率呈波动变化趋势，2019年为最小值21.86%，2020年为最大值40.41%，近两年则维持在33%左右。

2. 不同行业披露情况

2018年至2022年，制造业，信息传输、软件和信息技术服务行业，科学研究和技术服务行业三个代表性行业披露研发支出的情况如表7-10所示。

2018年至2022年间，制造业的上市公司披露研发支出的比例基本稳定在98%以上，只有少量公司未进行披露；制造业的平均研发投入强度在近五年里呈现出稳定增长的态势，增长的速度趋缓，2020年至2022年基本稳定在6.80%左右。

近5年中，只有2019年创业板信息传输、软件和信息技术服务行业公司披露研发支出信息的占比达到100%，其余年份均有少量企业未进行披露。近五年来，该行业的平均研发投入呈波动上涨的趋势，2022年达到最高值16.57%。总体来看，该行业的研发投入强度均维持在10%以上，高于创业板上市公司的整体水平。

2018年至2022年，科学研究和技术服务行业披露研发支出的公司占比相对其他两个代表性行业来说变化较大，2018年披露公司占比达100%，2020年则下降至92%。就平均研发投入强度而言，科学研究和技术服务业的该项指标稳中有升，在2021年达到最大值8.02%，但整体来看，仍然低于其他两个行业的平均水平。

表7-10 三个代表性行业的研发支出披露情况

年份	制造业 披露公司数量（占比）	制造业 平均研发投入强度	信息传输、软件和信息技术服务业 披露公司数量（占比）	信息传输、软件和信息技术服务业 平均研发投入强度	科学研究和技术服务业 披露公司数量（占比）	科学研究和技术服务业 平均研发投入强度
2018年	507（98.26%）	6.56%	130（99.24%）	12.95%	20（100%）	5.08%
2019年	543（99.63%）	6.70%	140（100%）	10.59%	20（95.24%）	6.21%
2020年	609（98.38%）	6.82%	147（99.32%）	11.68%	23（92.00%）	6.04%
2021年	754（99.60%）	6.85%	154（97.47%）	13.53%	41（97.63%）	8.02%
2022年	852（99.42%）	6.86%	175（97.77%）	16.57%	53（98.15%）	7.98%

注："披露公司数量"指的是所在行业中披露研发支出的公司数量；"占比"为披露研发支出的所在行业公司数量所占比例，计算方式为：披露研发支出的所在行业公司数量/当年该行业披露年报的上市公司总数；"平均研发投入强度"的计算方式为：披露研发支出的所在行业公司的研发投入强度总和/当年该行业披露研发支出的上市公司总数。

（五）政府补助

1．整体披露情况

本报告将 2018 年至 2022 年间获得过政府补助的创业板上市公司纳入统计范围，对各年份样本公司所获政府补助的覆盖率及补助金额进行统计，结果如表 7-11 所示。

表 7-11　2018—2022 年政府补助披露情况（单位：万元）

年份	2018 年	2019 年	2020 年	2021 年	2022 年
获得补助企业数量	741	793	887	1 088	1 232
样本企业数量	744	797	892	1 090	1 232
补助覆盖率	99.60%	99.50%	99.44%	99.82%	100%
所获补助合计（万元）	1 806 558	1 523 770	1 685 342	2 899 654	3 632 295
所获补助的平均值（万元）	2 438	1 922	1 900	2 668	2 948
所获补助的最大值（万元）	57 974	64 637	59 625	167 345	303 734
所获补助的最小值（万元）	2.9	2.5	3	-12.3	2.3
标准差	4 606	3 982	4 295	7 021.1	10 447

注：补助覆盖率的计算方式为：获得补助企业数量/样本企业数量。

2018 年至 2022 年，创业板上市公司获取政府补助呈现以下特征：一是补助覆盖率稳中有升，一直保持在 99%以上的高水平，2022 年达到了 100%全覆盖。二是补助水平大幅增长，创业板上市公司获取政府补助的总额从 2018 年的 180.70 亿元快速增长至 2022 年的 363.20 亿元。三是不同公司所获取的政府补助相对差距日趋增大，样本标准差从 2018 年的 4 606 亿元增长至 2022 年的 10 447 亿元，说明政府补助在成为"普惠政策"的同时也拉大了不同企业之间的"贫富差距"。

2．不同行业披露情况

表 7-12 列示了 2018 年至 2022 年制造业，信息传输、软件和信息技术服务行业，科学研究和技术服务行业三个代表性行业披露政府补助的情况。各年份中科学研究和技术服务行业披露政府补助的公司占比均接近 100%。

2018 年至 2020 年，制造业的政府补助稳定在 1 900 万元左右，2021 年开始则大幅度上升，增长率分别为 43.90%和 11.90%，并在 2022 年达到最大值 3 151.17 万元。在制造业企业基数最大的基础上，其政府补助均值还能够大幅度上升，说明政府对我国制造业的重视程度很高。

信息传输、软件和信息技术服务业的政府补助均值也呈现出和制造业相似的变化趋势，即在 2018 年至 2020 年保持稳定，2021 年开始快速增长，在 2022 年达到峰值 2 685.03 万元。

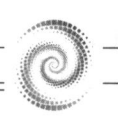

2018 年至 2022 年间科学研究和技术服务业的政府补助均值则呈现出相对较大的波动,并且有下降的趋势,其最大值出现在 2018 年,为 2 547.73 万元。

表 7-12　三个代表性行业的政府补助披露情况

年份	制造业 披露公司数量（占比）	制造业 政府补助均值（万元）	信息传输、软件和信息技术服务业 披露公司数量（占比）	信息传输、软件和信息技术服务业 政府补助均值（万元）	科学研究和技术服务业 披露公司数量（占比）	科学研究和技术服务业 政府补助均值（万元）
2018 年	516（100%）	1 834.39	130（99.13%）	1 275.94	20（100%）	2 647.73
2019 年	544（99.82%）	2 086.84	138（98.57%）	1 317.02	21（100%）	1 778.76
2020 年	610（98.55%）	1 957.28	146（98.65%）	1 296.87	25（100%）	2 419.85
2021 年	756（99.87%）	2 816.80	157（99.37%）	2 549.12	42（100%）	1 957.19
2022 年	857（100%）	3 151.17	179（100%）	2 685.03	54（100%）	2 063.69

注:"披露公司数量"指的是所在行业中披露政府补助的公司数量;"占比"为披露政府补助的所在行业公司数量所占比例,计算方式为:披露政府补助的所在行业公司数量/当年该行业披露年报的上市公司总数;"政府补助均值"的计算方式为:所在行业公司的政府补助总和/当年该行业披露政府补助的上市公司总数。

三、研究结论

（一）销售费用

近五年来,创业板上市的大部分企业都对销售费用进行了披露,但尚未达到 100%的披露率,其中 2022 年存在 5 家公司未披露销售费用。整体上看,2018 年至 2022 年,创业板上市公司的平均销售费用率呈现出先升后降的波动趋势,但变化幅度不大,维持在 8%~10.50%之间。从行业披露情况来看,制造业企业平均销售费用率呈现波动下降的趋势,2018 年至 2020 年稳定在 10%左右,2021 年至 2022 年则下降至 7.50%左右;信息传输、软件和信息技术行业的平均销售费用率则在 11%上下浮动,且近 5 年平均销售费用率均高于整个创业板上市公司平均水平;科学研究和技术服务行业的平均销售费用率集中在 5%~7%之间,并在 2021 年达到最大值 6.71%,但整体上来讲该行业在销售费用率指标上的平均水平仍然低于整个创业板上市公司。

（二）管理费用

创业板上市公司管理费用的披露情况较好,仅在 2021 年有 1 家企业未进行披露。就平均管理费用率而言,近五年创业板上市公司的该项指标总体上呈现波动下降的趋势:2018 年至 2020 年间,创业板上市公司的平均管理费用率在 10%左右波动,2021 年至 2022 年则呈现下降的态势。

从代表性行业的情况看，制造行业的平均管理费用率近 5 年呈现波动下降的趋势，并且明显低于创业板市场整体的平均水平；信息传输、软件和信息技术服务行业的平均管理费用率指标在 2018 年至 2021 年间在 11%左右浮动，2022 年则上升至 12.23%，并且高于创业板市场整体水平；科学研究和技术服务行业的平均管理费用率呈现相似的趋势，即在 2018 年至 2021 年稳定在 11.50%左右，2022 年则上升至 12.21%，且同样高于整个创业板市场的平均水平。

（三）财务费用

近 5 年，创业板上市公司财务费用披露情况较好，2018 年至 2021 年平均财务费用率呈现波动上升的趋势，并在 2019 年达到最大值 1.88%，2022 年则下降至 0.86%。

从代表性行业来看，制造业企业近 5 年的平均财务费用率波动较大，2019 年该项指标从 1.08%大幅上升至 2.08%，之后三年持续下降，在 2022 年大幅下降至 0.16%；信息传输、软件和信息技术服务行业的平均财务费用率则在 1%～2%的区间内进行波动，2022 年达到最大值 1.82%，且整体上低于创业板上市公司的平均水平；科学研究和技术服务行业的平均财务费用率集中在-1%～1%之间，其中 2022 年该项指标达到最低值-0.92%，2019 年该项指标达到最高值 1.07%，并且该行业公司的评价财务费用率水平远低于创业板上市公司的平均水平。

（四）研发支出

近五年，创业板上市公司的平均研发支出逐年上涨，从 2018 年的 7 897 万元上涨至 2022 年的 14 155 万元。就平均研发投入强度而言，2018 年至 2021 年呈现稳定增长的态势，2022 年却大幅下降至 6.43%，说明创业板公司研发支出增长的速度低于营业收入增长的速度。在研发支出的资本化方面，将研发投入进行资本化处理的企业数量较少，2022 年资本化的样本公司仅占总数的 17.69%，相较于近几年的数据，其占比最小；进行资本化的样本公司平均开发支出波动上涨，并在 2022 年达到最大值 7 349.20 万元；样本公司的平均资本化率呈波动变化趋势，2019 年为最小值 21.86%，2020 年为最大值 40.41%，近两年则维持在 33%左右。

从代表性行业情况看，制造行业的平均研发投入强度在近五年里呈现稳定增长的态势，增长的速度趋缓，从 2020 年开始基本稳定在 6.80%左右；信息传输、软件和信息技术服务行业的平均研发投入呈波动上涨的趋势，2022 年达到最高值 16.57%，总体来看，该行业的研发投入强度均维持在 10%以上，高于创业板上市公司的整体水平；科学研究和技术服务行业的平均研发投入强度稳中有升，在 2021 年达到最大值 8.02%，但整体来看，仍然低于

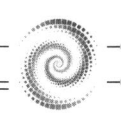

其他两个行业的平均水平。

（五）政府补助

2018 年至 2022 年，政府对创业板上市公司的补助覆盖率稳中有升，一直保持在 99% 以上的高水平，2022 年达到了 100% 全覆盖。同时，补助总额大幅增长，从 2018 年的 180.70 亿元快速增长至 2022 年的 363.20 亿元。另外，不同的企业所获得的政府差距也愈来愈大。

从代表性行业情况看，制造业的政府补助呈现先稳定后上升的趋势，2018 年至 2020 年稳定在 1 900 万元左右，2021 年开始则大幅度上升并在 2022 年达到最大值；信息传输、软件和信息技术服务业的政府补助均值呈现和制造业相似的变化趋势，即在 2018 年至 2020 年保持稳定，2021 年开始快速增长，在 2022 年达到峰值；科学研究和技术服务业的政府补助均值则呈现出相对较大的波动，并且有下降的趋势，其最大值出现在 2018 年，为 2 547.73 万元。

报告八

创业板机械设备仪表行业无形资产研究

本报告依据证监会二级行业分类标准（2012），对机械设备仪表行业（包括通用设备制造业、专用设备制造业、电气机械和器械制造业、仪器仪表制造业、铁路、船舶、航空航天和其它运输设备制造业5个细分行业）[①]进行典型分析。研究样本包括：截至2022年12月31日，机械设备仪表行业的创业板上市公司，共计324家。

一、行业概况

（一）企业数量变化

如表8-1所示，截至2022年12月31日，创业板机械设备仪表行业上市公司共324家，约占创业板公司总数量的26.30%。2021年12月31日至2022年12月31日，新增32家。该行业企业数量占创业板公司总数的比例从2018年至2020年有所增加，从26.42%增至27.78%，2020年至2022年又有所下降，从27.78%降至26.30%，总体比例波动不大。

表8-1 2018—2022年机械设备仪表行业企业数量变化

数量/占比 \ 年份	2018年	2019年	2020年	2021年	2022年
行业企业数量（家）	200	215	250	292	324
行业新增企业数量（家）	5	12	40	47	32
创业板企业总数（家）	757	810	900	1 090	1 232
行业企业占比	26.42%	26.54%	27.78%	26.79%	26.30%

---

① 本报告采用证监会二级行业分类标准（2012），将专用设备制造业、通用设备制造业、电器机械和器械制造业、铁路、船舶、航空航天和其它运输设备制造业和仪器仪表制造业统归于机械设备仪表行业。原因在于，上述细分行业本身在无形资产方面具有相似性。

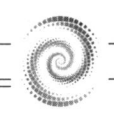

（二）行业成本分析

本年度蓝皮书对行业成本的分析主要集中在营业成本、销售费用、管理费用、财务费用和应付职工薪酬。以下所有行业分析报告均采用相同指标。

根据对2021年和2022年年报信息的整理，机械设备仪表行业企业成本如表8-2所示。2022年，行业成本中财务费用呈下降趋势，降幅为90.91%。相反，营业成本、销售费用、管理费用和应付职工薪酬呈上升趋势，其中营业成本涨幅最大，达43.22%；应付职工薪酬涨幅排第二，为26.09%；销售费用涨幅排第三，为21.58%；管理费用涨幅最小，为17.65%。上述数据表明创业板机械设备仪表行业企业的财务费用整体呈下降趋势，而营业成本、销售费用、管理费用和应付职工薪酬呈上升趋势，其中运营成本上升幅度最大。

表8-2　2021年和2022年机械设备仪表行业成本变动（单位：亿元）

成本构成	2021年总额	2022年总额	2021年均值	2022年均值	均值同比增长
营业成本	5275.51	8384.33	18.07	25.88	43.22%
销售费用	406.38	546.51	1.39	1.69	21.58%
管理费用	348.82	454.98	1.19	1.40	17.65%
财务费用	64.19	6.63	0.22	0.02	-90.91%
应付职工薪酬	201.71	280.37	0.69	0.87	26.09%

（三）行业利润分析

本年度蓝皮书对行业利润的分析主要基于企业利润总额和净利润两个指标，对变化趋势、企业盈亏以及行业集中度进行描述。以下所有行业分析报告均采用相同指标。

1. 整体变化趋势

根据对2018年至2022年年报信息的整理，机械设备仪表行业上市公司利润数据如表8-3所示。近五年来，行业平均利润在2018年及2019年连续两年下降，2020年出现转机，行业平均利润开始上升。与2020年相比，2021年平均利润总额由1.27亿元增长至2.58亿元，同比增长103.15%，平均净利润由1.03亿元增长至2.27亿元，同比增长120.39%。2022年行业利润水平平稳上升，与2021年相比，2022年平均利润总额由2.58亿元增长至3.31亿元，同比增长28.29%，平均净利润由2.27亿元增长至2.99亿元，同比增长31.72%。利润水平的增长趋势说明机械设备仪表行业在2022年保持较好的发展趋势。

表 8-3 2018—2022 年机械设备仪表行业利润变动（单位：亿元）

指标＼年份	2018 年	2019 年	2020 年	2021 年	2022 年
利润总额	101.45	107.5	317.54	753.57	1 073.47
平均利润总额	0.51	0.5	1.27	2.58	3.31
平均利润总额同比增长	−55.83%	−2.41%	154%	103.15%	28.29%
净利润	61.82	62.35	256.42	663.77	970.05
平均净利润	0.31	0.29	1.03	2.27	2.99
平均净利润同比增长	−66.43%	−7.12%	255.17%	120.39%	31.72%

2. 企业盈亏

如表 8-4 所示，2022 年，机械设备仪表行业有 50.00%的企业年度利润总额增长为负，超过一半的企业利润增长低于 20%，利润增长超过 100%的企业占行业总数的 14.10%。净利润增长率为负的企业占行业总数的 53.02%，增长超过 100%的企业仅占行业总数的 13.08%，说明创业板机械设备仪表行业本年度亏损范围较大。2022 年度，机械设备仪表行业中利润增长最令人瞩目的企业当属润泽科技（300442），其净利润增幅达 81.32 倍。

表 8-4 2022 年机械设备仪表行业利润增长分布情况（单位：家）

指标＼增长率区间	<0	0~20%	20%~40%	40%~60%	60%~80%	80%~100%	100%以上
利润总额增长率	162	31	28	20	8	7	42
净利润增长率	158	37	28	16	13	7	39

注：行业公司总数为 324 家，该行业中有 298 家企业已披露年报及其利润增长情况，故表 8-4 的统计口径为已披露年报及其利润增长情况的 298 家公司

3. 行业集中度

就行业收入集中程度来看，前 0.62%（前 2 家）的企业累计收入总额约占全行业收入的 30%；前 2.47%（前 8 家）的企业累计收入总额占整个行业 50%；前 42.90%（前 139 家）的企业累计收入总额占整个行业的 90%。数据表明，机械设备仪表行业中营业收入集中在少数企业，行业收入集中度较高（见表 8-5）。

表 8-5 2022 年机械设备仪表行业收入集中情况

累计收入比例	累计企业数（家）	累计企业数占整个行业企业比例
达 30%	2	0.62%
达 40%	4	1.23%
达 50%	8	2.47%
达 60%	15	4.63%
达 70%	32	9.88%
达 80%	69	21.30%
达 90%	139	42.90%

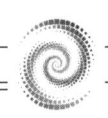

二、行业无形资产规模

本年度蓝皮书所有行业分析报告对行业无形资产规模的描述遵循统一框架，如下表8-6所示：

表8-6 行业无形资产规模与结构描述框架

信息来源	指标分类	具体指标	统计信息
招股说明书	常规无形资产	专利	披露专利数量的总额和均值
		非专利技术	披露非专利技术数量的总额和均值
		著作权	披露著作权（软件著作权）数量的总额和均值
		商标	披露商标数量的总额和均值
	非常规无形资产	技术标准	技术标准数量的总额和均值
		总经理	总经理薪酬的总额和均值
		股东	前十大股东持股比例总额和均值
		资质	资质数量的总额和均值
年报	常规无形资产	专利	披露专利数量的总额和均值
		非专利技术	披露非专利技术数量的总额和均值
		著作权	披露著作权（软件著作权）数量的总额和均值
		商标	披露商标数量的总额和均值
	非常规无形资产	技术标准	技术标准数量的总额和均值
		客户	前五名客户销售额占销售总额比例的总额和均值
		总经理	总经理薪酬的总额和均值
		独立董事	独立董事津贴的总额和均值
		股东	前十大股东持股比例总额和均值
		技术（研发）人员	技术（研发）人员占员工总数比例的总额和均值
		资质	资质数量的总额和均值

我国《企业会计准则第6号——无形资产》以列举的方式确定了无形资产由专利权、非专利技术、商标权、著作权、土地使用权、特许权、商誉等构成。因此，本报告将有专门法律规制和由会计准则纳入核算体系的无形资产定义为常规无形资产。非常规无形资产为除常规无形资产以外的，符合无形资产特征的其他无形资产。考虑到年报和招股书信息披露的差异性以及数据的可获得性，也为了便于行业间横向比较，本报告选取专利、非专利技术、著作权和商标作为常规无形资产的代表性指标，选取技术标准、客户、股东、资质等作为非常规无形资产的代表性指标。需要指出的是，非常规无形资产虽尚未得到法律和会计制度的有效关注，但是其对企业经营的贡献却在不断强化，在特定行业甚至呈现超越常规无形资产贡献的态势。因此，对非常规无形资产进行多角度的指标衡量既有意义又有必要。

（一）基于招股说明书的无形资产规模

表 8-7 为基于招股说明书信息的创业板机械设备仪表行业上市公司的无形资产构成情况。

表 8-7 基于招股说明书信息的 2018—2022 年机械设备仪表行业无形资产构成

行业总值（均值） 年份	2018 年	2019 年	2020 年	2021 年	2022 年
授权专利（项）	12 324（61.62）	13 426（62.45）	20 891（83.56）	68 535（234.71）	73 629（227.25）
非专利技术（项）	1 558（7.79）	1 594（7.41）	1 635（6.54）	1 754（6.00）	1 904（5.88）
著作权（项）	2 300（11.50）	2 879（13.45）	3 843（15.43）	12 035（41.22）	12 726（39.28）
持有商标（项）	2 538（12.69）	990（8.84）	1 062（9.16）	1 600（5.47）	3 048（9.41）
技术标准（项）	546（2.73）	643（2.99）	728（2.91）	1 288（4.41）	1 429（4.41）
总经理薪（万元）	9 516.01（47.58）	10 506.52（48.87）	12 939.45（51.76）	28 980.88（99.25）	31 919.60（98.52）
前十大股东持股比例合计（%）	14 897.07（74.49）	16 709.61（77.72）	19 218.53（76.87）	16 559.18（56.71）	19 049.17（58.79）
资质（项）	15 403（77.02）	6 490（30.19）	7 181（28.72）	2 560（8.77）	3 539（10.92）

注：均值为：行业总值/当年机械设备仪表行业企业数。表 8-8 同。

1. 常规无形资产规模变动特征

2018 年至 2022 年，创业板机械设备仪表行业常规无形资产变动特征如下：

第一，授权专利数量稳步上升。由 2018 年平均每家企业 61.62 项专利上升至 2020 年平均每家企业 83.56 项，增长 35.61%；2021 年专利数量骤增，相比 2020 年增长 180.89%；2022 年专利增速下降为 3.18%，平均每家企业达 227.25 项专利，说明该行业近五年来对专利的重视程度显著提升。

第二，非专利技术数量逐年上升，但非专利技术均值逐年下降。总量由 2018 年 1 558 项非专利技术上升至 2022 年 1 904 项，上升 22.21%；均值由 2018 年平均每家企业 7.79 项非专利技术下降至 2022 年平均每家企业 5.88 项，下降 24.52%。

第三，著作权数量在 2018 年至 2022 年间呈现迅猛上升的趋势。总量由 2018 年 2 300 项著作权上升至 2022 年 12 726 项，增长至原来的近六倍。2021 年增长幅度明显，达 12 035 项，均值为 41.22 项/家；2022 年著作权均值略有下降，为 39.28 项/家，相比于 2021 年下降 4.71%。该行业对著作权的重视程度不断提升。

第四，持有商标数量在 2018 年至 2022 年间呈现波动上升的趋势。2018 年为 12.69 项/家；2019 年大幅下降，由 12.69 项/家降为 8.84 项/家；2020 年该均值有所上升，为 9.16 项/家；2021 年明显下降 40.28%，为 5.47 项/家；2022 年商标数量有所上升，为 9.41/家。

2. 非常规无形资产规模变动特征

2018 年至 2022 年，创业板机械设备仪表行业非常规无形资产变动特征如下：

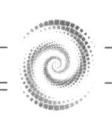

第一，技术标准数量自 2018 年至 2022 年稳步上升，总量由 546 项上升至 1 429 项，均值由 2.73 项/家上升至 4.41 项/家；其中，2021 年幅度增长最大，相比 2020 年涨幅 51.55%。

第二，总经理薪酬整体上呈现稳步上升的态势，薪酬均值由 2018 年的 47.58 万元上升为 2022 年的 98.52 万元，上升达 107.06%。

第三，前十大股东持股比例整体上呈现下降态势。自 2018 年的 74.49% 下降至 2022 年的 58.79%，降幅为 21.08%。

第四，资质数量整体上呈现持续下降的态势，由 2018 年的 77.02 项/家下降至 2022 年的 10.92 项/家，其中 2021 年下降幅度最大，降幅为 69.46%。

（二）基于年报的无形资产规模

表 8-8 为基于年报信息的创业板机械设备仪表行业上市公司的无形资产构成情况。

表 8-8　基于年报信息的 2018—2022 年机械设备仪表行业无形资产构成

年份 行业总值（均值）	2018 年	2019 年	2020 年	2021 年	2022 年
授权专利（项）	3 148（159.00）	36 944（171.83）	50 729（202.92）	68 535（234.71）	82 701（255.25）
非专利技术（项）	63（0.32）	102（0.47）	110（0.44）	123（0.42）	122（0.38）
著作权（项）	7 056（35.63）	8 412（39.49）	11 849（47.40）	13 001（44.22）	14 342（44.27）
持有商标（项）	3 319（16.76）	1 722（8.00）	2 864（11.46）	3 142（10.76）	2 587（7.98）
技术标准（项）	283（1.43）	581（2.70）	731（2.92）	1 288（4.41）	4 994（15.41）
前五名客户销售额占比合计（%）	6 867.36（34.68）	3 308.25（15.39）	7 713.71（30.85）	11 354.29（38.88）	12878.11（39.75）
总经理薪酬（万元）	11 327.37（57.21）	16 704.87（77.70）	22 570.32（90.28）	17 456（99.18）	33 961.11（104.82）
独立董事津贴（万元）	4 017.33（20.29）	4 414.32（19.28）	4 958.85（19.84）	2 377.61（6.51）	7 135.79（22.02）
前十大股东持股比例合计（%）	11 950.92（60.36）	12 516.68（58.22）	14 227.64（56.91）	13 595.78（46.56）	18 435.27（56.90）
技术（研发）人员占比合计（%）	4 926.58（24.88）	5 341.09（24.84）	6 123.67（24.49）	6 670.04（22.84）	8 929.00（27.56）
资质（项）	677（3.42）	2 173（10.11）	2 560（10.24）	2 560（8.77）	9 738（30.06）

1. 常规无形资产规模变动特征

第一，授权专利数量呈现快速上升的趋势。2022 年授权专利数量的行业均值达到 255.25 项/家，相比 2018 年的 159.00 项/家增长了 60.53%。

第二，非专利技术数量较少，总体上呈现波动上升的态势。2018 年为 0.32 项/家，至 2022 年上升到 0.38 项/家，2019 年至 2022 年该均值呈现微小程度下降的趋势。

第三，著作权数量整体上呈现稳步上升的趋势。而其均值先上升后下降，2018 年至 2020

年由 35.63 项/家上升至 47.40 项/家后，2021 年下降至 44.22 项/家，2022 年小规模上升至 44.27 项/家。

第四，持有商标数量均值呈现波动下降趋势，2019 年出现大幅下降，由 16.76 项/家降为 8.00 项/家。2020 年较 2019 年稍有上升，由 8.00 项/家增长为 11.46 项/家。2021 年较 2020 年稍有下降，由 11.46 项/家下降为 10.76 项/家。2022 年下降至 7.98 项/家。

2. 非常规无形资产规模变动特征

2018 年至 2022 年，创业板机械设备仪表行业非常规无形资产变动特征如下：

第一，技术标准数量大幅度上升。2018 年仅为 283 项，至 2022 年已有 4 994 项。行业均值中，2018 年披露数量最低，仅为 1.43 项/家，2022 年最高，达到 15.41 项/家。

第二，前五名客户销售额占比呈现较为显著的波动性。2019 年降至 15.39%/家，2020 年回升至 30.85%；2021 年上升至近五年最高值 38.88%；2022 年前五名客户销售额占比上升至 39.75%。

第三，总经理薪酬整体呈现逐年上升趋势，且上升幅度逐年增大。2018 年为 57.21 万元/家，在 2022 年达到 104.82 万元/家。

第四，独立董事津贴总体呈上升趋势。2019 年至 2020 年小幅度上升，由 19.28 万元/家增长至 19.84 万元/家，2022 年又上升至 22.02 万元/家。但需要指出的是，2021 年独立董事津贴仅为 6.51 万元/家。

第五，前十大股东持股比例整体呈现小幅下降后有所回升的趋势，由 2018 年的 60.36%/家下降至 2021 年的 46.56%/家，2022 年又上升至 56.90%/家。

第六，技术（研发）人员占比呈现平稳上升特征，2018 年至 2020 年稳定在 24%/家左右，2021 年略降至 22.84%/家，2022 年上升至 27.56%/家。

第七，资质数量整体呈现上升趋势。2018 年平均每家企业拥有资质 3.42 项/家，为历年最低；2019 年回升至 10.11 项/家；2020 年上升至 10.24 项/家，涨幅 1.29%；2021 年小幅降至 8.77 项/家，降幅 14.36%；2022 年大幅上升至 30.06 项/家，涨幅 242.76%。

三、基于无形资产竞争矩阵的行业无形资产竞争分析

本年度蓝皮书基于无形资产规模结构、无形资产持续能力和无形资产竞争能力三大维度对不同行业所有上市公司进行对比分析。三大维度下设二级指标，其中无形资产规模结构包括专利及非专利技术数量、商标数量、资质数量和软件著作权数量四项二级指标；无形资产持续能力包括技术标准数量、研发费用占比和员工学历三项二级指标；无形资产竞争能力包括前五名客户占比、前十大股东持股比例和高管平均年薪三项二级指标。

通过比较各项二级指标对分行业各企业的相对实力予以排序。排序方法为：某二级指

标中的数量最高者赋予 1 分，其他非最高者与最高者比值即为某企业该项二级指标得分。对 10 项二级指标均以此方法处理，得到每家企业每项二级指标得分。对各企业所有指标得分加总，计算最后得分，得分最高者为行业中的优秀样本企业。此后的行业报告中，如果没有特殊说明，均采用上述方法排序。

（一）行业无形资产规模结构分析

2022 年，机械设备仪表行业专利及非专利技术共计 82 822 项，平均每家企业拥有 255.62 项，宁德时代（300750）、迈瑞医疗（300760）和亿纬锂能（300014）三家企业共有专利及非专利技术 13 845 项，占行业总量的 16.72%。

商标数量共计 2 587 项，平均每家企业约有 7.99 项，乐心医疗（300562）、新国都（300130）和汉宇集团（300403）三家企业共持有商标 1 585 项，占行业总量的 61.27%。

资质数量共计 9 738 项，平均每家企业拥有 30.06 项，乐普医疗（300003）、迈瑞医疗（300760）和欧普康视（300595）三家企业共有资质 2 364 项，占行业总量的 24.30%。

软件著作权数量共计 14 342 项，平均每家企业拥有 255.62 项，聚光科技（300203）、新国都（300130）和蓝盾光电（300862）三家企业共有软件著作权 1 935 项，占行业总量 13.49%。

（二）行业无形资产持续能力分析

机械设备仪表行业研发支出占比的行业均值为 6.65%，该项指标排名前三的企业为申昊科技（300853）、长川科技（300604）和远方信息（300306），研发支出占比分别为 32.76%、25.05%和 22.21%。

员工本科及以上学历占比的行业均值为 27.56%，该项指标排名前三的企业为安达维尔（300719）、安科瑞（300286）和迈瑞医疗（300760），员工本科及以上学历的占比分别为 80.06%、72.61%和 72.18%。

技术标准数量的行业均值为 4.13 项/家，该项指标排名前三的企业为远方信息（300306）、温州宏丰（300283）和机器人（300024），技术标准数量分别为 100 项、81 项和 61 项。

（三）行业无形资产竞争能力分析

机械设备仪表行业前五名客户占比的行业均值为 39.75%，该项指标排名前三的企业为青岛中程（300208）、爱乐达（300696）和润泽科技（300442），前五名客户占比分别为 99.69%、

99.58%和99.27%。

前十大股东持股比例的行业均值为 56.90%，该项指标排名前三的企业为大族数控（301200）、润泽科技（300442）和美好医疗（301363），前十大股东持股比例分别为 90.19%、89.38%和89.12%。

高管薪酬[①]的行业均值为 104.82 万元，该项指标排名前三的企业为迈瑞医疗（300760）、健帆生物（300529）和宁德时代（300750），高管平均年薪分别为 1 938.78 万元、521.23 万元和451.71 万元。

表8-9 列示了依据无形资产竞争矩阵计算所得的创业板机械设备仪表行业排名前30 的优秀样本企业。

表8-9　2022 年创业板机械设备仪表行业无形资产竞争力前 30 名企业一览

股票代码	股票名称	专利与非专利技术得分	商标得分	资质得分	软件著作权得分	技术标准数量	研发支出占比	员工学历得分	前五名客户占比得分	十大股东持股比例	高管薪酬得分	总分得分
300760	迈瑞医疗	0.60	0.00	0.99	0.00	0.59	0.29	0.90	0.04	0.83	1.00	5.25
300306	远方信息	0.03	0.00	0.02	0.17	1.00	0.68	0.63	0.17	0.66	0.05	3.42
300567	精测电子	0.29	0.12	0.01	0.29	0.64	0.78	0.64	0.55	0.06	3.38
300853	申昊科技	0.05	0.00	0.02	0.00	0.27	1.00	0.77	0.70	0.54	0.02	3.37
300604	长川科技	0.09	0.00	0.00	0.05	0.00	0.76	0.81	0.55	0.59	0.01	2.87
300719	安达维尔	0.00	0.00	0.01	0.00	0.00	0.51	1.00	0.69	0.57	0.04	2.83
301048	金鹰重工	0.04	0.00	0.15	0.00	0.26	0.10	0.65	0.73	0.88	0.02	2.82
300130	新国都	0.03	0.80	0.02	0.46	0.00	0.19	0.63	0.10	0.52	0.02	2.77
300024	机器人	0.10	0.00	0.05	0.17	0.61	0.30	0.89	0.21	0.38	0.07	2.77
300003	乐普医疗	0.25	0.00	1.00	0.00	0.00	0.28	0.49	0.05	0.54	0.11	2.71
300562	乐心医疗	0.09	1.00	0.05	0.04	0.00	0.39	0.31	0.31	0.49	0.01	2.70
301367	怡和嘉业	0.07	0.00	0.02	0.07	0.26	0.16	0.52	0.72	0.76	0.12	2.69
300633	开立医疗	0.12	0.00	0.17	0.24	0.00	0.57	0.74	0.12	0.67	0.05	2.68
300960	通业科技	0.01	0.00	0.01	0.02	0.00	0.49	0.54	0.71	0.85	0.03	2.66
300286	安科瑞	0.05	0.02	0.09	0.27	0.00	0.36	0.91	0.10	0.73	0.13	2.66
300750	宁德时代	1.00	0.00	0.01	0.00	0.00	0.14	0.26	0.35	0.65	0.23	2.65
301129	瑞纳智能	0.03	0.00	0.00	0.14	0.00	0.25	0.65	0.64	0.89	0.03	2.64
300206	理邦仪器	0.16	0.00	0.23	0.09	0.00	0.52	0.71	0.10	0.71	0.10	2.63
300124	汇川技术	0.39	0.00	0.03	0.33	0.00	0.30	0.55	0.16	0.63	0.19	2.58
301288	清研环境	0.00	0.00	0.02	0.00	0.00	0.35	0.63	0.71	0.80	0.06	2.57
300833	浩洋股份	0.11	0.00	0.02	0.36	0.00	0.14	0.27	0.67	0.88	0.08	2.53
301200	大族数控	0.09	0.00	0.03	0.20	0.01	0.25	0.46	0.37	1.00	0.11	2.51
301312	智立方	0.00	0.00	0.01	0.00	0.00	0.29	0.51	0.79	0.85	0.05	2.51
300105	龙源技术	0.05	0.00	0.03	0.02	0.00	0.17	0.86	0.77	0.57	0.03	2.50
300472	新元科技	0.04	0.00	0.02	0.31	0.16	0.31	0.51	0.78	0.33	0.02	2.49

---

① 高管薪酬：采用独董薪酬均值、财务总监薪酬均值、总经理薪酬均值的平均数。

续表

股票代码	股票名称	专利与非专利技术得分	商标得分	资质得分	软件著作权得分	技术标准数量	研发支出占比	员工学历得分	前五名客户占比得分	十大股东持股比例	高管薪酬得分	总分得分
301369	联动科技	0.01	0.00	0.00	0.07	0.00	0.53	0.53	0.38	0.84	0.12	2.49
300442	润泽科技	0.00	0.00	0.01	0.00	0.00	0.11	0.28	1.00	0.99	0.09	2.48
300203	聚光科技	0.11	0.00	0.01	1.00	0.00	0.50	0.21	0.06	0.46	0.09	2.44
300648	星云股份	0.06	0.00	0.02	0.06	0.04	0.41	0.47	0.74	0.56	0.05	2.41
301311	昆船智能	0.08	0.00	0.02	0.08	0.15	0.18	0.69	0.30	0.85	0.05	2.41

四、案例分析

由于以往蓝皮书研究报告选取优势样本企业时，已分析过迈瑞医疗（300760）和远方信息（300306）这两家企业，本年度无形资产竞争力得分仍是迈瑞医疗（300760）得分第一位，远方信息（300306）得分第二位。为避免重复分析，本年度蓝皮书选取排名第三位的精测电子（300567）作为优秀样本企业进行分析[①]。

（一）企业简介

精测电子全称武汉精测电子集团股份有限公司，成立于 2006 年 4 月，是一家致力于为半导体、显示以及新能源测试等领域提供卓越产品和服务的高新技术企业。于 2016 年 11 月 22 日在创业板上市，证券简称为"精测电子"，股票代码为"300567"。

经过多年的经营和发展，精测电子已在所在领域形成强大的综合优势，在规模、技术上均处于国内同行业领先地位。该公司主要从事显示、半导体及新能源检测系统的研发、生产与销售；目前在显示领域的主营产品涵盖 LCD、OLED、Mini/Micro-LED 等各类显示器件的检测设备，包括信号检测系统、OLED 调测系统、AOI 光学检测系统和平板显示自动化设备等；在半导体领域的主营产品分为前道和后道测试设备，包括膜厚量测系统、光学关键尺寸量测系统、电子束缺陷检测系统和自动检测设备（ATE）等；在新能源领域的主要产品为锂电池生产及检测设备，主要用于锂电池电芯装配和检测环节等，包括锂电池化成分容系统、切叠一体机、锂电池视觉检测系统和 BMS 检测系统等。

（二）无形资产相关情况分析

1. 优势分析

精测电子之所以能够在行业内成为无形资产领域的标杆企业，主要原因在于其员工学

[①] 案例企业精测电子相关信息和数据均来自于企业官网、同花顺财经、东方财富网以及企业年报。

历水平、研发支出占比和前五名客户占比排名较为靠前。其中，在员工学历方面，本科以上人员占比为 62.17%，居行业第 13 位；研发支出占比为 21.02%，居行业第 5 位；前五名客户占比达到 63.52%，居行业第 60 位。总体来看，精测电子在无形资产持续能力和竞争能力方面表现较好，使其在机械设备仪表行业无形资产竞争中脱颖而出。

2. 不足分析

由表 8-15 可知，精测电子在商标、资质、技术标准和高管薪酬上略显不足，商标为 75 项，居行业第 308 位；资质为 11 项，居行业第 213 位；技术标准为 0 项，居行业第 79 位；高管薪酬为 115.72 万元，居行业第 88 位。综合来看，相较于其他机械设备仪表行业上市公司，精测电子在商标、资质、技术标准和高管薪酬的投入上都相对较低，这些都可能成为该企业未来发展的短板。

3. 无形资产优化建议

精测电子虽然在整个行业的无形资产得分上位居前列，但是企业的无形资产分布也存在着明显的问题，针对这些问题提出以下建议：

第一，注重商标和资质的申请注册。注册商标和资质可以保护自己的商标不受侵犯，不被他人使用，维护商品的信誉和形象。另外，注册过的商标和资质不仅可以增强消费者的认同感，还可以增强企业维护自身品牌价值的信念，提升品牌形象，有利于在国际市场上拓展市场。

第二，重视技术标准的研究。精测电子要加强核心标准体系的建设，努力实现标准自主化，逐步建立自主知识产权和自主应用软件生态，同时建设自主材料和设备的生产工艺。

第三，关注公司高管薪酬情况。提升公司高管薪酬，有助于激励高管更加尽心尽力为公司服务，减少高管因公司提供的薪酬竞争力不足而离职的可能性，从而稳定公司高管人员队伍，保障公司长久经营。

（三）其他方面竞争优势分析

根据招股说明书或年报披露信息，"精测电子"除在无形资产质量竞争中具有优势之外，在产品服务、基于"光、机、电、算、软"一体化的整体方案解决能力和团队人才三个方面也具有一定的竞争优势。

1. 产品服务优势

在半导体检测领域，相比国际知名厂商，"精测电子"的设计研发、生产、销售及售后技术团队均位于国内，其生产基地位于上海、武汉，具备规模化生产的净化间及配套生产

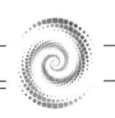

人员，能够更迅速地响应下游客户需求，缩短销售、发货、验收的周期。成立以来，"精测电子"与中芯国际、华虹集团、长江存储、合肥长鑫、广州粤芯等众多客户建立了良好的合作关系。"精测电子"为客户建立了专属的服务团队以提供及时的驻厂技术服务支持，经验丰富的售后团队能够保证快速响应客户的需求，及时到达现场排查故障、解决问题，提供及时周到的驻厂支持服务，缩短新产品导入的工艺磨合时间。

2. 技术优势

平板显示检测行业内多数企业的产品仅涉及"光、机、电、算、软"中的一项或两项，难以满足客户的整体需求。精测电子基于模组检测系统的优势，通过引进行业内的技术和人才，产品已覆盖 AOI 光学检测系统和平板显示自动化设备，形成了"光、机、电、算、软"一体化的产品线，具有较强的整体方案解决能力。基于"光、机、电、算、软"一体化的整体方案解决能力优势，精测电子产品覆盖了平板显示各类主要检测系统：从检测对象来看，目前"精测电子"产品已覆盖 LCD、OLED 等各类平板显示器件，能提供基于 LTPS、IGZO 等新型显示技术以及 8K 屏等高分辨率的平板显示检测系统，并能提供触摸屏检测系统，满足客户的各类检测系统需求；从生产制程来看，产品已覆盖 Module 制程的检测系统，并成功实现了部分 Array 制程和 Cell 制程产品的开发和规模销售，成为行业内少数几家能够提供平板显示三大制程检测系统的企业。

3. 人才优势

精测电子是国内较早从事平板显示检测系统业务公司之一，研发、市场、管理等专业人才团队是公司快速发展的关键。

首先，平板显示检测系统的研发和生产涉及电路优化设计、精密光学、集成控制与信息处理等多个技术领域，具有跨专业、多技术融汇的特点，对技术研发人员的素质要求较高。

其次，精测电子的销售团队成员大多具有丰富的平板显示行业从业经验，对相关技术发展和客户需求变化趋势有较深入的理解和掌握，能够深入理解客户的需求，进而促进公司产品的研发方向更加符合行业发展趋势，在市场竞争中易于获得客户的认可。

再次，精测电子的主要创始人具有多年的市场经验和扎实的研发能力，管理层具有丰富的行业经验，能够基于实际情况和行业发展动向制定符合公司持续发展的战略规划，以丰富的营运经验和优秀的管理技能制定和执行合理的生产经营决策，为公司的发展提供持续的驱动力。

另外，在半导体领域，目前精测电子是国内半导体检测设备领域领军企业之一，具备半导体设备的设计制造、工艺制程、软件开发与应用等多种学科人才。精测电子重视技术人才队伍的建设，积极引进了一批具有丰富的半导体设备行业经验的高端人才，形成了稳

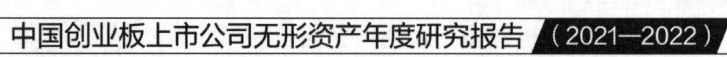

定的核心技术人才团队,能紧密跟踪国际先进技术发展趋势,具备较强的持续创新能力。

最后,精测电子基于自身实力,给予员工良好的薪酬福利和职业发展机会,建立了专业化、年轻化的人才团队。公司中层及以上管理人员、核心业务人员稳定,并不断引入新的专业人才,这是精测电子保持持续快速发展的关键因素。

报告九

创业板软件、信息技术服务行业无形资产研究

本报告基于证监会二级行业分类标准（2012），对软件、信息技术服务行业进行典型分析。研究样本包括：截至 2022 年 12 月 31 日，软件、信息技术服务行业的创业板上市公司，共计 154 家。

一、行业概况

（一）企业数量变化

截至 2022 年 12 月 31 日，创业板软件、信息技术服务行业上市公司共 154 家，约占创业板公司总数量的 12.50%。2021 年 12 月 31 日至 2022 年 12 月 31 日，新增 22 家。近些年该行业的企业数量总体呈上升趋势，占创业板企业总数的比例略有下降。2022 年行业新增企业数量 22 家，占比上升 0.40%，如表 9-1 所示。

表 9-1　2018—2022 年软件、信息技术服务行业企业数量变化

年份 数量/占比	2018 年	2019 年	2020 年	2021 年	2022 年
行业企业数量（家）	111	116	123	132	154
行业新增企业数量（家）	2	5	7	9	22
创业板企业总数（家）	757	810	892	1 090	1 232
行业企业占比	14.66%	14.32%	13.79%	12.11%	12.50%

（二）行业成本分析

根据对 2021 年和 2022 年年报信息的整理，软件、信息技术服务行业企业成本如表 9-2 所示。行业成本呈上升趋势，从均值增幅来看，管理费用增幅最大，达 11.67%；销售费用

次之，增幅达 6.15%；营业成本紧随其后，为 4.08%；财务费用反而降低，降幅约 35%。

表9-2 2021年和2022年软件、信息技术服务行业成本变动（单位：亿元）

成本构成	2021年总额	2022年总额	2021年均值	2022年均值	均值同比增长
营业成本	1 155.57	1 413.48	8.82	9.18	4.08%
销售费用	170.57	213.23	1.30	1.38	6.15%
管理费用	157.21	207.08	1.20	1.34	11.67%
财务费用	14.57	10.01	0.11	0.065	-35.00%

（三）行业利润分析

1. 整体变化趋势

根据对 2018 年至 2022 年年报信息的整理，软件、信息技术服务行业上市公司利润数据如表 9-3 所示。行业平均利润总额在 2018 年至 2020 年间呈持续下降的趋势，在 2021 年大幅回升。值得关注的是，2018 年至 2020 年行业平均利润总额与平均净利润均出现了高达 40%以上的减少。2021 年迅猛回升，并且在 2022 年处于小幅度增长趋势。这说明软件、信息技术服务业在 2021 年发展势头较好，2022 年发展较为稳定。

表9-3 2018—2022年软件、信息技术服务行业利润变动（单位：亿元）

指标\年份	2018年	2019年	2020年	2021年	2022年
利润总额	75.53	45.82	19.94	76.45	91.87
平均利润总额	0.69	0.39	0.16	0.58	0.60
平均利润总额同比增长	-52.08%	-42.76%	-58.97%	264.75%	20.16%
净利润	63.67	31.39	2.94	63.69	65.89
平均净利润	0.58	0.27	0.02	0.49	0.43
平均净利润同比增长	-54.68%	-53.35%	-92.59%	2 330.81%	3.45%

2. 企业盈亏

如表 9-4 所示，2022 年，软件、信息技术服务行业大约有 72.46%以上企业年度净利润增长为负，约 11.59%企业净利润增长为正但不超过 20%，利润增长超过 100%的企业仅占 5.1%。

表9-4 2022年软件、信息技术服务行业利润增长分布情况（单位：家）

指标\增长率区间	<0	0~20%	20%~40%	40%~60%	60%~80%	80%~100%	100%以上
利润总额增长率	101	17	7	5	1	0	7
净利润增长率	100	16	9	3	2	1	7

注：行业公司总数为154家，该行业中有138家企业已披露年报及其利润增长情况，故表9-4的统计口径为已披露年报及其利润增长情况的138家公司。

3. 行业集中度

就整个行业收入集中程度来看，前 0.65%（前 1 家）的企业累计收入总额约占全行业收入的 8.47%；前 1.30%（前 2 家）的企业累计收入总额占整个行业 19.30%；前 1.95%（前 3 家）的企业累计收入总额占整个行业 26.15%，前 2.60%（前 4 家）的企业累计收入总额占整个行业 31.35%。以上表明：第一，软件、信息技术服务行业中不同企业之间的实力差距巨大；第二，该行业收入集中程度很高，且较 2021 年有所上升（见表 9-5）。

表 9-5　2022 年软件、信息技术服务行业收入集中情况

累计收入比例	累计企业数（家）	累计企业数占整个行业企业比例
达 30%	4	2.60%
达 40%	6	3.90%
达 50%	9	5.85%
达 60%	13	8.44%
达 70%	16	10.39%
达 80%	21	13.64%
达 90%	26	16.88%

二、行业无形资产规模

（一）基于招股说明书的无形资产规模

表 9-6 为基于招股说明书信息的创业板软件、信息技术服务行业上市公司无形资产构成情况。

表 9-6　基于招股说明书信息的 2018—2022 年软件、信息技术服务行业无形资产构成情况

年份 行业总值（均值）	2018 年	2019 年	2020 年	2021 年	2022 年
授权专利（项）	2 490（22.43）	2 585（22.68）	3 380（27.48）	3 878（29.37）	4 604（29.90）
非专利技术（项）	1 174（10.58）	1 202（10.36）	1 263（10.26）	1 531（11.60）	1 555（10.10）
著作权（项）	6 791（61.18）	6 906（59.53）	7 313（59.94）	8 048（60.97）	28 299（183.76）
持有商标（项）	1 655（14.91）	1 672（14.41）	1 697（13.80）	1 770（13.41）	2 965（19.25）
技术标准（项）	295（2.66）	309（2.66）	375（3.15）	375（2.84）	418（2.71）
总经理薪酬（万元）	5 888.89（53.05）	6 137.24（52.91）	6 436.76（52.33）	7 072.04（53.58）	9 255.71（60.10）
前十大股东持股比例合计（%）	8 409.36（75.76）	8 860.41（76.38）	9 035.45（73.46）	9 121.34（69.10）	10 545.35（68.48）
资质（项）	4 165（37.52）	4 270（36.81）	4 303（34.98）	4 434（33.59）	5 488（35.64）

注：均值为行业总值/当年软件、信息技术服务行业企业数。表 9-7 同。

1. 常规无形资产规模变动特征

2018年至2022年，创业板软件、信息技术服务行业常规无形资产变动特征如下：

第一，授权专利的行业总值和均值保持逐年增长态势，2018年至2022年均有不同程度的增加。从增幅上看，2018年至2022年增幅表现出连年上升的趋势；2020年总值和均值都出现大幅度的增长，产生了30%的增幅；2021年总值与均值增幅放缓，分别为14.70%、6.88%；2022年均值和总额持续出现增长，分别为18.72%、1.80%。

第二，非专利技术总值呈现稳步上升趋势，均值虽连续三年下降，但在2021年迅猛回升。近五年基本维持在10~11项/家左右，较为稳定；2019年降幅为2.07%，该行业非专利技术数量的增长速度低于行业企业数量的增长速度。直至2021年有所好转，均值出现较大幅度增长，达13.06%。2022年，均值下降且降幅达12.93%，这与行业企业数量的增加密切相关。

第三，著作权，尤其是软件著作权，是构成软件、信息技术服务业核心竞争力的重要内容，因此该项无形资产的拥有量明显高于其他无形资产。自2018年起至2022年，该行业企业的软件著作权总量和均值持续增长，2021年增长至8 048项，2022年出现大幅度增长，首次破万，达到28 299项，均值也达到183.76项/家。

第四，持有商标数量整体呈现持续增长趋势，增长趋势比较平稳，但均值数量在2019年至2021年呈下降趋势。在2022年持有商标总额与均值都出现大幅度增长，均值达到近几年以来最高值19.25项/家。

2. 非常规无形资产规模变动特征

2018年至2022年，创业板软件、信息技术服务行业非常规无形资产变动特征如下：

第一，技术标准数量总值较为稳定，均值整体较低且连续几年呈现负增长。2020年总值和均值均实现增长；而2018年至2019年总值增幅趋缓，2018年与2021年技术标准数量没有新增，2019年总量上涨，而均值与2018年保持一致，2020年相比于2019年稍有增长。2022年总量上涨，但均值相较于前两年都呈现下降趋势。

第二，总经理薪酬总值整体保持逐年增长，从2018年的5 888.89万元增长至2022年9 255.71万元，2018年至2021年均值的数量呈下降趋势，但基本维持在52万元/家的水平，2022年均值首次突破60万元/家。这也从侧面反映尽管越来越多的企业开始注重高管薪酬激励。

第三，前十大股东持股比例总值逐年增长，但其增幅呈下降趋势，2022年出现大幅度增长，增幅达到15.61%。另外，行业均值呈现出波动的变化趋势，在2019年后连续三年下降，由76.38%/家下降到2022年的68.48%/家。不过总体来看均值变化幅度均不明显，说明股权结构较为稳定。

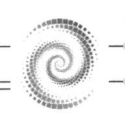

第四，资质数量总值在 2018 年至 2021 年持续稳定增长，与此同时均值总体上却呈下降趋势，2018 年最高至 37.52 项/家，2019 年后每年都有小幅下降，但影响不大，2021 年相比 2020 年均值降幅 4%，下降不明显。2022 年资质总值出现大幅度增长，增幅达到 23.77%，同时均值比上一年增长 6%，达到 35.64 项/家。以上数据说明近几年企业越来越重视相关资质的申请和保护。

（二）基于年报的无形资产规模

表 9-7 为基于年报信息的创业板软件、信息技术服务行业上市公司无形资产构成情况。

表 9-7　基于年报信息的 2018—2022 年软件信息技术服务行业无形资产构成情况

行业总值（均值）\年份	2018 年	2019 年	2020 年	2021 年	2022 年
授权专利（项）	6 325（57.50）	10 372（89.41）	11 640（94.63）	11 500（87.12）	10 877（70.63）
非专利技术（项）	133（1.21）	0（0）	0（0）	0（0）	240（1.56）
著作权（项）	19 632（178.47）	20 967（190.61）	19 606（159.4）	27 995（212.08）	63 405（411.72）
持有商标（项）	1 376（12.51）	1 554（13.40）	1 038（8.44）	1 330（10.08）	1 768（11.48）
技术标准（项）	96（0.87）	173（1.97）	312（2.54）	742（5.62）	862（5.60）
前五名客户销售额占比合计（%）	3 714.02（33.76）	4 194.96（36.16）	4 644.92（37.76）	5 169.79（39.17）	5 837.48（37.91）
总经理薪酬（万元）	6 218.59（56.53）	9 252.52（80.46）	10 753.59（88.14）	13 496.30（102.24）	15 860.13（102.99）
独立董事津贴（万元）	759.9（6.91）	772.79（6.66）	780.92（6.35）	900.20（6.82）	1 240.18（8.05）
前十大股东持股比例合计（%）	6 184.51（56.22）	5 988.24（51.62）	2 933.52（23.85）	6 126.6（46.41）	7 246.7（47.06）
技术（研发）人员占比合计（%）	6 437.52（58.52）	6 880.13（59.31）	7 353.34（59.78）	10 329（78.25）	9 125.6（59.26）
资质（项）	498（4.53）	1 519（13.09）	1 756（14.28）	920（6.97）	4 049（26.30）

1. 常规无形资产规模变动特征

2018 年至 2022 年，创业板软件、信息技术服务行业常规无形资产变动特征如下：

第一，授权专利整体波动幅度较大，从行业均值来看，2019 年以 63.98% 的增幅上升至 89.41 项/家，2020 年增长至 94.63 项/家，但 2021 年又呈现下降的趋势，2022 年持续下降至 70.63 项/家，波动较大可能与以往部分企业未披露授权专利以及新增企业授权专利数量较多密切相关。

第二，非专利技术整体呈波动变化态势。2018 年非专利总值为 133 项，平均每家持有 1.21 项；而 2019 年、2020 年、2021 年各家公司年报中甚至未披露非专利技术，而到 2022 年，平均每家持有 1.56 项。本报告认为，年报中非专利技术相关信息披露不足是非专利技术数量每年浮动的主要原因。

第三，著作权的行业总值和均值整体保持上涨趋势，2020 年总值下降至 19 606 项，

下降幅度不大。2022 年总值达 63 405 项，均值超过 411 项/家，远高于其他无形资产，并且与 2021 年相比，上涨的幅度很大。这说明该行业越来越重视对软件著作权的保护，这也是该行业企业当前竞争最激烈的领域之一。

第四，持有商标数量总值在 2022 年达到峰值，均值在 2019 年达到峰值，行业均值趋势大体上和总值保持一致，2018 年为 12.51 项/家，2019 年上升至 13.40 项/家，2020 年下降至 8.44 项/家，2021 年有小幅度回升，重新回升至 10.08 项/家，2022 年仍有小幅度上涨，至 11.48 项/家。

2. 非常规无形资产规模变动特征

2018 年至 2022 年，创业板软件、信息技术服务行业非常规无形资产变动特征如下：

第一，技术标准数量整体来看呈上升趋势，但是行业总值整体较低，截至 2019 年未超过 200 项，均值不足 2 项/家；2020 年有大突破，总值超 312 项、均值超 2 项/家；2021 年又有突破，总值超 742 项，均值超 5 项/家；2022 年均值为 5.60 项/家，与 2021 年相比浮动不大。

第二，前五名客户销售额占比总值保持上升趋势，但增幅逐渐放缓。行业均值的增幅总 7.11% 逐年下降至 -3.22%，同时行业总值在过去五年内表现较为稳定，增幅一直在 10%～12% 左右，且 2019 年产生了较为大幅的增长，2020 年及 2021 年小幅增长，2022 年有所下降但幅度不大，均值与 2020 年相近。这说明该行业客户集中度较为稳定。

第三，总经理薪酬总值在近 5 年总体呈增长态势，2019 年增长至 9 252.52 万元，增幅达到 48.79%；2020 年总值出现突破，达到 10 753.59 万元；2021 年和 2022 年持续增长，增幅在 20% 左右。与此同时，均值也随之波动，2018 年均值为 56.53 万元，2019 年增长至 80.46 万元，增幅约为 42.33%，2020 年达 88.14 万元，2021 年增至百万达 102.24 万元，到 2022 年，增长速度变缓，与 2021 年相差不大，为 102.99 万元。

第四，独立董事津贴整体保持稳定增长，均值保持在 6～7 万/家之间，2018 年已达近 7 万元/家，2019 年、2020 年稍有降低，但是降幅不大，2021 年又有小幅度增长，2022 年增长较多，达到 8 万元/家。这说明该行业企业愈发关注内部治理结构的调整和独立董事所发挥的作用。

第五，前十大股东持股比例总值在 2018 年至 2020 年三年逐年减少，行业均值也有所下降，2020 年已降至近几年最低水平，但在 2021 年迅猛回升，2022 年增速变缓，均值与 2021 年接近。这说明该行业企业的股权集中度高度回升，股权分散化趋势减缓。

第六，技术（研发）人员占比的均值在这五年间涨幅较大，2021 年行业均值大于 70%，超过公司人数一半，远高于其他行业。这主要是由软件、信息技术服务业的行业性质所决定，因为该行业对技术型人才的需求程度高，需要大量的技术研发人员。2022 年均值占比降至 59% 左右，与 2020 年基本持平，这主要是由于 2021 年技术人员占比出现猛增，对技

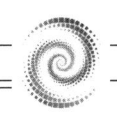

术人员的需求基本饱和，因此出现下降的趋势。

第七，资质的总值与均值在近五年间均呈波动趋势。2018年总值仅为498项，2019年出现大幅上涨，增至1 519项，2020年小幅度增长，2021年出现下降，但在2022年又出现大幅度增长，总值增至4 049项。行业均值也随之波动，2021年降幅较大，由2020年的14.28项/家降至2021年的6.97项/家，2022年增至26.36项/家。这说明该行业关注这一现象，对资质的披露逐渐增加。

三、基于无形资产竞争矩阵的行业无形资产竞争分析

本年度蓝皮书基于无形资产规模结构、无形资产持续能力和无形资产竞争能力三大维度对不同行业所有上市公司进行对比分析。三大维度下设二级指标，其中无形资产规模结构包括专利及非专利技术数量、商标数量、资质数量和软件著作权数量四项二级指标；无形资产持续能力包括技术标准数量、研发费用占比和员工学历三项二级指标；无形资产竞争能力包括前五名客户占比、前十大股东持股比例和高管平均年薪三项二级指标。

通过比较各项二级指标对分行业各企业的相对实力予以排序。排序方法为：某二级指标中的数量最高者赋予1分，其他非最高者与最高者比值即为某企业该项二级指标得分。对10项二级指标均以此方法处理，得到每家企业每项二级指标得分。对各企业所有指标得分加总，计算最后得分，得分最高者为行业中的优秀样本企业。此后的行业报告中，如果没有特殊说明，均采用上述方法排序。

（一）行业无形资产规模结构分析

2022年，软件、信息技术服务行业专利及非专利技术共计11 100项，平均每家企业拥有72.08项，飞天诚信（300386）、迪普科技（300768）和万集科技（300552）三家企业共有专利及非专利技术3 827项，占行业总量的34.48%。

商标数量共计1 768项，平均每家企业约有11.48项，汉仪股份（301270）、北信源（300352）和东方财富（300059）三家企业共持有商标911项，占行业总量的51.53%。

资质数量共计4 049项，平均每家企业拥有26.30项，北路智控（301195）、信息发展（300469）和深信服（300454）三家企业共有资质887项，占行业总量的21.90%。

软件著作权数量共计34 422项，平均每家企业拥有223.52项，神州泰岳（300002）、软通动力（301236）和中科创达（300496）三家企业共有软件著作权3 986项，占行业总量14.24%。

（二）行业无形资产持续能力分析

软件、信息技术服务行业研发支出占比的行业均值为15.88%，该项指标排名前三的企业为左江科技（300799）、蓝盾股份（300297）和兆日科技（300333），研发支出占比分别为217.46%、166.77%和64.55%。

员工本科及以上学历占比的行业均值为61.00%，该项指标排名前三的企业为安硕信息（300380）、中汽股份（301215）和国科微（300672），员工本科及以上学历的占比分别为91.65%、91.40%和87.32%。

技术标准数量的行业均值为5.60项/家，该项指标排名前三的企业为数字认证（300579）、万集科技（300552）和金卡智能（300349），技术标准数量分别为240项、221项和92项。

（三）行业无形资产竞争能力分析

软件、信息技术服务行业前五名客户销售额占比的行业均值为37.91%，该项指标排名前三的企业为创识科技（300941）、中科海讯（300810）和富瀚微（300613），前五名客户销售额占比分别为95.75%、92.69%和91.70%。

前十大股东持股比例的行业均值为47.06%，该项指标排名前三的企业为通行宝（301339）、华大九天（301269）和慧博云通（301316），前十大股东持股比例分别为86.77%、85.03%和80.28%。

高管薪酬[①]的行业均值为60.72万元，该项指标排名前三的企业为网宿科技（300017）、神州泰岳（300002）和东方财富（300059），高管平均年薪分别为307.92万元、290.33万元和250.18万元。

表9-8列示了依据无形资产竞争矩阵计算所得的创业板软件、信息技术服务行业排名前30的优秀样本企业。

表9-8 2022年创业板软件、信息技术服务行业无形资产竞争力前30名企业

股票代码	股票名称	专利与非专利技术得分	商标得分	资质得分	软件著作权得分	技术标准得分	研发支出占比	员工学历得分	前五名客户销售额占比得分	前十大股东持股比例得分	高管薪酬得分	总分得分
300002	神州泰岳	0.56	0.00	0.03	0.82	0.01	0.03	0.75	0.79	0.30	0.94	4.22
300768	迪普科技	0.73	0.00	0.31	0.03	0.02	0.12	0.92	0.89	0.86	0.22	4.10

---

① 高管薪酬：采用独董薪酬均值、财务总监薪酬均值、总经理薪酬均值的平均数。

续表

股票代码	股票名称	专利与非专利技术得分	商标得分	资质得分	软件著作权得分	技术标准得分	研发支出占比	员工学历得分	前五名客户销售额占比得分	前十大股东持股比例得分	高管薪酬得分	总分得分
300552	万集科技	0.65	0.00	0.09	0.11	0.92	0.13	0.78	0.19	0.66	0.34	3.86
300799	左江科技	0.02	0.00	0.00	0.03	0.00	1.00	0.79	0.94	0.81	0.15	3.74
301236	软通动力	0.00	0.00	0.11	1.00	0.01	0.03	0.71	0.62	0.72	0.38	3.57
301269	华大九天	0.15	0.00	0.02	0.05	0.00	0.28	0.99	0.39	0.98	0.68	3.54
300579	数字认证	0.02	0.00	0.06	0.14	1.00	0.08	0.82	0.19	0.72	0.28	3.32
301270	汉仪股份	0.00	1.00	0.03	0.05	0.00	0.07	0.86	0.26	0.66	0.37	3.32
301195	北路智控	0.08	0.00	1.00	0.08	0.05	0.04	0.57	0.40	0.86	0.22	3.31
301095	广立微	0.06	0.00	0.01	0.03	0.00	0.16	0.96	0.90	0.74	0.35	3.22
300059	东方财富	0.16	0.52	0.01	0.19	0.00	0.09	0.85	0.10	0.43	0.81	3.17
300188	美亚柏科	0.40	0.28	0.12	0.45	0.05	0.08	0.82	0.19	0.61	0.11	3.11
300634	彩讯股份	0.01	0.19	0.10	0.16	0.00	0.08	0.68	0.83	0.75	0.21	3.03
300386	飞天诚信	1.00	0.00	0.02	0.11	0.00	0.05	0.59	0.25	0.68	0.31	3.01
300613	富瀚微	0.06	0.00	0.00	0.03	0.00	0.07	1.00	0.96	0.65	0.18	2.96
300624	万兴科技	0.00	0.00	0.02	0.17	0.00	0.14	0.97	0.69	0.49	0.46	2.94
300851	交大思诺	0.09	0.02	0.02	0.03	0.00	0.16	0.83	0.79	0.80	0.14	2.89
300789	唐源电气	0.08	0.00	0.12	0.08	0.00	0.07	0.71	0.77	0.84	0.15	2.82
301339	通行宝	0.00	0.00	0.05	0.12	0.00	0.04	0.67	0.70	1.00	0.24	2.80
300810	中科海讯	0.02	0.00	0.03	0.09	0.00	0.10	0.80	0.97	0.62	0.14	2.77
301221	光庭信息	0.08	0.00	0.00	0.10	0.00	0.06	0.84	0.51	0.85	0.23	2.70
300941	创识科技	0.00	0.00	0.02	0.02	0.00	0.06	0.65	1.00	0.74	0.18	2.67
300245	天玑科技	0.00	0.23	0.02	0.11	0.00	0.04	0.61	0.53	0.36	0.76	2.66
300297	*ST 蓝盾	0.00	0.00	0.17	0.37	0.01	0.77	0.40	0.34	0.34	0.19	2.58
301179	泽宇智能	0.00	0.00	0.03	0.00	0.00	0.02	0.58	0.91	0.90	0.13	2.58
301213	观想科技	0.03	0.00	0.03	0.02	0.00	0.14	0.69	0.67	0.85	0.13	2.57
300349	金卡智能	0.47	0.00	0.05	0.25	0.38	0.03	0.41	0.25	0.61	0.11	2.57
300682	朗新科技	0.00	0.00	0.03	0.00	0.00	0.06	0.82	0.69	0.72	0.26	2.57
301159	三维天地	0.04	0.00	0.06	0.07	0.06	0.18	0.99	0.13	0.84	0.20	2.57
300166	东方国信	0.05	0.00	0.14	0.50	0.00	0.09	0.92	0.22	0.38	0.27	2.56

四、案例分析

由于以往蓝皮书研究报告选取优势样本企业时，无形资产竞争力得分排名第一位的神州泰岳（300002）和第二位的迪普科技（300768）在往年报告中均已被分析。为避免重复分析，本年度蓝皮书选取排名第三且得分上升速度较快的万集科技（300552）作为优秀样

本企业进行分析[①]。

（一）企业简介

北京万集科技股份有限公司（简称"万集科技"）成立于 1994 年 11 月 2 日，是专业从事智能交通系统（ITS）技术研发、产品制造、技术服务的国家高新技术企业。历经廿余载的研发积累和实践经验，万集科技在车联网、大数据、云平台、边缘计算及自动驾驶等多个领域积累了大量自主创新技术，开发了车路两端激光雷达、V2X 车路协同、ETC、动态称重等多系列产品，为智慧高速、智慧城市提供全方面综合的解决方案、系统、产品及服务。

万集科技在北京、武汉、深圳、苏州建立了四大研发中心，在北京顺义区建设了 42 500 平方米的现代化科研生产基地，拥有 CNAS 认证实验室和产品测试中心。该公司在全国设立六大分子公司、事业部和 32 个地市级技术服务中心，凭借覆盖全国的营销服务网络体系、紧密支撑的研发生产机构，为客户提供实时、全面、高效、优质的服务。

资质和荣誉方面，万集科技是国家火炬计划重点高新技术企业、北京市科委认定的首都提升计划工业设计领军机构、北京市设计创新中心、北京市企业科技研究开发机构、北京市企业技术中心、2019 年北京高精尖产业设计中心。该公司还拥有建筑企业资质、计算机系统集成资质和产品研发体系 CMMI5 认证，并通过了 ISO9001、IATF16949、ISO14001、ISO45001、ISOIEC27001 等管理体系认证。万科科技获得了中关村"十百千工程企业""北京市软件和信息服务业四个一批工程企业""中关村高成长企业 TOP100""中关村瞪羚计划重点培育企业"等多项荣誉，以及北京市科学技术奖、中国智能交通协会科学技术奖、北京公路学会科学技术奖等多个奖励。

（二）无形资产相关情况分析

1. 优势分析

万集科技之所以能够在行业内成为无形资产领域的标杆企业，主要原因在于其技术标准、前十大股东持股比例、员工本科及以上学历占比以及专利与非专利技术排名较为靠前。其中，技术标准 221 项，居行业第 2 位；前十大股东持股比例 57.15%，居行业前 30%；员工本科及以上学历占比 75.40%，上升速度较快；专利与非专利技术 1 046 项，远远高于行业均值。总体来看，万集科技在非常规无形资产规模结构和持续能力方面表现较好，使其在创业板软件、信息技术服务行业无形资产竞争中脱颖而出。

[①] 案例企业万集科技相关信息和数据均来自于企业官网、同花顺财经、东方财富网以及企业年报。

2. 不足分析

由表 9-14 可知，万集科技在资质数量、持有商标数量、著作权数量、前五名客户销售额占比和高管薪酬等五项二级指标上略显不足，资质、商标均为 0 项；著作权数量为 243 项，居行业第 57 位；前五名客户销售额占比居行业 121 名；高管薪酬居行业第 14 位。这几项指标与行业无形资产的持续能力和竞争能力有关，因此值得企业关注，在无形资产的拥有量和结构上仍有待进一步提高。综合来看，相较于其他软件及信息技术服务行业上市公司，万集科技前五名客户销售额占比较低，在高管薪酬的投入上有待提升，对于资质、持有商标、著作权等核心无形资产的持有数量不够大，而这些都可能成为该企业未来发展的短板。

3. 无形资产优化建议

未来，万集科技需要继续保持其在技术标准、前十大股东持股比例、员工本科及以上学历占比以及专利与非专利技术等方面的优势地位，并且优化这些无形资产的质量和结构。与此同时，一方面要核心客户的维护，加大前五名客户销售额占比，重视高管薪酬的投入以激发高管团队的决策积极性；另一方面，企业还应注重对相关知识产权的研究开发与保护，以及对相关领域资质的申请和拓展。这是因为诸如软件著作权、专利、技术标准、资质等无形资产是软件、信息技术服务行业内竞争最激烈的领域。通过对企业无形资产发展短板的弥补，力图提升企业无形资产的持续能力和竞争能力。

（三）其他方面竞争优势分析

根据招股说明书和年报披露信息，万集科技除了在无形资产质量竞争中具有优势之外，在产业化、营销网络渠道和专业服务这三个方面也具有一定的竞争优势。

1. 产业化能力优势

万集科技在智能交通行业深耕 28 年，在智能交通设备的研发、设计、制造领域积累了丰富的经验，一方面熟悉交通行业对产品特性的要求并形成了工艺积累，另一方面积累了丰富的产品全流程管理和品控经验。万集科技在北京顺义已建成 4 万平米的智能制造生产基地，构建万级/十万级无尘车间，用于 ETC 产品、前装 ETC-OBU、V2X 单元及车载多线激光雷达的生产和测试、智能网联大数据中心的运营。引入全球领先的 ERP 系统（SAP）、生产管理系统（MES）、仓库管理系统（WMS），配备多条高速 SMT 贴片线和全自动化装配测试线，可以生产车规级 PCBA 及产品，满足车路两端业务需求。通过工厂管理系统数据实时采集、多端多角色实时协同、大数据可视化呈现、深度学习智能决策，进一步提升其生产品控能力。

2. 营销网络渠道

万集科技设立矩阵式营销管理模式，设有产品事业部，负责统筹产品线的营销工作，同时，按照区域设有销售分公司或者派出机构，以分公司作为支点覆盖区域销售工作，保证市场的无缝隙网络覆盖，不断将产品与服务向覆盖区域渗透。万集科技在包括武汉、重庆、广州、沈阳、南京等地区设有营销机构，同时建立了一支跨越三大洲六个国家的高效的全球销售团队，采用矩阵营销管理模式，由产品部门和销售部门组成。万集科技的销售代表遍布世界各地，包括印度尼西亚、泰国、俄罗斯、墨西哥和孟加拉国。万集科技还很重视营销网络梯队建设和培训工作，各营销机构设有销售经理、副经理，并着力培养经验丰富的销售业务骨干。

3. 专业服务优势

万集科技各产品线配备了技术服务、质量控制等专业技术人员，可以在售前售后为客户提供技术支持，为客户提供产品介绍、方案设计、产品安装测试等专业服务，并根据用户的使用情况不断地、及时地向公司进行反馈。万集科技通过完善的技术服务，赢得用户的信赖，增强与客户的黏合度。此外，设立技术服务中心，统筹各区域的客户服务管理工作，并实现与质量管理部门、各事业部的业务协同。万集科技建立了覆盖全国的客户服务体系，具备快速响应客户的服务能力。

报告十

创业板计算机、通讯及电子行业无形资产研究

本报告基于证监会二级行业分类标准（2012），对计算机、通讯及电子行业进行典型分析。研究样本包括：截至 2022 年 12 月 31 日，计算机、通讯及电子行业的创业板上市公司，共计 181 家。

一、行业概况

（一）企业数量变化

截至 2022 年 12 月 31 日，创业板计算机、通讯及电子行业上市公司共 181 家，约占创业板公司总数量的 14.69%。2022 年 1 月 1 日至 2022 年 12 月 31 日，新增 25 家。该行业企业数量占创业板公司总数的比例从 2018 年的 15.32%下降到 2022 年的 14.69%，2018 年至 2022 年总体呈稳态下降趋势，占比维持在 15%，如表 10-1 所示。

表 10-1　2018—2022 年计算机、通讯及电子行业企业数量变化

年份 数量/占比	2018 年	2019 年	2020 年	2021 年	2022 年
行业企业数量（家）	116	123	136	156	181
行业新增企业数量（家）	4	7	13	20	25
创业板企业总数（家）	757	789	892	1 090	1 232
行业企业占比	15.32%	15.58%	15.24%	14.31%	14.69%

（二）行业成本分析

根据对 2021 年和 2022 年年报信息的整理分析，计算机、通讯及电子行业企业成本如

表 10-2 所示，其中销售费用的均值同比增幅最大，为 12.94%；营业成本次之，均值同比增幅为 6.05%；应付职工薪酬紧随其后，均值同比增长 3.39%；管理费用均值同比呈降低趋势，均值同比降低 3.15%。上述数据表明创业板计算机、通讯及电子行业经营成本整体呈上升趋势。

表 10-2　2021 年和 2022 年计算机、通讯及电子行业成本变动（单位：亿元）

成本构成	2021 年总额	2022 年总额	2021 年均值	2022 年均值	均值同比增长
营业成本	2 448.60	3 013.75	15.70	16.65	6.05%
销售费用	131.99	173.23	0.85	0.96	12.94%
管理费用	197.42	222.85	1.27	1.23	-3.15%
应付职工薪酬	92.09	110.52	0.59	0.61	3.39%

（三）行业利润分析

1. 整体变化趋势

根据对 2018 年至 2022 年年报信息的整理，计算机、通讯及电子行业上市公司利润数据如表 10-3 所示。行业平均利润呈上升趋势。2018 年，行业平均利润大幅下降，行业利润总额和净利润的均值降速超过 50%，主要是因为有超过半数的企业利润增幅为负数，其中有 16 家企业利润下降 1 倍以上，三家企业利润下降 10 倍以上。2019 年，行业利润总额和净利润的均值增长率转正，增速都远超 50%，2020 年，呈现一定下降趋势。2021 年行业利润总额和净利润的均值增长率转正，增速都远超 50%。到 2022 年，行业利润总额和净利润的均值虽呈上升趋势，但增速较 2021 年低。

表 10-3　2018—2022 年计算机、通讯及电子行业利润变动（单位：亿元）

指标＼年份	2018 年	2019 年	2020 年	2021 年	2022 年
利润总额	74.55	134.08	147.02	281.27	408.83
平均利润总额	0.65	1.09	1.08	1.80	2.26
平均利润总额同比增长	-60.37%	67.69%	-0.92%	66.67%	25.48%
净利润	50.24	103.54	113.11	252.86	366.89
平均净利润	0.44	0.84	0.83	1.62	2.03
平均净利润同比增长	-68.57%	90.91%	-1.19%	95.18%	25.31%

2. 企业盈亏

如表 10-4 所示，2022 年，计算机、通讯及电子行业有 59.49% 的企业年度净利润增长为负，约 71.52% 的企业净利润增长低于 20%，净利润呈倍数增长的企业仅占总数的 8.23%。

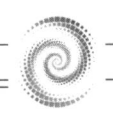

表 10-4　2022 年计算机、通讯及电子行业利润增长分布情况（单位：家）

指标＼增长率区间	<0	0~20%	20%~40%	40%~60%	60%~80%	80%~100%	100%以上
利润总额增长率	96	15	22	9	2	1	13
净利润增长率	94	19	23	5	4	0	13

注：行业公司总数为 181 家，该行业中有 158 家企业已披露年报及其利润增长情况，故表 10-4 的统计口径为已披露年报及其利润增长情况的 158 家公司。

3. 收入集中度

就整个行业利润集中程度来看，前 0.55%（前 1 家）的企业累计利润总额约占全行业利润的 20%；前 3.87%（前 7 家）的企业累计利润总额占整个行业 50%；前 21.55%（前 39 家）的企业累计利润总额占整个行业 90%。这表明创业板计算机、通讯及电子行业利润集中度较高（见表 10-5）。

表 10-5　2022 年计算机、通讯及电子行业利润集中情况

累计利润比例	累计企业数（家）	累计企业数占整个行业企业比例
达 20%	1	0.55%
达 40%	4	2.21%
达 50%	7	3.87%
达 60%	11	6.08%
达 70%	16	8.84%
达 80%	25	13.81%
达 90%	39	21.55%

二、行业无形资产规模

（一）基于招股说明书的无形资产规模

表 10-6 为基于招股说明书信息的 2018—2022 年创业板计算机、通讯及电子行业上市公司无形资产构成情况。

表 10-6　基于招股说明书信息的 2018—2022 年创业板计算机、通讯及电子行业上市公司无形资产构成情况

年份＼行业总值（均值）	2018 年	2019 年	2020 年	2021 年	2022 年
授权专利（项）	141（35.25）	6 536（54.92）	7 188（53.24）	7 924（55.80）	12 254（67.70）
非专利技术（项）	0（0）	910（7.40）	895（6.58）	989（11.01）	1 002（5.54）
著作权（项）	85（21.25）	1 650（13.52）	2 035（16.65）	2 259（24.03）	3 590（19.83）
持有商标（项）	31（7.75）	727（13.22）	685（12.92）	2 985（41.61）	5 268（29.10）
技术标准（项）	2（0.5）	172（1.4）	180（1.32）	264（14.67）	302（1.67）
总经理薪酬（万元）	380.04（95.01）	7 073.80（58.46）	8 134.32（60.70）	9 696.29（65.08）	12 166.49（67.22）

续表

年份 行业总值（均值）	2018年	2019年	2020年	2021年	2022年
前十大股东持股比例合计（%）	304.44（76.11）	9 381.24（76.27）	10 465.24（76.95）	11 324.56（77.05）	13 144.33（72.62）
资质（项）	100（25）	2 659（21.62）	2 912（21.41）	3 173（21.88）	4 685（25.88）

注：均值为行业总值/当年计算机、通讯及电子行业企业数。表10-7同。

1. 常规无形资产规模变动特征

2018年至2022年，创业板计算机、通讯及电子行业常规无形资产变动特征如下：

第一，由于相关披露规则改变，本年度创业板企业对申请专利信息披露较少，大多企业仅披露授权专利情况。2018年至2022年行业授权专利总值是大幅上升趋势。从增幅上看，2019年比2018年的均值增长55.80%。2020年相比2019年有所下降，2021年相比2020年增长不足5%，2022年专利增幅较大，为21.33%。

第二，非专利技术数量的行业均值在2019年至2021年变动幅度较为稳定，2022年非专利技术数量降幅20.89%。

第三，2019年和2020年著作权行业均值维持在每家企业14项左右，2021年和2022年的著作权行业均值相比前两年出现较大提升。

第四，持有商标数量的行业均值整体呈现先增后降而后稳步增加的状态，2018至2020年总体呈现先增后降趋势；2020—2021呈现稳步上升趋势，2022年下降至29.10项/家。

2. 非常规无形资产规模变动特征

2018年至2022年，创业板计算机、通讯及电子行业非常规无形资产变动特征如下：

第一，2018年至2022年，技术标准数量的行业均值变动呈不稳定状态，2018年只有0.50项，2019年至2020年技术标准数量的行业均值为1.32项左右，2021年出现大幅上涨，行业均值为14.67项，但2022年又出现大幅下降，行业均值为1.67项，整体较2018年呈上升状态。

第二，总经理薪酬的行业均值在五年内保持增长态势，2021年相比2020年增长4.38万元，涨幅达7.22%，2022年相比2021年增长2.14万元。

第三，前十大股东持股比例呈现较为平稳趋势，2018年至2022年前十大股东持股比例均为70%以上。

第四，资质数量的行业均值在2019年至2022年内保持平稳上升趋势，2022年资质的行业均值为22.88项。

（二）基于年报的无形资产规模

表 10-7 为基于年报信息的 2018—2022 年计算机、通信及电子行业无形资产构成情况。

表 10-7　年报信息的 2018—2022 年计算机、通信及电子行业无形资产构成

行业总值（均值） \ 年份	2018 年	2019 年	2020 年	2021 年	2022 年
授权专利（项）	14 374（124.99）	18 863（153.36）	22 857（168.07）	30 382（194.76）	39 609（218.83）
非专利技术（项）	82（0.71）	0（0）	46（0.34）	0（0）	0（0）
著作权（项）	4 519（39.30）	5 200（42.62）	6 459（121.87）	8 535（135.48）	9 899（54.69）
持有商标（项）	765（6.65）	1 006（8.18）	1 415（10.4）	1 600（10.26）	1 950（10.77）
技术标准（项）	106（0.92）	248（2.53）	251（1.85）	350（2.24）	326（1.8）
前五名客户销售额占比合计（%）	4 994.17（43.43）	2 499.02（20.32）	2 682.13（19.81）	7 449.10（47.75）	8 839.81（48.84）
总经理薪酬（万元）	8 496.93（73.89）	11 224.7（92.01）	13 300.29（97.80）	15 741.36（103.56）	19 894.31（109.91）
独立董事津贴（万元）	808.73（7.03）	692.16（6.99）	977.79（7.30）	2 791.16（19.12）	1 330.3（7.35）
前十大股东持股比例合计（%）	6 858（59.63）	6 874.79（55.89）	3 671.79（27.20）	7 186.41（46.07）	10 056.42（55.56）
技术（研发）人员占比合计（%）	3 272.57（28.46）	3 725（30）	3 894（29）	4 238.56（27.17）	4 979.68（27.51）
资质（项）	894（7.77）	1 176（9.64）	1 256（9.24）	632（4.05）	4 934（27.26）

1. 常规无形资产规模变动特征

2018 年至 2022 年，创业板计算机、通讯及电子行业常规无形资产变动特征如下：

第一，2020 年度创业板企业对申请专利披露较少，大多企业仅披露授权专利情况。2018 年至 2022 年授权专利数量的行业均值整体呈上升趋势，增长幅度较为稳定，2022 年行业均值达到 218.83 项/家。

第二，非专利技术行业均值除 2018 年和 2020 年外均为 0，2016 年均值维持在 0.71 项/家，2020 年为 0.34 项/家，2019 年，行业内所有企业都没有在年报中披露非专利技术，2021 年和 2022 年行业内企业均未在年报中披露其拥有的非专利技术的数量。

第三，软件著作权是创业板计算机、通讯及电子行业核心竞争力的重要体现，年报中披露的著作权行业均值从 2016 年至 2019 年呈现逐年上升趋势，但增速较缓。2020 年，年报中披露的著作权行业均值大幅提升，达到 121.87 项。截至 2021 年，行业软件著作权均值达到 135.48 项，但 2022 年著作权行业均值出现大幅下降的情况，行业软件著作权均值仅为 54.69 项，下降幅度约为 60%左右。

第四，商标数量的行业均值呈波动上升趋势。2019、2020 年行业均值相比 2018 年有明显上升。2021 年行业商标均值较 2020 年略有下降。2022 年的行业均值上升为 10.77 项/家。

2. 非常规无形资产规模变动特征

2018年至2022年，创业板计算机、通讯及电子行业非常规无形资产变动特征如下：

第一，技术标准的行业均值处于波动状态，从2018年行业均值为0.92项/家，2019年有所上升，技术标准的行业均值达到了2.53项/家，2020年再次有所下降，仅为1.85项/家，2021年比2020年有所上升，达到2.24项/家，但2022年由于行业企业数量增加，商标数不增反降，使得2022年行业均值呈下降趋势，2022年技术标准行业均值为1.80项/家。

第二，2016年至2018年，前五名客户销售额占比在过去五年内表现较为稳定，一直在40%左右浮动，但是2019年和2020年行业前五名客户销售额占比下降至20%左右，说明该行业客户数量在增加，行业所获得的收入不仅仅局限在几个大客户中。然而2021年和2022年行业前五名客户销售额占比又恢复至2016年至2018年的水平，超40%，2022年甚至上升至48.84%。

第三，总经理薪酬的行业均值在五年内呈稳步上升趋势，2019年增幅尤为明显，2022年总经理薪酬的均值达到历史最高点，109.91万元/家，说明该行业对管理人员十分重视。

第四，2018年至2020年独立董事津贴的行业均值基本保持稳定，2021年增幅较大，为19.12万元/家，该增幅仅保持一年，至2022年独立董事津贴的行业均值又恢复稳定，为7.35/家。

第五，前十大股东持股比例在2018年至2020年呈现下降趋势，2020年下降幅度达到了50%，股权集中度不断分散。2021年前十大股东持股比例的行业均值较2020年明显上升，达到46.07%，2022年前十大股东持股比例的行业均值继续上升，已达到55.56%。

第六，2018年至2022年技术研发人员的占比在30%上下波动，这一比重远高于其他行业，显示出创业板计算机、通讯及电子行业对技术型人才的高度依赖。

第七，相比前两年，2018年由于信息披露不全导致数据断崖式下滑，2019年和2020年资质数量的行业均值有所提升，2021年又下降，仅为4.05项/家，但2022年资质数呈跳跃式增长，行业均值达到27.26项/家。

三、基于无形资产竞争矩阵的行业无形资产竞争分析

（一）行业无形资产规模结构分析

2022年，计算机、通讯及电子行业专利及非专利技术共计39 609项，平均每家企业拥有218.83项，洲明科技（300232）、蓝思科技（300433）和长盈精密（300115）三家企业共有专利及非专利技术6 493项，占行业总量16.39%。

商标数量共计1 950项，平均每家企业约有10.77项，东土科技（300353）、朗科科技

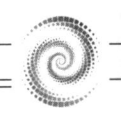

（300042）和金运激光（300220）三家企业共有商标 1 055 项，占行业总量 54.10%。

资质数量共计 4 934 项，平均每家企业拥有 27.26 项，中航电测（300114）、中光防雷（300414）和崧盛股份（301002）三家企业共有资质 2 104 项，占行业总量 42.64%。

软件著作权数量共计 9 899 项，平均每家企业拥有 54.69 项，东土科技（300353）欧比特（300053）和中海达（300177）三家企业共有软件著作权 2 600 项，占行业总量 26.27%。

（二）行业无形资产持续能力分析

创业板计算机、通讯及电子行业研发支出占比的行业均值为 27.51%，该项指标排名前三企业为中颖电子（300327）、全志科技（300458）和狄耐克（300884），研发支出占比分别为 82.51%、82.07% 和 77.47%。

员工本科及以上学历占比的行业均值为 28%，该项指标排名前三企业为狄耐克（300884）、全志科技（300458）、锐捷网络（301165）和广和通（300638）并列第三，员工本科及以上学历占比分别为 96%、93% 和 91%。

技术标准数量的行业均值为 1.80 项/家，该项指标排名前三的企业为洲明科技（300232）、超频三（300647）、狄耐克（300884）和天迈科技（300807）并列第二、唯特偶（301319），技术标准数量分别为 140 项、30 项和 24 项。

（三）行业无形资产竞争能力分析

计算机、通讯及电子行业前五名客户销售额占比的行业均值为 14.30%，该项指标排名前三的企业为雷电微力（301050）、菲菱科思（301191）和恒宇信通（300965），前五名客户占比分别为 99.69%、99.08% 和 99.04%。

前十大股东持股比例的行业均值为 55.56%，该项指标排名前三的企业为锐捷网络（301165）、万祥科技（301180）和恒宇信通（300965），前十大股东持股比例分别为 90.72%、90.06% 和 78.53%。

高管薪酬的行业均值为 109.91 万元，该项指标排名前三的企业为锐捷网络（301165）、蓝思科技（300433）、光弘科技（300735），高管平均年薪分别为 618.20 万元、500 万元和 458.80 万元。

表 10-8 列示了依据无形资产竞争矩阵计算所得的创业板计算机、电子及通信行业排名前 30 的优秀样本企业。

表 10-8 2022 年创业板计算机、通讯及电子行业无形资产竞争力前 30 名

股票代码	股票名称	专利与非专利技术得分	商标得分	资质得分	软件著作权得分	技术标准数量	研发支出占比	员工学历得分	前五名客户占比得分	十大股东持股比例	高管薪酬得分	总分得分
301165	锐捷网络	0.50	0.00	0.00	0.00	0.00	0.66	0.97	0.33	1.00	1.00	4.47
300353	东土科技	0.29	1.00	0.02	0.86	0.07	0.62	0.69	0.22	0.39	0.06	4.24
300672	国科微	0.08	0.00	0.02	0.15	0.00	0.88	0.91	0.93	0.54	0.13	3.65
300433	蓝思科技	0.85	0.00	0.02	0.09	0.00	0.17	0.04	0.84	0.79	0.81	3.61
300327	中颖电子	0.05	0.00	0.00	0.02	0.00	1.00	0.91	0.60	0.46	0.53	3.57
300223	北京君正	0.25	0.16	0.01	0.14	0.00	0.77	0.92	0.48	0.66	0.10	3.50
300458	全志科技	0.14	0.00	0.02	0.11	0.00	0.99	1.00	0.57	0.46	0.18	3.47
300638	广和通	0.06	0.00	0.02	0.09	0.00	0.79	0.97	0.62	0.69	0.21	3.44
300177	中海达	0.19	0.28	0.02	1.00	0.00	0.63	0.67	0.11	0.31	0.21	3.41
300965	恒宇信通	0.00	0.00	0.00	0.00	0.00	0.61	0.85	0.99	0.87	0.09	3.41
300232	洲明科技	1.00	0.00	0.04	0.00	1.00	0.28	0.45	0.09	0.45	0.08	3.38
300661	圣邦股份	0.06	0.20	0.00	0.00	0.00	0.89	0.90	0.46	0.61	0.24	3.37
300782	卓胜微	0.04	0.00	0.01	0.00	0.00	0.75	0.68	0.78	0.64	0.42	3.31
300455	康拓红外	0.00	0.00	0.01	0.00	0.02	0.83	0.90	0.74	0.70	0.10	3.29
300474	景嘉微	0.09	0.00	0.01	0.12	0.00	0.83	0.84	0.66	0.62	0.10	3.26
301308	江波龙	0.19	0.00	0.02	0.08	0.00	0.67	0.81	0.38	0.84	0.13	3.12
300628	亿联网络	0.00	0.00	0.00	0.00	0.00	0.61	0.95	0.35	0.81	0.37	3.09
300762	上海瀚讯	0.01	0.00	0.00	0.11	0.00	0.75	0.84	0.74	0.52	0.10	3.08

续表

股票代码	股票名称	专利与非专利技术得分	商标得分	资质得分	软件著作权得分	技术标准数量	研发支出占比	员工学历得分	前五名客户占比得分	十大股东持股比例	高管薪酬得分	总分得分
300590	移为通信	0.04	0.00	0.01	0.19	0.00	0.71	0.83	0.41	0.65	0.19	3.03
300711	广哈通信	0.03	0.00	0.01	0.12	0.00	0.60	0.77	0.59	0.75	0.15	3.02
300807	天迈科技	0.11	0.00	0.00	0.33	0.21	0.61	0.45	0.49	0.65	0.06	2.92
300414	中光防雷	0.08	0.00	1.00	0.05	0.00	0.27	0.26	0.57	0.57	0.08	2.89
300516	久之洋	0.00	0.00	0.00	0.00	0.00	0.52	0.76	0.67	0.81	0.12	2.88
301330	熵基科技	0.29	0.00	0.03	0.68	0.00	0.36	0.49	0.10	0.83	0.08	2.86
300213	佳讯飞鸿	0.09	0.00	0.02	0.37	0.00	0.64	0.90	0.32	0.30	0.16	2.81
300211	亿通科技	0.03	0.00	0.01	0.06	0.00	0.54	0.43	0.82	0.66	0.23	2.79
300045	华力创通	0.13	0.00	0.02	0.42	0.00	0.70	0.74	0.22	0.45	0.12	2.79
300053	欧比特	0.08	0.14	0.06	0.71	0.00	0.46	0.53	0.27	0.36	0.15	2.76
300077	国民技术	0.61	0.00	0.02	0.08	0.00	0.43	0.48	0.42	0.15	0.57	2.76
300323	华灿光电	0.35	0.07	0.01	0.00	0.00	0.35	0.25	0.47	0.61	0.63	2.74

四、案例分析

依据无形资产竞争力矩阵，本年度蓝皮书选取蓝思科技（300443）作为优秀样本企业进行分析。蓝思科技的专利与非专利技术得分较高，具有一定的竞争优势[①]。

（一）企业简介

蓝思科技股份有限公司（简称"蓝思科技"）是一家以研发、生产、销售高端视窗触控

---

① 案例企业蓝思科技相关信息和数据均来自于企业官网、同花顺财经、东方财富网以及企业年报。

防护玻璃面板、触控模组及视窗触控防护新材料为主营业务的上市公司。

蓝思科技以科技创新为先导、以先进制造为基础，坚持走外向型和技术先进型集团化发展的道路，在全球高端电子消费产品主机配套零部件制造领域，依靠特有的技术创新和产品国际化经营的管理模式创新，凭借持续领先的研发投入，具备了从专用模具开发设计、专用生产设备研制开发、专用产品快速研发和规模生产的能力，工艺、技术、规模一直稳居国际领先地位。

蓝思科技创始人周群飞女士1993年在深圳开始创业，2003年创立蓝思科技，2006年12月在湖南浏阳经开区投资设立了蓝思科技（湖南）有限公司，2011年3月又以之作为主体通过内部资产并购重组后变更设立为蓝思科技股份有限公司，2015年3月18日，蓝思科技在深交所创业板正式挂牌上市。

近年来，蓝思科技紧跟消费电子产品技术升级带来的整机更新热潮，积极跟踪各大品牌对上游技术要求的发展动态，抢先开发和率先投入，进一步延伸产业链，目前蓝思科技的业务已经覆盖视窗防护玻璃，触摸屏单体，触摸屏模组，摄像头，按键，陶瓷，金属配件等。其产品广泛应用于手机、平板电脑、笔记本电脑、数码相机、播放器、GPS导航仪、车载触控、智能穿戴、智能家居等方面，市场前景广阔。

（二）无形资产相关情况分析

1. 优势分析

蓝思科技能够在行业内无形资产方面成为标杆企业，主要原因在于蓝思科技在高管薪酬得分、专利与非专利技术得分、前五名客户销售额占比得分等较高。其中，高管薪酬得分 0.880 8，排在行业第二位；专利与非专利技术共 2 158 项，排在行业第二位。可见，蓝思科技在无形资产竞争能力方面表现较好，使其在计算机、通讯及电子行业无形资产竞争中脱颖而出。

2. 不足分析

由表 10-18 可知，蓝思科技在商标得分和技术标准两项二级指标上略显不足，三项指标的得分均为 0，这也使得蓝思科技在总分上落后锐捷网络等三家企业，并且这几项指标与行业无形资产的规模结构、持续能力和竞争能力有关，值得企业关注。综合来看，相较于其他计算机通信及电子行业上市公司，蓝思科技在资质得分、软件著作权得分和员工学历得分上都相对较低，处于行业的中下游水平。蓝思科技拥有 92 项软件著作权，行业排名为 29 名；员工学历得分为 0.040 5，资质得分 0.019 7，在该行业中排名较靠后。这些都可能成为该企业未来发展的短板。

3. 无形资产优化建议

蓝思科技在无形资产的规模结构方面表现不佳，应当采取措施提高商标、软件著作权和技术标准方面的竞争力。软件著作权、技术标准方面应当考虑加大研发投入和对软件的开发；商标方面应当考虑尽快申请商标，并加大广告投入。此外，蓝思科技在积极弥补不足的同时，还要巩固自身在无形资产在持续能力和竞争能力方面的优势。

（三）其他方面竞争优势分析

根据招股说明书和年报披露信息，蓝思科技除在无形资产质量竞争中具有优势之外，在客户资源、科技创新能力、核心团队、战略和制造水平五个方面也具有一定的竞争优势。

1. 丰富的全球优质客户资源把握行业前瞻布局

蓝思科技多年来在消费电子和新能源汽车行业的深耕细作及口碑，赢得了一批优质、稳定的国际知名品牌客户资源，如：苹果、三星、小米、OPPO、vivo、华为、荣耀、特斯拉、宝马、奔驰、大众、理想、蔚来、比亚迪等。同时，凭借在行业内较高的知名度和良好口碑，公司在不断加深与现有客户合作的同时，也与其他新客户建立了良好的合作关系，进一步丰富公司的客户资源、产品结构。公司坚持以市场需求为导向，与客户共同进行技术创新、产品创新、扩大生产规模，竭力为客户提供满意的产品与服务。公司与客户之间相互信任与支持，使得公司能够把握新的商业机遇与行业趋势，提前布局行业未来，为公司经营稳定和成长起到了至关重要的作用。

2. 领先的科技创新能力与技术水平为客户创造价值

蓝思科技是消费电子行业外观创新变革的引领者，是首次将玻璃屏引入高端智能手机及平板电脑，首次将陶瓷、蓝宝石材料应用到智能手机和智能可穿戴设备，首次将3D玻璃应用到智能手机的企业。消费电子产品视窗与防护玻璃等外观防护零部件的生产具有加工精度高、工艺难度大的特点，公司掌握了视窗及防护玻璃、蓝宝石、精密陶瓷、精密金属等产品生产的核心技术和工艺诀窍，拥有雄厚的技术积淀与制造优势。稳居行业首位的专利数量、优秀的核心研发团队、成熟的技术人才培养机制及持续稳定的研发投入，确保了公司技术优势不断扩大。报告期内，蓝思科技新申请专利112件，其中发明专利37件，实用新型专利73件，外观设计专利2件，新申请软件著作权10件；截至报告期末，蓝思科技已获得专利授权2,158件，其中发明专利371件，实用新型专利1,646件，外观设计专利141件，已获得软件著作权92件，涵盖加工工艺、产品检测、设备开发、新型材料、工业互联网、生产数据化、智慧园区、企业资源管理等多个领域。

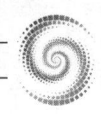

3. 稳定的团队与科学高效的精益管理促进可持续发展

蓝思科技近年来持续完善现有管理体系、优化内部管理机制、深化内部控制、培育和引进相应的管理人才，为公司提升精益生产奠定了坚实基础。蓝思科技核心管理团队和技术团队稳定，拥有多年丰富的行业经验，利用深厚的行业积累、科学的管理方法、人性化的管理模式不断推进管理创新。蓝思科技全面推行由集团管理下的工厂责任制，工厂拥有自主经营管理决策权，从业务、工程研发、品质、生产、供应链等维度上贯通连接，并根据生产运营成本控制情况和相关分配规则进行激励，充分调动团队工作活力和团体管理能力，实现可持续高质量发展。

4. 产业链多领域核心组件驱动垂直整合战略

蓝思科技在玻璃、金属、蓝宝石、陶瓷、触控、指纹识别等产品领域具有领先的技术和地位，通过推动产业链垂直整合，优化效率、良率及成本，可为终端客户提供设计、研发、创新、贴合及组装等一站式产品和服务解决方案。此外，蓝思科技在现有的业务平台基础上，不断开辟新市场，积极布局原辅材料、专用设备、智能制造等上下游产业，培育或投资了蓝思智能、蓝思集成、东莞蓝思、蓝思新材、泰州蓝思、越南蓝思、豪恩声学等多家具有良好成长潜力与核心竞争力的子公司或业务模块，为其持续、健康、快速发展和增长注入新的动力。

5. 领先的智能制造及自动化水平提升快速打样及量产能力

蓝思科技是业内最早研发、制造、大规模应用自动化设备和智能制造工业体系的企业之一，将生产制造与工业互联网、大数据、云计算、人工智能等新技术进行深度融合，大幅提高数据自动化采集和分析水平，提高生产效率和良率，降低生产管理成本。蓝思科技具备强大的专用设备自主研发制造能力，以及工装夹具、模具、辅材自制能力，自主研发的机器设备更好地适配公司生产线布局和工艺技术特点，关键性能、综合效率、自动化程度、能耗和排放等指标均行业领先。蓝思科技根据生产部门需要，自主对老旧设备进行技术升级改造或回收利用，延长设备使用寿命，节省设备投资，成本优势突出。

报告十一

创业板化学、橡胶、塑料行业无形资产研究

本报告基于证监会二级行业分类标准（2012），对化学、橡胶、塑料行业进行典型分析。研究样本包括：截至 2022 年 12 月 31 日，化学、橡胶、塑料行业的创业板上市公司，包括化学原料和化学制品制造业及橡胶和塑料制品业，共计 130 家。

一、行业概况

（一）企业数量变化

截至 2022 年 12 月 31 日，创业板化学、橡胶、塑料行业上市公司共 130 家，约占创业板公司总数量的 10.55%。2022 年 1 月 1 日至 2022 年 12 月 31 日，新增 13 家。该行业企业数量占创业板公司总数的比例近三年保持稳定，均在 10% 左右，2020 年占比为 9.98%，为近三年新低，2021 年及 2022 年均有所上升，如表 11-1 所示。

表 11-1　2018—2022 年化学、橡胶、塑料行业企业数量变化

数量/占比 \ 年份	2018 年	2019 年	2020 年	2021 年	2022 年
行业企业数量（家）	76	80	89	117	130
行业新增企业数量（家）	3	5	9	28	13
创业板企业总数（家）	757	810	892	1 090	1 232
行业企业占比	10.04%	9.88%	9.98%	10.73%	10.55%

（二）行业成本分析

根据对 2021 年和 2022 年年报信息的整理，创业板化学、橡胶、塑料行业企业成本如表 11-2 所示，整体呈上升趋势。其中，营业成本均值的增长幅度最大，达到 19.90%，其次

是应付职工薪酬均值增长 3.13%，管理费用均值增长 1.86%；应付职工薪酬均值负增长，为-1.05%。同 2020 年相比，营业成本、管理费用、应付职工薪酬总额都产生增长，销售费用小幅下降。上述数据表明创业板化学、橡胶、塑料行业经营成本，整体呈上升趋势。

表 11-2　2021 年和 2022 年化学、橡胶、塑料行业成本变动（单位：亿元）

成本构成	2021 年总额	2022 年总额	2021 年均值	2022 年均值	均值同比增长
营业成本	1 597.176	2 127.934	13.651 1	16.368 7	19.90%
销售费用	88.490 0	97.285 5	0.756 3	0.748 3	-1.05%
管理费用	108.907 5	123.272 8	0.930 8	0.948 2	1.86%
应付职工薪酬	32.465 1	37.209 2	0.277 5	0.286 2	3.13%

（三）行业利润分析

1. 整体变化趋势

根据对 2018 年至 2022 年年报信息的整理，化学、橡胶、塑料行业上市公司利润数据如表 11-3 所示。2020 年的利润总额及净利润均出现大幅度增长，平均利润总额增幅高达 45.40%，平均净利润增幅高达 42.06%。2021 年的利润总额及净利润继续保持高增长，平均利润总额同比增长 48.01%，平均净利润同比增长 57.78%。行业总利润和净利润在 2021 年至 2022 年总体呈现下降趋势。2022 年利润总额及净利润总额均出现下降，平均利润总额同比下降 26.91%，平均净利润同比下降 26.32%

表 11-3　2018—2022 年化学、橡胶、塑料行业利润变动（单位：亿元）

指标＼年份	2018 年	2019 年	2020 年	2021 年	2022 年
利润总额	123.536 4	99.865 9	163.580 9	318.289 8	258.469 8
平均利润总额	1.669 4	1.264 1	1.838	2.720 426	1.988 229
平均利润总额同比增长	12.94%	-24.28%	45.40%	48.01%	-26.91%
净利润	104.709 9	81.671 8	130.710 7	271.129 5	221.936 2
平均净利润	1.415	1.033 8	1.468 7	2.317 346	1.707 202
平均净利润同比增长	10.49%	-26.94%	42.06%	57.78%	-26.32%

2. 企业盈亏

如表 11-4 所示，2022 年化学、橡胶、塑料行业有 56.66% 的企业年度利润总额增长率为负数；约 67.50% 的企业利润增长低于 20%，利润总额增长率在 20% 至 100% 区间内的比例为 20.83%，利润增长超过 100% 的企业占比为 11.66%，盈利情况相比去年有所下降。2022 年，该行业利润增长最为突出的是同大股份（300321），其利润总额增长率高达 503.96%，净利润增长率高达 258.89%，远超行业内其他企业。主要是受 2022 下半年国内疫情管控放

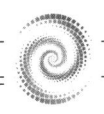

开、国内化工行业景气度较高等因素影响,居民对皮革制品消费需求量上涨,该公司销售收入有较大幅度的提升,使得2022年度业绩增长较大。

2022年,该行业盈利水平下降幅度最大的为科隆股份(300405)。而宝利国际2022年由盈转亏,其利润总额降幅高达-1 991.04%,净利润降幅高达-870.21%,主要是因为该公司主要业务区域受新冠疫情影响,部分客户原计划建设项目受阻致使混凝土外加剂需求大幅下降,致使其净利润较上年同期有明显下降。

表11-4 2022年化学、橡胶、塑料行业利润增长分布情况[①](单位:家)

指标 \ 区间	<0	0~20%	20%~40%	40%~60%	60%~80%	80%~100%	100%以上
利润总额增长率	68	13	8	4	6	7	14
净利润增长率	66	14	9	4	6	7	14

注:行业公司总数为130家,该行业中有120家企业已披露年报及其利润增长情况,故表11-4的统计口径为已披露年报及其利润增长情况的120家公司。

3.利润集中度

就整个行业利润集中程度来看,前6.67%(前8家)的企业累计利润总额约占全行业利润的30%;前15.83%(前19家)的企业累计利润总额占整个行业60%;前33.33%(前40家)的企业累计利润总额占整个行业90%,表明化学、橡胶、塑料行业内的大部分利润由少数企业获得,剩余较小份额的利润则被剩下的大多数企业分享,利润集中程度较高(见表11-5)。

表11-5 2022年化学、橡胶、塑料行业利润集中情况

累计利润比例	累计企业数(家)	累计企业数占整个行业企业比例
达30%	8	6.67%
达40%	11	9.17%
达50%	14	11.67%
达60%	19	15.83%
达70%	24	20.00%
达80%	30	25.00%
达90%	40	33.33%

二、行业无形资产规模

(一)基于招股说明书的无形资产规模

表11-6为基于招股说明书信息的创业板化学、橡胶、塑料行业上市公司无形资产构成

[①] 证券编码301161、301209、301220、301233、301238、301283、301286、301300、301349、301356这10家企业在2022年上市,未公布2021年年报,因此样本企业数量为120家。

情况。

表 11-6　2018—2022 年化学、橡胶、塑料行业无形资产构成情况

年份 行业总值（均值）	2018 年	2019 年	2020 年	2021 年	2022 年
授权专利（项）	1 838（24.18）	2 547（31.84）	3 119（35.04）	5 242（44.80）	6 397（49.06）
非专利技术（项）	503（6.62）	633（7.91）	633（7.11）	2 117（18.09）	2 134（16.41）
著作权（项）	89（1.17）	89（1.11）	109（1.22）	188（1.61）	215（1.65）
持有商标（项）	889（11.70）	1 215（15.19）	1 448（16.27）	4 346（37.15）	4 622（35.55）
技术标准（项）	201（2.64）	261（3.26）	262（2.94）	295（2.52）	367（2.82）
总经理薪（万元）	3 323.92（43.74）	4 166.245（52.08）	4 892.13（54.97）	3 912.7（33.44）	5 288.6（40.68）
前十大股东持股比例合计（%）	5 586.99（73.51）	5 963.92（74.55）	6 644.38（74.66）	7 014.00（59.95）	8 264.43（63.57）
资质（项）	1 951（25.67）	1 906（23.83）	1 951（21.92）	2 725（23.29）	2 957（22.75）

注：均值为化学、橡胶、塑料行业总值/当年该行业企业数。表 11-7 同。

1. 常规无形资产规模变动特征

2018 年至 2022 年，创业板化学、橡胶、塑料行业常规无形资产变动特征如下：

第一，2018 年至 2022 年，行业平均授权专利数量呈稳步上升趋势，2018 与 2017 年基本持平，2019 年、2020 年、2021 年有了较大提升，2022 年平均每家企业持有专利 49.06 项，相比 2021 年上升 9.51%。

第二，2018 年至 2022 年，行业非专利技术数量的均值总体而言呈上升趋势，2018 年均值为 6.62 项/家，2019 年提升至 7.91 项/家。2020 年总数保持不变的同时，均值下降至 7.11 项/家，2021 年总数和均值都有大幅地提升，2022 年总数基本与 2021 年持平，均值为 16.41。

第三，2018 年至 2022 年，化学、橡胶、塑料行业的著作权数量呈现逐渐上升的趋势。2017 年新上市两家企业共披露 50 项版权，使行业著作权平均数量增长近 700%，2018 年这一数量增长至 89 项；2019 年持平，平均每家企业拥有 1.11 项著作权；2020 年著作权上升至 109 项，均值达到 1.22 项/家；2021 年著作权总数上升至 188 项，均值达到 1.61 项/家，2022 年行业披露著作权 215 项，均值与 2021 年基本持平，为 1.65 项/家。

第四，平均持有商标数量在 2018 年至 2022 年整体呈上升趋势。2021 年总数上升至 4 346 项，平均每家企业持有 37.15 项商标，2022 年回落至平均每家企业持有 35.55 项商标。表明行业内新上市公司对于商标的重视程度上升。

2. 非常规无形资产规模变动特征

2018 年至 2022 年，创业板化学、橡胶、塑料行业非常规无形资产变动特征如下：

第一，技术标准均值总体呈波动趋势，2019 年与 2018 年相比由 2.64 项/家上升至

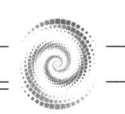

3.26 项/家，有较大幅度上升；2020 年有所下降，至 2.94 项/家；2021 年持续下降，为 2.52 项/家，2022 年回升至 2.82 项/家。

第二，总经理薪酬总值在 2018 年至 2022 年总体呈上升趋势。相较于 2018 年，2019 年总经理薪酬均值上升至 52.08 万元/家，上升幅度为 19.06%；2020 年上升幅度较低，均值为 54.97 万元/家；2021 年大幅下降，为近 5 年的最低值，均值为 33.44 万元/家；2022 年小幅上升至 40.68 万元/家，相较于 2021 年，上升幅度达 21.65%。

第三，前十大股东持股比例在该行业长期保持在 70% 以上，2018 年至 2020 年稳定在 74% 左右，2020 年前十大股东持股比例的平均值为 74.66%。2021 年均值有所下降，为 59.95%，2022 年回升至 63.57%。

第四，资质数量均值自 2017 年上升至 25.32 项/家后，2018 年至 2021 年均稳定在 23 项/家上下。相较于 2017 年，2018 年略微上升至 25.67 项/家，2019 年下降至 23.83 项/家，2020 年均值下降幅度较大，至 21.92 项/家，2021 年又回升至 23.29 项/家，2022 年小幅下降至 22.75 项/家。

（二）基于年报的无形资产规模

表 11-7 为 2018—2022 年化学、橡胶、塑料行业上市公司无形资产构成情况。

表 11-7　2018—2022 年化学、橡胶、塑料行业上市公司无形资产构成情况

年份 行业总值（均值）	2018 年	2019 年	2020 年	2021 年	2022 年
授权专利（项）	4 289（57.96）	6 910（87.47）	10 088（113.35）	10 026（85.69）	13 019（100.15）
非专利技术（项）	5 321（71.91）	0（0）	74（0.83）	56（0.48）	2（0.015）
著作权（项）	896（12.11）	123（1.56）	177（1.99）	294（2.51）	377（2.90）
持有商标（项）	450（6.08）	471（5.96）	973（10.93）	1 171（10.00）	665（5.12）
技术标准（项）	245（3.31）	540（6.84）	803（9.02）	643（5.50）	850（6.54）
前五名客户销售额占比合计（%）	2 254.42（30.47）	2 485.19（31.46）	2 830.71（31.81）	3 866.34（33.05）	4 641.33（35.70）
总经理薪酬（万元）	4 585.53（61.97）	5 779.33（73.16）	7 621.38（85.63）	11 981.16（102.40）	15 208.96（116.99）
独立董事津贴（万元）	476.40（6.44）	1 350.91（17.10）	1 631.77（18.33）	1 800.25（16.98）	2 867.00（22.05）
前十大股东持股比例合计（%）	4 500.18（60.81）	4 463.78（56.50）	2 515.8（28.27）	5 169.4（44.18）	7 517.6（57.83）
技术（研发）人员占比（%）	1 327.96（17.95）	1 404.43（17.78）	1 676.50（18.84）	2 009.39（17.17）	2 272.31（17.48）
资质（项）	281（3.80）	803（10.16）	1 213（13.63）	824（7.04）	3 363（25.87）

1．常规无形资产规模变动特征

2018 年至 2022 年，创业板化学、橡胶、塑料行业常规无形资产变动特征如下：

第一，授权专利的行业均值 2018 至 2022 年大体呈上升趋势，经历 2021 年下降后，

2022年有所回升。2021年为85.69项/家,2022年上升为100.15项/家,相比2021年上升了16.86%,相比2018年授权专利行业均值57.96项/家,2022年增长幅度为72.77%。

第二,非专利技术数量波动明显,2018年国立科技(300716)披露了5 296项产品配方的非专利技术,使该行业的非专利技术拥有量均值暴涨。由于剔除极端值国立股份(300716)具有的5 296项(2018年)、6 894项(2019年)配方,2019年将数据中这一项极端值剔除后调整至平均水平。2020年该行业披露了74项非专利技术,2021年披露了56项非专利技术,2022年披露了2项非专利技术,说明行业开始重视披露非专利技术。

第三,化学、橡胶、塑料行业因其技术特征对软件著作权依赖较小,软件著作权数量大体呈下降趋势,2020年后略有回升趋势。根据年报信息,2018年上升至12.11项/家,2019年降至1.56项/家,2020年达到1.99项/家,2021年达到2.51项/家,2022年继续上升至2.90项/家。

第四,持有商标数量在2018年至2021年呈现明显的上升趋势。从2018年的6.08项/家持续上升至2020年的10.93项/家,2021年行业总值达到1 171项,行业均值为10项/家,相比2020年有轻微下降,下降幅度为8.51%。受商标权到期的影响,2022年有所下降,行业总值为665项,均值为5.12项/家,下降幅度为48.90%。

2. 非常规无形资产规模变动特征

2018年至2022年,创业板化学、橡胶、塑料行业非常规无形资产变动特征如下:

第一,技术标准均值整体呈现上升趋势。2018年平均每家企业的披露数量为3.31项2019年上升至6.84项/家,2020年继续上升至9.02项/家,2021年有轻微下降,为5.50项/家,2022年小幅回升至6.54项/家。说明该行业参与制定技术标准的企业在增加,且企业对技术标准越来越重视。

第二,前五名客户销售额占比均值近年一直稳定在30%左右,2018年为30.47%,2019年为31.46%,2020年为31.81%,2021年为33.05%,2022年为35.70%。处于稳定上升中。

第三,总经理薪酬均值总体呈现上升态势,2018至2022年连续五年上升,其中2018年相较于2017年小幅上升至61.97万元/家,2019年和2020年大幅上升,2020年达到83.63万元/家,2021年继续上升,达到102.40万元/家,2022年大幅上升至116.99万元/家。

第四,独立董事津贴均值在2018年至2022年总体上呈上升趋势,2018年刚超过6万元;2019年至2021年大幅上涨,2020年达到18.33万元/家,2021年有轻微下降,为16.98万元/家,2022年大幅上升至22.05万元/家。说明企业对独立董事的监督作用重视程度日益上升。

第五,前十大股东持股比例均值在2018年和2019年均有波动,但幅度不大,保持在60%左右;2020年为近五年最低值,仅有28.27%,股权集中度大幅分散;2021年回升至44.18%,2022年继续上升至57.83%。

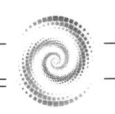

第六，技术研发人员占比均值从 2018 年至 2022 年波动幅度较小，基本维持在 17%-19%，2020 年为 18.84%，为近五年新高。2021 年有轻微回落，是 17.17%，2022 年基本持平，为 17.48%。

第七，近五年该行业的资质数量波动较大。2018 年，资质数量保持在平均每家企业 3 至 4 项之间；2019 年及 2020 年表现相对较好，分别是 10.16 项、13.63 项；2021 年小幅下降，平均每家企业持有资质为 7.04 项，2022 年总值、均值均达到行业新高，分别为 3 363 项、25.87 项/家。

三、基于无形资产竞争矩阵的行业无形资产竞争分析

（一）行业无形资产规模结构分析

2022 年，化学、橡胶、塑料行业专利及非专利技术共计 13 019 项，平均每家企业拥有 100.14 项，鼎龙股份（300054）、海能新科（300072）、纳川股份（300198）、飞凯材料（300398）及安利股份（300218）五家企业共有专利技术 3 159 项，占行业总量的 24.26%。

商标数量共计 665 项，平均每家企业约有 5.11 项，硅宝科技（300019）、安诺其（300067）和新宙邦（300037）三家企业共持有商标 908 项，占行业总量的 72.18%。

资质数量共计 3 363 项，平均每家企业拥有 25.86 项，回天新材（300041）、贝泰妮（300957）、泰和科技（300801）及硅宝科技（300019）四家企业共有资质 543 项，占行业总量的 16.14%。

软件著作权数量共计 377 项，平均每家企业拥有 2.90 项，鼎龙股份（300054）、新开源（300109）以及大禹节水（300021）三家企业共有软件著作权 259 项，占行业总量 68.70%。

（二）行业无形资产持续能力分析

化学、橡胶、塑料行业技术标准数量共计 850 项，行业均值为 6.53 项/家，该项指标排名前三的企业为锦鸡股份（300798）、安利股份（300218）及世名科技（300522），技术标准数量分别为 310 项、50 项和 50 项。

研发支出占比的行业均值为 4.92%，该项指标排名前三的企业为乐凯新材（300446）、鼎龙股份（300054）以及药石科技（300725），研发支出占比分别为 13.99%、13.95%和 12.98%。

员工本科及以上学历占比的行业均值为 20.41%，该项指标排名前三的企业为水羊股份（300740）、大禹节水（300021）和美瑞新材（300848），员工本科及以上学历占比分别为 63%、56%和 55%。

（三）行业无形资产竞争能力分析

化学、橡胶、塑料行业前五名客户占比的行业均值为 36.54%，该项指标排名前三的企业为瑞泰新材（301238）、天振股份（301356）及嘉亨家化（300955），前五名客户占比分别为 90.03%、84.65% 和 80.26%。

前十大股东持股比例的行业均值为 57.82%，该项指标排名前三的企业为争光股份（301092）、侨源股份（301286）及华润材料（301090），前十大股东持股比例分别为 95.14%、91.93% 和 88.46%。

高管薪酬的行业均值为 118.82 万元，该项指标排名前三的企业为瑞丰新材（300910）、泰和科技（300801）及贝泰妮（300957），高管薪酬分别为 1 362.55 万元、689.54 万元和 500.00 万元。

表 11-8 列示了依据无形资产竞争矩阵计算所得的创业板化学、橡胶、塑料行业排名前 30 的优秀样本企业。

表 11-8　2022 年创业板化学、橡胶、塑料行业企业无形资产竞争力排名前 30 名企业

股票代码	股票名称	专利与非专利技术得分	商标得分	资质得分	软件著作权得分	技术标准数量	研发支出占比	员工学历得分	前五名客户占比得分	十大股东持股比例	高管薪酬得分	总分得分
300054	鼎龙股份	1.00	0.00	0.08	1.00	0.00	1.00	0.41	0.22	0.24	0.03	3.97
300037	新宙邦	0.40	1.00	0.20	0.00	0.00	0.50	0.51	0.48	0.23	0.25	3.56
300741	华宝股份	0.31	0.00	0.04	0.00	0.00	0.91	0.51	0.44	1.00	0.15	3.38
300957	贝泰妮	0.17	0.00	1.00	0.55	0.10	0.46	0.15	0.21	0.36	0.37	3.37
301090	华润材料	0.00	2.00	0.06	0.00	0.00	0.02	0.41	0.29	0.04	0.25	3.06
300109	新开源	0.19	0.41	0.17	0.77	0.00	0.46	0.50	0.15	0.25	0.03	2.93
300398	飞凯材料	0.70	0.00	0.21	0.00	0.00	0.54	0.44	0.26	0.43	0.20	2.78
300218	安利股份	0.67	0.00	0.09	0.00	0.16	0.47	0.35	0.30	0.63	0.10	2.76
300021	大禹节水	0.00	0.00	0.06	0.72	0.00	0.24	0.89	0.38	0.35	0.07	2.71

续表

股票代码	股票名称	专利与非专利技术得分	商标得分	资质得分	软件著作权得分	技术标准数量	研发支出占比	员工学历得分	前五名客户占比得分	十大股东持股比例	高管薪酬得分	总分得分
300725	药石科技	0.16	0.00	0.04	0.00	0.00	0.93	0.79	0.31	0.29	0.17	2.69
300019	硅宝科技	0.38	0.58	0.25	0.00	0.00	0.32	0.45	0.15	0.43	0.09	2.66
300530	达志科技	0.00	0.00	0.02	0.00	0.00	0.64	0.57	0.79	0.57	0.06	2.66
300446	乐凯新材	0.07	0.00	0.00	0.00	0.01	1.00	0.67	0.42	0.42	0.03	2.62
300910	瑞丰新材	0.04	0.00	0.06	0.00	0.00	0.31	0.34	0.45	0.39	1.00	2.60
300067	安诺其	0.47	0.88	0.08	0.00	0.00	0.37	0.34	0.20	0.18	0.04	2.57
300072	海新能科	0.91	0.00	0.19	0.00	0.00	0.17	0.37	0.38	0.52	0.00	2.55
300568	星源材质	0.30	0.00	0.02	0.00	0.00	0.72	0.34	0.75	0.25	0.13	2.52
300200	高盟新材	0.25	0.14	0.06	0.00	0.00	0.48	0.62	0.32	0.52	0.11	2.50
300798	锦鸡股份	0.04	0.00	0.10	0.00	1.00	0.26	0.21	0.29	0.56	0.02	2.48
301003	江苏博云	0.03	0.00	0.01	0.00	0.00	0.44	0.61	0.78	0.47	0.07	2.42
300285	国瓷材料	0.57	0.00	0.16	0.00	0.05	0.62	0.35	0.18	0.42	0.07	2.42
300796	贝斯美	0.07	0.00	0.05	0.00	0.00	0.47	0.47	0.67	0.60	0.04	2.35
300684	中石科技	0.27	0.00	0.04	0.00	0.00	0.51	0.54	0.75	0.23	0.00	2.33
300198	纳川股份	0.75	0.00	0.08	0.11	0.00	0.29	0.40	0.28	0.37	0.02	2.30
300522	世名科技	0.13	0.00	0.06	0.00	0.16	0.67	0.55	0.30	0.33	0.09	2.29
300806	斯迪克	0.58	0.00	0.10	0.00	0.02	0.53	0.43	0.37	0.18	0.05	2.26
300758	七彩化学	0.11	0.00	0.11	0.00	0.00	0.54	0.66	0.29	0.46	0.07	2.25

续表

股票代码	股票名称	专利与非专利技术得分	商标得分	资质得分	软件著作权得分	技术标准数量	研发支出占比	员工学历得分	前五名客户占比得分	十大股东持股比例	高管薪酬得分	总分得分
300767	震安科技	0.00	0.00	0.02	0.00	0.16	0.28	0.76	0.49	0.46	0.04	2.21
300801	泰和科技	0.22	0.00	0.24	0.00	0.13	0.23	0.40	0.20	0.28	0.51	2.19
300236	上海新阳	0.00	0.00	0.06	0.00	0.00	0.82	0.54	0.32	0.38	0.06	2.17

四、案例分析

本年度蓝皮书选取创业板化学、橡胶和塑料行业无形资产竞争力得分排名第一的鼎龙股份（300054）作为优秀样本企业进行分析[①]。

（一）企业简介

鼎龙股份全称为湖北鼎龙控股股份有限公司，创立于2000年，2010年在创业板上市，股票代码是300054。鼎龙股份是一家从事集成电路芯片设计及制程工艺材料、光电显示材料、打印复印通用耗材等研发、生产及服务的国家高新技术企业、国家技术创新示范企业、国家知识产权示范企业、工信部制造业单项冠军。总部位于武汉经济技术开发区，旗下拥有20多家全资及参控股子公司，发展成为武汉本部、长三角、珠三角等三地区产业布局的企业集团，总股本近10亿元，净资产42.14亿，总资产56.20亿元，年平均市值200亿。

鼎龙股份一直秉承"实业为虎、资本为翼"的发展理念，依托科技创新和产业整合，已形成光电半导体材料、打印复印通用耗材全产业链两大板块的产业布局。始终坚持"面向国际高端、坚持科技创新、争创行业一流"的技术发展战略，依托国家企业技术中心、博士后科研工作站、湖北省光电半导体材料工程技术中心等创新平台，以及包括5名享受国务院及武汉市政府津贴专家、50余名海内外博士、200余名硕士在内的近500名创新人才团队。

鼎龙股份在国际高端细分领域相继开发出集成电路CMP用抛光垫及清洗液、柔性OLED用聚酰亚胺(PI)浆料、彩色聚合碳粉、Asic/Soc芯片、磁性载体、充电辊/显影辊、胶

---

① 案例企业鼎龙股份相关信息和数据均来自于企业官网、同花顺财经、东方财富网以及企业年报。

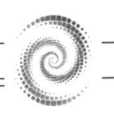

件、通用硒鼓、通用墨盒等 100 多种高新技术产品，拥有 784 项国内外专利，2021 年牵头制订了 8 项国家行业标准，先后承担了国家 863 计划及国家 02 专项等国家重大科技项目，并荣获国家信息产业重大技术发明奖。鼎龙股份掌握了产业链上游关键材料及配件的核心制备技术，通过国际先进的 CMP 应用评价实验室、PI 浆料涂布成膜实验室为研发提供支撑，并为客户实现产品定制化，具备多年与全球 500 强公司合作能力，为全球高技术跨国企业做供应链配套和服务。

（二）无形资产相关情况分析

1. 优势分析

鼎龙股份之所以能够在行业内成为无形资产领域的标杆企业，主要原因在于其专利与非专利技术、软件著作权、研发支出占比较为靠前。其中，授权专利 784 项，居行业第 1 位；软件著作权 104 项，居行业第 1 位；研发支出占比居于行业第 1 位。总体来看，鼎龙股份在无形资产竞争能力方面、无形资产规模结构方面都有亮点，使其在创业板化学、橡胶、塑料行业无形资产竞争中脱颖而出。

2. 不足分析

鼎龙股份在技术标准、前五名客户销售额占比以及前十大股东持股比例、总经理薪酬这四项二级指标上略显不足。技术标准为 0 项；前五名客户销售额占比仅为 19.71%，居行业第 105 位；前十大股东持股比例仅为 20.92%，居行业第 69 位；总经理薪酬仅为 34.27 万元，居行业第 120 位。以上指标不及行业平均水平，这几项指标与行业无形资产的持续发展能力有关，值得企业重点关注。

综合来看，相较于其他化学、橡胶、塑料行业上市公司，鼎龙股份对员工学历的重视程度也要加强。需要指出的是，以上数据多摘自企业年报，其披露数量并不一定指企业存量，也可能是当年增量，但至少反映了其与同行业企业的比较情况。

3. 无形资产优化建议

鼎龙股份虽然在整个行业的无形资产得分上位居前列，但是企业的无形资产分布也存在着明显的问题，针对这些问题提出以下建议：

第一，制定规范的技术标准。鼎龙股份作为化学、橡胶和塑料行业企业，应当积极参与制定相应的技术标准。技术标准的制定有利于降低企业生产的成本，提高企业的生产效率，有利于提高企业的竞争力。

第二，关注公司前五大客户销售情况。对上市公司来说，公司大客户非常重要，稳定的客户关系将有助于企业不断扩大规模，提高企业的竞争力，进而在行业中保持领先地位。反之，如果公司前五大客户销售情况出现大幅下降，很可能导致资本市场上市公司股价的波动，进而对公司的市场价值产生影响。

（三）其他方面竞争优势分析

根据年报披露信息，鼎龙股份除在无形资产规模及无形资产竞争能力中具有优势之外，在知识产权布局、技术人才储备、产业链布局、管理理念方面也具有一定的竞争优势，这也是其在专利与非专利技术、商标等知识产权类无形资产表现较好的原因。

1. 完善的知识产权布局优势

鼎龙股份坚持材料技术的进步与知识产权建设同步，拥有完善的知识产权布局。截至 2022 年 12 月 31 日，鼎龙股份拥有已获得授权的专利 784 项，其中拥有外观设计专利 69 项、实用新型专利 439 项、发明专利 276 项，拥有软件著作权与集成电路布图设计 104 项。

商标方面，鼎龙股份拥有多个业内知名品牌，注重商标保护。鼎龙股份拥有注册商标 30 项，柔显科技拥有注册商标 46 项，旗捷科技及其下属子公司共有 78 项注册商标，北海绩迅及其下属公司共有 31 项注册商标，珠海天硌及其下属公司共有 3 项注册商标，鼎龙（宁波）新材料拥有 2 项注册商标，珠海名图及其下属公司共有 36 项注册商标，超俊科技及其下属公司共有 4 项注册商标。

2. 技术人才储备优势

鼎龙股份坚持材料技术创新与人才团队培养同步，已建立稳定的核心技术人才团队，培养并储备了一批既懂材料又懂应用的专业人才团队。其也在积极扩充技术人才团队，近三年研发人员的数量及占比逐年增长，现已占公司总人数的 25%以上。该公司拥有高效的"老带新"成长环境、完善的人才培养机制和专业化的研发平台，能充分发挥公司技术人才的研发能力。

3. 产业链布局优势

在打印复印通用耗材产业，鼎龙股份完成了从上游耗材核心原材料到耗材终端成品的全产业链布局，上游环节向下游环节输送产品或服务，下游环节向上游环节反馈信息，上下游产业联动，支持公司在耗材产业领域的竞争优势。

在半导体制程工艺材料业务板块，鼎龙股份围绕 CMP 环节四大核心耗材，以成熟产品 CMP 抛光垫为切入口，推动 CMP 抛光液、清洗液产品的横向布局。在客户端，各种 CMP 耗材相互适配，满足客户对稳定性的要求；在公司端，充分利用研发、市场资源，提高业

务运营效率。

4．切实有效的创新理念优势

鼎龙股份一直坚持"四个同步"：一是坚持材料技术创新与人才团队培养同步；二是坚持材料技术的进步与知识产权建设同步；三是坚持材料技术创新与上游原材料的国产化培养同步；四是坚持材料技术创新与用户验证工艺发展同步。"四个同步"的先进理念为该公司每一款新材料产品在初期研发、客户端验证、产业化生产，以及销售过程中的产权风险防范和产权保护等各个阶段保驾护航，让其更好更快地推动新材料产品的布局进程。

报告十二

创业板医药制造行业无形资产研究

本报告基于证监会二级行业分类标准（2012），对医药制造行业进行典型分析。研究样本包括：截至2022年12月31日，医药制造行业的创业板上市公司，共计72家。

一、行业概况

（一）企业数量变化

截至2022年12月31日，创业板医药制造行业上市公司共72家，约占创业板公司总数的5.84%。2021年12月31日至2022年12月31日，新增7家。该行业企业数量占创业板公司总数的比例近五年处于小幅下降趋势中，自2018年7.13%下降至2022年5.84%。其中，2022年医药制造行业企业占创业板上市公司总数的比重最低，仅为5.84%，如表12-1所示。

表12-1 2018—2022年医药制造行业企业数量变化

年份 数量/占比	2018年	2019年	2020年	2021年	2022年
行业企业数量（家）	54	55	58	65	72
行业新增企业数量（家）	0	1	3	7	7
创业板企业总数（家）	757	810	892	1 089	1 232
行业企业占比	7.13%	6.79%	6.50%	5.97%	5.84%

（二）行业成本分析

根据对2021年和2022年年报信息的整理，医药制造行业企业成本如表12-2所示。行

业成本均呈上升趋势，其中，营业成本最大，同比增加 31.79%；应付职工薪酬均值次之，同比增加 23.53%；管理费用以 7.73%的同比增长紧随其后；销售费用均值同比增幅最低，为 0.39%。数据表明，创业板医药制造行业由于营业成本攀升、人力成本提高、费用增加等原因，总体成本面临持续增长的压力，成本管理仍成为医药制造行业的长期主题。

表 12-2　2021 年和 2022 年医药制造行业成本变动（单位：亿元）

成本构成	2021 年总额	2022 年总额	2020 年均值	2021 年均值	均值同比增长
营业成本	583.905 7	769.526 1	8.109 8	10.687 9	31.79%
销售费用	294.329 5	295.469 2	4.087 9	4.103 7	0.39%
管理费用	91.386 3	98.451 8	1.269 3	1.367 4	7.73%
应付职工薪酬	27.820 9	34.368 5	0.386 4	0.477 3	23.53%

（三）行业利润分析

1. 整体变化趋势

根据对 2018 年至 2022 年年报信息的整理，医药制造行业上市公司利润数据如表 12-3 所示。行业利润总额从 2018 年的 112.134 3 亿元增长到 2022 年的 265.292 9 亿元，增长 136.58%；净利润从 2018 年的 91.526 3 亿元增长到 2022 年的 229.764 7 亿元，增长 151.04%。分年度来看，不论是平均利润总额还是平均净利润，2018 年小幅增长后，于 2019 年出现较大幅度负增长，平均利润总额增长率和平均净利润增长率分别为-14.34%和-17.59%，均为近五年最低值；2020 年和 2021 年呈显著增长趋势，其中 2021 年平均利润总额增长率和平均净利润增长率分别为 63.78%和 67.07%，均为近五年最高值；2022 年平均利润总额和平均净利润再次出现大幅度负增长，平均利润总额增长率和平均净利润增长率分别为-12.24%和-10.18%。从整体上来看，近两年医药制造业盈利水平增势强劲。

表 12-3　2018—2022 年医药制造行业利润变动（单位：亿元）

指标＼年份	2018 年	2019 年	2020 年	2021 年	2022 年
利润总额	112.134 3	96.062 6	159.159 2	292.126 3	265.292 9
平均利润总额	2.076 6	1.778 9	2.744 1	4.494 3	3.684 6
平均利润总额同比增长	11.30%	-14.34%	54.26%	63.78%	-12.24%
净利润	91.526 3	75.429	131.865 7	246.887 6	229.764 7
平均净利润	1.694 9	1.396 8	2.273 5	3.798 3	3.191 2
平均净利润同比增长	8.88%	-17.59%	62.77%	67.07%	-10.18%

2. 企业盈亏

就单个企业利润增长情况来看，该行业有 42 家企业年度利润总额增长率为负，占比

58.33%；有 39 家企业年度净利润总额增长率为负，占比 54.17%。与此同时，利润增长超过 100%的企业数量为 8 家，占比为 11.11%。可见各个企业之间发展状况有较大差异，利润增长分布较为发散，呈现两端多中间少的现象，表明多数企业发展并不稳定（见表 12-4）。

就具体企业来看，2022 年利润增长最为突出的企业为拓新药业（301089）。拓新药业是集生物发酵、化学合成核苷系列医药中间体及核苷系列原料药生产和销售为一体的中外合资企业，是中国实力较强的核苷和核苷酸类药物研制、生产基地之一。拓新药业 2021 年利润总额为 780.41 万元，净利润为 657.11 万元。2022 年拓新药业利润总额达到 3 252.70 万元，增长 316.79%；净利润达到 2 865.35 万元，增长 336.05%。其业绩大幅增长主要是因为主营业务向好，抗病毒类产品及业务实现较快增长，带动公司整体利润增长。

2022 年出现巨大亏损的是翰宇药业（300199），2021 年利润总额为 336.80 万元，2022 年由盈转亏，骤降至-3 728.13 万元，降幅达 1 196.27%；2021 年净利润为 284.36 万元，而 2022 年为-3 725.48 万元，降幅高达 1 410.13%。翰宇药业是专业从事多肽药物研、产、销一体的国家技术企业，主要产品包括多肽原料药、客户定制肽、美容肽、多肽制剂药品、固体制剂药品、医疗器械和多肽护肤品等多个系列。根据深交所问询结果，亏损一是受市场波动影响；二是公司原料药生产正在由深圳南山向武汉子公司加快转移，短时期内武汉原料药生产基地和总部原料药生产基地共存，功能重复以致折旧摊销和管理费用上升，从而产品成本上升明显。随着订单的陆续增加，原料药销售收入将会不断提升，同时随着原料药从深圳南山到武汉子公司转移完成，成本也将会得到改善。

表 12-4 2022 年医药制造行业利润增长分布情况（单位：家）

指标＼区间	<0	0~20%	20%~40%	40%~60%	60%~80%	80%~100%	100%以上
利润总额增长率	43	8	7	4	1	0	9
净利润增长率	40	10	7	5	0	1	9

注：行业公司总数为 72 家，该行业中有 72 家企业已披露年报及其利润增长情况，故表 12-4 的统计口径为已披露年报及其利润增长情况的 72 家公司。

3. 利润集中度

就整个行业利润集中程度来看，前 1 家企业利润占整个行业的 68.35%，企业数占该行业比重为 1.39%；前 2 家企业利润占整个行业的 74.54%，企业数占该行业比重为 2.78%；前 5 家企业利润占整个行业的 90%，企业数占该行业比重为 6.94%，表明创业板医药制造行业利润集中度非常高。受智飞生物（300122）在疫情期间疫苗研发及销售的影响，迈克生物（300463）在临床体外诊断产品研发、生产的持续聚焦发力，整个医药制造行业的利润集中情况产生较大变化，这也从一定程度上反映出该行业中下层市场竞争较为激烈（见表 12-5）。

表 12-5　2022 年医药制造行业利润集中情况

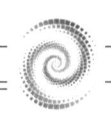

累计利润比例	累计企业数（家）	累计企业数占整个行业企业比例
达 30%	1	1.39%
达 40%	1	1.39%
达 50%	1	1.39%
达 60%	1	1.39%
达 70%	2	2.78%
达 80%	3	4.17%
达 90%	5	6.94%

二、行业无形资产规模

（一）基于招股说明书的无形资产规模

表 12-6 为基于招股说明书信息的创业板医药制造行业上市公司无形资产构成情况。

表 12-6　基于招股说明书的 2018—2022 年医药制造行业无形资产构成情况

年份 行业总值（均值）	2018 年	2019 年	2020 年	2021 年	2022 年
授权专利（项）	905（16.76）	1 077（19.58）	1 321（22.78）	1 534（23.60）	1 791（24.88）
非专利技术（项）	287（5.32）	394（7.16）	394（6.79）	394（6.06）	403（5.60）
著作权（项）	33（0.61）	46（0.84）	52（0.90）	72（1.11）	73（1.01）
持有商标（项）	1 557（28.83）	1 690（30.73）	2 260（38.97）	2 412（37.11）	2 501（34.74）
技术标准（项）	54（1）	44（0.84）	44（0.76）	68（1.05）	74（1.03）
总经理薪（万元）	2 652（49.11）	2 927（53.22）	5 323（91.77）	5 665（87.15）	6 182（85.86）
前十大股东持股比例合计（%）	4 096（75.85）	4 223（76.73）	4 421（76.23）	4 678（71.96）	4 689（65.13）
资质（项）	2 603（48.20）	2 763（50.24）	2 783（47.98）	2 938（45.2）	3 155（43.82）

注：均值为行业总值/当年医药制造行业企业数。表 12-7 同。

1．常规无形资产规模变动特征

2018 年至 2022 年，创业板医药制造行业常规无形资产变动特征如下：

第一，授权专利数量平均数在近五年呈上升趋势，新上市企业边际专利值符合行业平均情况，2022 年达到 24.88 项/家。总体看来，该行业对领域内技术的依赖性逐年增强，企业对专利的重视程度也有所增加。

第二，非专利技术的行业均值呈现出先上升后下降的趋势，在 2019 年升至 7.16 项/家，达到近五年最高值 2022 年下降至 5.60 项/家，表明行业中的企业对非专利技术的注重

程度有待加强。

第三，著作权的行业均值呈现出稳步上升的趋势，由 2018 年 0.61 项/家，增至 2021 年 1.11 项/家，2022 年相比 2021 年总数略微增加，均值下降至 1.01 项/家，表明行业越来越重视对著作权的保护。

第四，2018 年商标披露数量的行业均值为 28.83 项/家，2019 年有所上升，达到 30.73 项/家；2020 年大幅上升，升至 38.97 项/家；2022 年均值逐渐下降至 34.74 项/家，表明行业内上市公司持有商标的数量较多，注重对商标的保护。

2. 非常规无形资产规模变动特征

2018 年至 2022 年，创业板医药制造行业非常规无形资产变动特征如下：

第一，技术标准的行业均值呈现出先下降后上升的趋势，2018 年到 2019 年由 1 项/家下降至 0.84 项/家，2020 年相比 2019 年总数维持不变，均值下降至 0.76 项/家，2021 年上升至 1.05 项/家，2022 年与 2021 年基本持平，为 1.03 项/家。总体来看，医药制造业技术标准的行业均值波动幅度较小。

第二，总经理薪酬均值从 2018 年至 2019 年保持稳中有升趋势；2020 年迎来大规模增长，达到 91.77 万元/家，涨幅高达 72.44%；2021 年均值出现小幅下降，但仍维持在 87.15 万元/家的水平，2022 年与 2021 年基本持平，为 85.86 万元/家。总体来看，2018 年至 2021 年行业总经理薪酬均值增速较快，表明近年来医药制造业逐步注重对高管的薪酬激励。

第三，前十大股东持股比例稍有下降，2018 年至 2020 年均维持在 76% 左右，2021 年下降至 71.96%，2022 年进一步下降至 65.13%。总体来看，股权集中度仍相对较高，一方面说明该行业企业的经营控制较为稳定，另一方面也说明该行业公司的股东较为看好企业未来发展趋势。

第四，资质数量的行业均值呈现出倒"U"型趋势，2018 年至 2019 年从 48.20 项/家增长至 50.24 项/家，随后逐年下降至 2022 年的 43.82 项/家。由于行业受到较强的监管以及产品较为特殊，该行业企业的资质主要是以 GMP 认证和药品注册批件为代表的准入类资质。

（二）基于年报的无形资产规模

表 12-7 为基于年报信息的创业板医药制造行业上市公司无形资产构成情况。

表 12-7　基于年报信息的 2018—2022 年医药制造行业无形资产构成情况

行业总值（均值） 年份	2018 年	2019 年	2020 年	2021 年	2022 年
授权专利（项）	1 688（31.26）	2 682（50）	3 309（57.05）	3 677（56.57）	4 327（60.10）
非专利技术（项）	51（0.94）	0（0）	4（0.07）	29（0.45）	4（0.056）
著作权（项）	65（1.20）	80（1.48）	126（2.17）	221（3.4）	258（3.58）

续表

行业总值（均值） 年份	2018 年	2019 年	2020 年	2021 年	2022 年
持有商标（项）	1 502（27.81）	1 304（24.15）	1 576（27.17）	1 215（18.69）	1 460（20.28）
技术标准（项）	17（0.31）	9（0.17）	14（0.24）	367（5.65）	275（3.82）
前五名客户销售额占比合计（%）	1 212（22.44）	1 155（21.39）	1 238（21.35）	1 693（26.05）	1 972（27.38）
总经理薪酬（万元）	3 838（71.08）	4 802（88.93）	7 072（121.93）	7 947（122.27）	8 807（122.32）
独立董事津贴（万元）	1 201（22.24）	1 067（19.75）	1 158（19.96）	1 166（17.93）	1 728（24.00）
前十大股东持股比例合计（%）	3 336（61.78）	3 146（58.25）	1 668（28.76）	3 181（48.94）	3 919（54.43）
技术（研发）人员占比合计（%）	1 175（21.76）	1 217（22.54）	1 194（20.58）	1 343（20.68）	1 593（22.13）
资质（项）	274（5.07）	790（14.63）	751（12.95）	565（8.69）	5 810[①]（80.69）

1. 常规无形资产规模变动特征

2018 年至 2022 年，创业板医药制造行业常规无形资产变动特征如下：

第一，近五年行业平均授权专利呈现出波动上升的特征，整体上来看，行业平均授权专利数量从 2018 年的 31.26 项/家增长到 2022 年的 60.10 项/家，涨幅达 92.26%。

第二，近五年非专利技术变化幅度较大。2018 年行业非专利技术为 51 项，为近五年的最高值；2019 年未明确披露非专利技术；2020 年仅披露 4 项非专利技术；2021 年增长至 29 项，2022 年再次下降至 4 项。总体上来看，行业均值波动较为明显。

第三，近五年著作权整体呈现增长趋势。尽管整体上来看行业均值有所增加，但仍处于较低水平。分年度来看，2022 年总量达到最大，共拥有 258 项著作权，均值为 3.58 项/家。

第四，2018 年至 2022 年持有商标数量略有波动，2018 年至 2020 年基本维持在 27 项/家左右，2021 年下降至 18.69 项/家，为近五年最低值，2022 年上升至 20.28 项/家。整体来看，商标均值出现下滑趋势。

2. 非常规无形资产规模变动特征

2018 年至 2021 年，创业板医药制造行业非常规无形资产变动特征如下：

第一，近几年创业板医药行业拥有技术标准整体呈现增长趋势。分阶段来看，2018 年至 2020 年在 0.17～0.31 项/家范围内小幅波动；2021 年行业披露总量剧增至 367 项，均值增长至 5.65 项/家，2022 年均值下降至 3.82 项/家。表明行业内企业对技术标准的重视逐步提高，技术标准规模在持续扩大，但仍未有大量上市公司进行列示或披露。

第二，前五名客户销售额占比在 2018 年至 2020 年行业均值由 22.44%下降至 21.35%，2021 年上涨至 26.05%，2022 年继续上升至 27.38%，表明行业企业对前五大客户的依赖近

---

① 九强生物（300406）、美康生物（300439）、迈克生物（300463）、万孚生物（300482）、透景生命（300642）、新产业（300832）、易瑞生物（300942）七家企业于 2022 年年报记录资质共达 4142 项，其中 3573 项（86.3%）为准入类资质，其中美康生物（300439）记录资质共达 1240 项，其中 860 项（69.4%）为准入类资质。

两年有所上升。

第三，总经理薪酬 2018 年至 2022 年总体呈上升趋势，2018 年至 2020 年行业均值由 71.08 万元上升至 121.93 万元；2021—2022 年基本稳定在 122 年左右，2022 年行业均值为 122.32 万元。

第四，近五年独立董事津贴总体上呈现小幅波动趋势，2018 年行业均值为 22.24 万元，是近五年行业最大值；2019 年回落至 19.75 万元；2020 年基本持平；2021 年回落至 17.93 万元，为近五年行业最小值；2022 年再次上升，行业均值为 24.00 万元。

第五，前十大股东持股比例在 2018 年至 2020 年呈现下滑趋势，从 2018 年的 61.78% 下降至 2020 年的 28.76%，下降幅度达 54.54%，行业均值达到近五年最低水平；2021 年回升至 48.94%，2022 年行业均值继续上升，达到 54.43%，表明股权集中度趋于逐年分散后又于 2021 年开始有所集中。

第六，研发人员占比相对稳定，2018 年至 2022 年维持在 21% 上下小幅波动。医药职业行业内研发人员占比相对于软件、信息技术服务业等高科技行业（研发人员占比超过 50%），仍处于较低水平。医药制造行业的研发人员规模相对较小，并未完全体现出技术密集型的产业特征。

第七，行业内资质数量波动较大，总体呈现上升趋势。整体上来看，资质数量从 2018 年平均 5.07 项/家上升至 2019 年的 12.95 项/家；2019 年回落至 8.69 项/家；2022 年大幅上升至 80.69 项/家，上升幅度达 828.54%，主要是因为九强生物（300406）、美康生物（300439）等于 2022 年年报中明确披露了自身资质数量。与招股说明书类似，年报中披露的资质也多为 GMP 认证和药品注册批件等准入类资质。

三、基于无形资产竞争矩阵的行业无形资产竞争分析

（一）行业无形资产规模结构分析

2022 年，医药制造行业授权专利共计 4 327 项，平均每家企业有 60.10 项，迈克生物（300463）、华仁药业（300110）和万孚生物（300482）三家企业获得授权专利共计 1 454 项，约占行业总量的 33.60%。

商标数量共计 1 460 项，平均每家企业约有 20.28 项，舒泰神（3001204）、康芝药业（300086）、九典制药（300705）三家企业共有商标 1 046 项，占行业总量的 71.64%。

资质数量共计 5 810 项，平均每家企业拥有 80.69 项，美康生物（300439）、万孚生物（300482）、九强生物（300406）三家企业共有资质 2 500 项，占行业总量的 43.03%。

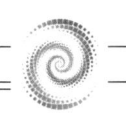

（二）行业无形资产持续能力分析

医药制造行业研发费用占比的行业均值为9.04%，该项指标排名前三的企业为舒泰神（300204）、广生堂（300436）和贝达药业（300558），研发费用占比分别为66.09%、48.08%和29.45%。

技术标准的行业均值为3.82项/家，该项指标排名前三的企业为红日药业（300026）、易瑞生物（300942）和美康生物（300439），技术标准数量分别为160项、40项和40项。

员工本科及以上学历占比的行业均值为36.90%，该项指标排名前三的企业为新产业（300832）、贝达药业（300558）和透景生命（300642），员工本科及以上学历占比分别为68.52%、67.47%和67.18%。

（三）行业无形资产竞争能力分析

医药制造行业前五名客户占比的行业均值为27.38%，该项指标排名前三的企业为博腾股份（300363）、新天地（301277）以及易瑞生物（300942），前五名客户的占比分别为77.90%、64.20%和61.70%。

前十大股东持股比例的行业均值为54.43%，该项指标排名前三的企业为赛托生物（300583）、艾德生物（300685）和我武生物（300357），前十大股东持股比例分别为65.82%、60.50%和58.94%。

高管平均年薪的行业均值为127.64万元，该项指标排名前三的企业为凯普生物（300639）、新产业（300832）和博腾股份（300363），高管平均年薪分别为610.93万元、427.76万元和352.41万元。

表12-8列示了依据无形资产竞争矩阵计算所得的创业板医药制造行业全部样本企业的相关信息。

表12-8 2022年创业板医药制造行业无形资产竞争力样本企业一览

股票代码	股票名称	专利技术得分	商标得分	资质得分	研发费用占比得分	技术标准得分	员工学历得分	前五名客户占比得分	十大股东持股比例得分	高管平均年薪得分	总分
300204	舒泰神	0.20	1.00	0.01	0.93	0.00	0.93	0.25	0.79	0.28	4.39
300463	迈克生物	1.07	0.00	0.43	0.78	0.00	0.90	0.18	0.38	0.21	3.95
300639	凯普生物	0.20	0.00	0.14	0.76	0.01	0.63	0.41	0.76	1.00	3.90
300832	新产业	0.61	0.00	0.32	1.00	0.00	1.00	0.12	0.15	0.70	3.90
300558	贝达药业	0.00	0.00	0.01	0.77	0.00	0.98	0.75	0.82	0.48	3.82
300482	万孚生物	0.82	0.00	0.51	0.37	0.00	0.77	0.56	0.37	0.42	3.82

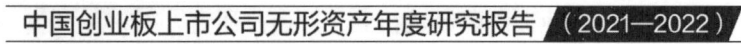

续表

股票代码	股票名称	专利技术得分	商标得分	资质得分	研发费用占比得分	技术标准得分	员工学历得分	前五名客户占比得分	十大股东持股比例得分	高管平均年薪得分	总分
300363	博腾股份	0.16	0.00	0.02	0.41	0.00	0.86	1.00	0.68	0.58	3.72
300705	九典制药	0.23	0.72	0.10	0.90	0.00	0.66	0.50	0.37	0.21	3.68
300357	我武生物	0.00	0.00	0.01	0.98	0.00	0.76	0.58	0.90	0.13	3.35
300199	翰宇药业	0.53	0.70	0.02	0.77	0.00	0.77	0.24	0.24	0.00	3.28
300026	红日药业	0.00	0.00	0.05	0.54	1.00	0.54	0.15	0.56	0.43	3.27
300942	易瑞生物	0.00	0.00	0.29	0.77	0.25	0.77	0.79	0.14	0.08	3.09
300406	九强生物	0.00	0.00	0.51	0.76	0.00	0.78	0.26	0.37	0.40	3.09
300439	美康生物	0.00	0.00	1.00	0.41	0.25	0.68	0.18	0.33	0.13	2.98
300642	透景生命	0.12	0.00	0.28	0.23	0.00	0.98	0.37	0.62	0.30	2.91
300110	华仁药业	1.00	0.00	0.03	0.24	0.00	0.24	0.17	0.68	0.51	2.86
300436	广生堂	0.00	0.00	0.01	0.86	0.00	0.65	0.58	0.53	0.20	2.83
300630	普利制药	0.18	0.00	0.05	0.73	0.00	0.98	0.42	0.33	0.13	2.81
300434	金石亚药	0.00	0.00	0.01	0.98	0.00	0.37	0.40	0.68	0.33	2.77
300723	一品红	0.24	0.00	0.01	0.75	0.00	0.75	0.66	0.19	0.11	2.72
300119	瑞普生物	0.48	0.00	0.06	0.62	0.00	0.62	0.18	0.48	0.19	2.62
300636	同和药业	0.03	0.00	0.01	0.98	0.00	0.41	0.49	0.52	0.14	2.58
300683	海特生物	0.00	0.00	0.01	0.62	0.00	0.85	0.26	0.70	0.10	2.55
300294	博雅生物	0.00	0.00	0.01	0.67	0.00	0.67	0.13	0.64	0.41	2.53
300086	康芝药业	0.05	0.85	0.04	0.46	0.00	0.46	0.14	0.48	0.05	2.53
300255	常山药业	0.00	0.00	0.01	0.69	0.00	0.69	0.16	0.80	0.16	2.52
300381	溢多利	0.33	0.00	0.01	0.63	0.10	0.41	0.23	0.63	0.15	2.49
300534	陇神戎发	0.00	0.00	0.01	0.90	0.00	0.73	0.16	0.61	0.07	2.47
300016	北陆药业	0.00	0.00	0.02	0.62	0.00	0.62	0.25	0.57	0.28	2.36
300601	康泰生物	0.00	0.00	0.01	0.36	0.00	0.90	0.08	0.46	0.55	2.35
300142	沃森生物	0.15	0.00	0.01	0.66	0.00	0.66	0.09	0.29	0.47	2.33
300289	利德曼	0.18	0.00	0.01	0.75	0.01	0.75	0.16	0.46	0.00	2.32
300573	兴齐眼药	0.07	0.00	0.01	0.54	0.00	0.76	0.25	0.36	0.27	2.27
300009	安科生物	0.00	0.00	0.03	0.68	0.00	0.68	0.15	0.23	0.39	2.17
300158	振东制药	0.00	0.00	0.02	0.44	0.00	0.44	0.47	0.63	0.11	2.11
300702	天宇股份	0.00	0.00	0.00	0.66	0.00	0.30	0.53	0.39	0.22	2.09
300583	赛托生物	0.14	0.00	0.01	0.24	0.00	0.23	0.39	1.00	0.06	2.06
300685	艾德生物	0.11	0.00	0.04	0.30	0.00	0.32	0.17	0.92	0.11	1.98
301089	拓新药业	0.00	0.00	0.01	0.23	0.00	0.23	0.77	0.49	0.15	1.88
301277	新天地	0.22	0.00	0.02	0.36	0.01	0.36	0.82	0.02	0.08	1.88
300233	金城医药	0.00	0.00	0.03	0.41	0.00	0.41	0.24	0.44	0.35	1.87
300497	富祥药业	0.00	0.00	0.01	0.65	0.00	0.24	0.49	0.24	0.22	1.86
301075	多瑞医药	0.09	0.00	0.01	0.42	0.00	0.42	0.63	0.17	0.11	1.85

续表

股票代码	股票名称	专利技术得分	商标得分	资质得分	研发费用占比得分	技术标准得分	员工学历得分	前五名客户占比得分	十大股东持股比例得分	高管平均年薪得分	总分
300267	尔康制药	0.39	0.00	0.00	0.32	0.00	0.32	0.34	0.39	0.05	1.81
301201	诚达药业	0.08	0.00	0.03	0.45	0.03	0.45	0.54	0.03	0.18	1.80
300584	海辰药业	0.00	0.00	0.01	0.23	0.00	0.62	0.64	0.23	0.07	1.80
300501	海顺新材	0.26	0.00	0.01	0.68	0.00	0.23	0.17	0.30	0.14	1.79
300006	莱美药业	0.00	0.00	0.02	0.59	0.00	0.59	0.18	0.31	0.08	1.78
300452	山河药辅	0.00	0.00	0.04	0.85	0.00	0.23	0.08	0.44	0.13	1.77
300519	新光药业	0.00	0.00	0.00	0.23	0.03	0.36	0.63	0.48	0.03	1.77
300966	共同药业	0.00	0.00	0.00	0.38	0.00	0.38	0.62	0.24	0.14	1.76
300239	东宝生物	0.09	0.32	0.01	0.22	0.03	0.22	0.26	0.47	0.09	1.71
300111	向日葵	0.09	0.00	0.00	0.39	0.00	0.39	0.33	0.36	0.11	1.66
300181	佐力药业	0.00	0.00	0.00	0.25	0.00	0.25	0.65	0.26	0.18	1.60
300254	仟源医药	0.00	0.00	0.01	0.47	0.00	0.47	0.21	0.33	0.10	1.59
300871	回盛生物	0.00	0.00	0.00	0.40	0.00	0.40	0.33	0.23	0.19	1.56
301093	华兰股份	0.00	0.00	0.00	0.24	0.00	0.24	0.37	0.49	0.17	1.50
301301	川宁生物	0.13	0.00	0.01	0.26	0.00	0.26	0.56	0.01	0.21	1.44
301111	粤万年青	0.00	0.00	0.02	0.27	0.00	0.27	0.44	0.28	0.07	1.36
300039	上海凯宝	0.00	0.00	0.01	0.29	0.00	0.29	0.20	0.48	0.08	1.36
300485	赛升药业	0.00	0.00	0.02	0.32	0.00	0.54	0.14	0.24	0.09	1.35
300147	香雪制药	0.00	0.00	0.01	0.24	0.01	0.24	0.27	0.47	0.12	1.34
301130	西点药业	0.00	0.00	0.00	0.42	0.00	0.42	0.39	0.03	0.07	1.33

四、案例分析

本年度蓝皮书选取创业板医药制造行业无形资产竞争力得分排名第一的舒泰神（300204）作为优秀样本企业进行分析[①]。

（一）企业简介

舒泰神(北京)生物制药股份有限公司（以下简称"舒泰神"）成立于2002年8月，注册资本5,000.00万元，于2011年04月在深圳证券交易所创业板上市。舒泰神以自主知识产权创新药物的研发、生产和营销为主要业务，在中国证监会上市公司行业分类中归属于"C27医药制造业"类别，是一家涵盖早期探索性研究、药物发现、工艺开发及中试放大、

---

① 案例企业舒泰神相关信息和数据均来自于企业官网、同花顺财经、东方财富网以及企业年报。

临床前生物学评价、临床开发到药品生产和商业化的全产业链创新型生物制药企业，拥有完整的研发、生产和营销等体系，是国家级技术企业。

舒泰神致力于研发、生产和销售临床需求未被满足的治疗性药物，主要包括蛋白类药物(含治疗性单克隆抗体药物)、基因治疗/细胞治疗药物、化学药物三大药物类别，治疗领域覆盖了神经系统相关疾病、感染性疾病、胃肠道疾病、泌尿系统疾病以及自身免疫系统疾病等多个领域。自主研制开发了国家一类新药——注射用鼠神经生长因子"苏肽生"和国内唯一具有清肠和便秘两个适应症的清肠便秘类药物——聚乙二醇电解质散剂"舒泰清"。主要产品被认定为"国家火炬计划产品""北京市高新技术成果转化项目""国家生物医药高技术产业化示范工程项目"及"北京市自主创新产品"，获北京市科技进步三等奖。

（二）无形资产相关情况分析

1. 优势分析

舒泰神之所以能够在行业内成为无形资产领域的标杆企业，主要原因在于其商标、研发费用占比、员工本科及以上学历占比、十大股东持股比例、专利技术较为靠前。

其中，商标披露406项，居行业第1位；研发费用占比66.09%，居行业第1位；员工本科及以上学历占比63.89%，居行业第5位；十大股东持股比例52.14%，居行业第6位；专利技术披露103项，居行业第13位。总体来看，舒泰神在无形资产规模和无形资产持续能力方面表现较好，使其在医药制造行业无形资产竞争力评估中脱颖而出。

2. 不足分析

由表12-8可知，舒泰神在技术标准、前五名客户销售额占比、资质等无形资产竞争能力和无形资产持续能力指标披露上表现略显不足。其中，前五名客户销售额占比19.10%，居行业第43位；资质披露9项，居行业第60位；未有技术标准披露。这几项指标与行业无形资产竞争能力和无形资产持续能力的价值实现有关，值得企业关注。综合来看，相较于其他医药制造行业上市公司，舒泰神在技术标准、资质上的投入较低，同时前五名客户销售额占比可能成为该企业未来发展的短板。

3. 无形资产优化建议

首先，舒泰神应该保持其在商标、研发费用占比、员工本科及以上学历占比、十大股东持股比例、专利技术等方面领先的优势。其次，也应该意识到自身在无形资产竞争能力上的不足：一方面，舒泰神应注重对技术标准、资质的投入，积极参与医药制造行业技术标准的制定，同时增加企业所拥有的资质；另一方面，加大对公司前五大客户销售情况的

关注,以增强无形资产的竞争能力,延伸传统无形资产的持续能力。

(三)其他方面竞争优势分析

根据招股说明书和年报披露信息,舒泰神除在无形资产质量竞争中具有优势之外,在产品多样化、技术研发、生产制造、客户渠道、管理团队五个方面也具有一定的竞争优势。

1. 产品多样化优势

同行业公司往往集中资源发展某一个或少数几个核苷(酸)类产品,核苷(酸)类产品为其众多产品种类中的一部分,且部分企业仅从事核苷(酸)类医药中间体的生产,部分企业仅从事核苷(酸)类原料药的生产。舒泰神始终专注于核苷(酸)类医药中间体及原料药的研制、生产和销售,经过近二十年的发展和积累,形成了嘧啶系列、嘌呤系列、核苷酸系列、核苷系列等多个系列核苷(酸)类产品,包括原料药及医药中间体,主要涵盖抗病毒、抗肿瘤和神经系统用药领域,相较于同行业公司,公司具有从医药中间体到原料药及产品系列广泛的产品多样化优势。

2. 技术研发优势

自成立以来,舒泰神始终专注于核苷(酸)类原料药及医药中间体的研发和技术创新,已成为国内具有竞争力的核苷(酸)类原料药及医药中间体企业之一。公司始终将研发和技术创新放在各项工作的首位,通过不断地技术及工艺研发,确立了公司在核苷(酸)类原料药及医药中间体领域的竞争优势。

3. 生产制造优势

舒泰神紧紧围绕质量提升、成本控制及环境保护等方面,不断优化生产工艺流程,在生产过程中积累了丰富的生产工艺实践经验,掌握了数十个反应单元的生产和控制技术,拥有高难度特殊化学反应的工业化生产能力,利用生产过程产生的废物回收再利用实现循环经济,在有效提升产品反应收率、产品纯度、降低单耗的同时,生产工艺的稳定性、可靠性、安全性以及产品质量控制也得到巩固。在生产管理方面,舒泰神通过了ISO9001质量管理体系认证,从产品的设计开发、原料采购、过程控制到产品销售实现全流程控制;在原料药生产方面,舒泰神全面实施GMP管理,多个产品通过了药品GMP符合性检查。

4. 客户渠道优势

在强大的技术研发实力和高质量的产品交付能力保障下,舒泰神的产品销售到境内外二十多个国家和地区,客户群体不断扩大,与部分国内外知名药企和贸易商建立了合作关

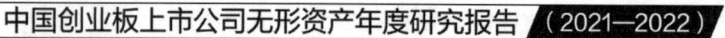

系，包括中国国际医药卫生有限公司、辰欣药业股份有限公司、华润双鹤利民药业（济南）有限公司、河南真实生物科技有限公司、上海迪赛诺药业股份有限公司、Kyowa Hakko Baio K.K（协和发酵生化株式会社）、KIMIA BIOSCIENCES LIMITED（印度上市公司）、Sicor de mexico,S.A.de C V（以色列梯瓦制药工业有限公司在墨西哥的子公司）。

5. 管理团队优势

舒泰神拥有一支稳定、专业、富有创新能力和市场洞察能力的管理团队，核心管理层均拥有近二十年的核苷（酸）类原料药及医药中间体行业研发、生产、销售和管理经验，对该公司所处行业具有深刻的理解，对行业的发展动态有着较为准确的把握。舒泰神自成立以来，管理层与员工之间形成了和谐的企业文化氛围，管理层在工作中严格管理，但不失人文关怀，使公司员工在公司找到归属感，使公司具有较强的凝聚力，公司上下形成齐心协力、艰苦创业的奋斗局面。

报告十三

创业板互联网和相关服务行业无形资产研究

本报告基于证监会二级行业分类标准（2012），对互联网和相关服务行业进行典型分析。研究样本包括：截至 2022 年 12 月 31 日，互联网和相关服务行业的创业板上市公司，共计 28 家。

一、行业概况

（一）公司数量变化

截至 2022 年 12 月 31 日，创业板互联网和相关服务行业上市公司共 28 家，约占创业板公司总数量的 2.27%。该行业公司数量占创业板公司总数的比例在 2018 年至 2022 年间存在小幅波动，2022 年行业公司占比与 2021 年相比有小幅度提升，为 2.27%，主要是因为行业新增公司数量和上一年保持不变，但创业板公司总数量增加较多，如表 13-1 所示。

表 13-1　2018—2022 年互联网及相关服务行业公司数量变化（单位：家）

数量/占比 \ 年份	2018 年	2019 年	2020 年	2021 年	2022 年
行业公司数量（家）	20	20	22	23	28
行业新增公司数量（家）	2	0	2	2	2
创业板公司总数（家）	757	810	892	1 090	1 232
行业公司占比	2.64%	2.47%	2.47%	2.11%	2.27%

（二）行业成本分析

根据对 2021 年和 2022 年年报信息的整理，互联网和相关服务行业公司成本如表 13-2

所示。行业成本呈逐渐上升趋势，从均值来看，营业成本变化幅度较小，为 2.98%，管理费用降幅较大，达 25.44%，销售费用同比下降 13.38%，应付职工薪酬同比下降 12.94%

表 13-2　2021 年和 2022 年互联网及相关服务行业成本变动（单位：亿元）

成本构成	2021 年总额	2022 年总额	2021 年均值	2022 年均值	均值同比增长率
营业成本	896.08	1 123.35	38.96	40.12	2.98%
销售费用	54.68	57.73	2.38	2.06	-13.38%
管理费用	40.55	36.75	1.76	1.31	-25.44%
应付职工薪酬	13.89	14.63	0.60	0.52	-12.94%

（三）行业利润分析

1. 整体变化趋势

根据对 2018 年至 2022 年年报信息的整理，互联网和相关服务行业上市公司利润数据如表 13-3 所示。行业平均利润在 2018 年至 2022 年总体变动较小，在 2018 年和 2019 年均出现负增长，2020 和 2021 年平均利润总额实现向增长，特别是 2021 年增长幅度最大，同比增长 983.33%，但 2022 年平均利润总额有所下降，同比下降了 11.17%。

表 13-3　2018—2022 年互联网及相关服务行业利润变动（单位：亿元）

指标 \ 年份	2018 年	2019 年	2020 年	2021 年	2022 年
利润总额	-36.2	-95.04	1.33	14.94	16.17
平均利润总额	-2.01	-4.56	0.06	0.65	0.58
平均利润总额同比增长	-172.87%	-126.87%	101.32%	983.33%	-11.17%
净利润	-43.69	-101.43	-5.85	8.72	8.64
平均净利润	-2.43	-4.83	-0.27	0.38	0.31
平均净利润同比增长	-192.75%	-98.77%	94.40%	240.74%	-18.83%

2. 公司盈亏

如表 13-4 所示，对行业中 26 家公司进行分析，新增企业青木股份（301110）和易点天下（301171）不纳入分析。通过整理发现，互联网和相关服务行业有 18 家的公司年度利润总额增长率为负，利润增长率处于 20%～40% 之间的为 1 家，利润增长率处于 40%～60% 之间的有 2 家，利润增长率处于 60%～80% 之间的有 1 家，利润增长率处于 80%～100% 之间的有 1 家，利润总额增长率超过 100% 的公司有 3 家。就利润分布来看，互联网和相关服务行业的企业发展存在一定差距。

2022 年度，互联网和相关服务行业中值得注意的是 *ST 腾信（300392），其利润总额降幅达到了 741.47%，净利润降幅达到了 845.20%，一部分是由于公司寻求主营业务战略

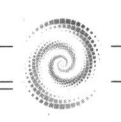

性转型未获成功，另一部分是由于公司有息负债较多，财务费用较高。利润增长最令人瞩目的公司是迅游科技（300467），其利润总额增幅达 185.79%，净利润增幅达 131.91%。

表 13-4 2022 年互联网和相关服务行业利润增长分布情况（单位：家）

指标＼增长率区间	<0	0~20%	20%~40%	40%~60%	60%~80%	80%~100%	100%以上
利润总额增长率	18	0	1	2	1	1	3
净利润增长率	18	1	0	2	1	1	3

3．利润集中度

就整个行业利润总额为正的 17 家公司集中程度来看，前 13.33%（前 2 家）的公司累计利润总额约占利润总额为正的公司利润总额的 30%；前 20%（前 3 家）的公司累计利润总额占 50%；前 33.33%（前 5 家）的公司累计利润总额占 70%。说明行业内企业发展差异较大，利润主要集中行业发展状况较好的企业（见表 13-5）。

表 13-5 2022 年互联网和相关服务行业利润集中情况

累计利润比例	累计公司数（家）	累计公司数占利润总额为正的公司数的比例
达 30%	2	11.76%
达 50%	3	17.65%
达 60%	4	23.53%
达 70%	5	29.41%
达 100%	17	100.00%

二、行业无形资产规模

（一）基于招股说明书的无形资产规模

表 13-6 为基于招股说明书信息的创业板互联网和相关服务行业上市公司无形资产构成情况。由于该行业公司总数变化较小，为使分析结果更加直观，此报告基于招股说明书信息的分析以相关指标的总数分析为主。

表 13-6 基于招股说明书信息的 2018—2022 年互联网及相关服务行业无形资产构成情况

行业总值（均值）＼年份	2018 年	2019 年	2020 年	2021 年	2022 年
授权专利（项）	173（8.65）	159（7.57）	225（10.23）	237（10.3）	1 257（44.89）
非专利技术（项）	160（8）	85（4.08）	0（0）	0（0）	6（0.21）
著作权（项）	360（18）	711（33.86）	709（32.23）	742（32.26）	3 998（142.79）
持有商标（项）	1 271（63.55）	180（16.37）	184（16.73）	234（10.17）	804（28.71）

续表

行业总值（均值） 年份	2018 年	2019 年	2020 年	2021 年	2022 年
技术标准（项）	12（0.6）	8（0.38）	11（0.5）	11（0.48）	311（11.11）
总经理薪酬（万元）	1 169.39（58.47）	1 184.27（56.4）	1 714.09（77.91）	1 934.46（84.11）	3 561.35（127.19）
前十大股东持股比例合计（%）	1 205.83（60.29）	1 680.4（80.02）	1 346.3（61.19）	1 412.07（61.39）	1 321.41（47.19）
资质（项）	271（13.55）	291（13.86）	276（12.55）	295（12.83）	1 005（35.89）

注：均值为行业总值/互联网和相关服务行业企业数。表 13-7 同。

1. 常规无形资产规模变动特征

2018 年至 2022 年，创业板互联网和相关服务行业常规无形资产变动特征如下：

第一，行业平均授权专利数量在 2019 年为近五年均值中的最低值，为 7.57 项/家，之后四年处于持续增加的状态。在 2022 年均值达到最大为 44.89 项/家。总体来看，行业内授权专利总量呈现增长的趋势，技术研发创新受到重视。

第二，行业非专利技术较授权专利平均数量总体波动较大。在 2018 年至 2021 年，非专利技术均值处于持续下降，行业内非专利技术披露总量减少；2022 年非专利技术总值仅为 6 项，均值仅为 0.21 项/家。

第三，软件著作权对于互联网和相关服务行业来说，是支撑其发展的重要基石，也是公司实力的体现。2018 年至 2022 年，该行业著作权总数呈持续增长趋势，均值呈现大幅度增长。2022 年，行业软件著作权总量达到 3 998 项，行业内软件著作权均值为 142.79 项/家，为近五年最高值。

第四，该行业的公司持有商标的总数呈先下降后上升的趋势。2019 年持有商标的总数为近五年最低，仅 180 项。2022 年持有商标总数为 804 项，平均 28.71 项/家，相较于 2021 年上升幅度较大。

2. 非常规无形资产规模变动特征

2018 年至 2022 年，创业板互联网和相关服务行业非常规无形资产变动特征如下：

第一，2018 到 2022 年，行业内技术标准变化较大，2021 年技术标准总量仅 11 项，技术标准均值仅为 0.48 项/家，但 2022 年技术标准增加至 311 项，技术标准均值为 11.11 项/家。

第二，行业总经理薪酬均值在整体呈现上升趋势，在 2019 年均值有小幅度下降，为 56.40 万元/家。在 2022 年新增公司的总经理薪酬较多，使得总体均值增加至 127.19 万元/家，可以看出行业内对高管人才的重视。

第三，行业平均前十大股东持股比例合计呈整体波动状态，2021 年相较于 2020 年有所上升，但 2022 年有较大幅度下降，为 47.19%/家。

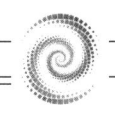

第四，行业平均资质的数量自 2018 年呈现波动上升的趋势，在 2021 年为 12.83 项/家，2022 年增长至 35.89 项/家。

（二）基于年报的无形资产规模

表 13-7 为基于年报信息的创业板互联网和相关服务行业上市公司无形资产构成情况。

表 13-7　基于年报信息的 2018—2022 年互联网及相关服务行业无形资产构成

年份 行业总值（均值）	2018 年	2019 年	2020 年	2021 年	2022 年
授权专利（项）	316（17.56）	174（8.29）	265（12.05）	657（28.57）	1 251（44.68）
非专利技术（项）	0（0）	0（0）	0（0）	0（0）	0（0）
著作权（项）	386（21.44）	1 205（57.38）	2 724（123.82）	2 945（128.04）	3 873（138.32）
持有商标（项）	160（8.89）	466（22.19）	1 059（48.14）	317（13.78）	377（13.46）
技术标准（项）	0（0）	0（0）	11（0.5）	17（0.74）	311（11.11）
前五名客户销售额占比合计（%）	891.47（49.53）	930.37（44.3）	493.67（22.44）	1 059.13（46.05）	1 199.19（42.83）
总经理薪酬（万元）	1 743.28（96.85）	1 936.22（92.2）	1 714.09（77.91）	2 525.4（109.8）	3 668.39（131.01）
独立董事津贴（万元）	389.26（21.63）	530.05（25.24）	544.56（24.75）	505.8（21.99）	637.43（22.77）
前十大股东持股比例合计（%）	890.89（49.49）	469.91（22.38）	496.3（22.56）	975.21（42.4）	1 321.39（47.19）
技术（研发）人员占比（%）	653.2（36.29）	618.98（44.21）	689（31.32）	736.4（32.02）	894.55（31.95）
资质（项）	83（4.61）	244（11.6）	239（10.86）	150（6.52）	502（17.93）

1. 常规无形资产规模变动特征

2018 年至 2022 年，创业板互联网和相关服务行业常规无形资产变动特征如下：

第一，行业平均授权专利波动幅度较大，均值在 2019 年最低，为 8.29 项/家，在 2022 年达到五年的顶峰，为 44.68 项/家，较 2021 年有较大幅度增长。

第二，行业平均非专利技术的数量在 2018 年至 2022 年均没有变化，五年行业非专利技术总量都为 0 项。

第三，行业平均著作权数量基本呈逐年上升趋势，2022 年行业平均著作权达到最大值 138.32 项/家，行业著作权总量达到 3 873 项。

第四，行业平均持有商标的数量呈先上升后下降的趋势，从 2018 年的 8.89 项/家增长到 2020 年的 48.14 项/家，从 2021 年开始逐渐下降，2021 年行业平均持有商标数量为 13.78 项/家，2022 年此数据继续下降，行业平均持有商标数量为 13.46 项/家。

2. 非常规无形资产规模变动特征

2018 年至 2022 年，创业板互联网和相关服务行业非常规无形资产变动特征如下：

第一，该行业的公司披露的技术标准在 2022 年有大幅度提升，从 2018 年披露为 0 到

2021 年有 17 项，增加到 311 项。

第二，2018 年至 2022 年前五名客户销售额占比的行业均值呈现较小的波动趋势，基本维持在 45%左右，2020 年前五名客户销售额下降，仅为 22.44%，2022 年前五名客户销售额占比相较于 2021 年有所上升，下降到 42.83%。

第三，总经理薪酬的行业均值呈现波动趋势，在 2020 年出现较大幅度下降，从 2019 年的 92.20 万元/家下降至 77.91 万元/家，同比降幅达 15.50%。2022 年行业平均总经理薪酬为 131.01 万元/家，与 2020 年相比，上升比例为 19.32%。

第四，独立董事津贴的行业均值波动幅度较小。2022 年达到 22.77 万元/家，较 2021 年有所上升。说明行业内对独立董事越来越重视，独立董事担任更多的监管企业的责任。

第五，前十大股东持股比例合计的行业均值呈现先下降后上升趋势，从 2018 年的 49.49%/家下降到 2019 年的 22.38%/家，2020 年与 2019 年相比有较小幅度增加，2021 年达到 42.40%/家，2022 年增长到 47.19%/家，2022 年相较于 2021 年同比增长 11.30%。

第六，技术（研发）人员占比的行业均值在这四年中波动趋势较为平缓，在 2021 年达到 32.02%/家的峰值，可见行业对技术人员的重视，对于互联网企业来说，技术研发对于企业的发展至关重要，是企业竞争力的主要来源。

第七，资质的行业均值五年来波动程度较大，2018 年行业资质 4.61 项/家，2022 年行业资质总值为 502 项，行业资质均值为 17.93 项/家。

三、基于无形资产竞争矩阵的行业无形资产竞争分析

本年度蓝皮书基于无形资产规模结构、无形资产持续能力和无形资产竞争能力三大维度对不同行业上市公司进行对比分析。三大维度下设二级指标，其中无形资产规模结构包括专利及非专利技术数量、商标数量、资质数量和软件著作权数量四项二级指标；无形资产持续能力包括技术标准数量、研发费用占比和员工学历三项二级指标；无形资产竞争能力包括前五名客户占比、前十大股东持股比例和高管平均年薪三项二级指标。

通过比较各项二级指标对分行业各企业的相对实力予以排序。排序方法为：某二级指标中的数量最高者赋予 1 分，其他非最高者与最高者比值即为某企业该项二级指标得分。对 10 项二级指标均以此方法处理，得到每家企业每项二级指标得分。对各企业所有指标得分加总，计算最后得分，得分最高者为行业中的优秀样本企业。此后的行业报告中，如果没有特殊说明，均采用上述方法排序。

（一）行业无形资产规模结构分析

2022 年，互联网和相关服务行业专利及非专利技术共计 1 251 项，平均每家公司拥有

44.68 项，光威复材（300699）、星辉娱乐（300043）和宝通科技（300031）三家公司共有专利及非专利技术 1 048 项，占行业总量的 83.77%。

商标数量共计 377 项，平均每家公司约有 13.46 项，仅天舟文化（300148）、迅游科技（300467）、上海钢联（300226）三家公司共拥有 341 项商标，占行业总量的 90.45%。

资质数量共计 502 项，平均每家公司拥有 17.93 项，平治信息（300571）、光威复材（300699）、值得买（300785）三家公司共拥有 162 项，占行业总量的 32.27%。

软件著作权数量共 3 873 项，平均每家公司拥有 138.32 项，天舟文化（300148）、掌趣科技（300315）、光威复材（300699）拥有 2 502 项软件著作权，占行业总量的 64.60%。

（二）行业无形资产持续能力分析

互联网和相关服务行业研发支出占比的行业均值为 10.38%，该项指标排名前三的公司为掌趣科技（300315）、每日互动（300766）、讯游科技（300467），研发支出占比分别为 36.18%、30.46%、30.34%。

员工本科及以上学历占比的行业均值为 0.51，该项指标排名前三的公司为每日互动（300766）、昆仑万维（300418）、易点天下（301171），员工本科及以上学历占比分别为 0.90、0.89 和 0.88。

由于该行业技术标准欠缺，大部分企业技术标准项目总数为 0，但南凌科技（300921）有较多的技术标准，共 300 项。

（三）行业无形资产竞争能力分析

互联网和相关服务行业前五名客户销售额占公司营业收入比重的行业均值为 42.83%，该项指标排名前三的公司为中简科技（300777）、迅游科技（300467）、ST 腾信（300392），前五名客户销售额占比分别为 98.51%、94.29% 和 80.56%。

前十大股东持股比例的行业均值为 47.19%，该项指标排名前三的公司为中简科技（300777）、中青宝（300052）和汤姆猫（300459）、前十大股东持股比例分别为 73.42%、73.19%、69.84%。

总经理薪酬的行业均值为 131.01 万元，该项指标排名前三的公司为平治信息（300571）、上海钢联（300226）、星辉娱乐（300043），总经理薪酬分别为 393.97 万元、300.89 万元、263.96 万元。

表 13-8 列示了依据无形资产竞争矩阵计算所得的创业板互联网和相关服务行业所有公司的无形资产竞争力得分。

表 13-8　2022 年创业板互联网和相关服务行业无形资产竞争力一览

证券代码	证券名称	专利得分	商标得分	资质得分	著作权得分	研发得分	员工学历得分	前五名客户得分	前十大股东得分	总经理薪资得分	总分
300031	宝通科技	0.24	0.00	0.50	0.00	0.13	0.51	0.47	0.50	0.31	2.67
300043	星辉娱乐	0.44	0.00	0.09	0.00	0.06	0.37	0.47	0.26	0.67	2.37
300052	中青宝	0.00	0.00	0.22	0.06	0.54	0.66	0.52	1.00	0.11	3.11
300113	顺网科技	0.05	0.00	0.38	0.09	0.55	0.66	0.09	0.29	0.14	2.24
300148	天舟文化	0.00	1.00	0.22	1.00	0.19	0.63	0.38	0.95	0.28	4.64
300226	上海钢联	0.01	0.25	0.31	0.19	0.00	0.68	0.09	0.56	0.76	2.87
300242	佳云科技	0.00	0.00	0.09	0.00	0.03	0.42	0.35	0.49	0.17	1.56
300295	三六五网	0.00	0.00	0.22	0.00	0.38	0.84	0.08	0.83	0.56	2.91
300315	掌趣科技	0.00	0.00	0.17	0.69	1.00	0.81	0.67	0.74	0.06	4.14
300392	*ST 腾信	0.00	0.00	0.05	0.00	0.07	0.73	0.82	0.87	0.30	2.84
300418	昆仑万维	0.16	0.00	0.34	0.00	0.49	0.99	0.57	0.88	0.36	3.79
300459	汤姆猫	0.00	0.00	0.13	0.00	0.43	0.83	0.56	0.95	0.12	3.01
300467	迅游科技	0.05	0.28	0.11	0.17	0.84	0.12	0.96	0.94	0.28	3.75
300494	盛天网络	0.00	0.00	0.30	0.18	0.14	0.67	0.44	0.66	0.19	2.57
300571	平治信息	0.00	0.00	1.00	0.09	0.04	0.47	0.74	0.73	1.00	4.08
300699	光威复材	1.00	0.00	0.92	0.56	0.34	0.16	0.76	0.32	0.42	4.48
300766	每日互动	0.00	0.00	0.14	0.14	0.84	1.00	0.33	0.90	0.63	3.98
300773	拉卡拉	0.00	0.00	0.28	0.00	0.12	0.63	0.03	0.53	0.46	2.06
300777	中简科技	0.00	0.00	0.13	0.04	0.53	0.20	1.00	1.00	0.11	3.01
300785	值得买	0.02	0.00	0.61	0.22	0.35	0.75	0.56	0.28	0.34	3.13
300792	壹网壹创	0.00	0.00	0.11	0.00	0.07	0.02	0.32	0.43	0.26	1.21
300876	蒙泰高新	0.03	0.05	0.09	0.00	0.12	0.12	0.27	0.62	0.22	1.52
300921	南凌科技	0.00	0.00	0.19	0.05	0.29	0.78	0.16	0.60	0.18	2.25
300987	川网传媒	0.00	0.00	0.13	0.00	0.00	0.92	0.33	0.37	0.20	1.94
301001	凯淳股份	0.00	0.12	0.27	0.02	0.03	0.47	0.34	0.59	0.20	2.03
301057	汇隆新材	0.00	0.00	0.45	0.00	0.14	0.00	0.10	0.58	0.23	1.50
301110	青木股份	0.00	0.00	0.22	0.00	0.16	0.57	0.34	0.65	0.64	2.57
301171	易点天下	0.00	0.00	0.19	0.00	0.13	0.98	0.43	0.47	0.10	2.30

四、案例分析

本年度蓝皮书选取无形资产竞争力排名第一名的天舟文化（300148）作为优秀样本公司进行分析[①]。

[①] 案例企业天舟文化相关信息和数据均来自于企业官网、同花顺财经、东方财富网以及企业年报。

（一）公司简介

天舟文化全称天舟文化股份有限公司，成立于 2003 年，并于 2010 年 12 月 15 日在深圳证券交易所上市。天舟文化抓住国家大力推进文化产业大发展、大繁荣的良好机遇，按照经营多元、业态多元、投资多元的发展思路，积极布局教育资源与服务、移动互联网游戏、优质文化的传播与传承，发展成为经济实力雄厚、产业特色鲜明、文化积淀深厚，国内一流且在国际上具有一定知名度的文化产业集团，也就是一个集团化、国际化、文化化的文化产业集团。

（二）无形资产相关情况分析

1. 优势分析

从表 13-8 无形资产竞争矩阵中可以看出，天舟文化之所以能在互联网及其相关服务业的无形资产得分排名中脱颖而出，成为标志性公司，主要是因为其在商标得分、著作权得分排名在行业第一，可以发现，天舟文化在无形资产规模结构和无形资产持续能力和无形资产竞争能力方面都有一定的优势，该公司重视对科技研发的投入以及高管人才的培养。

2. 不足分析

表 13-8 显示，天舟文化在专利得分、资质得分、研发得分、前五名客户得分、总经理薪资得分各项二级指标上的排名较低。该公司的无形资产竞争力、无形资产规模以及无形资产的持续能力都会受上述二级指标的影响，从而制约公司的发展。

3. 无形资产优化建议

综上所述，尽管天舟文化在无形资产竞争矩阵中的得分排名前列，但是该公司无形资产竞争能力方面的问题也非常明显，每日互动在未来的发展中，一方面要继续保持其在研发能力方面的优势，同时也要注意研发支出的转化能力，提高监督，另一方面要注意自己在无形资产竞争能力方面的不足，特别是注意专利的申请以及客户关系的维持方面。

（三）其他方面竞争优势分析

根据招股说明书和年报披露信息，天舟文化除在上述所述优势以外，在以下方面也有很大的核心竞争力。

1. 持续优化资产结构的能力。

受益于教育读本等项目落地，天舟文化的图书出版发行业务于 2022 年实现营业收入 4.26 亿元，同比增长 51.27%，带动该公司整体营收同比增长 19.86%。毛利率方面，受毛利率较低的图书出版发行业务收入显著提升以及毛利率较高的游戏业务表现疲软影响，该公司在 2022 年的综合毛利率同比下降 8.34%至 31.26%。天舟文化归母净利润亏损连年收窄，在 2022 年持续处置低效投资项目，回笼资金，并将剩余 2.15 亿商誉一次性计提完毕，为其下一阶段轻松上阵、释放业绩增长活力奠定良好基础。

2. 守正创新的能力

2022 年，该公司加大产品开发和市场开拓力度，随着子公司人民今典的教育读本、《习近平新时代中国特色社会主义思想学生读本(大学)》等项目落地，教育出版业务迎来高速收入增长。截至 2022 年末，该公司已积累图书著作权 299 项，教育读本进入各省学生用书目录，预计随着未来产品项目更加丰富，该公司图书出版发行业务有望收获进一步增长。

3. 积极探索新兴品类赛道的能力

游戏业务方面，天舟文化坚持研运一体，《王者纷争》《风云天下 OL》《忘仙》《塔王之王》等多款存量自研产品呈现长周期特征，流水和盈利能力稳健；新品储备方面，该公司有《塔王之王 2》《代号：SS》两款在研产品，其中《塔王之王 2》已取得版号。同时，在擅长领域之外，该公司积极培育融合玩法游戏、泛女性向游戏等新赛道，旗下基金管理公司天舟创投投资的长沙麓卓互动通过布局音舞类虚拟社交游戏，逐渐拓展海外游戏市场新增量。

4. "文化+教育+科技"的战略定位

天舟文化紧密围绕"文化+教育+科技"的战略定位，积极提升出版发行、文化创意、网络游戏业务的竞争力和持续经营能力，持续优化资产和业务结构，在文化娱乐、教育等领域开展以科技创新为驱动的新业务培育和孵化。未来该公司将积极关注新技术、新产业领域发展机会，推进新技术与文化教育产业的深度融合，充分挖掘文化教育等领域的新业务机会、开发新产品、创新新模式，支持符合战略需要的文化教育、游戏和科技类项目的发展，为其业务发展寻找新的盈利增长点。

报告十四

创业板文化与传播及相关行业无形资产研究

本报告基于证监会二级行业分类标准（2012），对文化与传播及相关行业进行典型分析。研究样本包括：截至 2022 年 12 月 31 日，文化与传播行业的创业板上市公司，共计 9 家。

一、行业概况

（一）企业数量变化

截至 2022 年 12 月 31 日，创业板文化与传播行业上市公司共 18 家，约占创业板公司总数量的 1.46%。该行业企业数量占创业板公司总数比例近五年略微下降，2018 年无新增企业，2019 年减少幅度较大，减少 5 家，降幅达 27.78%，2020 年增幅 13.33%，2021 年较 2020 年有略微增加，2022 年增加 1 家。行业企业在创业板中占比由 2018 年 2.38% 下降至 2022 年的 1.46%。近年来，文化与传播行业内企业数量占创业板总数的比例大多维持在 1.40%~1.70%，如表 14-1 所示。

表 14-1　2018—2022 年文化与传播行业企业数量变化

数量/占比 \ 年份	2018 年	2019 年	2020 年	2021 年	2022 年
行业企业数量（家）	18	13	15	17	18
行业新增企业数量（家）	0	-5	2	2	1
创业板企业总数（家）	757	810	892	1 090	1 232
行业企业占比	2.38%	1.60%	1.68%	1.56%	1.46%

（二）行业成本分析

根据对 2021 年至 2022 年年报信息的整理，文化与传播行业企业成本如表 14-2 所示。

整体上看，营业成本、销售费用均有所下降，管理费用、应付职工薪酬保持稳定。其中，销售费用降幅明显，减幅达-20.38%；其次，营业成本同比减幅达-15.51%。管理费用略微上升，达 0.49%；应付职工薪酬略微上升，达 1.37%。从数据中可以看到，创业板文化与传播行业经营成本均值整体呈现下降趋势。

表 14-2　2021—2022 年文化与传播行业成本变动（单位：亿元）

成本构成	2021 年总额	2022 年总额	2021 年均值	2022 年均值	均值同比增长
营业成本	327.97	277.09	18.22	15.39	-15.51%
销售费用	55.40	44.11	3.08	2.45	-20.38%
管理费用	29.37	29.52	1.63	1.64	0.49%
应付职工薪酬	14.41	14.61	0.80	0.81	1.37%

（三）行业利润分析

1. 整体变化趋势

根据对 2018 年至 2022 年年报信息的整理，文化与传播行业上市公司利润数据如表 14-3 所示。文化与传播行业上市公司在 2018 年平均利润总额同比减幅 208.09%，净利润出现大幅下降，平均净利润同比下降 244.74%；2020 年行业平均利润总额开始回温，行业平均利润总额为-1.74 亿元/家；2021 年行业发展迅猛，平均利润总额同比增幅高达 188.51%，平均净利润同比上升 170.77%；2022 年行业利润总额呈现大幅下降，行业利润总额降至 9.38 亿元，均值仅为 0.52 亿元，降幅 64.14%，行业净利润为 6.65 亿元，平均净利润仅为 0.37 亿元，降幅达 73.19%。可见，前几年文化与传播行业平均利润总额都为负，至 2022 年行业内企业发展情况依旧较为严峻。

表 14-3　2018—2022 年文化与传播行业利润变动（单位：亿元）

年份 指标	2018 年	2019 年	2020 年	2021 年	2022 年
利润总额	-60.03	-38.84	-26.11	26.16	9.38
平均利润总额	-3.34	-2.99	-1.74	1.54	0.52
平均利润总额同比增长	-208.09%	10.47%	41.80%	188.51%	-64.14%
净利润	-71.82	-47.86	-29.22	23.45	6.65
平均净利润	-3.99	-3.99	-1.95	1.38	0.37
平均净利润同比增长	-244.74%	7.80%	47.01%	170.77%	-73.19%

2. 企业盈亏

如表 14-4 所示，2022 年，文化与传播行业共有 18 家上市公司，有 61.11%的企业年度利润总额增长为负，净利润增长率为负企业约占总企业数的 61.11%，相比 2021 年有所上

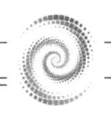

升。利润总额增长率为正的企业占行业内总企业数的 38.89%，有 4 家企业的利润总额和净利润增长率在 100% 以上。2022 年，文化与传播行业中利润增长最令人瞩目的企业当属华谊兄弟（300027），其利润总额增幅达 355.94% 以上，净利润的增幅高达 339.38%。

表 14-4　2022 年文化与传播行业利润增长分布情况（单位：家）

指标＼增长率区间	<0	0~20%	20%~40%	40%~60%	60%~80%	80%~100%	100%以上
利润总额增长率	11	2	1	0	0	0	4
净利润增长率	11	3	0	0	0	0	4

3. 利润集中度

2022 年，行业利润总额为 6.65 亿元，只选取净利润为正的 13 家企业，13 净利润为正的企业利润总额为 33.29 亿元，净利润总额为 31.32 亿元。就整个行业利润集中程度来看，前 16.67%（前 1 家）的企业累计利润总额约占全行业利润的 43.16%；前 33.33%（前 2 家）的企业累计利润总额占整个行业 84.71%；前 76.92% 的企业累计利润总额占整个行业 98.68%。以上表明，该行业内企业的发展较为集中，差异较大（见表 14-5）。

表 14-5　2022 年文化与传播行业利润集中情况

累计利润比例	累计企业数（家）	累计企业数占整个行业企业比例
达 40%	1	16.67%
达 80%	2	33.33%
达 90%	3	50.00%
达 95%	4	66.67%
达 98%	10	76.92%
达 100%	13	100%

二、行业无形资产规模

（一）基于招股说明书的无形资产规模

表 14-6 为基于招股说明书信息的创业板文化与传播行业上市公司无形资产构成情况。

表 14-6　基于招股说明书的 2018—2022 年文化与传播行业无形资产构成情况

行业总值（均值）＼年份	2018 年	2019 年	2020 年	2021 年	2022 年
授权专利（项）	459（25.50）	27（2.08）	24（1.6）	214（12.59）	22（22）
非专利技术（项）	53（2.94）	71（5.56）	0（0）	0（0）	0（0）
著作权（项）	4 844（269.11）	760（58.47）	791（52.73）	397（23.35）	764（764）

续表

年份 行业总值（均值）	2018年	2019年	2020年	2021年	2022年
持有商标（项）	684（38.00）	287（41）	125（15.63）	1 165（68.53）	187（187）
技术标准（项）	20（1.11）	0（0）	0（0）	21（1.24）	0（0）
总经理薪酬（万元）	1 018.05（56.56）	847.5（65.2）	2 218.73（147.92）	2 541.86（149.52）	71.45（71.45）
前十大股东持股比例(%)	1 350.85（75.05）	983.47（75.65）	292.9（19.53）	1 209.65（71.16）	57.7（57.7）
资质（项）	726（40.33）	665（51.15）	703（46.87）	801（41.72）	24（24）

注：均值为行业总值/当年文化与传播行业企业数。表14-7同。

1. 常规无形资产规模变动特征

2018年至2022年，创业板文化与传播行业常规无形资产变动特征如下：

第一，整体来看，行业平均授权专利数量自2019年变化较大，2019年、2020年由于行业内企业数量的减少，行业内授权专利总数减少，2021年行业内企业数量有所增加，授权专利总数增长幅度较大，为214项，行业平均专利量达到12.59项/家，2022年由于企业减少导致授权专利总数减少。

第二，2018年和2019年非专利技术近年来波动幅度较小，而近三年已披露数据极少。已披露数据显示，2019年行业内企业平均非专利技术拥有量仅在23.35项/家左右，呈现增长的趋势，但是2020年至2022年行业内企业非专利技术总量为0项。

第三，著作权整体波动较大。2018年新上市的企业源创文化（300703）有高达4 000余项著作权，导致2018年行业均量达到269.11项/家，也体现出该行业对著作权的重视程度正逐步加深，由于2022年企业数量大幅下降，只剩一家企业，因此行业均量上升为764项/家。

第四，持有商标的数量整体呈现波动变化的特征，行业持有商标均值除2020年仅15.63项/家外，2018年至2021年持续增长，且在2021年达到68.53项/家。

2. 非常规无形资产规模变动特征

2018年至2022年，创业板文化与传播行业非常规无形资产变动特征如下：

第一，行业平均技术标准较少，2018年行业平均技术标准达到1.11项/家，2019年和2020年行业技术标准总量为0项/家，2021年由于企业数量的增加，行业平均技术标准增至1.24项/家，2022年总量又下降至0项/家。

第二，总经理薪酬均值总体呈现持续上升的趋势，从2018年平均每家56.56万元持续上升至2021年的149.52万元/家，特别是2019到2020年增长幅度较大，一定程度上反映了激烈的文化产业市场竞争下总经理待遇的大幅波动。2022年较为特殊，又下降为71.45万元/家。

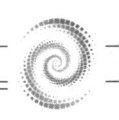

第三，前十大股东持股比例总值呈现先下降后上升再下降的趋势。平均持股比例从2018年到2019年有所增加，但是到2020年出现较大幅度下降，仅19.53%，2021年又有所回升，达到71.16%，2022年再次下降至57.70%。

第四，资质数量均值变化波动较小，2019年均值达到峰值51.15项/家，此后逐年下降2022年下降为24项/家。

（二）基于年报的无形资产规模

表14-7为基于年报信息的创业板文化与传播行业上市公司无形资产构成情况。

表14-7 基于年报信息的2018—2022年文化与传播行业无形资产构成情况

年份 行业总值（均值）	2018年	2019年	2020年	2021年	2022年
授权专利（项）	603（33.50）	44（3.38）	24（1.6）	0（0）	106（5.89）
非专利技术（项）	8（0.44）	0（0）	0（0）	0（0）	0（0）
著作权（项）	2 039（113.28）	804（61.85）	1 075（71.67）	87（5.12）	110（6.11）
持有商标（项）	394（21.89）	144（11.06）	108（7.2）	764（44.94）	840（46.67）
技术标准（项）	19（1.06）	4（0.31）	0（0）	0（0）	0（0）
前五名客户销售额占比（%）	672.89（33.21）	487.06（37.47）	326.78（21.79）	762.99（44.88）	761.18（42.29）
总经理薪酬（万元）	1 146.1（63.67）	1 731.46（133.19）	2 218.73（147.92）	2 342.53（137.8）	2 792.16（155.12）
独立董事津贴（万元）	400.4（22.24）	327（25.1）	371.94（24.8）	397.05（23.36）	498.54（27.70）
前十大股东持股比例（%）	1 041.11（57.84）	444.04（57.84）	292.9（19.53）	896.7（52.75）	617（34.28）
资质（项）	167（9.28）	138（10.62）	352（23.47）	686（40.35）	239（13.28）

1. 常规无形资产规模变动特征

2018年至2022年，创业板文化与传播行业常规无形资产变动特征如下：

第一，由于该行业起步较晚，直至2015年行业内才出现授权专利，此后授权专利的数量逐渐增加，2018年授权专利总量达到603项，平均授权数量达到33.50项/家，行业整体对于专利的重视程度逐步提高。2019年行业授权专利数量减少，总量为44项，2020年授权专利总量仅为24项，2021年披露0项；2022年增至106项。

第二，基于行业的特殊性，该行业对非专利类无形资产依赖性较小，非专利技术研发和披露较少，2018年非专利技术出现突破，行业内企业拥有了8项非专利技术，平均每家企业拥有非专利技术0.44项，但是2019年、2020年、2021年、2022年披露的非专利技术无形资产总量为0项。

第三，著作权变化幅度较大，2018年至2019年著作权总数呈现下降趋势，2018年行业内著作权总项数达到2 039项，平均每家企业拥有著作权113.28项，2019年大幅下降至804项，平均每家企业拥有著作权61.85项，2020年又小幅提升至71.67项/家，2021年又下降至行业著作权总量为 87 项，行业内企业拥有著作权均值为 5.12 项/家，而 2022 年总数再次上升至 110 项，平均每家企业拥有著作权小幅上升为 6.11 项/家。

第四，2018 年至 2020 年，行业持有商标总量总体呈现下降的趋势，从 2018 年的 21.89 项/家，下降到 2020 年的 7.20 项/家，2021 年大幅提升，行业持有商标总量达到 764 项，行业内平均每家企业持有商标 44.94 项/家，2022 年上升至 840 项，行业内平均每家企业持有商标 46.67 项。

2. 非常规无形资产规模变动特征

2018 年至 2022 年，创业板文化与传播行业非常规无形资产变动特征如下：

第一，该行业技术标准在 2015 年产生了第一项技术标准。2018 年，行业内技术标准小幅回落，技术标准总项数下降至 19 项，平均技术标准达到 1.06 项/家，2019 年行业技术标准总项数下降为 4 项，平均技术标准达到 0.30 项/家，2020 年、2021 年、2022 年行业技术标准为 0 项。

第二，前五名客户销售额占比从 2018 年至 2020 年呈现下降趋势。2021 年出现回升，行业内前五名客户销售额占比平均值回升至 44.88%，2022 年又下降，行业内前五名客户销售额占比平均值回升至 42.29%。

第三，总经理薪酬总体整体呈现增长趋势，除 2021 年总经理薪酬的均值下降至 137.80 万元/人，2018 年至 2022 年基本呈增长趋势，意味着高管人才在行业内越来越受重视。

第四，独立董事津贴行业均值近年来基本保持上升。2018 年出现显著上升态势，2018 年独立董事津贴的均值达到 22.24 万/家，2019 年独立董事津贴达到了最高值 25.16 万/家，随后出现小幅下降，2020 年为 24.80 万元/家，2021 年为 23.36 万/家，2022 年为 27.70 万/家。独立董事承担起对企业内部更多的监管。

第五，前十大股东持股比例整体呈下降趋势，从 2018 年的 59.80%下降到 2020 年的 19.53%，直到 2021 年回升至 52.75%，2022 年又下降为 34.28%。

第六，资质数量均值整体呈现上升的趋势，2018 年资质总量仅为 9.28 项/家，之后开始实现上升，2019 年资质均值为 10.62 项/家，而资质总量为 138 项，2020 年行业内企业均值为 23.47 项/家，2021 年资质均值达到 40.35 项/家，2022 年资质均值有较大幅度下降，为 13.28 项/家。

三、基于无形资产竞争矩阵的行业无形资产竞争分析

本年度蓝皮书基于无形资产规模结构、无形资产持续能力和无形资产竞争能力三大维度对不同行业所有上市公司进行对比分析。三大维度下设二级指标，其中无形资产规模结构包括专利及非专利技术数量、商标数量、资质数量和软件著作权数量四项二级指标；无

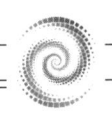

形资产持续能力包括技术标准数量、研发费用占比和员工学历三项二级指标；无形资产竞争能力包括前五名客户占比、前十大股东持股比例和高管平均年薪三项二级指标。

通过比较各项二级指标对分行业各企业的相对实力予以排序。排序方法为：某二级指标中的数量最高者赋予1分，其他非最高者与最高者比值即为某企业该项二级指标得分；对10项二级指标均以此方法处理，得到每家企业每项二级指标得分；对各企业所有指标得分加总，计算最后得分，得分最高者为行业中的优秀样本企业。此后的行业报告中，如果没有特殊说明，均采用上述方法排序。

（一）行业无形资产规模结构分析

2022年，文化与传播行业专利及非专利技术总数量为106项，均为中文在线（300364）持有。

文化与传播行业商标数量共计840项，均为华谊兄弟（300027）持有。

资质数量共计239项，平均每家企业拥有13.28项，华谊兄弟（300027）拥有资质74项，占行业总量的30.96%。

软件著作权数量共计110项，平均每家企业拥有6.11项/家，宋城演艺（300144）拥有67项，占行业总量的60.91%。

（二）行业无形资产持续能力分析

文化与传播员工本科及以上学历占比行业均值为51.97%。员工本科及以上学历占比最高的前三名企业为读客文化（301025）、中文在线（300364）和芒果超媒（300413），员工本科及以上学历分别为66.63%、66.46%和66.42%。

（三）行业无形资产竞争能力分析

文化与传播行业前五名客户占比行业均值为45.35%，前五名客户占比最高的前三的企业为唐德影视（300426）、锋尚文化（300860）及光线传媒（300251），该项指标分别为80.07%、80.06%和69.31%。

前十大股东持股比例行业均值为40.45%，前十大股东持股比例最高的前三家企业为中信出版（300788）、幸福蓝海（300528）和光线传媒（300251），该项指标分别为66.09%、66.41%和77.77%。

表14-8列示了依据无形资产竞争矩阵计算所得的创业板文化与传播行业内全部企业。

表 14-8 2022 年创业板文化与传播行业无形资产竞争力企业一览

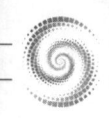

证券代码	证券名称	专利得分	商标得分	资质得分	著作权得分	技术标准得分	研发支出得分	员工学历得分	前五名客户得分	前十大股东得分	总经理薪资得分	总分
300027	华谊兄弟	0.00	1.00	1.00	0.00	0.00	0.00	0.64	0.70	0.17	0.79	4.30
300413	芒果超媒	0.00	0.00	0.07	0.00	0.00	1.00	0.98	0.44	0.39	1.00	3.87
300364	中文在线	1.00	0.00	0.34	0.00	0.00	0.40	0.97	0.20	0.30	0.33	3.54
300133	华策影视	0.00	0.00	0.38	0.00	0.00	0.04	0.80	0.76	0.49	0.59	3.07
300251	光线传媒	0.00	0.00	0.18	0.00	0.00	0.05	0.82	0.87	0.85	0.14	2.91
300426	唐德影视	0.00	0.00	0.03	0.00	0.00	0.00	0.85	1.00	0.67	0.21	2.76
300144	宋城演艺	0.00	0.00	0.12	1.00	0.00	0.05	0.48	0.30	0.57	0.14	2.67
300788	中信出版	0.00	0.00	0.16	0.00	0.00	0.07	0.72	0.37	1.00	0.31	2.64
300182	捷成股份	0.00	0.00	0.07	0.00	0.00	0.03	1.00	0.71	0.19	0.56	2.57
300860	锋尚文化	0.00	0.00	0.00	0.34	0.00	0.11	0.56	1.00	0.11	0.28	2.40
301052	果麦文化	0.00	0.00	0.07	0.00	0.00	0.04	0.83	0.69	0.46	0.25	2.33
300291	百纳千成	0.00	0.00	0.09	0.00	0.00	0.00	0.78	0.71	0.52	0.15	2.25
300654	世纪天鸿	0.00	0.00	0.28	0.00	0.00	0.01	0.65	0.39	0.63	0.06	2.02
301025	读客文化	0.00	0.00	0.08	0.00	0.00	0.00	0.97	0.59	0.14	0.25	2.02
300528	幸福蓝海	0.00	0.00	0.16	0.00	0.00	0.00	0.52	0.19	0.85	0.12	1.84
301231	荣信文化	0.00	0.00	0.07	0.00	0.00	0.01	0.73	0.43	0.24	0.14	1.61
300192	科德教育	0.00	0.00	0.09	0.30	0.00	0.05	0.74	0.12	0.19	0.09	1.59
300338	ST 开元	0.00	0.00	0.04	0.00	0.00	0.12	0.65	0.04	0.16	0.04	1.05

四、案例分析

文化与传播行业属于刚刚兴起的新兴产业，行业内企业数量较少且企业存续时间较短。华谊兄弟（300027）的无形资产竞争力在行业内排列第一，故本年度选取"华谊兄弟"作为典型样本企业进行分析[①]。

（一）企业简介

华谊兄弟传媒股份有限公司（以下简称"华谊兄弟"）成立于 2004 年，于 2019 年在深圳证券交易所上市，主要从事电影的制作、发行及衍生业务；电视剧的制作、发行及衍生业务；艺人经纪服务及相关服务业务。主要产品包括电影、电视剧，音乐的创作、发行及衍生业务，影院的投资管理运营业务。

---

① 案例企业华谊兄弟相关信息和数据均来自于企业官网、同花顺财经、东方财富网以及企业年报。

（二）无形资产相关情况分析

1. 优势分析

华谊兄弟能够在行业内成为无形资产领域的标杆企业，主要原因在于其商标指标得分居行业第一，商标指标 840 项，得分居行业第一，资质、前五名客户得分和总经理薪资得分较高、排名居前列。

2. 不足分析

由表 14-8 可知，华谊兄弟在著作权和研发支出两项得分上处于行业劣势地位。其中，著作权和研发支出与行业中其他企业相比，得分较低，著作权和研发支出得分较小，将会影响华谊兄弟未来的发展。

3. 无形资产优化建议

首先，华谊兄弟需要提高对著作权、研发支出以及专利技术的重视程度，注重对企业常规无形资产的保护，基于文化产业的特殊性，对企业文化作品的保护对企业的经营和发展有着极其重要的影响。同时，要加强对于企业创新研发的投入，通过增大研发支出的占比来提升企业的创新能力，进一步促进企业的发展。

其次，华谊兄弟需要加强品牌授权及实景娱乐，整合原创优势、管理优势和资源优势，需要严格内部控制制度，建立科学有效的风险防范机制和财务风险指标体系，实现科学长远发展。

（三）其他方面竞争优势分析

根据招股说明书和年报披露信息，华谊兄弟的核心竞争优势在于丰富的内容制作经验、完善的产业链布局和灵活的商业模式。

1. 生态布局的优势

华谊兄弟成立 27 年来，积累了丰富的行业经验和资源，建立起了影视娱乐、实景娱乐双核驱动的业务布局，是业内产业链最完善、娱乐资源最丰富的公司之一。华谊兄弟利用丰富的制作经验和全产业链布局的先发优势，反哺公司主营业务发展，强化公司核心竞争力。

2. 运营体系的优势

进行全方位孵化。对于娱乐产业的其他管理人才和专业人才，华谊兄弟不断创新激励机制和合作模式，制定职业培训和发展规划，扩充和优化人才储备。

3. 公司品牌的优势

华谊兄弟创立至今 27 年间，出品了大量优秀影视作品，并为中国娱乐产业培养了大量优质艺人。2009 年，华谊兄弟率先登陆创业板，成为中国影视行业首家上市公司，被称为"中国影视娱乐第一股"。华谊兄弟一直以前瞻性思维引领业务布局，不断坚持创新，所开创的多种商业模式引发行业效仿。近年来，该公司以内容制作为切入点积极探索国际合作，让品牌影响力扩大至海外。

华谊兄弟基于自身品牌优势和丰富的 IP 储备，积极开拓实景娱乐及品牌授权业务，率先进军文旅行业，并经过多年布局成长为文旅行业项目落地效率和完成程度最高的影视公司，从而进一步形成其在影视行业和文旅行业品牌互促互生的良性循环。

4. 专业人才的优势

华谊兄弟目前已建立了包括王中军、王中磊、冯小刚、张国立、管虎、程耳、田羽生等在内的一批优秀的影视业经营管理和创作人才队伍，与陈国富、徐克等紧密合作，并通过多种形式扶持青年导演，为影视娱乐行业储备新生代人才。同时，不断完善年轻艺人培养机制，运用全产业链资源整合能力对年轻艺人。另外，华谊兄弟以创新激励和利益分享模式，和新生代影视制作公司、导演、编剧工作室，院线公司，直播平台等产业链上下游企业通过多种方式建立伙伴关系，夯实内容生产力，完善生态构建，实现互利共赢，也为优质娱乐内容的流转和衍生拓展了更多可能。

在品牌授权与实景娱乐领域，华谊兄弟凭借强大的内容优势、品牌优势、管理优势和资源整合能力吸引了诸多企业伙伴，并建立了稳固的项目合作关系，在实景娱乐领域摸索出了一整套健康可持续的发展模式。近年来，该公司凭借全球化战略布局，与海外合作伙伴保持稳定的合作关系。该公司与好莱坞顶级导演罗素兄弟合作组建全球性的影视内容引擎，致力于全球性超级系列 IP 的投资和制作。同时，整合 20 年国际合作资源和经验，搭建中国影视海外发行服务平台，贯彻文化自信、为中国文化扬帆出海保驾护航。

5. 合作伙伴的优势

华谊兄弟以互利共赢为合作宗旨，引入了行业内外的重要战略伙伴。多年来，该公司和阿里、腾讯、复星、中国平安等企业通过多种方式建立稳定的合作关系，成为公司突破行业边界限制的强大后盾公司通过多年的丰富实践，将国外传媒产业成熟先进的管理理念与中国传媒产业的运作特点及现状相结合，将该公司各业务环节以模块化和标准化的方式进行再造，主要包括强调"营销与创作紧密结合"的创作与营销管理模块、强调专业分工的"事业部"的弹性运营管理模块以及以"收益评估+预算控制+资金回笼"为主线的综合性财务管理模块等。该公司通过贯穿始终并行之有效的创作管理（服务管理）、人才管理、营销管理、组织管理和财务管理等管理措施，来确保各业务模块在具有一定管理弹性的基础上得以标准化运作，进而保证整个业务运作体系的规范化和高效率。

报告十五

创业板与科创板上市公司无形资产年度指数（2022）

为持续跟踪研究创业板以及科创板上市公司无形资产整体质量及信息披露质量，本报告基于证监会公布的《公开发行证券的公司信息披露内容与格式准则第30号——创业板上市公司年度报告的内容与格式》（2012年修订）（以下简称《年报准则》）及2022年度创业板与科创板上市公司年度报告中的无形资产相关信息，并考虑各类型无形资产对不同行业公司重要性的差异化特征，通过构建年度信息披露指数及质量指数，对2022年度创业板与科创板上市公司的无形资产整体质量和信息披露质量进行了评价，并基于无形资产类型差异、行业差异以及地区差异进行了比较分析。此外，由于无形资产已逐步成为创业板以及科创板上市公司实现技术进步和创新发展的核心竞争要素，本报告新构建了创业板以及科创板上市公司无形资产价值评价指数，旨在从无形资产角度量化分析上市公司创新能力和企业价值。因此，本报告中2022年创业板以及科创板上市公司无形资产年度指数由信息披露指数、无形资产质量指数和无形资产价值评价指数三项指数共同构成。

一、2022年度无形资产信息披露指数的构建

（一）评价样本

截至2022年12月31日，共有1 232家公司在创业板上市，501家公司在科创板上市，且创业板1 232家公司以及科创板501家公司均披露了2022年年报。本报告将上述公司纳入统计样本，并根据证监会二级行业（2012年）的样本数量及代表性，将全部样本公司分为医药制造、互联网及相关服务、机械设备仪表[①]、计算机通信及电子、软件及信息技术服

[①] 为便于统计分析，本报告将专用设备制造业、通用设备制造业、电器机械和器械制造业、仪器仪表制造业等4个二级行业统归为机械设备仪表业。

务、化学橡胶塑料、文化传播及其他①共 8 个二级行业，并分别计算各行业的 2022 年度无形资产信息披露指数。

基于以上说明，创业板上市公司 2022 年度无形资产信息披露指数的评价样本如表 15-1 所示：

表 15-1 2022 年度无形资产信息披露指数评价样本

数据来源	样本数量	行业分类
创业板 2022 年年报	1 232 家 （不含已退市、未使用证券代码及当年新上市不强制要求披露且年报的公司）	机械设备仪表（324 家） 计算机、通讯及电子行业（181 家） 软件、信息技术服务业（154 家） 化学橡胶塑料（135 家） 医药制造（72 家） 互联网及相关服务业（24 家） 文化传播（18 家） 其他（315 家）
科创板 2022 年年报	501 家 （不含已退市、未使用证券代码及当年新上市不强制要求披露且年报的公司）	机械设备仪表（140 家） 计算机、通讯及电子行业（115 家） 软件、信息技术服务业（70 家） 医药制造（60 家） 化学橡胶塑料（30 家） 其他（86 家）

（二）指标选取

创业板以及科创板上市公司 2022 年度信息披露指数用于反映创业板以及科创板上市公司 2022 年年报的无形资产信息披露质量，其评价体系由三级指标构成，一级指标为无形资产门类，二级指标为无形资产具体类型，三级指标为各类型无形资产的信息披露要素。各级指标的组成及选取依据如下：

一级指标：包括技术类、市场类及人力资源类三项指标。基于《蓝皮书》系列报告对创业板上市公司无形资产的结构性分类，可将其粗略分为技术类、市场类、资质类、人力资源类及无形资产相关投入共 5 大类型。由于以研发支出、期间费用、政府补助为代表的无形资产相关投入信息在创业板上市公司年度报告中的披露情况较为规范和统一，且信息披露要素较少，难以体现样本公司信息披露的横向差异，故不纳入该指标体系中。另外，由于资质类无形资产与企业市场竞争力高度相关，本报告将资质类无形资产纳入市场类无形资产中。

---

① 凡不属于前述 7 类二级行业的其他样本公司均归入其他行业，主要涵盖的行业有：农林牧渔业、商业服务业、非金属矿物制品业、环保业、土木工程建筑业等。

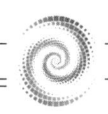

二级指标： 技术类无形资产包含专利、非专利技术、技术标准及软件著作权四项二级指标；市场类无形资产包含商标、资质、客户及市场竞争地位四项二级指标；人力资源类无形资产包含高管、独立董事及员工三项二级指标。另外，因股东类人力资本信息无规律地披露于年度报告中，增加了信息统计的难度，故不纳入指标体系。由于证监会对高级管理人员相关信息（包括总经理、财务总监、董事会秘书）的披露规制比较统一，且在信息统计的过程中发现高管信息披露呈现较为一致的情形，为避免重复统计，本报告以总经理的信息披露质量代表企业高管的普遍信息披露水平。

三级指标： 即各类型无形资产的信息披露要素。考虑到相关要素的多样性和复杂性，本报告对三级指标的选择结合相关规制披露要素与实际披露情况综合制定，并基于重要性原则，对证监会 30 号准则中的或有指标或经统计后均未披露的指标进行适当剔除，以保证各项三级指标的普遍性和代表性，降低偶然性信息对企业整体无形资产信息披露质量的影响。

（三）权重设置

为客观反映无形资产各信息要素之间的相对重要性及各行业对不同类型无形资产的依赖性，本报告依据专家问卷调查的结果对上述三级指标的权重进行了设置。其中，一级指标的权重主要因行业差异而发生变化，二级指标的权重则保持固定以便进行统计处理，三级指标的权重则主要体现了各信息要素之间的相对重要性。基于专家打分的结果，各级指标的权重设置如表 15-2、表 15-3、表 15-4 所示：

表 15-2　基于专家调查的一级指标权重设置

行业	技术类权重	市场类权重	人力资源类权重
机械设备仪表	40%	35%	25%
软件、信息技术服务业	45%	30%	25%
医药制造	45%	25%	30%
计算机、通讯及电子行业	40%	25%	35%
化学橡胶塑料	35%	40%	25%
互联网及相关服务业	30%	25%	45%
文化与传播行业	25%	45%	30%
其他	33%	33%	33%

表 15-3　基于专家调查的二级指标权重设置

技术类无形资产			
专利	非专利技术	技术标准	软件著作权
25%	25%	25%	25%
市场类无形资产			
商标	资质	客户	竞争地位
30%	30%	10%	30%

续表

人力资源类无形资产		
高管	独立董事	员工
35%	35%	30%

表15-4 基于专家调查的重要三级指标[①]

二级指标	最重要的三项三级指标
专利	专利类型、授权日期、许可质押担保信息
非专利技术	功能及用途、技术水平、许可使用情况
技术标准	标准级别、企业参与程度、发布单位
软件著作权	取得方式、权利范围、首次发表日期
商标	适用范围、商标荣誉、授权情况
客户	客户集中度、客户性质、关联客户
竞争地位	市场竞争程度、竞争对手、细分市场排名
资质	类型、级别、产生的竞争优势
高管	学历及职称、职业经历、股权比例
独立董事	学历背景、职业经历、履职情况
股东	类型、关联关系、限售承诺
员工	总数、专业结构、技术人员占比

（四）计分方法

基于以上指标体系，本报告采取如下步骤对所有样本公司2022年年报中的无形资产信息进行计分，从而计算其年度无形资产信息披露指数。

1. 各项三级指标信息已披露的得1分，未披露的得0分，基于三级指标的相对权重进行加权求和，并转化为百分制，从而获得企业的各项二级指标得分。

2. 基于二级指标的权重，对二级指标得分进行加权平均，从而获得企业的各项一级指标得分。

3. 基于一级指标的权重，对一级指标得分进行加权平均，从而获得企业的最终得分，即年度信息披露指数。

4. 由于技术类无形资产所包含的四项二级指标均为或有指标，部分企业可能存在并不全部拥有各类无形资产的情况，为避免或有指标对信息披露得分所产生的影响，本报告在面临上述情况时，会自动将未披露的或有指标的权重平均分摊至其他已有指标[②]，从而客观评价样本公司的信息披露质量。

---

① 重要的三级指标将在指标体系中获得相对其他普通三级指标更高的计分权重。

② 例如，当某企业并不拥有专利时，则非专利技术、技术标准及软件著作权的权重则同时变更为33%，从而消除专利缺失对该企业总分的影响。

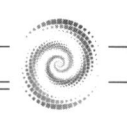

5. 样本公司 2022 年度信息披露指数的理论最高分为 100 分，最低分为 0 分，兼具绝对得分与相对得分的特征。即对同一行业的样本公司而言，该指数既反映样本公司信息披露实际情况与理想情况所存在的绝对差距，又反映同行业内不同公司之间的相对差距，可以较为客观地衡量样本公司 2022 年年报的无形资产信息披露质量。

经过以上指标选取及权重设置，基于 2022 年年度报告的创业板以及科创板上市公司无形资产年度信息披露指数的指标体系如表 15-5 所示。考虑到行业的差异性，本表以机械设备仪表行业为例，其他行业仅在一级指标的权重设置上有所不同，二级指标及三级指标的权重均保持一致。

表 15-5　2022 年度无形资产信息披露指数指标体系

二级行业	一级指标	二级指标	三级指标	权重
机械设备仪表	技术类（40%）	专利（25%）	专利数量	5%
			专利名称	5%
			专利类型	15%
			专利号或申请号	5%
			专利权人或申请人	10%
			授权日期或申请日期	15%
			取得方式	10%
			重要程度	10%
			法律状态	10%
			许可、质押、担保信息	15%
		非专利技术（25%）	技术数量	5%
			技术名称	5%
			取得方式	10%
			功能及用途	15%
			取得时间	10%
			技术水平	15%
			许可使用情况	15%
			重要程度	10%
			账面价值	5%
			权属人	10%
		技术标准（25%）	标准名称	10%
			标准类型	20%
			标准发布单位	20%
			企业参与程度	20%
			标准所处阶段	20%
			标准数量	10%
		著作权（25%）	著作权数量	5%
			名称	5%
			登记号	10%

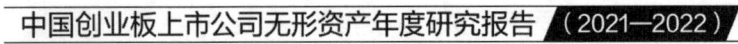

续表

二级行业	一级指标	二级指标	三级指标	权重
机械设备仪表	技术类（40%）	著作权（25%）	证书编号	10%
			取得方式	15%
			首次发表日期	15%
			权利范围	15%
			保护期限	10%
			重要程度	5%
			账面价值	10%
	市场类（35%）	商标（30%）	商标数量变化情况及原因	5%
			适用范围	15%
			商标荣誉	15%
			取得方式	10%
			授权、许可情况	15%
			注册时间	5%
			使用地域	10%
			法律状态	10%
			商标权人	10%
			最近一期账面价值	5%
		资质（30%）	准入类	40%
			能力类	30%
			荣誉类	30%
		客户（10%）	前5名客户名称	15%
			前5名客户的性质	25%
			客户集中度	25%
			关联客户及同一控制下客户信息	20%
			销售合同信息	15%
		竞争地位（30%）	预期目标实现情况	20%
			总体经营情况	20%
			主要产品销量及市场变动	20%
			企业市场竞争力变动	20%
			市场竞争格局变动	20%
	人力类（25%）	高管（35%）	姓名	5%
			任期	5%
			性别	5%
			年龄	5%
			学历	10%
			职称	10%
			年度薪酬情况	10%
			年初、年末持股情况及变动量	10%
			持股变动的原因	10%
			最近五年主要工作经历	10%

续表

二级行业	一级指标	二级指标	三级指标	权重
机械设备仪表	人力类（25%）	高管（35%）	是否在股东单位任职	5%
			报酬的决策程序及依据	5%
			兼职情况	5%
			股权激励计划	5%
		独董（35%）	姓名	5%
			性别	5%
			年龄	5%
			国籍及境外居留权	5%
			学历	5%
			职称	5%
			持股情况	10%
			兼职情况	5%
			税前报酬总额	10%
			报酬的决策程序及依据	10%
			任期	5%
			最近五年主要工作经历	5%
			曾经担任的重要职务	5%
			是否对公司有关事项提出过异议	10%
			独立董事履行职责情况	10%
		员工（30%）	员工人数及变化	20%
			专业结构	20%
			教育程度	15%
			年龄分布	15%
			社会保障情况	10%
			离退休人员数量	10%
			人员变动对发行人影响	10%

二、2022年度无形资产信息披露指数的统计

基于以上指标体系，本报告对1 232家创业板样本公司以及501家科创板样本公司2022年年度报告的无形资产信息披露质量进行了量化打分，从而获得其年度信息披露指数。受篇幅所限，所有样本公司的具体得分请参见本书的附表A，下文仅对样本公司的指数得分进行统计分析。

（一）总体情况

1. 创业板总体情况

创业板上市公司2022年度信息披露指数的描述统计量及频率分布分别如表15-6、表

15-7 所示。统计结果表明，创业板上市公司年度信息披露指数得分均值较低，仅为 44.04 分，依然处于"不及格"状态，但相比 2021 年的 38.37 分有所上升。从频率分布来看，年度信息披露指数得分相对较为集中，呈现出正态分布特征，但横向差异较为明显，最高分与最低分之间的差值接近 40 分，其中有 174 家公司指数得分达到 50 分以上。

表 15-6　2022 年度创业板信息披露指数描述统计量

指标	N	最大值	最小值	均值
信息披露指数	1 232	61.60	21.34	44.04

表 15-7　2022 年度创业板信息披露指数频率分布

分值区间	公司数量（家）	占比
[0，25)	1	0.08%
[25，30)	6	0.49%
[30，40)	268	21.75%
[40，50)	783	63.56%
[50，55)	144	11.69%
[55，100)	30	2.43%
合计	1 232	100%

2. 科创板总体情况

科创板上市公司 2022 年度信息披露指数的描述统计量及频率分布分别如表 15-8、表 15-9 所示。统计结果表明，科创板上市公司年度信息披露指数得分均值较低，仅为 45.31 分，依然处于"不及格"状态，但高于创业板样本公司信息披露指数得分均值。从频率分布来看，年度信息披露指数得分相对较为集中，呈现出正态分布特征，但横向差异较为明显，最高分与最低分之间的差值为 37.32 分，其中有 83 家公司指数得分达到 50 分以上。与创业板样本公司相同，绝大多数样本公司信息披露指数得分位于 40 分到 50 分之间。

表 15-8　2022 年度科创板信息披露指数描述统计量

N	最大值	最小值	均值
501	65.33	28.01	45.31

表 15-9　2022 年度科创板信息披露指数频率分布

分值区间	公司数量（家）	占比
[0，30)	1	0.20%
[30,40)	58	11.58%
[40,50)	359	71.66%
[50,55)	75	14.97%
[55,100)	8	1.60%
合计	1 232	100%

（二）基于无形资产类型差异的分析

为进一步解构 2022 年度信息披露指数，本报告对各项一级指标的得分进行了描述性统计，结果如表 15-10、表 15-11 所示。统计结果表明，从无形资产的类型差异来看，技术类及市场类无形资产信息披露得分相对较低，而人力资源类无形资产信息披露得分相对较高，且优势明显。其主要原因在于《年报准则》对人力资源类无形资产相关要素的披露规则较为严格、明确和详细，上市公司并无太多自主调整的空间，从而提高了信息披露质量。此外，创业板的技术类得分以及市场类得分明显低于科创板，而其人力资源类得分略高于科创板。

表 15-10　2022 年度创业板信息披露指数一级指标描述统计量

分类	最大值	最小值	均值
技术类得分	37.55	0	4.55
市场类得分	74	24	53.08
人力资源类得分	86.5	48	85.29

表 15-11　2022 年度科创板信息披露指数一级指标描述统计量

分类	最大值	最小值	均值
技术类得分	35	0	8.35
市场类得分	74.5	24	55.88
人力资源类得分	86.5	58.5	84.29

（三）基于行业差异的分析

为体现样本公司 2022 年度信息披露指数的行业差异，本报告对前述 8 个二级行业的指数得分进行了描述性统计，结果如表 15-12、表 15-13 所示。

统计表明，就创业板而言，互联网及相关服务、化学橡胶塑料、文化传播和其他行业共四大类行业的得分均值超过全样本均值（44.04 分），医药制造、机械设备仪表和计算机通信及电子的得分均值都在 40~44 分之间，虽都略低于全样本均值，但相互间差异不大。软件、信息技术服务行业的得分均值仅为 39.27 分，相较其他行业差距较大。但考虑到单一年度得分的偶然性因素，持续信息披露指数的行业差异特征还有待在更长的观测区间内考察。

就科创板而言，化学橡胶和计算机通信及电子和其他行业共三大类行业的得分均值超过全样本均值（45.31 分），医药制造、机械设备仪表、软件、信息技术服务的得分均值在 41~45 分之间，但这三者之间相差较大。整体上，科创板各行业信息披露指数的均值都高于创业板。

表 15-12 2022 年度创业板信息披露指数的行业比较

行业	互联网及相关服务	其他	文化传播	化学橡胶塑料	计算机通信及电子	机械设备仪表	医药	软件、信息技术服务
样本数量	28	329	9	135	181	324	72	154
均值	52.34	47.65	47.45	44.91	43.97	42.37	40.25	39.27
最高分	61.60	58.17	55.01	57.89	53.78	57.00	50.99	48.26
最低分	46.19	28.83	43.23	35.39	30.53	21.34	27.7	26.23
均值排名	1	2	3	4	5	6	7	8

表 15-13 2022 年度科创板信息披露指数的行业比较

行业	其他	化学橡胶塑料	计算机通信及电子	机械设备仪表	软件、信息技术服务	医药
样本数量	86	30	115	140	70	60
均值	50.54	47.73	45.87	44.59	41.72	41.37
最高分	65.33	55.88	54.18	54.29	52.14	48.4
最低分	43.5	40.74	33.65	35.89	28.01	35.05
均值排名	1	2	3	4	5	6

（四）基于地区差异的分析

1．创业板地区差异

由于本报告主要研究大陆内地的上市公司，剔除香港、澳门两个特别行政区以及台湾之后，根据省级行政区划分样本公司，总共 30 个省份（青海省公司数量为 0，不纳入统计范围）包括 21 个省、5 个自治区和 4 个直辖市。宁夏回族自治区、贵州省、广西壮族自治区、内蒙古自治区、海南省、甘肃省、黑龙江省、山西省、云南省、西藏自治区、吉林省、重庆市、新疆维吾尔自治区的公司数量少于 10，将其归类为其他进行统计。分别计算各地区的 2023 年度无形资产信息披露指数，各地区得公司数量如表 15-14 所示。

表 15-14 2022 年度创业板无形资产信息披露指数评价样本

省份	公司数量（家）	省份	公司数量（家）
广东省	281	湖北省	37
江苏省	175	湖南省	34
浙江省	156	安徽省	34
北京市	129	河南省	27
上海市	76	江西省	20
其他	58	河北省	18
山东省	58	辽宁省	15
四川省	43	陕西省	15
福建省	43	天津市	13

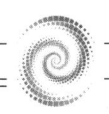

为体现样本公司无形资产信息披露指数的地区差异，本报告对前述样本公司的信息披露指数进行了描述性统计，结果如表 15-15 所示。统计结果表明，河南省、江西省、湖南省、安徽省、浙江省、陕西省、江苏省、河北省这 8 个省份的信息披露指数得分高于均值 44.04 分；其余省份均低于均值，其中只有辽宁省的样本公司信息披露指数得分均值低于 43 分，其余省份信息披露指数得分集中分布在 43 分左右，并且相差不大。河北省的样本公司信息披露指数得分均值（45.39）超过其他省份，成为无形资产信息披露指数最高的省份；辽宁省的样本公司信息披露指数得分均值（42.07）排名最后，成为无形资产信息披露指数最低的省份。

表 15-15　2022 年度创业板无形资产信息披露指数地区比较

省份	数量	均值	均值标准化	最大值	最小值	排名
河北省	18	45.39	100.00	56.08	37.26	1
江苏省	175	44.91	85.45	58.17	31.25	2
陕西省	15	44.86	84.03	54.42	35.60	3
浙江省	156	44.73	79.92	56.55	28.45	4
安徽省	33	44.46	71.98	56.75	34.00	5
湖南省	34	44.43	70.98	56.01	37.70	6
江西省	20	44.42	70.78	55.58	35.08	7
河南省	27	44.42	70.53	57.89	35.48	8
湖北省	36	43.99	57.81	54.90	34.14	9
山东省	59	43.84	53.23	61.60	34.55	10
广东省	282	43.79	51.77	56.83	27.70	11
北京市	129	43.63	46.98	56.50	31.98	12
天津市	13	43.54	44.15	49.15	38.75	13
福建省	43	43.39	39.78	54.08	26.23	14
四川省	43	43.10	31.03	52.42	21.34	15
上海市	76	43.07	30.05	60.43	32.28	16
辽宁省	15	42.07	0.00	51.50	31.08	17
其他	58	43.49	42.81	57.33	28.49	-

2．科创板地区差异

由于本报告主要研究大陆内地的上市公司，剔除中国香港、澳门两个特别行政区及中国台湾之后，根据省级行政区划分样本公司，总共 30 个省份（青海省公司数量为 0，不纳入统计范围）包括 21 个省、5 个自治区和 4 个直辖市，福建省、贵州省、海南省、河南省、黑龙江省、吉林省、江西省、辽宁省、天津市、新疆维吾尔自治区、重庆市的公司数量少于 10，将其归类为其他进行统计。分别计算各地区的 2023 年度无形资产信息披露指数，各地区得公司数量如表 15-16 所示。

表 15-16　2022 年度科创板无形资产信息披露指数评价样本

省份	公司数量（家）	省份	公司数量（家）
江苏省	95	山东省	21
广东省	77	安徽省	19
上海市	76	四川省	17
北京市	65	湖南省	14
其他	50	陕西省	12
浙江省	43	湖北省	12

为体现样本公司无形资产信息披露指数的地区差异，本报告对前述样本公司的信息披露指数进行了描述性统计，结果如表 15-17 所示。统计结果表明，湖南省、陕西省、安徽省、湖北省、山东省、江苏省这 6 个省份的信息披露指数得分高于均值 45.31 分；其余省份均低于均值，其中只有四川省的样本公司信息披露指数得分均值低于 44 分，其余省份信息披露指数得分集中分布在 44 分到 45 分左右，并且相差不大。湖南省的样本公司信息披露指数得分均值（47.42）超过其他省份，成为无形资产信息披露指数最高的省份；四川省的样本公司信息披露指数得分均值（43.85）排名最后，成为无形资产信息披露指数最低的省份。

表 15-17　2022 年度科创板无形资产信息披露指数地区比较

省份	数量	均值	均值标准化	最大值	最小值	排名
湖南省	14	47.42	100.00	51.83	36.96	1
陕西省	12	47.01	88.66	51.69	41.63	2
安徽省	19	46.82	83.26	55.92	40.26	3
湖北省	12	46.37	70.48	55.58	37.04	4
山东省	21	45.86	56.21	56.83	38.33	5
江苏省	95	45.34	41.73	55.88	36.79	6
浙江省	43	45.17	36.93	53.33	37.68	7
广东省	77	45.10	35.01	54.75	33.65	8
上海市	76	44.80	26.70	54.67	34.21	9
北京市	65	44.29	12.36	54.83	35.89	10
四川省	17	43.85	0.00	52.42	36.40	11
其他	50	46.19	65.57	65.33	28.01	-

三、2022 年度无形资产质量指数的构建

（一）样本范围

2022 年度创业板上市公司无形资产质量指数的样本范围与年度信息披露指数一致，在

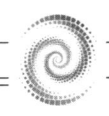

此不再赘述。

（二）指标选择

1. 指标选取的原则

影响创业板上市公司和科创板上市公司无形资产整体质量的因素较为复杂，为实现评价目标，在选取指标时应遵循以下原则：

全面性原则：企业无形资产质量指数是一个多维度、多层次的复杂系统，涵盖了从相关资金投入到经营绩效的多方面内容，需要建立一套全面、系统的指标体系进行评价。

科学性原则：构建的指标体系应当与企业无形资产整体质量有直接的联系，能够恰当反映评价样本的无形资产竞争力，从而满足客观监测和科学评价的功能。

重要性原则：在繁杂的各类指标中，应当优先使用最具有代表性、最能反映评价要求的核心指标，从而增强评价模型的适用性。

可比性原则：由于存在行业、规模、经营方式等因素的差异，不同企业的指标在绝对数上往往不具有可比性，应采用相对数指标削减这一影响，确保同一行业内不同企业的指标口径一致，行业间的指标口径则应保持一定的差异。

可得性原则：质量指数的编制必须基于定量分析，因此选取的指标必须有可靠的数据来源和准确的量化方法，指标数量不宜过多以便于操作。

2. 指标选取结果

无形资产质量指数用于反映创业板上市公司和科创板上市公司各年度的无形资产整体质量和竞争能力，其评价体系由两级指标构成，一级指标为无形资产质量评价维度，二级指标为与无形资产相关的具体数量指标和财务指标。基于上述指标选取原则，用于构建无形资产质量指数的各级指标组成如下：

一级指标：包括无形资产账面价值、无形资产规模能力、无形资产持续能力及无形资产竞争能力四个维度。无形资产账面价值是反映企业无形资产存续状况的基础性财务指标，尽管会计制度的局限性使得该项指标并不能如实反映企业无形资产的市场价值，但基于可比性原则，对该项指标的使用仍具有一定的合理性。无形资产规模能力主要是对企业无形资产的存续规模进行描述，从数量角度评价企业的无形资产竞争力。无形资产持续能力用于反映企业创造、积累无形资产的持续性，持续能力越强的企业所具备的发展潜力往往也越高。无形资产竞争能力则体现了企业利用无形资产创造经营业绩的最终效果，是企业无形资产质量优劣的直接表现，一般采用财务指标进行反映。

二级指标：无形资产账面价值只包含企业无形资产覆盖率这1项二级指标。无形资产

规模能力包含专利数量、技术标准数量、商标数量、资质数量及著作权数量 5 项二级指标。无形资产持续能力包含研发支出强度、专业人员密度、员工素质、政府补助强度及销售投入 5 项二级指标。无形资产竞争能力包含营业利润率、资产收益率及每股净收益 3 项二级指标。

考虑到指标的科学性和严谨性，本报告对各项二级指标的数据处理采用以下方法：一是无形资产规模能力所包含的 5 项二级指标均采用截至 2022 年末的无形资产存量指标，而非当年的增量指标；二是企业所拥有的专利、商标及著作权数量均为已授权、注册和登记的数量，正在申请的专利、商标和著作权均不纳入统计范围；三是考虑到指标的覆盖率，上述 14 项指标并未全部纳入所有行业的评价体系中，各行业二级指标数量在 10～14 项之间；四是为体现行业特征，部分二级指标在不同行业中的选取会有所差异，如将资质数量细分为准入类、能力类和荣誉类，将专业人员密度细分为销售人员、技术人员和生产人员等。

3. 各项指标的含义

构建年度无形资产质量指数所需的指标体系共包含上述 4 项一级指标和 14 项二级指标，二级指标的含义及计算方法如表 15-18 所示。

表 15-18　无形资产质量指数二级指标的含义及计算

一级指标	二级指标	含义及计算方法	单位
无形资产账面价值	无形资产覆盖率	年末无形资产账面价值/总资产账面价值	%
无形资产规模能力	专利数量	已获授权专利（或发明专利）总量	项
	技术标准数量	参与定制国际、国家和行业技术标准的数量	项
	商标数量	持有注册商标数量	项
	资质数量	各类型（准入、能力、荣誉）资质数量	项
	著作权数量	所获软件著作权（或作品著作权）数量	项
无形资产持续能力	研发支出强度	当年研发支出/当年营业收入	%
	专业人员密度	技术人员（或销售人员、生产人员）占比	%
	员工素质	本科以上学历员工占比	%
	政府补助强度	当年所获政府补助/当年营业收入	%
	销售投入	当年销售费用/当年营业收入	%
无形资产竞争能力	营业利润率	当年营业利润/当年营业收入	%
	资产收益率（ROA）	当年利润总额/平均资产总额	%
	每股净收益（EPS）	当年净利润/年末股本总额	元

（三）权重设置

为客观反映各项评价指标的相对重要性及各行业对不同类型无形资产的依赖性，本报

告依据专家问卷调查的结果对上述两级指标的权重进行了设置。其中，一级指标的权重一般保持固定以便进行统计处理，除文化与传播行业外，其余 7 类行业的 4 项一级指标的权重分别设置为 10%、25%、40% 和 25%。二级指标权重的设置则基于指标种类和具体内容的差异对 8 类行业进行了有针对性地微调，但在整体上基本保持一致。

经过以上指标选取及权重设置，基于 2022 年年度报告的创业板上市公司和科创板上市公司的 2022 年度无形资产质量指数评价指标体系如表 15-19 所示。

表 15-19　2022 年度无形资产质量指数评价指标体系

所属二级行业	一级指标	二级指标	权重
文化与传播行业	无形资产规模能力（30%）	持有商标数量	20%
		资质总量	30%
		作品著作权数量	50%
	无形资产持续能力（40%）	销售人员占比	30%
		员工素质	30%
		政府补助强度	10%
		销售投入	30%
	无形资产竞争能力（30%）	营业利润率	30%
		资产收益率	40%
		每股净收益	30%
医药制造	无形资产账面价值（10%）	无形资产覆盖率	100%
	无形资产规模能力（25%）	发明专利数量	30%
		持有商标数量	20%
		准入类资质数量	50%
	无形资产持续能力（40%）	研发支出强度	30%
		技术人员占比	20%
		员工素质	20%
		政府补助强度	10%
		销售投入	20%
	无形资产竞争能力（25%）	营业利润率	30%
		资产收益率	40%
		每股净收益	30%
机械设备仪表	无形资产账面价值（10%）	无形资产覆盖率	100%
	无形资产规模能力（25%）	发明专利数量	30%
		技术标准数量	10%
		持有商标数量	10%
		能力类资质数量	25%
		软件著作权数量	25%
	无形资产持续能力（40%）	研发支出强度	30%
		生产人员占比	20%
		员工素质	20%
		政府补助强度	10%
		销售投入	20%

续表

所属二级行业	一级指标	二级指标	权重
机械设备仪表	无形资产竞争能力（25%）	营业利润率	30%
		资产收益率	40%
		每股净收益	30%
软件、信息技术服务业	无形资产账面价值（10%）	无形资产覆盖率	100%
	无形资产规模能力（25%）	发明专利数量	30%
		技术标准数量	10%
		持有商标数量	10%
		能力类资质数量	25%
		软件著作权数量	25%
	无形资产持续能力（40%）	研发支出强度	30%
		技术人员占比	20%
		员工素质	20%
		政府补助强度	10%
		销售投入	20%
	无形资产竞争能力（25%）	营业利润率	30%
		资产收益率	40%
		每股净收益	30%
互联网及相关服务业	无形资产账面价值（10%）	无形资产覆盖率	100%
	无形资产规模能力（25%）	发明专利数量	30%
		持有商标数量	20%
		能力类资质数量	25%
		软件著作权数量	25%
	无形资产持续能力（40%）	研发支出强度	30%
		技术人员占比	20%
		员工素质	20%
		政府补助强度	10%
		销售投入	20%
	无形资产竞争能力（25%）	营业利润率	30%
		资产收益率	40%
		每股净收益	30%
计算机、通讯及电子	无形资产账面价值（10%）	无形资产覆盖率	100%
	无形资产规模能力（25%）	发明专利数量	30%
		持有商标数量	20%
		能力类资质数量	25%
		软件著作权数量	25%
	无形资产持续能力（40%）	研发支出强度	30%
		生产人员占比	20%
		员工素质	20%
		政府补助强度	10%
		销售投入	20%

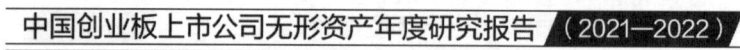

续表

所属二级行业	一级指标	二级指标	权重
计算机、通讯及电子	无形资产竞争能力（25%）	营业利润率	30%
		资产收益率	40%
		每股净收益	30%
化学橡胶塑料	无形资产账面价值（10%）	无形资产覆盖率	100%
	无形资产规模能力（25%）	发明专利数量	30%
		技术标准数量	20%
		持有商标数量	25%
		准入类资质数量	25%
	无形资产持续能力（40%）	研发支出强度	30%
		生产人员占比	20%
		员工素质	20%
		政府补助强度	10%
		销售投入	20%
	无形资产竞争能力（25%）	营业利润率	30%
		资产收益率	40%
		每股净收益	30%
其他行业	无形资产账面价值（10%）	无形资产覆盖率	100%
	无形资产规模能力（25%）	专利数量	30%
		技术标准数量	10%
		持有商标数量	10%
		资质总数量	25%
		软件著作权数量	25%
	无形资产持续能力（40%）	研发支出强度	30%
		技术人员占比	20%
		员工素质	20%
		政府补助强度	10%
		销售投入	20%
	无形资产竞争能力（25%）	营业利润率	30%
		资产收益率	40%
		每股净收益	30%

（四）计分方法

创业板上市公司和科创板上市公司无形资产质量评价计分方法的根本是对评价指标进行无量纲化处理以消除原始变量量纲的影响。首先，要确定每个指标2个标准值，然后分别给2个标准值打分，由标准值1（分数1）及标准值2（分数2）确定计分公式，进而可确定每一个指标实际值对应的得分，再通过指标权重与指标实际值得分的加权平均运算得到指标综合得分值，从而得到行业内每家样本公司的无形资产质量指数。

具体而言，本报告采用"两点法"对二级指标进行无量纲化处理，即利用专家评判法给标准值1（行业最低值，记0分）和标准值2（行业最高值，记100分）打分，从而形成两个确定的点，利用这两个点就可以确定一条以指标实际值为自变量、以二级指标得分为因变量的一次线性函数方程，从而确定每个实际指标值所对应的分数。最后利用加权平均法即可得出每家样本公司的一级指标得分和最终得分，该得分即为企业的无形资产质量指数。

四、2022年度无形资产质量指数的统计

基于以上指标体系，本报告对创业板1 232家样本公司和科创板501家样本公司的2022年年度报告所体现的无形资产整体质量进行量化打分，从而获得其无形资产质量指数。受篇幅所限，所有样本公司的具体得分请参见本书的附表B，下文仅对样本公司的质量指数得分进行统计分析。

（一）总体情况

1. 创业板总体情况

样本公司无形资产质量指数的描述统计量及频率分布分别如表15-20、表15-21所示。统计结果表明，2022年创业板上市公司无形资产质量指数得分均值较低，仅为28.12分，说明创业板上市公司无形资产整体质量不高。从频率分布来看，无形资产质量指数得分较为集中，呈现出明显的正态分布特征，横向差异并不明显，其中，九成以上公司的得分在20至40分之间，集中度较高。但相较于无形资产信息披露指数，创业板上市公司的无形资产质量指数分布则相对分散，样本极差超过32分，分值区间包含6个分数段，说明不同企业间的无形资产质量差异较为明显。与此同时，得分在40分以上的无形资产整体质量较高的企业占比仅为0.73%，说明无形资产综合竞争力较强的领先企业依然偏少。

表15-20 2022年创业板无形资产质量指数描述统计量

指标	N	最大值	最小值	均值
无形资产质量指数	1 232	46.11	13.12	28.12

表15-21 2022年创业板无形资产质量指数频率分布

分值区间	公司数量（家）	占比
[10，20)	2	0.16%
[20，25)	215	17.45%
[25，30)	738	59.90%
[30，35)	207	16.80%

续表

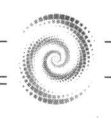

分值区间	公司数量（家）	占比
[35，40)	61	4.95%
[40，50)	9	0.73%
合计	1 232	100%

2．科创板总体情况

样本公司无形资产质量指数的描述统计量及频率分布分别如表 15-22、表 15-23 所示。统计结果表明，2022 年科创板上市公司无形资产质量指数得分均值较低，仅为 22.67 分，表明科创板上市公司无形资产整体质量不高。从频率分布来看，无形资产质量指数得分较为集中在 10 至 25 分之间，集中度较高，但得分较低。科创板上市公司的无形资产质量指数样本极差超过 32 分，分值区间包含 6 个分数段，说明不同企业间的无形资产质量差异较为明显。与此同时，得分在 35 分以上的无形资产整体质量较高的企业占比仅为 0.79%，没有得分在 40 分以上的企业，说明无形资产综合竞争力较强的领先企业依然偏少。与创业板相比，科创板的得分都相对偏低，主要集中在 25 分以下，得分高的企业较少。总体而言，科创板的无形资产质量指数均不高，与创业板上市公司有明显差异。

表 15-22　2022 年科创板无形资产质量指数描述统计量

指标	N	最大值	最小值	均值
无形资产质量指数	501	40.00	12.73	22.67

表 15-23　2022 年科创板无形资产质量指数频率分布

分值区间	公司数量（家）	占比
[10，20)	111	22.02%
[20，25)	285	56.55%
[25，30)	79	15.67%
[30，35)	25	4.96%
[35，40)	4	0.79%
[40，50)	0	0.00%
合计	501	100%

（二）基于评价维度差异的分析

1．创业板评价维度差异

为进一步解构无形资产质量指数，本报告对各项一级指标的得分进行了描述性统计，结果如表 15-24 所示。统计结果表明，从一级指标的差异来看，创业板上市公司的无形资产规模能力相对较差，且企业间的差距较为明显。尽管本报告在指标体系的设置中剔除了

个别覆盖率极低的指标，但仍有部分企业在该指标上的得分明显偏低，说明其无形资产规模和结构尚未形成企业的核心竞争力。相较于规模能力，创业板上市公司的无形资产持续能力的描述性指标与质量指数基本保持一致。

值得注意的是，样本公司无形资产竞争能力的描述性指标远远高于质量指数，这是因为该项一级指标是由3项财务指标构成，体现出创业板上市公司无形资产的运行效果相对较好，在企业无形资产规模能力相对不足的条件下依然通过有效经营实现了盈利。

表15-24　2022年创业板无形资产质量指数一级指标描述统计量

指标	最大值	最小值	均值
无形资产账面价值	100	0	5.79
无形资产规模能力	50.00	0	1.66
无形资产持续能力	62.19	0.55	20.05
无形资产竞争能力	84.05	33.69	76.34

2．科创板评价维度差异

为进一步解构无形资产质量指数，本报告对各项一级指标的得分进行了描述性统计，结果如表15-25所示。统计表明，从一级指标的差异来看，科创板上市公司的无形资产规模能力相对较差，且企业间的差距较为明显。相较于规模能力，科创板上市公司的无形资产持续能力的描述性指标与质量指数基本保持一致。但样本公司无形资产竞争能力的得分远高于其他指标得分，体现了科创板上市公司无形资产的运行效果相对较好，在企业无形资产规模能力相对不足的条件下依然通过有效经营实现了盈利。总体而言，上市公司的无形资产质量指数得分普遍不高。与创业板上市公司相比，科创板上市公司每一个一级指标的得分均值都偏低，且样本极值均大于五十分，企业之间的纵向差距较为明显。

表15-25　2022年科创板无形资产质量指数一级指标描述统计量

指标	最大值	最小值	均值
无形资产账面价值	99.14	0	11.70
无形资产规模能力	51.47	0	4.14
无形资产持续能力	85.91	0	17.72
无形资产竞争能力	100.00	17.01	53.52

（三）基于行业差异的分析

1．创业板行业差异

为体现样本公司无形资产质量指数的行业差异，本报告对前述8个二级行业的指数得分进行了描述性统计，结果如表15-26所示。统计表明，有4个行业的质量指数得分均值高于全样本均值（28.12分），其中，文化与传播业的质量指数得分均值（38.81）超过其他

行业，成为无形资产整体质量最高的行业，这可能与该行业的无形资产富集且样本数量较少相关；软件、信息技术服务业的质量指数得分均值（32.22）排名第二，成为无形资产整体质量较高的行业，这可能与该行业的无形资产富集特征相关，且该行业近年来的经营业绩普遍提升，从而拉高了整体得分。计算机通信及电子、互联网及相关服务业、化学橡胶塑料、医药制造和机械设备仪表等六类行业的得分均值较为接近，均在 26~30 分之间，横向差异较小。

表 15-26　2022 年创业板无形资产质量指数的行业比较

行业	医药制造	计算机通信及电子	机械设备仪表	软件、信息技术服务	互联网及相关服务	化学橡胶塑料	文化与传播	其他
样本数量	72	181	324	154	24	135	18	315
均值	29.07	27.93	27.94	32.22	29.30	27.80	38.81	26.06
最高分	41.96	35.23	37.38	42.24	38.13	32.13	46.11	38.64
最低分	21.79	22.27	22.05	13.12	18.98	24.01	33.14	20.26
均值排名	4	6	5	2	3	7	1	8

2．科创板行业差异

对科创板上市公司无形资产质量指数得分进行了描述性统计，结果如表 15-27 所示。统计结果表明，有两个行业的质量指数得分均值高于全样本均值（22.67 分），其中，软件、信息技术服务业的质量指数得分均值（26.99）超过其他行业，成为无形资产整体质量最高的行业，这可能与该行业的无形资产富集相关；医药制造业的质量指数得分均值（22.69）排名第二。计算机通信及电子、机械设备仪表等行业得分均值较为接近，均在 22~23 分之间，横向差异较小。与创业板相比，科创板上市公司少了互联网及相关服务和文化与传播两个行业，行业之间差距并不明显，但行业得分相对于创业板较低。

表 15-27　2022 年科创板无形资产质量指数的行业比较

行业	医药制造	计算机通信及电子	机械设备仪表	软件、信息技术服务	化学橡胶塑料	其他
样本数量	60	115	140	70	30	86
均值	22.69	22.32	22.95	26.99	16.05	20.97
最高分	38.90	33.12	32.24	40.00	19.29	29.28
最低分	17.22	12.73	18.22	12.73	13.54	16.81
均值排名	2	3	4	1	6	5

（四）基于地区差异的分析

1．创业板地区差异

为体现样本公司无形资产质量指数的地区差异，本报告对前述样本公司的指数得分进

行描述性统计，结果如表 15-28 所示。统计结果表明，2022 年创业板上市公司无形资产质量指数得分均值较低，仅为 28.12 分，说明创业板上市公司无形资产整体质量不高。其中，有 5 个省份的质量指数得分均值高于全样本均值（28.12 分），其中，北京市的质量指数得分均值（31.00）超过其他省份，成为无形资产整体质量最高的省份，这可能与该地区较为发达，拥有较为丰富的无形资源有关；上海市、四川省、湖南省、福建省 4 个省份的得分均值较为接近，均在 28~29 分之间，横向差异较小。其他省份的得分均值略低于样本均值，但差异不大。总体来说，各个省份的质量指数均值在样本均值上下波动，且各省份之间差异并不明显。

表 15-28　2022 年创业板无形资产质量指数的地区比较

省份	样本数量	均值	最高分	最低分	排名
北京市	129	31.00	46.11	13.12	1
上海市	76	28.77	37.70	22.05	2
四川省	43	28.69	40.02	21.53	3
湖南省	34	28.45	44.62	20.65	4
福建省	43	28.18	37.05	21.78	5
广东省	281	28.10	38.59	20.26	6
辽宁省	15	28.01	31.59	21.06	7
天津市	13	27.95	34.72	22.58	8
浙江省	156	27.74	42.64	20.70	9
山东省	58	27.52	36.25	21.63	10
湖北省	37	27.45	34.65	22.01	11
陕西省	15	27.35	31.59	21.63	12
河北省	18	27.34	30.79	21.17	13
安徽省	34	27.34	38.64	20.75	14
河南省	27	27.18	34.94	20.97	15
江苏省	175	26.93	38.99	20.31	16
江西省	20	26.16	28.87	20.79	17
其他	58	28.07	39.81	21.29	—

2．科创板地区差异

为体现样本公司无形资产质量指数的地区差异，本报告对前述样本公司的指数得分进行描述性统计，结果如表 15-29 所示。统计结果表明，2022 年科创板上市公司无形资产质量指数得分均值较低，仅为 22.70 分，说明科创板上市公司无形资产整体质量不高。其中，有 3 个省份的质量指数得分均值高于全样本均值（22.70 分），其中，北京市的质量指数得分均值（24.57）超过其他省份，成为无形资产整体质量最高的省份，这可能与该地区较为发达，拥有较为丰富的无形资源有关；上海市、浙江、山东省、江苏省、陕西省、广东省、四川省等七个省份的得分均值较为接近，均在 22~24 分之间，横向差异较小。其他省份的

得分均值略低于样本均值，但差异不大。总体来说，各个省份的质量指数均值在样本均值上下波动，且各省份之间差异并不明显。

表 15-29 2022 年科创板无形资产质量指数的地区比较

省份	样本数量	均值	最高分	最低分	排名
北京市	65	24.57	40.00	15.53	1
上海市	76	23.28	33.85	13.54	2
浙江省	43	23.00	33.89	14.48	3
山东省	21	22.50	31.39	18.53	4
江苏省	95	22.48	38.90	15.82	5
陕西省	12	22.31	31.43	14.65	6
广东省	77	22.20	32.00	12.73	7
四川省	17	22.14	28.68	15.39	8
湖北省	12	22.00	30.82	16.28	9
湖南省	14	21.72	26.12	15.40	10
安徽省	19	21.32	26.73	15.70	11
其他	50	21.34	33.12	12.73	-

五、2022 年度无形资产价值评价指数的构建

（一）指数的功能与意义

在创业板和科创板的上市公司通常集中于技术密集型行业，以快速成长和技术进步为主要特征，是促进我国战略性新兴产业发展的重要推动力量。以知识产权为代表的企业无形资产已逐步成为创业板上市公司实现技术进步和创新发展的核心竞争要素。创业板上市公司和科创板上市公司无形资产价值评价指数，即从无形资产角度分析上市公司创新能力和企业价值的评价方法，既体现了资本市场对企业无形资产的认可程度和溢价水平，也体现了企业自身的创新基础和创新能力，对于更为全面、客观地评价创业板上市公司和科创板上市公司的创新水平和竞争能力具有重要参考意义。

（二）样本范围

2022年度创业板上市公司无形资产价值评价指数的样本范围与年度信息披露指数和无形资产质量指数一致，在此不再赘述。

（三）计算方法

创业板上市公司和科创板上市公司无形资产价值评价指数的构建方法为：

$$价值评价指数 = 托宾Q值 \times 无形资产质量指数$$

其中，托宾 Q 值是评价企业市场价值的常用指标，用于反映资本市场对企业无形资产的认可程度和溢价水平，体现了无形资产价值的市场放大效应；无形资产质量指数则是本报告前文中已构建的、用于反映企业无形资产质量的评价指标，可以看作对无形资产市场价值的合理调整。两项指标相乘，即创业板上市公司无形资产价值评价指数的数值。两项指标的计算基准日均为 2022 年 12 月 31 日。

托宾 Q 值是公司市场价值对其资产重置成本的比率，由于公司真实市场价值和资产重置成本难以通过精准计算获得，考虑到计算的便捷性和数据的可得性，本报告在计算过程中使用"股权的市场价值+负债的账面价值"近似替代"公司市场价值"，使用"资产账面价值"近似替代"资产重置成本"。

无形资产价值质量指数的计算方法前文已有说明，在此不再赘述。

六、2022 年度无形资产价值评价指数的统计

（一）总体情况

1. 创业板总体情况

基于以上计算方法，本报告对 1 232 家样本公司的 2022 年度无形资产价值指数进行计算，总体得分情况如表 15-30 所示。统计结果表明，创业板上市公司无形资产价值指数得分均值为 69.81 分，且分布较为分散，各分数段的样本占比大多都在 15%～20%之间，说明样本公司之间的横向差异较为明显，没有明显集中的分数段。

表 15-30　2022 年无形资产价值评价指数总体分布

分值区间	40 以下	[40～60)	[60～80)	[80～100)	[100～150)	150 及以上	合计
样本数量	216	465	258	107	128	58	1 232
占比	17.53%	37.74 %	20.94%	8.69 %	10.39 %	4.71 %	100%
总体均值	\multicolumn{6}{c}{69.81}	

2. 科创板总体情况

基于以上计算方法，本报告对 501 家样本公司的 2022 年度无形资产价值指数进行计算，

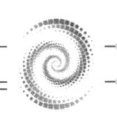

总体得分情况如表 15-31 所示。统计结果表明，科创板上市公司无形资产价值指数得分均值为 73.07 分，且分布较为分散，有一半以上的公司价值评价指数得分集中在 60 分以下，得分偏低，且企业之间差距较为明显。

与创业板相比，科创板上市公司得分普遍偏低，但是总体均值和 150 分以上的公司占比多于创业板，体现科创板上市公司的纵向差异较大。

表 15-31　022 年无形资产价值评价指数总体分布

分值区间	40 以下	[40~60)	[60~80)	[80~100)	[100~150)	150 及以上	合计
样本数量	121	149	79	62	50	43	501
占比	24.01%	29.56 %	15.67%	12.30 %	9.92 %	5.83 %	100%
总体均值	73.07							

（二）基于行业差异的分析

1. 创业板行业差异

为体现样本公司无形资产价值评价指数的行业差异，本报告对前述 8 个二级行业的指数得分均值进行了统计，结果如表 15-32 所示。

表 15-32　2022 年无形资产价值评价指数的行业比较

行业	软件信息技术服务	互联网及相关服务	计算机通信及电子	文化与传播	医药制造	机械设备仪表	其他	化学橡胶塑料
样本数量	154	24	181	18	72	324	315	135
均值	88.52	66.88	67.96	81.45	81.94	69.19	62.97	62.59
最大值	747.54	190.98	434.91	136.31	404.90	545.51	488.61	275.86
最小值	29.00	30.44	28.30	38.08	28.16	26.16	23.86	25.51
均值排名	1	6	5	3	2	4	7	8

统计表明，有 3 个行业的无形资产价值指数得分均值高于全样本均值（69.81 分），其中，软件信息技术服务行业的质量指数得分均值（88.52 分）远超过其他行业，成为无形资产整体价值最高的行业。医药制造和文化与传播分别排名第二、第三，但与第一名的得分差距不大。机械设备仪表行业得分均值仅略低于全样本均值，计算机通信及电子、互联网及相关服务、化学橡胶塑料和其他行业的得分均值较为接近，行业间差距不大。

2. 科创板行业差异

与创业板相比，科创板上市公司少了互联网及相关服务和文化传播两个行业。为体现样本公司无形资产价值评价指数的行业差异，本报告对前述 6 个二级行业的指数得分均值进行了统计，结果如表 15-33 所示。

表 15-33　2022 年无形资产价值评价指数的行业比较

行业	软件信息技术服务	计算机通信及电子	医药制造	机械设备仪表	其他	化学橡胶塑料
样本数量	70	115	60	140	86	30
均值	89.33	70.70	67.55	75.58	68.36	57.02
最大值	319.32	310.22	241.60	337.56	280.99	208.25
最小值	0.00	0.00	11.68	21.42	22.17	17.86
均值排名	1	3	5	2	4	6

统计表明，有 2 个行业的无形资产价值指数得分均值高于全样本均值（73.07 分），其中，软件信息技术服务行业的质量指数得分均值（89.33 分）远超过其他行业，成为无形资产整体价值最高的行业。机械设备仪表、医药制造、机械设备仪表和其他行业之间的得分差距不大，均在 65～75 之间。化学橡胶塑料行业的排名最低，得分仅有 57.02，与其他行业差距较大。与创业板相比，科创板上市公司得分均值高于创业板，且行业最高值也高于创业板最高值，这可能与科创板样本公司较少，且行业之间纵向差距较大有关。

（三）基于地区差异的分析

1. 创业板地区差异

为体现样本公司无形资产价值评价指数的地区差异，本报告对前述样本公司的指数得分均值进行了统计，结果如表 15-34 所示。

表 15-34　2022 年无形资产价值评价指数的地区比较

省份	样本数量	均值	最高分	最低分	排名
陕西省	15	103.65	312.67	25.94	1
北京市	129	86.92	747.54	23.86	2
四川省	43	83.04	488.61	34.28	3
湖南省	34	73.68	216.30	27.25	4
福建省	43	72.36	205.60	30.77	5
浙江省	156	69.05	404.90	25.91	6
广东省	281	68.91	305.55	25.14	7
山东省	58	67.74	262.03	25.94	8
河南省	27	66.18	153.27	28.64	9
湖北省	37	64.86	157.71	31.04	10
上海市	76	64.69	188.87	23.90	11
辽宁省	15	62.91	189.43	34.19	12
河北省	18	62.70	130.76	25.51	13
江西省	20	62.67	186.72	35.88	14
江苏省	175	61.81	228.39	23.93	15
安徽省	34	58.74	161.23	25.04	16

续表

省份	样本数量	均值	最高分	最低分	排名
天津市	13	46.28	62.64	26.16	17
其他	58	70.38	275.86	27.45	-

统计表明，有 5 个省份的无形资产价值指数得分均值高于全样本均值（69.81 分）。其中，陕西省的价值指数得分均值（103.65 分）远超过其他省份，成为无形资产整体价值最高的省份。天津市的得分均值最低（46.28）。各省份之间差距较大。

2．科创板地区差异

为体现样本公司无形资产价值评价指数的地区差异，本报告对前述样本公司的指数得分均值进行了统计，结果如表 15-35 所示。

表 15-35　2022 年无形资产价值评价指数的地区比较

省份	样本数量	均值	最高分	最低分	排名
上海市	76	88.08	310.22	21.42	1
陕西省	12	86.29	140.13	21.81	2
北京市	65	81.30	337.56	27.17	3
山东省	21	75.44	181.00	29.62	4
江苏省	95	75.31	284.83	18.92	5
四川省	17	73.53	137.33	25.36	6
广东省	77	66.48	272.93	0.00	7
安徽省	19	65.60	149.41	20.77	8
浙江省	43	64.54	250.26	21.34	9
湖北省	12	59.95	156.55	21.37	10
湖南省	14	59.04	153.32	31.35	11
其他	50	58.35	226.36	0.00	-

统计表明，有 6 个省份的无形资产价值指数得分均值高于全样本均值（73.07 分），其中，上海市的价值指数得分均值（88.08 分）远超过其他省份，成为无形资产整体价值最高的省份。陕西省（86.29）和北京市（81.30）的得分均值略低于上海市，在省份中排名第二和第三。山东省、江苏省、四川省的得分均值较为接近，均在 70~76 之间。湖南省的得分均值最低（59.04）。总体而言，科创板上市公司无形资产价值评价指数在省份之间差距较大。

报告十六

专精特新上市公司无形资产分析报告
——以创业板、科创板和北交所企业为例

一、引言

"专精特新"企业是指具备专业化（主营业务专注专业）、精细化（经营管理精细高效）、特色化（产品服务独具特色）、新颖化（创新能力成果显著）四大优势的中小企业。自2011年工信部提出"专精特新"的概念，到现在支持"专精特新"中小企业发展已上升为国家战略。

2011年，工信部发布的《"十二五"中小企业成长规划》首次提出"专精特新"概念，指出"专精特新"是中小企业转型升级的重要方向，提出培育"小而优、小而强"的企业。2013年，《关于促进中小企业"专精特新"发展的指导意见》提出促进"专精特新"中小企业发展的总体思路，明确"专精特新"的内涵。2016年，《促进中小企业发展规划（2016—2020年）》提出培育一大批主营业务突出、竞争力强的"专精特新"中小企业。2018年，《关于开展专精特新"小巨人"企业培育工作的通知》明确提出培育一批专精特新"小巨人"企业[1]。2021年1月，工信部联合财政部发布《关于支持"专精特新"中小企业高质量发展的通知》，通过提供奖补资金、完善扶持政策等措施，明确到2025年重点支持1 000余家精特新"小巨人"企业高质量发展。2021年6月，工信部联合科技部、财政部、商务部、国资委、证监会等部门发布《关于加快培育发展制造业优质企业的指导意见》，提出在"十四五"期间，培育百万家创新型中小企业、10万家省级专精特新企业、1万家专精特新"小巨人"企业和1 000家"单项冠军"企业。2022年6月，工信部印发《优质中小企业梯度培育管理暂行办法》，明确提出构建包含创新型中小企业、专精特新中小企业和专精特新"小

---

[1] 专精特新"小巨人"企业就是"专精特新"中小企业中的佼佼者，是指专注于细分市场、创新能力强、市场占有率高、掌握关键核心技术、质量效益优的排头兵企业。

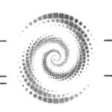

巨人"企业三个层次的优质中小企业梯度培育体系。2022年10月，习近平总书记在二十大报告中指出，要支持专精特新企业发展，推动制造业高端化、智能化、绿色化发展。2023年7月，工信部公示第五批专精特新"小巨人"企业名单，全国五批共培育12 950家"小巨人"企业，提前完成"到2025年，培育一万家专精特新'小巨人'企业"的目标。

专精特新企业逐渐成为中国经济发展关注的重点，这与我国由高速增长阶段进入高质量发展阶段、创新成为第一发展动力息息相关。"专精特新"的提出本身蕴含了创新驱动的内在特征，专精特新企业已日益成为国家创新系统中不可或缺的重要力量，并对我国制造业的转型升级发挥了重要作用。专精特新企业的核心特征之一是创新。掌握核心技术，体现在企业拥有以专利、专有技术等为代表的无形资产。无形资产是指特定主体所拥有或控制的，不具有实物形态，能持续发挥作用且能带来经济利益的资源，包括专利权、商标权、著作权、专有技术、销售网络、客户关系、特许经营权、合同权益、商誉等[1]。当前世界已进入知识经济时代，以知识形态存在的经济资源对于企业的生存与发展日益重要。管理学理论认为，这种以知识形态存在的经济资源就是指无形资产。数据显示，经济合作与发展组织（OECD）成员国的无形资产占总资产比已超过60%。1982年，美国500家代表性上市公司的市值中，有形资产占比62%，无形资产只占38%；至1992年，两者比例发生交换；到2002年，有形资产的比例进一步缩小至13%，而无形资产比例增至87%[2]。美国标准普尔500强企业的无形资产占企业价值的比重已由1975年的16.80%增至2005年的79.70%[3]。可见，无形资产已经成为企业的核心资源。

党的二十大报告指出，坚持把发展经济的着力点放在实体经济上。资本市场作为助力实体经济高质量发展的重要力量，要在支持创新驱动发展战略、新型工业化建设等过程中发挥更大作用，为推动经济社会高质量发展注入金融动力。2019年以来，我国资本市场全面深化改革持续推进，设立科创板并试点注册制成功落地，创业板改革并试点注册制顺利实施、新三板改革稳步推进直至北交所成立，资本市场支持科技创新的各项改革工作取得实质性进展，有力畅通了科技、资本与实体经济的良性循环，资本市场逐渐成为推动科技创新和实体经济转型升级的枢纽。2021年7月，时任国务院副总理刘鹤在全国"专精特新"中小企业高峰论坛上表示，专精特新的灵魂是创新，强调专精特新，就是要鼓励创新，做到专业化、精细化、特色化，资本市场要为中小企业发展创造好的条件。当前我国多层次资本市场体系已初步成型，可为专精特新企业提供全周期的发展支持，其中创业板专注服务"三创四新"[4]企业，科创板服务具有科创属性的"硬科技"企业，而北交所则为创新型

---

[1] 中国资产评估协会.《资产评估准则——无形资产》，2009年。

[2] 吴汉东：《试论知识产权的无形资产价值及其经营方略》，《南京理工大学学报（社会科学版）》2013年第26期。

[3] Malackowski, J. E., the Intellectual Property Marketplace: Past, Present and Future, *the John Marshall Review of Intellectual Property Law*, 2006, 5(4).

[4] "三创四新"是指企业符合"创新、创造、创意"的大趋势，或是传统产业与"新技术、新产业、新业态、新模式"深度融合。

中小企业提供融资服务，新三板定位于为创新创业成长型中小企业服务，区域性股权市场则服务中小微创新企业[①]。

因此，研究登陆资本市场的专精特新企业，对表征其创新能力的无形资产进行深入分析，将有助于市场更加深入了解我国专精特新企业的创新能力及特征，进而更好地促进该类企业的发展。

二、专精特新上市公司发展概况

本报告所称专精特新上市公司是指在创业板、科创板和北交所上市的专精特新企业[②]。目标企业确定路径是：先提取 Wind 上全部标识为专精特新企业的创业板、科创板和北交所企业名单（788 家），再与中南财经政法大学企业价值研究中心上市公司无形资产数据库[③]中截至 2022 年 12 月 31 日前上市的企业名单比对，最终确认 678 家企业作为研究样本企业。其中，创业板 338 家，科创板 264 家，北交所 76 家。本报告将结合 678 家样本企业 2022 年年报披露的数据和信息，分析其基本情况及财务经营情况[④]。

（一）基本情况

1. 存续期间

由图 16-1 可知，678 家专精特新样本企业成立年份的分布区间为 1980—2017 年。企业成立年份集中在 2001—2007 年区间，成立企业最多的是 2005 年，有 58 家专精特新企业。样本公司中，创业板企业诚达药业（301201）最早成立，成立于 1980 年 6 月 30 日，主营关键医药中间体 CDMO 服务；成立最晚的是科创板企业药康生物（688046），成立于 2017 年 12 月 29 日，主要从事实验动物小鼠模型的研发、生产、销售及相关技术服务。

---

① 2022 年 11 月 15 日，证监会和工信部联合发布《关于高质量建设区域性股权市场"专精特新"专板的指导意见》（证监办函〔2022〕840 号），明确专板建设目标为支持中小企业专精特新发展。

② 专精特新上市公司包含上市公司本身或其子公司入选专精特新企业。

③ 中南财经政法大学企业价值研究中心自 2011 年开始按照证监会和交易所有关信息披露准则的要求，收集创业板公司招股说明书和年报中披露的无形资产信息，2020 年以来扩展至科创板，2022 年扩展至北交所公司的无形资产数据收集。目前已构建覆盖创业板 2009—2021 年所有公司招股说明书和年报中披露的无形资产数据、科创板 2019—2022 年以及北交所 2022 年所有公司招股说明书和年报中披露的无形资产数据的中国权威上市公司无形资产数据库。

④ 该部分数据主要来自 Wind 和中南财经政法大学企业价值研究中心无形资产数据库。

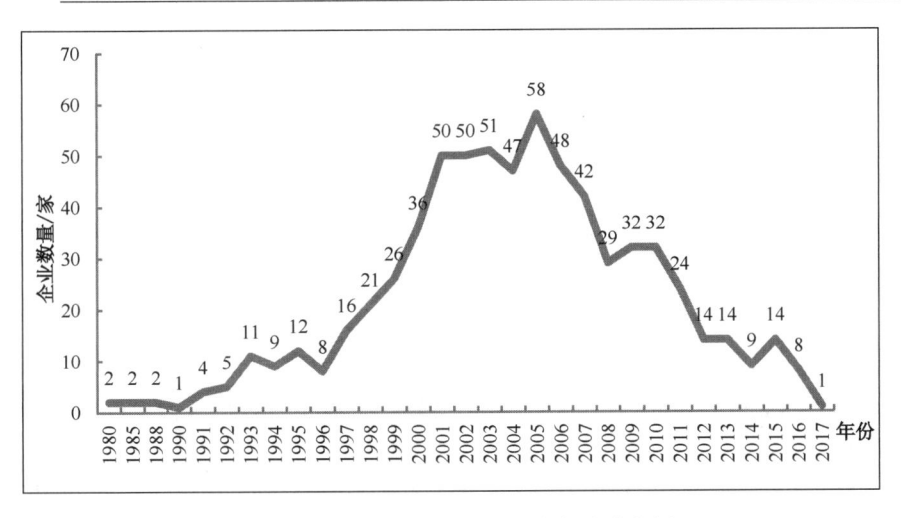

图 16-1 专精特新样本企业成立年份分布图

综合图 16-1 和表 16-1 可知,在创业板、科创板和北交所上市的专精特新企业已经历 5~30 年的发展,存续期普遍较长,其中存续期占比最多的是 16~20 年的企业(即成立时间在 2002—2006 年间),共 254 家,占比 37.46%;其次为 11~15 年的企业(即成立时间在 2007—2011 年间),共 159 家,占比 23.45%;再次为 21~25 年的企业,共 149 家,占比 21.98%。这表明专精特新样本企业大部分处于发展过程中的成长期阶段。

表 16-1 专精特新样本企业存续时间分布

存续年限	5~10 年	11~15 年	16~20 年	21~25 年	26~30 年	>30 年	总计
企业数量(家)	60	159	254	149	45	11	678
占比	8.85%	23.45%	37.46%	21.98%	6.64%	1.62%	100%

2. 行业分布

根据表 16-2 分析,在创业板、科创板和北交所上市的专精特新企业集中于制造业,有 586 家企业,占样本企业 86.43%。其次为信息传输、软件和信息技术服务业,有 60 家(8.85%),而水利、环境和公共设施管理业 16 家(2.36%),科学研究和技术服务业 12 家(1.77%),其余行业的占比仅 0.15%。专精特新样本企业行业分布比较集中,主要集中在制造业和软件信息服务业。

按证监会二级行业对制造业进行进一步细分,专精特新上市企业主要分布在计算机、通信和其他电子设备制造业(148 家/21.83%)、专用设备制造业(111 家/16.37%)、通用设备制造业(50 家/7.37%)、电气机械和器材制造业(47 家/6.93%)、化学原料和化学制品制造业(45 家/6.64%)、仪器仪表制造业(45 家/6.64%)、橡胶和塑料制品业(31 家/4.57%)、医药制造业(20 家/2.95%)等。培育"专精特新"企业,本质上是引导制造业企业向创新领域发展。

表 16-2 专精特新样本企业行业分布

一级行业	二级行业	企业数量	占比	合计
采矿业	开采辅助活动	1	0.15%	1
电力、热力、燃气及水生产和供应业	燃气生产和供应业	1	0.15%	1
建筑业	土木工程建筑业	1	0.15%	1
科学研究和技术服务业	科技推广和应用服务业	1	0.15%	12
	研究和试验发展	8	1.18%	
	专业技术服务业	3	0.44%	
水利、环境和公共设施管理业	生态保护和环境治理业	16	2.36%	16
卫生和社会工作	卫生	1	0.15%	1
信息传输、软件和信息技术服务业	软件和信息技术服务业	60	8.85%	60
制造业	电气机械和器材制造业	47	6.93%	586
	纺织业	1	0.15%	
	非金属矿物制品业	18	2.65%	
	废弃资源综合利用业	1	0.15%	
	黑色金属冶炼和压延加工业	1	0.15%	
	化学纤维制造业	8	1.18%	
	化学原料和化学制品制造业	45	6.64%	
	计算机、通信和其他电子设备制造业	148	21.83%	
	金属制品业	16	2.36%	
	农副食品加工业	1	0.15%	
	其他制造业	3	0.44%	
	汽车制造业	14	2.06%	
	石油加工、炼焦和核燃料加工业	1	0.15%	
	食品制造业	3	0.44%	
	铁路、船舶、航空航天和其他运输设备制造业	11	1.62%	
	通用设备制造业	50	7.37%	
	橡胶和塑料制品业	31	4.57%	
	医药制造业	20	2.95%	
	仪器仪表制造业	45	6.64%	
	有色金属冶炼和压延加工业	11	1.62%	
	专用设备制造业	111	16.37%	
总计		678	100%	

3. 地区分布

根据表 16-3，创业板、科创板和北交所上市的专精特新企业主要分布在中国 26 个省市，东部沿海地区分布较多。其中，数量最多的是江苏省，共 130 家，占比 19.17%。第二至四位依次是广东省，109 家，占比 16.08%；浙江省，85 家，占比 12.54%；上海，57 家，占比 8.41%；北京，56 家，占比 8.26%。从专精特新样本企业的地区分布看，可知专精特新样本企业的空间层级序列中头部效应明显，集中度较高，科技企业集聚效应明显。

表 16-3 专精特新样本企业地区分布

省份	企业数量	占比	省份	企业数量	占比
江苏	130	19.17%	陕西	12	1.77%
广东	109	16.08%	辽宁	12	1.77%
浙江	85	12.54%	河北	9	1.33%
上海	57	8.41%	江西	4	0.59%
北京	56	8.26%	云南	4	0.59%
四川	31	4.57%	黑龙江	4	0.59%
山东	31	4.57%	重庆	4	0.59%
安徽	30	4.42%	吉林	3	0.44%
湖北	28	4.13%	山西	2	0.29%
河南	18	2.65%	贵州	2	0.29%
福建	15	2.21%	新疆	2	0.29%
湖南	15	2.21%	甘肃	1	0.15%
天津	13	1.92%	广西	1	0.15%
总计				678	

4．市值情况

市场价值是公司价值最直观的体现，是衡量公司经营状况和未来发展前景的关键指标。由图 16-2 可知，截至 2023 年 9 月 30 日，创业板、科创板和北交所上市专精特新企业的市值多处于 20~100 亿元之间，属于中小市值规模。其中，企业数量最多的区间为 30~50 亿元，为 191 家；其次为 50~100 亿元，为 159 家；再次为 20~30 亿元，为 137 家；0~20 亿元区间有 102 家；100~200 亿元区间有 58 家；200~500 亿的有 28 家；仅有 3 家企业市值高于 500 亿元。

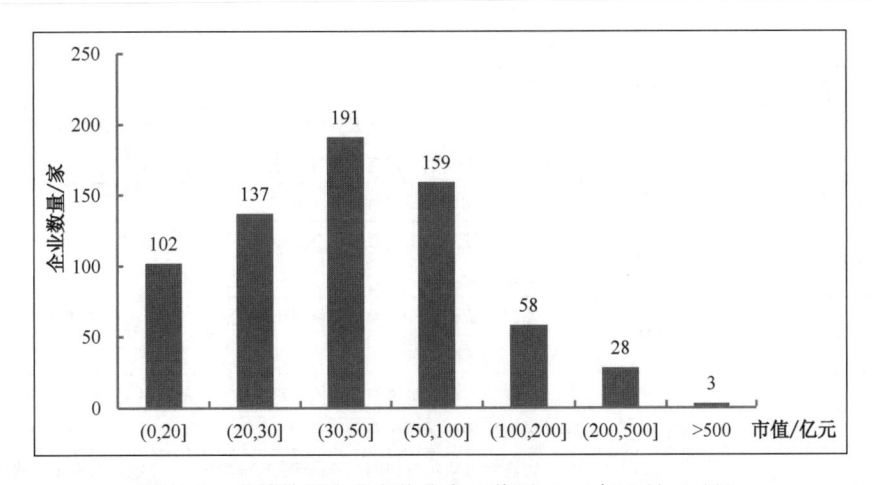

图 16-2 专精特新企业市值分布（截至 2023 年 9 月 30 日）

专精特新样本企业市值集中于中小市值区间，符合当前国家对于扶持中小型专精特新

企业发展的对象选择和基本理念，也印证中小型专精特新企业的未来发展空间广阔，对于完善和补强产业链、供应链的作用更为显著。678家样本专精特新上市企业平均市值为59.92亿元，市值最高的是创业板公司爱美客（300896），市值844.39亿元，市值最低的是北交所公司亿能电力（837046），市值仅为3.54亿元。其他两家市值高于500亿的企业有分别是创业板公司华大九天（301269），市值为569.65亿元，科创板公司盛美上海（688082），市值为513.18亿元。

5. 风险分析

企业面临的风险因素往往是影响其存续运营的重要因素，也是其培育竞争力的关注领域，本报告将678家专精特新样本企业2022年年报中披露的风险因素整理成表。分析表16-4可知，对专精特新企业而言，影响较大的风险是财务风险，主要涉及毛利率下降风险、商誉减值风险、应收账款风险等；其次是行业特定风险，主要涉及市场波动风险、市场容量受限风险、行业政策风险以及市场竞争加剧风险；汇率和利率风险，披露的企业也较多，分别为500家和450家；然后是技术风险，共有492家企业披露，主要涉及核心竞争力风险、技术开发风险、研发投入不能及时产生效益的风险、技术人才流失与技术泄密的风险以及创新产品的市场开发风险。另外，由于2022年受新冠疫情的后续影响依然存在，部分样本企业在年报中披露了疫情会对公司的业务经营、市场拓展及财务表现带来不确定性风险，疫情产生的风险影响企业的多方面。

表16-4　专精特新样本企业2022年面临的风险因素披露情况

风险类别	披露企业数量	风险因素
财务风险	607	毛利率下降风险；商誉减值风险；应收账款风险
行业特定风险	515	市场波动风险；市场容量受限风险；行业政策风险；疫情风险；市场竞争加剧风险
汇率风险	500	汇率波动风险
技术风险	492	核心竞争力风险；技术开发风险；研发投入不能及时产生效益的风险；技术人才流失与技术泄密的风险；创新产品的市场开发风险
利率风险	450	银行借款风险；对外投资风险
经营风险	429	进入新领域带来的风险；业务整合、规模扩大带来的集团化管理风险；人力资源风险
原材料价格及供应风险	334	原材料价格波动风险；原材料价格上涨或不能及时供应的风险；供应商集中度过高风险
其他风险	304	法律风险；诉讼风险；知识产权风险；实际控制人持股比例风险；股价波动风险；秘密泄露风险
政策性风险	267	宏观经济政策变化的风险；产业政策变化风险；贸易摩擦及地缘政治风险；税收政策变化风险
单一客户依赖风险	139	客户集中度过高风险
环保风险	52	环境保护及安全生产的风险

续表

风险类别	披露企业数量	风险因素
产品价格风险	49	产品销售价格波动的风险
业务模式风险	39	业务持续拓展风险；国际化发展风险
资产质量或资产结构风险	22	存货账面价值较大风险；短期偿债压力较大及流动性风险；固定资产投资规模快速增大的风险；可转债募投项目的建设及实施风险；投资、收购风险

（二）财务经营情况

1. 营业收入

由图16-3可知，专精特新样本企业2022年的营收规模集中于1~10亿元之间，该区间共有448家企业；其次为10~20亿之间，共148家企业；再次为20~30亿之间，共有42家企业；营业收入处在1~30亿元之间的企业占样本总体的94.10%。大部分专精特新企业当前营业收入规模较小，仅有4家企业2022年营业收入高于100亿，分别是科创板的容百科技（688005）301.23亿元，创业板的立中集团（300428）213.71亿元，以及科创板的长远锂科（688779）179.75亿元和万润新能（688275）123.51亿元。

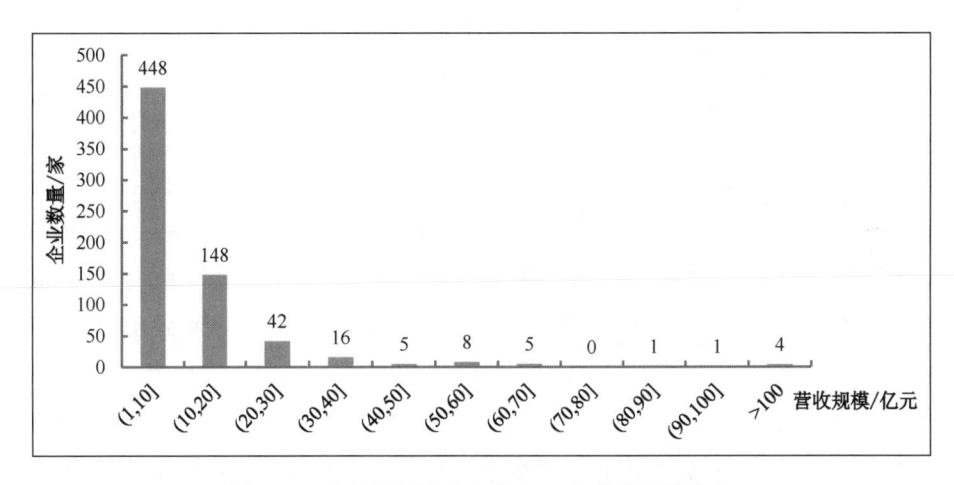

图16-3 专精特新样本企业2022年营收规模分布

以企业2022年营业收入相较于2021年的变化作为衡量企业效益增长的指标。根据图16-4，678家专精特新样本企业中，营业收入增加的企业有436家，占比64.31%；营业收入减少的企业242家，占35.69%。整体来看，专精特新企业2022年的营业收入高于2021年的只有约六成，经营形势相较于2021年不算太好。

从营业收入变动幅度看，436家营业收入增加的企业平均增幅30.80%，其中增幅最大的企业是科创板的万润新能（688275），增幅454.03%，该公司主要是为新能源汽车动力电池提供高安全性、高能量密度、高循环次数的正极材料；242家营业收入减少的企业平均

降幅为-16.81%，降幅最大的企业是科创板的罗普特（688619），降幅为-72.38%，该公司主营视频智能技术及电子设备仪器。

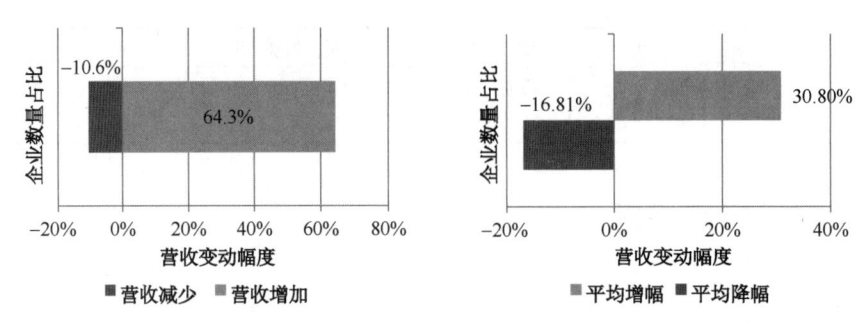

图 16-4 专精特新样本企业营业收入年度变化及变动幅度

2. 净利润

由表 16-5 可知，678 家专精特新样本企业中，大部分（601 家）企业 2022 年实现了盈利，占比 88.64%，平均盈利 1.58 亿元/家；77 家企业 2022 年净利润为负，占比 11.36%，平均每家亏损 1.46 亿元。整体而言，专精特新样本企业的盈利状况较好，678 家样本企业平均盈利 1.23 亿元/家。

表 16-5 创业板和科创板高新技术样本企业 2022 年净利润情况

净利润	盈利	亏损	合计
企业数（家）	601	77	678
占比（%）	88.64%	11.36%	100%
平均（亿元/家）	1.58	-1.46	1.23

分析专精特新样本企业 2022 年净利润分布情况（图 16-5），大部分企业当年实现的净利润集中于 1 亿元之内，共有 335 家企业，占比 49.41%；其次在 1~10 亿元之间，共有 257 家企业，占比 37.91%；仅有 9 家企业净利润高于 10 亿元。其中，2022 年实现最高盈利的专精特新企业为安旭生物（688075），当年实现净利润 30.44 亿元，该公司专注于 POCT 试剂及仪器的研发、生产与销售。2022 年亏损最为严重的企业为云从科技（688327），该企业是一家提供高效人机协同操作系统和行业解决方案的人工智能企业。

3. 税费情况

现金流量表中支付的各项税费[①]能够如实反映企业实际支付税费。为消除企业规模和不同城市样本企业数量差异，用当期支付各项税费与当期营业收入之比作为分析指标。由表 16-6 可知，专精特新样本企业 2022 年的税费/营收比率（5.70%）相较于 2021 年的 6.02%

---

① 现金流量表中企业当期累计实际支付各项税费，包括增值税、企业所得税、印花税、城建税、教育费附加、河道基金、消费税、契税、房产税、土地增值税等费用。

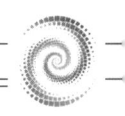

降低了 0.32 个百分点，专精特新样本企业的税负在持续降低，专精特新企业基本享受高新技术企业的减免税政策，政府部门的各种降税减负政策产生的效应在持续不断的释放。

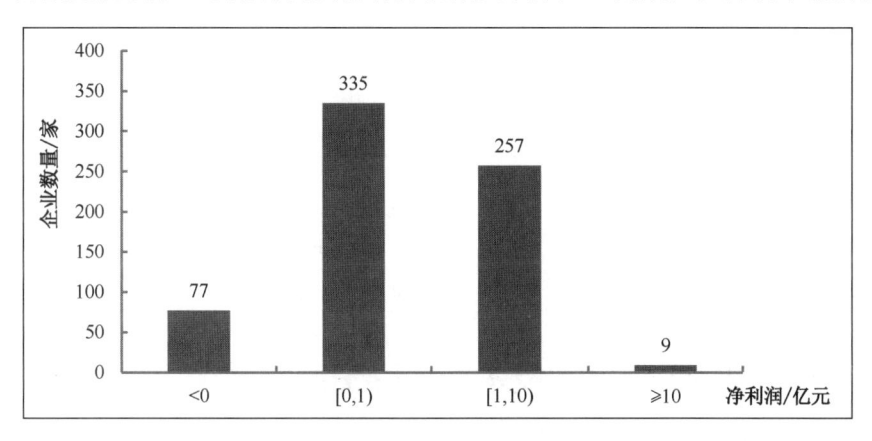

图 16-5　专精特新样本企业 2022 年净利润分布情况

表 16-6　专精特新样本企业 2021 年和 2022 年支付税费与营业收入比率平均值

年份	2021 年	2022 年
支付税费与营业收入比率	6.02%	5.70%

整体上看，"专精特新"上市企业大多集中于制造业，其盈利能力、成长能力等方面均明显高于 A 股整体情况。在行业方面，"专精特新"上市企业主要集中在机械、化工、医药、电子、电气设备等制造业领域以及信息技术领域；在市值方面，因这些企业多为中小市值企业，市值主要集中在 30~100 亿之间；在财务指标方面，"专精特新"上市企业盈利能力及成长性均明显高于 A 股整体上市企业。专精特新上市企业多处于行业内的领先地位，其技术水平在行业内部处于较高地位，因而其能够实现盈利持续、快速增长。未来一旦行业内出现突破性技术进步，其有可能颠覆行业现有竞争格局，进而影响相关专精特新上市公司业绩与成长轨迹。

三、专精特新上市公司无形资产分析

无形资产作为创新产出的重要体现，深入分析将有助于更好地了解我国专精特新企业的创新能力及特征。本报告以国际财务报告准则（IFRS）和国际评估准则指南 NO.4——无形资产（2009 年修订版）的分类标准作为参考，结合研究团队多年的研究和实践，将无形资产分为技术类、市场类、资质类、人力资本类四大类。同时考虑到持续的费用投入是企业形成无形资产的重要保障，本报告将重点分析专精特新上市公司的期间费用、研发支出和政府补助情况[①]（见表 16-7）。

---

① 这部分数据主要来自中南财经政法大学企业价值研究中心无形资产数据库，部分财务数据来自 Wind。

表 16-7 无形资产分类和费用投入

无形资产类型	技术类无形资产
	市场类无形资产
	资质类无形资产
	人力资本类无形资产
典型无形资产	专利权、非专利技术、著作权、技术标准等
	商标权、客户类、竞争地位、核心竞争优势等
	准入类、能力类、荣誉类
	高管、独董、股东、员工
无形资产投入	期间费用、研发支出、政府补助

（一）基于 2022 年报的技术类无形资产情况

技术类无形资产是指与技术密切关联的，不具有实物形态，为特定主体拥有或控制并且能够为其带来收益的资产或资源。其基本内容包括所有与技术密切关联的无形资产，如专利技术、非专利技术、技术标准、软件著作权等。

1. 专利技术

（1）总体分析。 678 家专精特新上市公司中有 562 家披露拥有各类专利（占比约为 82.89%），共计拥有 82 199 项专利，其中，发明专利 29 345 项、实用新型专利 44 203 项、外观设计 8 651 项。可见，当前专精特新上市企业拥有的专利以实用新型专利为主，其次为发明专利。

根据表 16-8 的统计结果，披露拥有各类专利的企业占样本企业的比重来看，科创板表现较好，披露拥有发明、实用新型和外观设计专利的企业占比分别为 100%、96.21%和 63.64%，高于创业板（55.92%、41.42%、26.04%）和北交所（100%、42.11%、22.37%）。

表 16-8 专精特新企业专利整体情况

	发明专利		实用新型		外观设计	
	披露公司数量（占比）	披露总数（均值）	披露公司数量（占比）	披露总数（均值）	披露公司数量（占比）	披露总数（均值）
总计 678 家	529 (78.02%)	29 345 (55.47)	426 (62.83%)	44 203 (103.76)	273 (40.27%)	8 651 (31.69)
创业板 338 家	189 (55.92%)	10 507 (55.59)	140 (41.42%)	16 669 (119.06)	88 (26.04%)	2 731 (31.03)
科创板 264 家	264 (100%)	17 537 (66.43)	254 (96.21%)	25 386 (99.94)	168 (63.64%)	5 730 (34.11)
北交所 76 家	76 (100%)	1 301 (17.12)	32 (42.11%)	2 148 (67.13)	17 (22.37%)	190 (11.18)

注："披露公司数量"表示对应年份中披露某项专利信息的公司数量；"占比"为该年份中披露某项专利信息的公司占比，计算方式为：披露该项信息公司数/该年份上市公司总数；"披露总数"为对应年份中披露的某项专利的总数；"均值"为该年份中某项专利的均值，计算方式为：某项专利的披露总数/该年份上市公司总数。

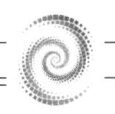

从披露的具体情况看，创业板、科创板与北交所的专精特新上市公司的授权专利达到82 199项，平均拥有量达到了146.26项/家。分板块来看，创业板专精特新上市公司的授权专利达到29 907项，其中发明专利10 507项、实用新型16 669项、外观设计2 731项；科创板专精特新上市公司的授权专利总计48 653项，其中发明、实用新型和外观设计分别为17 537项、25 386项、5 730项；北交所共计授权专利3 639项，三种类型分别为1 301项、2 148项和190项。三个板块均以实用新型专利为主，而非创新性要求更高的发明专利，表明整体专精特新企业的创新能力有待提升。

另外，从不同类型专利均值看，科创板企业发明专利均值（66.43项/家）和外观设计专利均值（34.11项/家）要优于创业板企业和北交所企业。但对于实用新型专利，创业板企业的均值（119.06项/家）要明显高于科创板企业和北交所企业的均值（99.94项/家67.13项/家）。

（2）行业分析。由于制造业（586家，占比86.43%）以及信息传输、软件和信息技术服务业（60家，占比8.85%）的公司数量占整体专精特新上市公司企业的比重超过90%，故本报告重点分析这两个行业（下文同）。

如表16-9所示，制造业专精特新企业披露的专利总数达76 056项，占总量的92.53%。信息传输、软件和信息技术服务业的专精特新企业披露的专利总数为4 076项，占总量的4.96%。

表16-9 专精特新企业分行业专利情况

	发明专利		实用新型		外观设计	
	披露公司数量（占比）	披露总数（均值）	披露公司数量（占比）	披露总数（均值）	披露公司数量（占比）	披露总数（均值）
制造业						
总计 586家	463 (79.01%)	26 493 (57.22)	372 (63.48%)	41 429 (111.37)	239 (40.78%)	8 134 (34.03)
创业板 296家	173 (58.45%)	9 748 (56.35)	127 (42.91%)	15 915 (125.31)	80 (27.03%)	2 651 (33.14)
科创板 219家	219 (100%)	15 498 (70.77)	214 (97.72%)	23 476 (109.7)	142 (64.84%)	5 293 (37.27)
北交所 71家	71 (100%)	1 247 (17.56)	31 (43.66%)	2 038 (65.74)	17 (23.94%)	190 (11.18)
信息传输、软件和信息技术服务业						
总计 60家	47 (78.33%)	2 202 (46.85)	36 (60%)	1 465 (40.69)	25 (41.67%)	409 (16.36)
创业板 26家	13 (50%)	533 (41)	11 (42.31%)	405 (36.82)	7 (26.92%)	65 (9.29)
科创板 30家	30 (100%)	1 623 (54.1)	25 (83.33%)	1 060 (42.4)	18 (60%)	344 (19.11)
北交所 4家	4 (100%)	46 (11.5)	0 (0%)	0 (0)	0 (0%)	0 (0)

在制造业当中，专精特新企业是以实用新型专利为主（总计41 429项，均值111.37项/

家），其次为发明专利（总计 26 493 项，均值 57.22 项/家），最后为外观设计专利（总计 8 134 项，均值 34.03 项/家），分板块看也如此。但在信息传输、软件和信息技术服务业中，整体样本企业以发明专利为主（总计 2 202 项，均值 46.85 项/家），其次为实用新型（总计 1 465 项，均值 40.69 项/家），最后是外观设计（总计 409 项，均值 16.36 项/家）。此外，两个行业中，科创板专精特新企业无论是专利总量和均值，还是专利信息的披露水平上都优于创业板专精特新企业。

（3）区域分析。由表 16-10 可知，创业板、科创板和北交所专精特新企业数量 10 家以上省份主要集中在我国的东部、中部省份。其中，披露专利的专精特新企业最多的是江苏、广东和浙江。

从专利总数总量看，专精特新企业拥有专利总数前四的省份是江苏、广东、上海和浙江，三类专利总计分别为 15 146 项、14 444 项、8 721 项和 7 197 项。发明专利企业平均拥有量前三的是天津（102.20 项/家）、湖南（82.77 项/家）和湖北（81.44 项/家），实用新型专利企业平均拥有量前三的是河南（161.43 项/家）、山东（125.50 项/家）和四川（118.38 项/家）；外观设计专利企业平均拥有量前三的是河南（149.33 项/家）、湖北（62.50 项/家）和湖南（51.57 项/家）。

表 16-10　专精特新企业数量 10 家以上省份披露专利情况

省份	公司数量（家）	发明专利 披露公司数量（家）	发明专利 总量（项）	发明专利 均值（项/家）	实用新型 披露公司数量（家）	实用新型 总量（项）	实用新型 均值（项/家）	外观设计 披露公司数量（家）	外观设计 总量（项）	外观设计 均值（项/家）
江苏	130	100	5 092	50.92	85	9 165	107.82	54	889	16.46
广东	109	85	4 475	52.65	70	7 534	107.63	48	2 435	50.73
浙江	85	68	2 719	39.99	42	3 702	88.14	28	776	27.71
上海	57	51	3 749	73.51	46	4 082	88.74	28	890	31.79
北京	56	44	2 692	61.18	36	3 429	95.25	31	676	21.81
四川	31	22	1 103	50.14	16	1 894	118.38	10	353	35.30
山东	31	25	1 150	46.00	22	2 761	125.50	13	290	22.31
安徽	30	24	1 390	57.92	20	2 340	117.00	11	418	38.00
湖北	28	16	1 303	81.44	14	1 632	116.57	10	625	62.50
河南	18	11	297	27.00	7	1 130	161.43	3	448	149.33
福建	15	10	692	69.20	10	993	99.30	5	91	18.20
湖南	15	13	1 076	82.77	10	1 081	108.10	7	361	51.57
天津	13	10	1 022	102.2	9	903	100.33	2	33	16.50
陕西	12	9	681	75.67	8	641	80.13	5	40	8.00
辽宁	12	11	714	64.91	9	634	70.44	2	35	17.50

2. 非专利技术①

（1）总体分析。如表 16-11 所示，678 家专精特新上市公司中仅有 159 家在 2022 年年报中披露拥有非专利技术，占比为 23.45%。创业板专精特新上市公司披露非专利技术信息的比例（26.63%）略高于科创板（22.73%），北交所 76 家专精特新上市公司仅有 9 家（11.84%）在 2022 年年报中披露拥有非专利技术。

从披露的非专利技术信息来看，大部分企业（156 家）仅披露拥有的非专利技术账面价值，仅有 5 家科创板公司披露拥有的非专利技术数量，共计 79 项，其中超卓航科（688237）和美埃科技（688376）各 2 项，科德数控（688305）47 项，华恒生物（688639）17 项，创耀科技（688259）11 项。对于非专利技术的来源、技术的先进性、对公司的重要程度等信息，样本企业均未在年报中披露。

表 16-11　专精特新企业非专利技术整体情况

	样本企业数量（家）	披露公司数量（家）	占比	披露非专利技术账面价值（万元）	披露非专利技术数量（项）
总计	678	159	23.45%	156	5
创业板	338	90	26.63%	90	0
科创板	264	60	22.73%	57	5
北交所	76	9	11.84%	9	0

156 家披露非专利技术期末账面价值的企业中，有 29 家披露的非专利技术账面价值为 0 元，其余 127 家企业的非专利技术账面价值总计 24.50 亿元，平均每家 1 929.44 万元，其中最高的是创业板公司富瀚微（300613），其非专利技术期末账面价值为 3.46 亿元，最低的是科创板公司安必平（688393），账面价值仅为 0.08 元。从均值来看，科创板企业和北交所企业非专利技术账面价值均值相差不大，分别为 1 399.90 万元/家和 1 293.87 万元/家，但都低于整体样本的均值；创业板企业非专利技术均值最高，为 2 285.69 万元/家（见表 16-12）。

表 16-12　专精特新企业非专利技术账面价值情况

	披露公司数量（家）	总值（万元）	均值（万元/家）	最大值（万元）	最小值（万元）
总计	127	245 039.21	1 929.44	34 603.41	0.000 008
创业板	77	175 998.34	2 285.69	34 603.41	0.35
科创板	41	57 396.06	1 399.90	9 034.90	0.000 008
北交所	9	11 644.82	1 293.87	4 183.46	4.18

（2）行业分析。鉴于样本企业披露的非专利技术信息主要为账面价值，本报告将主要基于 127 家企业披露的账面价值信息进行分析。如表 16-13 所示，制造业企业的账面价值

---

① 本报告所指非专利技术，是指与专利技术相对的，符合法律要求和社会公益的一切技术成果，包含处于保密状态尚未公开的专有技术（技术秘密、技术诀窍）和已向社会公开而为公众所知的普通非专利技术。

分布特征基本与总体保持一致，创业板公司均值高于科创板和北交所，后两者相差不多。对于信息传输、软件和信息技术服务业，创业板公司的均值远高于科创板公司，北交所样本企业则未披露非专利技术账面价值。

表 16-13　专精特新企业分行业非专利技术账面价值情况

		披露公司数量（家）	总额（万元）	均值（万元/家）
制造业	总计 586 家	109	172 160.37	1 579.45
	创业板 296 家	65	108 063.54	1 662.52
	科创板 219 家	35	52 452.01	1 498.63
	北交所 71 家	9	11 644.82	1 293.87
信息传输、软件和信息技术服务业	总计 60 家	8	59 733.13	7 466.64
	创业板 26 家	6	58 108.57	9 684.76
	科创板 30 家	2	1 624.56	812.28
	北交所 4 家	0	—	—

（3）区域分析。由表 16-14 可知，127 家披露非专利技术账面价值的专精特新企业分布在 20 个省级行政区。如不考虑只有 1 家披露企业的省份（新疆、甘肃、云南、江西、重庆 5 省），其余 15 个省级行政区中，均值最高的是上海，5 424.83 万元/家，其次是北京（4 211.04 万元/家）和天津（2 952.98 万元/家），均值最低的是辽宁（130.11 万元/家）。江苏和浙江两省虽然披露非专利技术账面价值的企业比较多，分别有 22 家和 13 家，但是均值不高，分别为 604.46 万元/家和 399.76 万元/家。

表 16-14　专精特新企业披露非专利技术账面价值的省份情况

省份	公司数量（家）	披露公司数量（家）	总额（万元）	均值（万元/家）
江苏	130	22	13 298.11	604.46
北京	56	17	71 587.68	4 211.04
浙江	85	13	5 196.93	399.76
广东	109	12	25 331.03	2 110.92
上海	57	10	54 248.31	5 424.83
四川	31	7	11 575.38	1 653.63
湖北	28	7	8 387.06	1 198.15
安徽	30	7	5 438.20	776.89
河南	18	5	5 601.30	1 120.26
天津	13	5	14 764.91	2 952.98
山东	31	5	4 292.69	858.54
辽宁	12	4	520.45	130.11
福建	15	3	8 850.31	2 950.10
陕西	12	3	2 493.45	831.15
吉林	3	2	3 051.61	1 525.80
新疆	2	1	34.61	34.61
甘肃	1	1	7 381.14	7 381.14

续表

省份	公司数量（家）	披露公司数量（家）	总额（万元）	均值（万元/家）
云南	4	1	212.73	212.73
江西	4	1	1 338.27	1 338.27
重庆	4	1	1 435.03	1 435.03
总计	645	127	245 039.21	1 857.52

3．技术标准

（1）**总体分析**。如表16-15所示，678家样本公司中，有183家拥有并披露技术标准信息（占比26.99%），制定标准的总项数为2 386项。678家样本公司的整体平均拥有量是3.52项/家，而在183家拥有并披露技术标准信息的企业平均拥有量是13.63项/家。创业板中披露技术标准信息的专精特新企业为86家（占比25.44%），披露技术标准总数为1 388项；科创板中披露技术标准信息的专精特新企业数量为74家（占比28.03%），披露技术标准总数为922项；北交所则有23家企业披露拥有技术标准，比重为30.26%。从披露技术标准的均值来看，创业板专精特新企业均值为16.33项/家，科创板为12.63项/家，北交所仅为4.47项/家，说明创业板和科创板企业参与、披露技术标准的情况较北交所企业要好，反映出前两个板块企业的技术实力要优于北交所。其中，2022年年报中披露拥有技术标准最多的是创业板公司远方信息（300306），参与制定各种国际标准、国家标准近100项。

表16-15 专精特新企业技术标准整体情况

	披露公司数量（家）	占比	标准总量（项）	标准均值（项/家）
整体（678）	183	26.99%	2386	13.63
创业板（338）	86	25.44%	1388	16.33
科创板（264）	74	28.03%	922	12.63
北交所（76）	23	30.26%	76	4.47

（2）**行业分析**。样本企业中，披露技术标准的制造业专精特新企业共154家，占比仅为26.28%；披露技术标准的信息传输、软件和信息技术服务业专精特新企业共20家，占比33.33%。从披露技术标准总数的均值来看，信息传输、软件和信息技术服务业（14.90项/家）的情况略优于制造业（13.59项/家）。分板块看，无论是制造业还是信息传输、软件和信息技术服务业，创业板专精特新企业均值都要高于科创板和北交所专精特新企业（见表16-16）。

表16-16 专精特新企业技术标准不同行业情况

	制造业		信息传输、软件和信息技术服务业	
	披露公司数量（占比）	披露总数（均值）	披露公司数量（占比）	披露总数（均值）
总计	154（26.28%）	1 998（13.59）	20（33.33%）	298（14.90）
创业板	74(25.00%)	1 221(16.73)	7(26.92%)	135(19.29)

续表

	制造业		信息传输、软件和信息技术服务业	
	披露公司数量（占比）	披露总数（均值）	披露公司数量（占比）	披露总数（均值）
科创板	59（26.94%）	702（12.10）	12（40.00%）	162（13.50）
北交所	21（29.58%）	75（4.69）	1（25.00%）	1（1.00）

（3）区域分析。由表16-17可知，创业板与科创板专精特新企业中披露技术标准企业数量前三的省份是浙江（33家）、江苏（33家）和广东（21家），因而拥有技术标准总量最多的也是这三省份，但广东总量（451项）多于江苏（252项），浙江总量为480项，位居第一。从均值看，位于前三的分别是陕西（40.50项/家）、广东（22.55项/家）和湖北（21.40项/家）。

表16-17 专精特新企业数量10家以上省份披露技术标准情况

省份	公司数（家）	披露公司数（家）	总量（项）	均值（项/家）
江苏	130	33	252	7.88
广东	109	21	451	22.55
浙江	85	33	480	15.00
上海	57	11	123	12.30
北京	56	17	166	11.07
四川	31	9	134	14.89
山东	31	7	69	9.86
安徽	30	7	80	11.43
湖北	28	5	107	21.40
河南	18	7	78	11.14
福建	15	4	30	10.00
湖南	15	4	57	14.25
天津	13	3	30	10.00
陕西	12	2	81	40.50
辽宁	12	2	36	18.00

4．软件著作权

（1）总体分析。由表16-18可知678家样本企业中有344家拥有并披露软件著作权信息，占比50.74%，拥有软件著作权共计31 664项。678家样本企业的平均拥有量是46.70项/家，344家拥有并披露技术标准信息的企业的平均拥有量是92.05项/家。专精特新企业的软件著作权账面价值信息的披露情况不太乐观，678家专精特新企业中，仅26家（创业板14家，科创板8家，北交所4家）企业披露软件著作权的账面价值，占比3.83%。

创业板专精特新企业披露软件著作权信息的有119家，占比35.21%，拥有软件著作权总计16 226项；科创板则为205家，占比77.65%，披露的软件著作权总计14 473项；北交所有20家，占76家样本企业的26.32%，软件著作权总计965项。可以看出，科创板企

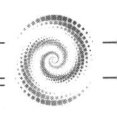

业大部分（接近八成）都拥有软件著作权并在年报里予以披露，而创业板和北交所大概只有三成左右的企业拥有并披露。从均值来看，创业板专精特新企业披露软件著作权均值为 136.35 项/家，显著高于科创板的 70.60 项/家和北交所的 48.25 项/家。其中，高新兴（300098）在 2022 年年报中披露所拥有的软件著作权总数达 1 300 项，是样本企业中软件著作权数量最多的企业。

表 16-18　专精特新企业软件披露著作权情况

	披露公司数量（家）	占比	披露软著总量（项）	披露软著均值（项/家）	披露软著账面价值的公司数量（家）	占比
总计（678 家）	344	50.74%	31 664	92.05	26	3.83%
创业板（338 家）	119	35.21%	16 226	136.35	14	4.14%
科创板（264 家）	205	77.65%	14 473	70.60	8	3.03%
北交所（76 家）	20	26.32%	965	48.25	4	5.26%

注："软著"指软件著作权。

（2）行业分析。样本企业中，披露软件著作权的制造业专精特新企业共 276 家，占比仅为 47.10%；披露软件著作权的信息传输、软件和信息技术服务业专精特新企业共 48 家，占比达 80%。从软件著作权数量的均值来看，信息传输、软件和信息技术服务业的情况（215.75 项/家）明显优于制造业（74.21 项/家），这主要与行业属性有关，信息传输、软件和信息技术服务业的企业主要以提供软件和信息技术相关的产品和服务为主。

表 16-19　专精特新企业披露软件著作权不同行业情况

	制造业		信息传输、软件和信息技术服务业	
	披露公司数量（占比）	披露总数（均值）	披露公司数量（占比）	披露总数（均值）
总计 586 家	276（47.10%）	20 483（74.21）	48（80.00%）	10 356（215.75）
创业板 296 家	92(31.08%)	10 551(114.68)	20(79.92%)	5 204(260.20)
科创板 219 家	166（75.80%）	9 343（56.28）	26（86.67%）	4 776（183.69）
北交所 71 家	18（25.35%）	589（32.72）	2（50.00%）	376（188）

（3）区域分析。样本企业中，披露软件著作权信息企业数量最多的是广东（66 家）和江苏（58 家）。披露软件著作权总数最多是广东，为 9 264 项，其次为北京，5 502 项。从均值看，披露专精特新企业软件著作权均值最高的地区是北京，为 166.73 项/家，其次是湖南，152.33 项/家，再次是广东，140.36 项/家。

表 16-20　专精特新企业数量 10 家以上省份披露软件著作权情况

省份	公司数（家）	披露公司数（家）	总量（项）	均值（项/家）
江苏	130	58	2 371	40.88
广东	109	66	9 264	140.36
浙江	85	33	1 908	57.82

续表

省份	公司数（家）	披露公司数（家）	总量（项）	均值（项/家）
上海	57	38	2 455	64.61
北京	56	33	5 502	166.73
四川	31	18	1 532	85.11
山东	31	19	1 842	96.95
安徽	30	17	1 559	91.71
湖北	28	11	1 016	92.36
河南	18	4	390	97.50
福建	15	7	684	97.71
湖南	15	9	1 371	152.33
天津	13	6	198	33.00
陕西	12	4	48	12.00
辽宁	12	4	127	31.75

（二）基于 2022 年报的市场类无形资产情况

市场类无形资产是指与企业存在业务关系，并形成相应的客户名单和客户合同，从而使企业获得特定的客户相关信息和知识形成的无形资产，包括商标、客户、竞争地位、核心竞争优势等。

1. 商标

（1）**总体分析**。基于年报数据，678 家专精特新上市公司披露持有商标信息的比例仅为 8.55%，即只有 58 家企业披露持有商标，总计持有 4 153 项商标，平均每家公司持有商标 6.13 项，58 家披露企业平均每家 71.60 项。披露申请商标信息的企业只有 22 家，占比 4.65%，共计正在申请商标 666 项。另外有 57 家（创业板 41 家，科创板 12 家，北交所 4 家）企业披露公司获得过国家级或省级驰名商标、著名商标等荣誉（见表 16-21）。作为企业经营普遍需要的商标，上市公司披露的情况并不乐观，可能是年报对商标信息的披露未做强制要求，而企业普遍认为没有必要披露商标信息。

分板块来看，创业板专精特新上市公司披露持有商标信息的比例为 9.09%，总计持有 1 607 项商标，平均每家公司持有商标 69.58 项；科创板专精特新上市公司披露持有商标信息的比例为 9.47%，总计持有 2 391 项商标，平均每家公司持有商标 74.728 项；北交所专精特新上市公司披露持有商标信息的比例为 2.63%，总计持有商标 92 项，平均 46 项。此外，22 家公司披露了 666 项正在申请的商标，其中创业板 8 家，261 项，科创板 14 家，405 项。

表 16-21　专精特新样本企业披露商标情况

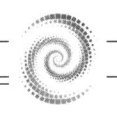

	持有商标		申请商标		商标荣誉	
	披露公司数量（占比）	披露总数（均值）	披露公司数量（占比）	披露总数（均值）	披露公司数量	占比
整体 678 家	58（8.55%）	4 153（71.6）	22（4.65%）	666（30.27）	57	8.41%
创业板 338 家	24（9.09%）	1 607（69.58）	8（3.57%）	261（32.63）	41	15.53%
科创板 264 家	32（9.47%）	2 391（74.72）	14（6.40%）	405（28.93）	12	3.55%
北交所 76 家	2（2.63%）	92（46.00）	0（0）	—	4	5.26%

（2）行业分析。586 家创业板与科创板专精特新制造业公司中，持有商标披露公司数量占比 7.34%（43 家），低于整体披露情况的 8.55%，披露总数为 2 571 项，均值为 59.79 项/家，低于整体披露情况 71.60 项/家，说明制造业上市公司聚焦于主商标的培育与推广。另外，制造业上市公司中披露申请商标、商标荣誉的公司占比为分别 2.56%、9.56%，与整体情况相差不大。分板块看，制造业创业板专精特新上市公司总计持有 1 414 项商标，平均每家公司持有商标数为 74.42 项；科创板专精特新上市公司总计持有 1 153 项商标，平均每家公司持有商标数为 50.13 项。由上述数据来看，创业板上市公司表现较优于科创板上市公司。

信息传输、软件和信息技术服务业的 60 家专精特新公司中，持有商标披露公司数量占比 20%，高于整体披露情况 8.55%，披露总数为 1 427 项，均值为 118.92 项/家，高于整体的 71.60 项/家。此外，申请商标 225 项，均值为 37.50 项/家，高于整体的 30.27 项/家，只有 1 家企业获得驰名商标等荣誉，表明信息传输、软件和信息技术服务业上市公司偏好多品牌战略，但商标知名度有待提升。分板块看，创业板专精特新上市公司披露持有商标总计 135 项商标，平均每家公司持有商标数为 33.75 项；科创板专精特新上市公司披露持有商标总计 1 204 项商标，平均每家公司持有商标数为 172 项。由上述数据看来，科创板上市公司表现较优于创业板上市公司。

表 16-22　专精特新企业不同行业披露商标情况

		持有商标		申请商标		商标荣誉
		披露公司数量（占比）	披露总数（均值）	披露公司数量（占比）	披露总数（均值）	披露公司数量（占比）
制造业	整体 586 家	43（7.34%）	2 571（59.79）	15（2.56%）	421（28.07）	56（9.56%）
	创业板 296 家	19（6.42%）	1 414（74.42）	7（2.36%）	241（34.43）	40（13.51%）
	科创板 219 家	23（10.50%）	1 153（50.13）	8（3.65%）	180（22.50）	12（5.48%）
	北交所 71 家	1（1.41%）	4（4.00）	0（0%）	—	4（5.63%）
信息传输、软件和信息技术服务业	整体 60 家	12（20.00%）	1 427（118.92）	6（10.00%）	225（37.5）	0（0%）
	创业板 26 家	4（15.38%）	135（33.75）	0（0%）	—	1（3.85%）
	科创板 30 家	7（23.33%）	1 204（172.00）	6（20.00%）	225（37.5）	0（0%）
	北交所 4 家	1（25.00%）	88（88.00）	0（0%）	—	0（0%）

（3）区域分析。样本企业中，持有商标总量超过 1 000 项的省份为广东和北京，分别为 1 110 项、1 049 项，均值分别为 111 项/家、131.13 项/家。湖北和上海的专精特新企业正申请商标总量位列前茅。在商标荣誉方面，广东、江苏和浙江的专精特新上市公司表现较好。

表 16-23　专精特新企业数量 10 家以上省份披露商标情况

省份	公司数（家）	持有商标 披露公司数（家）	持有商标 总量（项）	持有商标 均值（项/家）	申请商标 披露公司数（家）	申请商标 总量（项）	申请商标 均值（项/家）	商标荣誉 披露公司数（家）
江苏	130	9	455	50.56	4	57	14.25	9
广东	109	10	1110	111.00	4	57	14.25	9
浙江	85	5	26	5.20	0			12
上海	57	4	236	59.00	1	110	110.00	3
北京	56	8	1049	131.13	4	91	22.75	0
四川	31	3	60	20.00	0			1
山东	31	5	276	55.20	3	47	15.67	3
安徽	30	1	38	38.00	1	32	32.00	4
湖北	28	4	432	108.00	2	192	96.00	3
河南	18	1	141	141.00	1	54	54.00	3
福建	15	0	—	—	0			3
湖南	15	1	10	10.00	0			0
天津	13	1	74	74.00	1	6	6.00	0
陕西	12	1	4	4.00	0			1
辽宁	12	1	57	57.00	0			3

2. 客户

（1）总体分析。通常用前五大客户销售收入占企业销售收入的比例来反映客户集中度。客户集中度高，便于企业集中管理，降低交易成本，但过度依赖大客户也会带来一系列潜在风险。

从 2022 年前五大客户总计销售占比平均值来看，创业板上市公司均值（41.02%）略低于总体均值（44.31%），科创板上市公司均值（47.04%）高于总体均值（44.31%），北交所上市公司前五大客户销售占比均值（49.47%）接近 50%。北交所上市公司客户集中度较高，这表明中小规模的企业更加依赖大客户的订单。但需注意的是，客户集中度应保持在一个适度的水平，过高或过低都存在潜在的问题。此外，从主导的客户类型占比来看，主导的客户类型主要为国企、外企和民企，其中民企占比最高（76.19%），外企占比最低（7.94%）（见表 16-24）。

表 16-24　客户信息披露情况

	前五大客户合计销售占比均值	披露公司数（家）	主导的客户类型占比		
			国企	外企	民企
总计 678 家	44.31%	63	15.87%	7.94%	76.19%
创业板 338 家	41.02%	20	10.00%	0.00%	90.00%
科创板 264 家	47.04%	23	13.04%	4.35%	82.61%
北交所 76 家	49.47%	20	25.00%	20.00%	55.00%

说明：披露公司数量统计的是披露"主导客户类型"的公司数量，主导客户类型占比是用该类型客户（如国企）数量÷披露公司数量。

表 16-25　2021 年和 2022 年客户集中度变化情况

	2021 客户集中度	2022 客户集中度
总计	44.33%	44.31%
创业板	40.03%	41.02%
科创板	48.18%	47.04%
北交所	50.77%	49.47%

从纵向变化看，678 家专精特新企业 2022 年客户集中度均值为 44.31%，略低于 2021 年的 44.33%。分板块看，科创板和北交所 2022 年的客户集中度较 2021 年都略有下降，只有创业板专精特新企业 2022 年客户集中度（41.02%）较 2021 年（40.03%）上升了 0.99%（见表 16-25）。

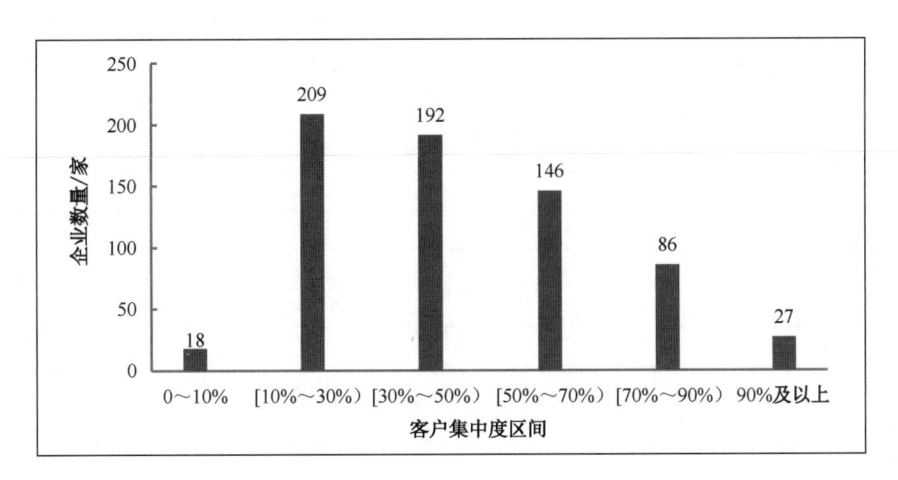

图 16-6　专精特新样本企业 2022 年客户集中度分布

如图 16-6 所示，678 家专精特新公司企业客户集中度分布最多的区间为[10%～30%)，数量 209 家（占比 30.82%）；其次为[30%～50%)，数量为 192 家（占比 28.32%）。随着客户集中度的不断提升，企业分布数量不断下降。客户集中度在 10%以下的企业有 18 家（占比 2.65%），高于 90%的企业有 27 家（占比 3.98%）。总体表明专精特新样本企业对主要客

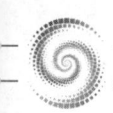

户的依赖程度不高，较少存在过于极端的客户集中度现象，且2022年客户集中度较2021年略有下降。

（2）行业分析。总体上看，制造业和信息传输、软件和信息技术服务业的专精特新企业客户集中度都低于50%。分板块来看，制造业中，北交所专精特新企业的客户集中度（49.50%）高于科创板（47.97%）和创业板（40.86%），而在信息传输、软件和信息技术服务业中，科创板专精特新企业的客户集中度（45.75%）则高于北交所（42.62%）和创业板（41.23%）（见表16-26）。

表16-26 专精特新企业客户集中度不同行业情况

	前五大客户合计销售占比均值	
	制造业	信息传输、软件和信息技术服务业
总计	44.56%	43.58%
创业板	40.86%	41.23%
科创板	47.97%	45.75%
北交所	49.50%	42.62%

（3）区域分析。在创业板和科创板拥有专精特新上市公司数量在10家以上的省份，企业客户集中度除陕西省为57.33%外，基本在50%左右，普遍不高。除陕西外，客户集中度前两名是四川和湖北，分别为49.26%和49.09%，最低的是河南，37.88%（见表16-27）。

表16-27 专精特新企业数量10家以上省份客户集中度情况

省份	公司数（家）	前五大客户合计销售占比均值
江苏	130	43.67%
广东	109	45.08%
浙江	85	43.07%
上海	57	45.82%
北京	56	39.73%
四川	31	49.26%
山东	31	46.64%
安徽	30	43.61%
湖北	28	49.09%
河南	18	37.88%
福建	15	38.12%
湖南	15	48.25%
天津	13	42.15%
陕西	12	57.33%
辽宁	12	45.43%

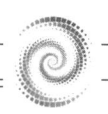

（三）基于2022年报的资质类无形资产情况

资质是政府或非政府组织为维护市场秩序、调整市场结构和影响市场资源分配，而在特定行业、特定时间和特定范围内对符合规定条件的组织或个人的行为进行许可的证书或证明性文件。一般可归为准入类资质（如政府注册登记、政府许可证、特许经营权等）、能力类资质（政府专业能力认证、行业协会登记证书等）和荣誉类资质（公司获奖证书、产品/职能/环境认证证书等）三类。

如表16-28所示，准入类资质在这三类中披露数量最少，整体披露公司占比54.13%，但准入类的总数量在三类资质中最多（12 707项），平均每家公司披露34.62项，主要是一些医药类和信息技术类企业获得大量政府注册登记证。分板块看，科创板企业准入类资质的总量（9 832项）和均值（56.51项/家）都远高于创业板（2 835项，16.11项/家）和北交所企业（40项，2.35项/家）。

能力类资质在三类资质信息中披露比例最高，披露企业比例为99.85%。在资质数量方面，能力类资质总量为6 421项，平均每家公司拥有9.48项，其中创业板平均每家公司拥有10.33项，科创板和北交所平均每家分别拥有9.77项和4.74项。

荣誉类资质披露的企业数量也较多，披露企业比例约为82.30%。在数量方面，总计披露4 028项，平均每家公司拥有7.22项，其中创业板和科创板均值差异不大，分别为8.13项/家和7.18项/家，北交所公司均值为3.25项/家。

总体而言，对于准入类资质，科创板公司明显优于创业板；荣誉类资质和能力类资质，则创业板公司略好于科创板；北交所因规模相对偏小，专精特新上市数量不多，整体表现不如科创板和创业板公司。

表16-28 专精特新样本企业披露资质类无形资产情况

	准入类资质		能力类资质		荣誉类资质	
	披露公司（占比）	资质总数（均值）	披露公司（占比）	资质总数（均值）	披露公司（占比）	资质总数（均值）
总计678家	367（54.13%）	12 707（34.62）	677（99.85%）	6 421（9.48）	558（82.30%）	4 028（7.22）
创业板338家	176（52.07%）	2 835（16.11）	337（99.70%）	3 481（10.33）	250（73.96%）	2 032（8.13）
科创板264家	174（65.91%）	9 832（56.51）	264（100%）	2 580（9.77）	253（95.83%）	1 817（7.18）
北交所76家	17（22.37%）	40（2.35）	76（100%）	360（4.74）	55（72.37%）	179（3.25）

注：披露公司（占比），括号外数据表示对应年份中披露某项资质类无形资产信息的公司数量，括号中数据为该年份中披露某项资质类无形资产信息的公司占比，计算方式为：披露该项信息公司数/该年份所有上市公司总数。资质总数（均值），括号外数据表示对应年份中披露的某项资质类无形资产的总数，括号中数据为该年份中披露的某项资质类无形资产均值，计算方式为：披露的某项资质类无形资产的总数/该年份披露该类资质的上市公司总数。

1. 准入类资质

（1）总体分析。从上市公司年报披露的准入类资质情况看，主要是政府注册登记证和政府许可证两种。在披露公司的数量方面，47.94%的专精特新上市公司披露了政府注册登记证，而披露政府许可证的公司只有28.91%。

在准入类资质数量方面，政府注册登记证披露的总数远大于政府许可证，平均每家公司拥有36.92项，其中科创板平均每家公司拥有58.41项，远高于创业板公司15.54项/家和北交所的1.56项/家。政府许可证平均每家公司为3.61项，其中科创板平均每家公司为3.23项，略低于创业板公司的4项/家，北交所公司只有1.86项/家（见表16-29）。

表16-29 专精特新企业披露准入类资质情况

	政府注册登记证		政府许可证	
	披露公司数量（占比）	披露总数（均值）	披露公司数量（占比）	披露总数（均值）
总计678家	325（47.94%）	11 999（36.92）	196（28.91%）	708（3.61）
创业板338家	151（44.67%）	2 347（15.54）	122（36.09%）	488（4.00）
科创板264家	165（62.50%）	9 638（58.41）	60（22.73%）	194（3.23）
北交所76家	9（11.84%）	14（1.56）	14（18.42%）	26（1.86）

（2）行业分析。由表16-30可知，信息传输、软件和信息技术服务业的专精特新企业，准入类资质（政府注册登记证和政府许可证）披露的公司数量及资质数量都较少，表明该行业不太依赖政府授权从事生产经营工作。制造业中披露准入类资质的企业数量也不高（政府注册登记证48.98%，政府许可证28.60%），但较信息传输、软件和信息技术服务业要高。制造业中，政府注册登记证披露的总数（9 882项）远多于政府许可证（617项），平均每家公司拥有34.43项，其中科创板平均每家公司拥有55.93项，创业板公司平均每家有12.89项，北交所公司只有1.56项/家。政府许可证平均每家公司拥有3.67项，其中创业板、科创板和北交所均值分别为4.12项/家、3.12项/家和1.92项/家。

表16-30 专精特新企业披露准入类资质不同行业情况

		政府注册登记证		政府许可证	
		披露公司数量（占比）	披露总数（均值）	披露公司数量（占比）	披露总数（均值）
制造业	总计586家	287（48.98%）	9 882（34.43）	168（28.60%）	617（3.67）
	创业板296家	132（44.59%）	1 702（12.89）	107（36.15%）	441（4.12）
	科创板219家	146（66.67%）	8 166（55.93）	49（22.37%）	153（3.12）
	北交所71家	9（12.68%）	14（1.56）	12（16.90%）	23（1.92）
信息传输、软件和信息技术服务业	总计60家	22（36.67%）	1 842（83.73）	10（16.67%）	55（5.50）
	创业板26家	12（46.15%）	601（50.08）	6（23.08%）	25（4.17%）
	科创板30家	10（33.33%）	1 241（124.1）	3（10.00%）	28（9.33）
	北交所4家	0（0%）	—	1（25.00%）	2（2.00）

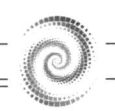

（3）区域分析。15个省份的专精特新企业数量有642家，占所有专精特新企业总数的94.69%。在披露的公司数量方面，政府注册登记证江苏披露的公司数量最多（62家），陕西和辽宁最少（7家），政府许可证江苏披露的公司数量最多（39家），陕西和湖南最少（3家）。

在披露资质数量方面，政府注册登记证总量前三的是广东（3 420项）、北京（1 616项）和湖南（1 177项），最少的是辽宁（16项）。政府许可证总量超过100项的有广东（133项）和江苏（109项），陕西、湖南和安徽政府许可证数量较少，分别只有3项、4项和6项（见表16-31）。

表16-31 专精特新企业数量10家以上省份披露准入类资质情况

省份	公司数（家）	政府注册登记证			政府许可证		
		披露公司数（家）	总量（项）	均值（项/家）	披露公司数（家）	总量（项）	均值（项/家）
江苏	130	62	910	14.68	39	109	2.79
广东	109	47	3420	72.77	28	133	4.75
浙江	85	31	727	23.45	22	71	3.23
上海	57	27	710	26.30	14	39	2.79
北京	56	30	1616	53.87	18	71	3.94
四川	31	15	708	47.20	8	43	5.38
山东	31	14	280	20.00	10	31	3.10
安徽	30	19	784	41.26	5	6	1.20
湖北	28	12	152	12.67	9	41	4.56
河南	18	8	388	48.50	5	12	2.40
福建	15	8	356	44.50	6	10	1.67
湖南	15	10	1177	117.70	3	4	1.33
天津	13	9	164	18.22	7	24	3.43
陕西	12	7	29	4.14	3	3	1.00
辽宁	12	7	16	2.29	6	39	6.50

2. 能力类资质

从上市公司年报披露的能力类资质情况看，主要是政府专业能力认证、特殊能力扶持认证、行业协会等级认证、质量认证证书和环境认证证书五种。

（1）总体分析。如表6-32所示，在五种能力类资质中，披露特殊能力扶持认证的企业最多，占比达到98.23%，披露行业协会等级认证的企业最少，占比仅有16.81%。在披露公司的数量比重方面，科创板专精特新企业的五种能力类资质信息披露企业比重均高于创业板的专精特新企业（23.93%）；北交所企业除特殊能力扶持认证披露比例为100%以外，其他4种能力类资质披露公司比例都较低，远低于科创板和创业板企业。

在能力类资质数量方面，特殊能力扶持认证资质数量最多，总数为2 967项，政府专

业能力认证次之（1 634项），环境认证证书数量最少（261项）。分板块来看，在5种能力类资质中，创业板专精特新企业的均值都高于科创板企业，而北交所企业除行业协会等级认证的均值（3.44项/家）略高于创业板企业（3.35项/家）和科创板企业（2.50项/家）外，其余4种能力类资质的均值都低于创业板企业和科创板企业。

表16-32　专精特新企业披露能力类资质情况

	政府专业能力认证		特殊能力扶持认证		行业协会等级认证		质量认证证书		环境认证证书	
	披露公司数（占比%）	披露总数（均值）	披露公司数（占比%）	披露总数（均值）	披露公司数（占比%）	披露总数（均值）	披露公司数（占比%）	披露总数（均值）	披露公司数（占比%）	披露总数（均值）
总计 678家	300 (44.25)	1 634 (5.45)	666 (98.23)	2 967 (4.45)	114 (16.81)	340 (2.98)	434 (64.01)	1 219 (2.81)	234 (34.51)	261 (1.12)
创业板 338家	158 (46.75)	966 (6.11)	330 (97.63)	1 688 (5.12)	55 (16.27)	184 (3.35)	180 (53.25)	515 (2.86)	104 (30.77)	128 (1.23)
科创板 264家	132 (50.00)	644 (4.88)	260 (98.48)	1 094 (4.21)	50 (18.94)	125 (2.50)	217 (82.20)	604 (2.78)	110 (41.67)	113 (1.03)
北交所 76家	10 (13.16)	24 (2.43)	76 (100)	185 (2.43)	9 (11.84)	31 (3.44)	37 (48.68)	100 (2.70)	20 (26.32)	20 (1.00)

（2）行业分析。制造业专精特新公司的能力类情况与整体情况基本一致。对于信息传输、软件和信息技术服务业而言，披露特殊能力扶持认证的企业最多（占比98.33%），披露行业协会等级认证和环境认证证书的企业数量最少（均为26.67%）。从数量上看，特殊能力扶持认证数量最多（总数345项，平均5.85项/家），环境认证证书数量最少（总数18项，平均仅有1.13项/家）。分板块来看，信息传输、软件和信息技术服务业中的科创板专精特新企业5种能力类资质均值都低于创业板企业，北交所公司的质量认证证书均值（4.50项/家）高于其他两个板块（见表16-33）。

表16-33　专精特新企业披露能力类资质不同行业情况

		政府专业能力认证		特殊能力扶持认证		行业协会等级认证		质量认证证书		环境认证证书	
		披露公司数（占比）	披露总数（均值）	披露公司数（占比）	披露总数（均值）	披露公司数（占比）	披露总数（均值）	披露公司数（占比）	披露总数（均值）	披露公司数（占比）	披露总数（均值）
制造业	总计 586家	251 (42.83)	1 409 (5.45)	575 (98.12)	2 395 (4.17)	93 (15.87)	273 (2.94)	380 (64.85)	1 068 (2.81)	209 (35.67)	234 (1.12)
	创业板 296家	134 (45.27)	829 (6.11)	288 (97.30)	1 358 (4.72)	46 (15.54)	153 (3.33)	166 (56.08)	475 (2.86)	100 (33.78)	122 (1.22)
	科创板 219家	108 (49.32)	562 (4.88)	216 (98.63)	865 (4.00)	39 (17.81)	97 (2.49)	182 (83.11)	514 (2.82)	94 (42.92)	97 (1.03)
	北交所 71家	9 (12.68)	18 (2.43)	71 (100)	172 (2.42)	8 (11.27)	23 (2.88)	32 (45.07)	79 (2.47)	15 (21.13)	15 (1.00)

续表

		政府专业能力认证		特殊能力扶持认证		行业协会等级认证		质量认证证书		环境认证证书	
		披露公司数（占比）	披露总数（均值）	披露公司数（占比）	披露总数（均值）	披露公司数（占比）	披露总数（均值）	披露公司数（占比）	披露总数（均值）	披露公司数（占比）	披露总数（均值）
信息传输、软件和信息技术服务业	总计60家	32(53.33)	178(5.45)	59(98.33)	345(5.85)	16(26.67)	58(3.63)	36(60.00)	115(3.19)	16(26.67)	18(1.13)
	创业板26家	15(57.69)	110(6.11)	26(100)	184(7.08)	5(19.23)	23(4.60)	8(30.77)	28(3.50)	3(11.54)	5(1.67)
	科创板30家	17(56.67)	68(4.88)	29(96.67)	150(5.17)	10(33.33)	27(2.70)	24(80.00)	69(2.88)	9(30.00)	9(1.00)
	北交所4家	0(0)	0(0)	4(100)	11(2.75)	1(25.00)	8(8.00)	4(100)	18(4.50)	4(100)	4(1.00)

（3）区域分析。 在披露公司数量方面，对于政府专业能力认证，江苏披露公司数量最多（56家），辽宁最少（4家）；对于特殊能力扶持认证，江苏披露公司数量最多（128家），陕西和辽宁最少（均为12家）；对于行业协会等级认证，同样是江苏披露公司数量最多（25家），福建没有公司披露；对于质量认证证书，江苏披露公司数量最多（84家），天津、陕西和辽宁最少（均为8家）；对于环境认证证书，仍旧是江苏披露公司数量最多（43家），天津最少（4家）。

在资质数量均值方面，对于政府专业能力认证，山东专精特新企业平均14.75项/家，位于第一位，湖南最少，平均1.60项/家；对于特殊能力扶持认证，四川平均6.56项/家最高，辽宁最低，平均2.67项/家；行业协会等级认证，四川平均10项/家，最高，除未披露的福建外，山东和辽宁最低（均为2.00项/家）；质量认证证书，湖山东均值最高，平均3.65项/家，北京最少，平均2.20项/家；环境认证证书，山东和辽宁最高（均为1.29项/家）外，最低均值为1项/家，总共有6个省份（见表16-34）。

表16-34 专精特新企业数量10家以上省份披露能力类资质情况

省份	公司数	政府专业能力认证			特殊能力扶持认证			行业协会等级认证			质量认证证书			环境认证证书		
		披露公司数	披露总数	披露均值	披露公司数	总量	均值	披露公司数	总量	均值	披露公司数	总量	均值	披露公司数	总量	均值
江苏	130	56	227	4.05	128	503	3.93	25	55	2.20	84	237	2.82	43	45	1.05
广东	109	51	281	5.51	107	445	4.16	16	42	2.63	73	191	2.62	41	48	1.17
浙江	85	37	134	3.62	84	358	4.26	12	31	2.58	50	129	2.58	32	35	1.09
上海	57	25	173	6.92	56	230	4.11	10	32	3.20	42	117	2.79	20	24	1.20
北京	56	31	163	5.26	55	308	5.60	13	38	2.92	41	90	2.20	12	15	1.25
四川	31	18	141	7.83	27	177	6.56	6	60	10.00	20	69	3.45	10	11	1.10
山东	31	12	177	14.75	31	107	3.45	4	8	2.00	20	73	3.65	14	18	1.29
安徽	30	14	166	11.86	30	138	4.60	5	14	2.80	19	66	3.47	10	10	1.00
湖北	28	12	53	4.42	28	172	6.14	6	14	2.33	14	39	2.79	7	7	1.00

续表

省份	公司数	政府专业能力认证 披露公司数	披露总数	披露均值	特殊能力扶持认证 披露公司数	总量	均值	行业协会等级认证 披露公司数	总量	均值	质量认证证书 披露公司数	总量	均值	环境认证证书 披露公司数	总量	均值
河南	18	7	18	2.57	17	74	4.35	2	5	2.50	12	33	2.75	6	6	1.00
福建	15	5	13	2.60	15	83	5.53	0	—	—	9	27	3.00	5	6	1.20
湖南	15	5	8	1.60	15	48	3.20	7	16	2.29	10	30	3.00	7	7	1.00
天津	13	5	10	2.00	13	85	6.54	2	10	5.00	8	22	2.75	4	4	1.00
陕西	12	5	20	4.00	12	40	3.33	1	8	8.00	8	19	2.38	6	6	1.00
辽宁	12	4	7	1.75	12	32	2.67	2	4	2.00	8	24	3.00	7	9	1.29

3. 荣誉类资质

（1）总体分析。从上市公司年报披露的荣誉类资质情况看，主要是公司获奖证书和产品获奖证书两种。

表 16-35　专精特新企业披露荣誉类资质情况

	公司获奖证书 披露公司数量（占比）	披露总数（均值）	产品获奖证书 披露公司数量（占比）	披露总数（均值）
总计 678 家	540（79.65%）	3 141（5.82）	184（27.14%）	887（4.82）
创业板 338 家	233（68.93%）	1 544（6.63）	99（29.29%）	488（4.93）
科创板 264 家	252（95.45%）	1 462（5.66）	79（29.92%）	391（4.95）
北交所 76 家	55（72.37%）	171（3.11）	6（7.89%）	8（1.33）

如表 16-35 所示，在披露公司数量方面，披露公司获奖证书信息的公司数量占比 79.65%，而披露产品获奖证书的公司占比只有 27.14%。分板块来看，科创板专精特新企业披露公司获奖证书的比例（95.45%）要高于北交所（72.37%）和创业板（68.93%）。科创板专精特新企业披露产品获奖证书的比重（29.92%）略高于创业板（29.29%），而北交所专精特新企业披露产品获奖证书的比重较低（7.89%）。

在资质数量方面，公司获奖证书披露总数为 3 141 项，平均 5.82 项/家，产品获奖证书总数只有 887 项，平均 4.82 项/家。分板块来看，创业板专精特新企业披露的公司获奖证书资质总量（1 544 项）及均值（6.63 项/家）略多于科创板专精特新企业（1 462 项，5.66 项/家），北交所专精特新企业公司获奖证书总量（171 项）和均值（3.11 项/家）都不高。科创板专精特新企业披露的产品获奖证书资质总数（391 项）略低于创业板专精特新企业（488 项），但均值略高一点；北交所专精特新企业披露的产品获奖证书总量（8 项）和均值（1.33 项/家）都较低。综上可知，无论是科创板公司还是创业板、北交所公司，都倾向于披露公司获奖证书。

（2）行业分析。无论是制造业还是信息传输、软件和信息技术服务业，荣誉类资质

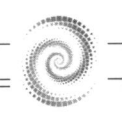

的披露公司情况和披露数量分布情况，基本上和整体专精特新上市公司情况保持一致（见表16-36）。

表16-36 荣誉类资质分行业情况

		公司获奖证书		产品获奖证书	
		披露公司数量（占比）	披露总数（均值）	披露公司数量（占比）	披露总数（均值）
制造业	总计586家	471（80.38%）	2 675（5.68）	164（27.99%）	775（4.73）
	创业板296家	211（71.28%）	1 356（6.43）	90（30.41%）	428（4.76）
	科创板219家	209（95.43%）	1 177（5.63）	69（31.51%）	340（4.93）
	北交所71家	51（71.33%）	142（2.78）	5（7.04%）	7（1.40）
信息传输、软件和信息技术服务业	总计60家	44（73.33%）	291（6.61）	13（21.67%）	73（5.62）
	创业板26家	11（42.31%）	110（10.00）	5（19.23%）	41（8.20）
	科创板30家	29（96.67%）	152（5.24）	7（23.33%）	31（4.43）
	北交所4家	4（100%）	29（7.25）	1（25.00%）	1（1.00）

（3）区域分析。在披露公司数量方面，公司获奖证书，江苏披露的公司数量最多，有101家，辽宁最少，仅有9家；产品获奖证书，广东和江苏披露的公司数量较多，分别有38家和32家，辽宁最少，仅有1家。

在资质数量方面，公司获奖证书，湖南企业均值最高，平均10.17项/家，上海企业均值最低，平均4.49项/家；产品获奖证书，安徽企业均值最高，平均8.27项/家，北京最少，平均2.17项/家（见表16-37）。

表16-37 专精特新企业数量10家以上省份披露荣誉类资质情况

省份	公司数（家）	公司获奖证书			产品获奖证书		
		披露公司数（家）	披露总量（项）	披露均值（项/家）	披露公司数（家）	披露总量（项）	披露均值（项/家）
江苏	130	101	594	5.88	32	124	3.88
广东	109	89	467	5.25	38	273	7.18
浙江	85	65	333	5.12	27	75	2.78
上海	57	49	220	4.49	9	34	3.78
北京	56	44	246	5.59	12	26	2.17
四川	31	26	137	5.27	11	44	4.00
山东	31	25	159	6.36	9	54	6.00
安徽	30	23	141	6.13	11	91	8.27
湖北	28	19	89	4.68	5	31	6.20
河南	18	14	93	6.64	4	10	2.50
福建	15	13	113	8.69	3	24	8.00
湖南	15	12	122	10.17	7	46	6.57
天津	13	11	94	8.55	4	18	4.50
陕西	12	11	53	4.82	3	10	3.33
辽宁	12	9	51	5.67	1	7	7.00

（四）基于2022年报的人力资本类无形资产情况

资产评估领域所界定的人力资本类无形资产是企业能够以签订的契约（合同）等方式控制和使用人力资本并取得相应收益的权利。人力资本类无形资产一般包括企业家人力资本、企业的管理团队、集合劳动力等。本报告主要对公司高管、独立董事和员工三类人力资本进行分析。

1．公司高管

（1）总经理

678家样本企业中，有4家创业板公司（四川的蜀道装备、中科信息，浙江的博创科技和安徽的艾可蓝）未披露总经理信息。

年龄分析。截至2022年，专精特新上市公司总经理的平均年龄为50.59岁。50~59岁年龄段的总经理人数最多，为324人，占比47.79%。其中，创业板专精特新上市公司总经理的人数为171人，占比50.59%；科创板专精特新上市公司为115名，占比43.56%；北交所专精特新上市公司38人，占比50%。其次是40~49岁年龄段，227人，占比33.48%。其中，创业板专精特新上市公司总经理的人数为103名，占比30.47%；科创板专精特新上市公司为105人，占比39.77%；北交所专精特新上市公司为19人，占比25%。最年轻的总经理是北交所公司凯华材料（831526）的任开阔，31岁；最年长的是创业板公司精准信息（300099）的黄自伟，76岁（见表16-38）。

表16-38　专精特新样本企业总经理年龄分布整体情况

年龄	总计 人数	总计 占比	创业板 人数	创业板 占比	科创板 人数	科创板 占比	北交所 人数	北交所 占比
30~39岁	54	7.96%	29	8.58%	15	5.68%	10	13.16%
40~49岁	227	33.48%	103	30.47%	105	39.77%	19	25.00%
50~59岁	324	47.79%	171	50.59%	115	43.56%	38	50.00%
60岁及以上	69	10.18%	31	9.17%	29	10.98%	9	11.84%
未披露	4	0.59%	4	1.18%	—	—	—	—
合计	678	100%	338	100%	264	100%	76	100%

性别分析。2022年专精特新上市公司中的女性总经理人数为50名，占总人数的比例为7.37%，其中创业板、科创板和北交所上市公司中的女性总经理分别为27人（8.08%）、17人（6.44%）和6人（7.89%）。

薪酬分析。由表16-39可知，专精特新样本企业总经理2022年共计发放薪酬约7.53亿元，薪酬均值为112.70万元/人。其中，薪酬最高的总经理为科创板公司聚和材料（688503）总经理刘海东先生，当年发放薪酬达1 669.50万元，薪酬高于1 000万元的还有硕世生物（688399）总经理王国强先生，当年发放薪酬达1 550万元。分板块看，科创板企业总经理

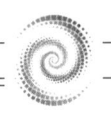

的平均薪酬最高（145.22 万元/人），其次为创业板（94.87 万元/人），北交所最低（75.94 万元/人）。

基于性别进行分类，总经理职位目前分别有 624 位男性，50 位女性，虽然女性总经理数量远低于男性，但女性总经理的薪酬均值（120.86 万元/人）高于男性总经理薪酬均值（112.04 万元/人）。分板块看，科创板和创业板的女性总经理平均薪酬高于男性，但北交所企业的女性总经理平均薪酬（58.59 万元/人）低于男性总经理（77.49 万元/人）。

表 16-39　专精特新样本企业总经理薪酬状况

样本分类	数量（人）	总经理薪酬合计（万元）	均值（万元/人）	最大值（万元）
男	624	69 239.37	112.04	1 669.50
女	50	6 042.98	120.86	610.93
未披露	4	—	—	—
总计	678	75 282.35	112.70	1 669.50
北交所	76	5 543.42	75.94	239.19
男（北交所）	70	5 191.90	77.49	239.19
女（北交所）	6	351.52	58.59	108.21
创业板	338	31 400.67	94.87	610.93
男（创业板）	307	28 393.21	93.40	402.09
女（创业板）	27	3 007.46	111.39	610.93
未披露	4			
科创板	264	38 338.26	145.22	1 669.50
男（科创板）	247	35 654.26	144.35	1 669.50
女（科创板）	17	2 684.00	157.88	403.33

持股情况。由表 16-40 可知，专精特新样本企业 2022 年持有本公司股票的总经理共计 526 人，占比 77.58%，表明样本企业的总经理普遍持有公司股份，其中北交所和创业板专精特新企业的总经理持有股份的比重较高，分别为 82.89% 和 78.14%，科创板明显偏低，比重仅为 55.49%。

表 16-40　专精特新样本企业总经理持股状况

	持股人数（人）	持股占比	未持股人数（人）	未持股占比	未披露人数（人）	未披露占比
创业板 334 家	261	78.14%	73	21.86%	4	1.20%
科创板 264 家	202	55.49%	62	17.03%	0	0.00%
北交所 76 家	63	82.89%	11	14.47%	2	2.63%
总计 678 家	526	77.58%	146	21.53%	6	0.88%

（2）财务总监

678 家样本企业中有 9 家创业板公司，3 家科创板公司和 1 家北交所公司未披露财务总监信息。

年龄分析。截至 2022 年，专精特新上市公司披露财务总监的平均年龄为 45.72 岁。由

表 16-41 可知，40~49 岁年龄段的财务总监人数最多，为 352 名，占比 51.92%。其中，创业板专精特新上市公司财务总监人数为 170 名（占比 50.30%），科创板 145 名（占比 54.92%），北交所 37 名（占比 48.68%）。其次是 50~59 岁年龄段，175 名，占比 25.81%。其中，创业板专精特新上市公司财务总监人数为 92 名，占比 27.22%，科创板为 65 名，占比 24.62%，北交所 18 名，占比 23.68%。最年轻的财务总监为创业板公司炬华科技（300360）的丁嘉禾女士，29 岁；最年长的是北交所公司泰德股份（831278）的刘德春先生，68 岁。

表 16-41　专精特新样本企业财务总监年龄分布整体情况

年龄	总计 人数	总计 占比	创业板 人数	创业板 占比	科创板 人数	科创板 占比	北交所 人数	北交所 占比
30 岁以下	1	0.15%	1	0.30%	0	0.00%	0	0.00%
30~39 岁	122	17.99%	60	17.75%	46	17.42%	16	21.05%
40~49 岁	352	51.92%	170	50.30%	145	54.92%	37	48.68%
50~59 岁	175	25.81%	92	27.22%	65	24.62%	18	23.68%
60 岁及以上	15	2.21%	6	1.78%	5	1.89%	4	5.26%
未披露	13	1.92%	9	2.66%	3	1.14%	1	1.32%
合计	678	100%	338	100%	264	100%	76	100%

性别分析。2022 年，专精特新上市公司中的男性和女性财务总监人数为分别为 361 名和 304 名，占比为 54.29%、45.71%。其中，创业板、科创板和北交所专精特新上市公司女性财务总监人数分别为 143 名（占比 43.47%）、122 名（占比 46.92%）和 39 名（占比 51.32%），只有北交所专精特新上市公司的女性财务总监超过了男性。

薪酬分析。由表 16-42 可知，专精特新样本企业的财务总监 2022 年共计发放薪酬 4.22 亿元，薪酬均值为 64.41 万元/人；其中薪酬最高的财务总监来自于科创板公司华大智造（688114）的刘波，当年发放薪酬达 655.46 万元。分板块看，科创板企业财务总监平均薪酬最高（77.61 万元/人），其次为创业板（58.92 万元/人），北交所最低（41.99 万元/人）。

基于性别进行分类，目前分别有 361 位男性，304 位女性，目前财务总监职位男女比例相对均衡。整体来看，女性财务总监的薪酬均值（59.31 万元/人）略低于男性财务总监薪酬均值（68.74 万元/人）。三个板块也与整体样本保持一致，女性财务总监平均薪酬低于男性财务总监。

表 16-42　专精特新样本企业财务总监薪酬状况

样本分类	数量（人）	财务总监薪酬合计（万元）	均值（万元/人）	最大值（万元）
男	361	24 400.95	68.74	655.46
女	304	17 794.50	59.31	222.56
总计	665	42 195.45	64.41	655.46
北交所	76	3 065.05	41.99	124.49
男（北交所）	37	1 562.21	44.63	107.00

续表

样本分类	数量（人）	财务总监薪酬合计（万元）	均值（万元/人）	最大值（万元）
女（北交所）	39	1 502.84	39.55	124.49
创业板	329	19 088.98	58.92	311.48
男（创业板）	186	10 967.55	59.61	311.48
女（创业板）	143	8 121.43	58.01	222.56
科创板	260	20 041.42	77.61	655.46
男（科创板）	138	11 871.19	87.29	655.46
女（科创板）	122	8 170.23	66.97	192.93

持股情况。2022年专精特新样本企业有40.56%（275名）的财务总监持有本公司股票，总计19 551.39万股，平均持股71.36万股。其中，持股数量最多的是捷捷微电（300623）的沈欣欣先生，持股1 720.73万股。从持股的比例看，北交所持股财务总监的比例最高（53.95%），远高于创业板（41.32%）和科创板（36.36%）；从持股数量的均值看，创业板专精特新企业的财务总监持股均值最高（77.51万股/家），北交所和科创板相差不大，分别为66.63万股/家和64.45万股/家（见表16-43）。

表16-43 专精特新样本企业财务总监持股状况

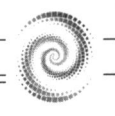

	持股人数（人）	持股占比	持股数量合计（万股）	持股数量均值	持股数量最大值
创业板334家	138	41.32%	10 696.57	77.51	1 720.73
科创板264家	96	36.36%	6 123.12	64.45	1 287.60
北交所76家	41	53.95%	2 731.70	66.63	636.30
整体678家	275	40.56%	19 551.39	71.36	1 720.73

（3）董事会秘书

年龄分析。截至2022年，专精特新上市公司董事会秘书的平均年龄为43.44岁。由表16-44可知，40~49岁年龄段的董事会秘书人数最多，为305名，占比44.99%。其中，创业板专精特新上市公司董事会秘书总人数为145名（占比42.90%），科创板为124名（占比46.97%），北交所为36名（占比47.37%）。其次是30~39岁年龄段，217名，占比32.01%。其中，创业板专精特新上市公司董事会秘书总人数为113名（占比33.43%），科创板为86名（占比32.58%），北交所为18名（占比23.68%）。最年轻的董事会秘书是奥福环保（688021）的潘洁羽女士，年龄为28岁，最年长的是汇成股份（688403）的郑瑞俊先生，年龄为60岁。

表16-44 专精特新样本企业董事会秘书年龄分布情况

年龄	总计 人数	总计 占比	创业板 人数	创业板 占比	科创板 人数	科创板 占比	北交所 人数	北交所 占比
30岁以下	5	0.74%	3	0.89%	2	0.76%	0	0.00%
30~39岁	217	32.01%	113	33.43%	86	32.58%	18	23.68%
40~49岁	305	44.99%	145	42.90%	124	46.97%	36	47.37%

续表

年龄	总计 人数	总计 占比	创业板 人数	创业板 占比	科创板 人数	科创板 占比	北交所 人数	北交所 占比
50～59 岁	140	20.65%	70	20.71%	50	18.94%	20	26.32%
60 岁及以上	9	1.33%	6	1.78%	1	0.38%	2	2.63%
未披露	2	0.29%	1	0.30%	1	0.38%	0	0.00%
合计	678	100%	338	100%	264	100%	76	100%

性别分析。2022 年，专精特新上市公司中的女性董事会秘书人数为 270 名，占总人数（677 人，1 家公司未披露董事会秘书的性别）的比例为 39.88%。其中，创业板、科创板和北交所专精特新上市公司女性董事会秘书人数分别为 105 名（31.16%）、127 名（48.11%）和 38 名（50%），只有北交所专精特新上市公司的董事会秘书男女比例相近。

薪酬分析。由表 16-45 可知，专精特新样本企业的董事会秘书 2022 年共计发放薪酬 4.36 亿元，薪酬均值为 67.74 万元/人。其中，薪酬最高的董事会秘书来自于科创板公司华大智造（688114）的韦炜，当年发放薪酬达 865.78 万元。分板块看，科创板企业董事会秘书平均薪酬最高（81.37 万元/人），其次为创业板（58.12 万元/人），北交所最低（41.80 万元/人）。

基于性别进行分类，目前专精特新上市公司董事会秘书分别有 403 位男性，265 位女性，男女比例大致为 6:4。整体来看，女性董事会秘书的薪酬均值（61.92 万元/人）略低于男性董事会秘书薪酬均值（67.74 万元/人）。分板块看，北交所专精特新上市公司的女性董事会秘书平均薪酬（42.80 万元/人）略高于男性（40.82 万元/人），科创板和创业板与整体样本一致，男性董事会秘书平均薪酬更高。

表 16-45 专精特新样本企业董事会秘书薪酬状况

样本分类	数量（人）	董事会秘书酬合计（万元）	均值（万元/人）	最大值（万元）
男	403	27 233.03	67.74	865.78
女	265	16 410.08	61.92	355.82
总计	668	43 643.10	65.43	865.78
北交所	73	3 051.34	41.80	124.49
男（北交所）	37	1 510.45	40.82	106.67
女（北交所）	36	1 540.89	42.80	124.49
创业板	333	19 353.85	58.12	218.58
男（创业板）	230	13 674.69	59.46	218.58
女（创业板）	103	5 679.16	55.14	152.23
科创板	262	21 237.91	81.37	865.78
男（科创板）	136	12 047.88	89.24	865.78
女（科创板）	126	9 190.03	72.94	355.82

持股情况。2022 年专精特新样本企业有 45.43%（308 名）的董事会秘书持有本公司股

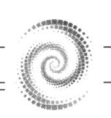

票，总计 80 704.97 万股，平均持股 262.03 万股/人。其中，持股数量最多的是银邦股份（300337）沈健生先生，持股 14 719.76 万股。从持股的比例看，北交所持股董事会秘书的比例最高（63.16%），远高于创业板（47.01%）和科创板（39.02%）；从持股数量的均值看，创业板持股均值最高（339.28 万股/人），科创板和北交所分别为 195.72 万股/家和 151.64 万股/家（见表 16-46）。

表 16-46　专精特新样本企业董事会秘书持股状况

	持股人数（人）	持股占比	持股数量合计（万股）	持股数量均值（万股/人）	持股数量最大值（万股/人）
创业板 334 家	157	47.01%	53 266.87	339.28	14 719.76
科创板 264 家	103	39.02%	20 159.33	195.72	4 760.00
北交所 76 家	48	63.16%	7 278.77	151.64	2 058.17
总计 678 家	308	45.43%	80 704.97	262.03	14 719.76

2．独立董事

中国证监会《关于在上市公司建立独立董事制度的指导意见（2001）》要求在二〇〇三年六月三十日前，上市公司董事会成员中应当至少包括三分之一独立董事。独立董事制度受到上市公司的重视，主要原因是独立董事科学、客观、公正的独立判断能力和行为。

年龄分析。截至 2022 年，678 家专精特新上市公司共计披露 1 989 名独立董事，其中创业板 992 人，科创板 793 人，北交所 204 人。根据已披露的信息，专精特新上市公司独立董事的平均年龄为 54 岁，1 989 名独立董事中有 864 名处于 40～49 岁之间，占比最大（占比 43.44%），其中创业板、科创板和北交所专精特新上市公司分别有 452 名（占比 45.56%）、321 名（占比 40.48%）和 91 名（占比 44.61%）独立董事年龄位于该区间。

表 16-47　专精特新样本企业独立董事年龄分布整体情况

年龄	总计		创业板		科创板		北交所	
	人数	占比	人数	占比	人数	占比	人数	占比
30 岁以下	79	3.97%	35	3.53%	34	4.29%	10	4.90%
30～39 岁	544	27.35%	256	25.81%	229	28.88%	59	28.92%
40～49 岁	864	43.44%	452	45.56%	321	40.48%	91	44.61%
50～59 岁	499	25.09%	249	25.10%	206	25.98%	44	21.57%
60 岁及以上	3	0.15%	0	0.00%	3	0.38%	0	0.00%
合计	1989	100%	992	100%	793	100%	204	100%

性别分析。2022 年，专精特新上市公司中的女性独立董事为 409 名，占总人数（1989）的 20.56%，其中创业板、科创板和北交所专精特新上市公司女性独立董事人数为 156 名、205 名和 48 名，分别占各自板块独立董事总人数的 20.67%、19.67% 和 23.53%。相对而言，北交所女性独立董事占比略高一些。

学历分析。2022 年未披露学历的独立董事共有 335 名，占比 16.84%。在已披露学历信息的独立董事中，博士占比最高，为 38.61%，共有 768 名，其中，创业板、科创板和北交所拥有博士学位的独立董事分别有 432 名（占比 43.55%）、310 名（占比 39.09%）和 26 名（占比 12.75%）。其次是硕士，总数为 509 名，占比 25.59%。再次是本科，341 名，占比 17.14%。此外，学历为高中（1 名）、中专（1 名）和大专（1 名）共计有 3 人。总体来看，独立董事以高学历为主，表明独立董事这个群体对学历的要求比较高（见表 16-48）。

表 16-48　2022 年专精特新企业独立董事学历分布

学历		高中	中专	大专	本科	硕士	博士	未披露
总体	人数（名）	1	1	34	341	509	768	335
	占比（%）	0.05	0.05	1.71	17.14	25.59	38.61	16.84
创业板	人数（名）	—	—	18	220	297	432	25
	占比（%）	—	—	1.81	22.18	29.94	43.55	2.52
科创板	人数（名）	—	1	14	105	196	310	167
	占比（%）	—	0.13	1.77	13.24	24.72	39.09	21.06
北交所	人数（名）	1	—	2	16	16	26	143
	占比（%）	0.49	—	0.98	7.84	7.84	12.75	70.10

专业背景。如表 16-49 所示 2022 年未披露专业的独立董事共有 272 名，占比 13.68%。在披露专业信息的独立董事中，拥有管理学专业背景的独立董事占比最高，有 800 名，占比 40.22%，其中，创业板专精特新上市公司有 461 名，占比 46.47%，科创板专精特新上市公司有 326 名，占比 41.11%。其次，拥有技术背景的独立董事有 563 名，占比 28.31%，其中，创业板、科创板专精特新上市公司有技术背景的独立董事分别为 282 名（占比 28.43%）、281 名（占比 35.44%）。除管理背景外，创业板专精特新上市公司中占比较高的为技术背景，占比 28.31%（563 名），以及法律背景，占比 16.84%（335 名）。

表 16-49　2022 年专精特新企业独立董事专业背景分布

		管理（含财务、金融、会计）	工学	法律	技术	其他	未披露
总体	人数（名）	800	3	335	563	16	272
	占比（%）	40.22	0.15	16.84	28.31	0.80	13.68
创业板	人数（名）	461	1	197	282	7	44
	占比（%）	46.47	0.10	19.86	28.43	0.71	4.44
科创板	人数（名）	326	—	134	281	3	49
	占比（%）	41.11	—	16.90	35.44	0.38	6.18
北交所	人数（名）	13	2	4	—	6	179
	占比（%）	6.37	0.98	1.96	0.00	2.94	87.75

津贴分析。678 家专精特新样本企业 1 989 名独立董事 2022 年共发放津贴 14 144.53 万元，人均发放薪酬 7.18 万元。独立董事薪酬最高的企业为光智科技（300489）的白云女

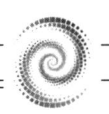

士,当年获取薪酬24万元。独立董事整体薪酬过低,且自康美事件后,独立董事所承担的连带责任同其报酬不成比例,A股市场掀起了独立董事"辞职潮"。目前独立董事的薪资水平不能保证国内独立董事制度及任职的独立董事发挥公司治理作用。

2022年未披露津贴的独立董事共有20名,占比1.01%。在披露津贴信息的独立董事中,津贴在5～10万元的独立董事最多,为1 288名,占比64.76%,其中,创业板专精特新上市公司有654名,占比65.93%,科创板专精特新上市公司有514名,占比64.82%,北交所则有120名,占比58.82%。其次是0～5万元,为404名,占比20.31%,其中,创业板、科创板和北交所专精特新上市公司分别有203名(占比20.46%)、129名(占比16.27%)和72名(占比35.29%)。超过10万元的比例不高,创业板、科创板和北交所薪酬超过10万元的独立董事比例分别为10.58%、14.63%和2.94%。综上可知,专精特新上市公司独立董事薪酬普遍在5～10万元,三个板块中,北交所独立董事的薪酬水平相对其他两个板块更低一些(见表16-50)。

表16-50 2022年专精特新企业独立董事的津贴分布

		0	(0～5万元]	(5～10万元]	10万元以上	未披露
总体	人数(名)	50	404	1288	227	20
	占比(%)	2.51	20.31	64.76	11.41	1.01
创业板	人数(名)	26	203	654	105	4
	占比(%)	2.62	20.46	65.93	10.58	0.40
科创板	人数(名)	24	129	514	116	10
	占比(%)	3.03	16.27	64.82	14.63	1.26
北交所	人数(名)	0	72	120	6	6
	占比(%)	0.00	35.29	58.82	2.94	2.94

3. 员工

员工作为劳动力集合的重要组成部分,对企业发展至关重要,员工素质和结构对企业的经营绩效会产生较大影响。

员工数量。 678家创业板、科创板和北交所专精特新上市公司,截至2022年年底共计拥有员工627 733名,平均每家企业有926名员工。其中,创业板专精特新上市公司共计376 006名员工,平均每家企业1 112名员工;科创板专精特新上市公司共计217 938名员工,平均每家企业826名员工;北交所专精特新上市公司共计33 789名员工,平均每家企业445名员工。这反映出创业板企业的规模要大于科创板和北交所,尤其是北交所企业所相较于其他两个板块,市场规模偏小。

如图16-7所示,500～1 000人之间是678家样本企业分布最为集中的员工人数区间;其次为0～500人区间和1 000～2 000人区间。5 000人以上的企业只有2家,一家是员工最多的创业板公司立中集团(300428),拥有10 588名员工,还有一家是创业板的震裕

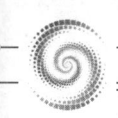

科技（300953），拥有 6 458 名员工，最少的为北交所公司亿能电力（837046），仅 102 名员工。

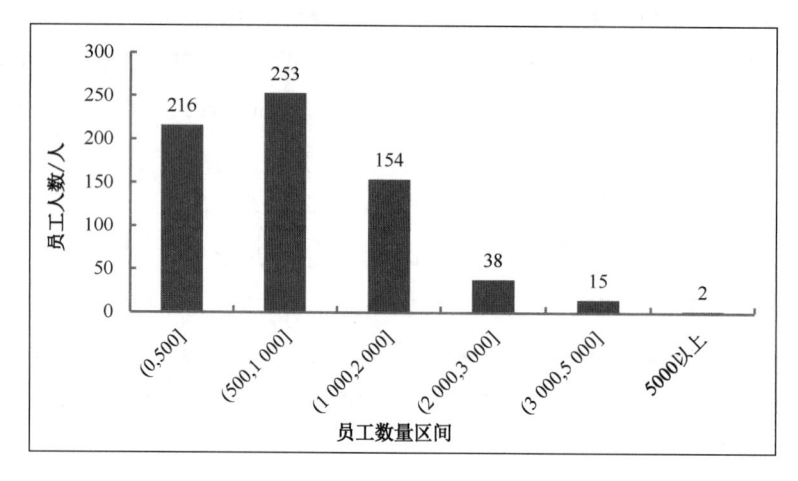

图 16-7　专精特新样本企业 2022 年员工数量分布

学历分布。如表 16-51 所示，整体而言，创业板、科创板和北交所专精特新上市公司员工学历以专科及以下为主，其中高中以下占比 34.08%，大专占比 34.15%，二者总计接近七成。此外，本科学历占 26.14%，硕士占比 5.32%，博士占比仅为 0.32%。一般而言，具有较高学历，掌握先进方法和管理技巧的高素质员工能够促成企业形成核心竞争力，在一定程度上影响企业的运营绩效。统计结果表明，目前专精特新企业的高学历员工仍较为缺乏，原因主要有两个：一是专精特新企业中大多数企业属于初创型制造业企业，距离真正的技术导向型企业还有一定的差距，很大一部分员工是一线生产人员，拉低了员工的整体学历水平；二是专精特新企业以民营企业为主，较难以吸引高学历人才，高学历员工主要集中在研发部门和高管团队，而这部分员工在企业中的数量占比并不高。

表 16-51　专精特新样本企业员工学历结构分布

学历	高中及以下	大专	本科	硕士	博士及以上
人数（人）	216 124	216 542	165 734	33 721	2 001
占比（%）	34.08	34.15	26.14	5.32	0.32

专业结构（岗位）。专业结构一般指员工的岗位分工情况，理论上可分为生产人员、技术（研发）人员、管理人员、财务人员和行政人员等。鉴于创业板和科创板企业在部门结构设计上存在一定差异，而各企业的生产人员、技术（研发）人员和销售人员人数较多，具有一定代表性，因此着重分析这三类人员。由表 16-52 可知，专精特新样本企业 2022 年生产人员占比 56.59%，技术人员占比 32.07%，销售人员占比 11.34%。随着专精特新企业的发展壮大，专精特新企业对技术和研发愈发重视，越来越多具有技术背景的员工受到专精特新企业的青睐，企业对技术研发人员的需求日益增加。

表 16-52　专精特新样本企业员工总数及专业结构分布

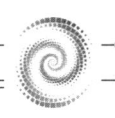

员工	销售人员	技术人员	生产人员	合计
总计（人）	60 101	169 995	299 974	530 070
占比（%）	11.34	32.07	56.59	100
均值（人/家）	89	251	442	261

（五）基于2022年报的无形资产投入情况分析

持续高效的费用投入，是企业形成无形资产的重要保障。不同费用使用的领域不同，直接作用形成的无形资产类型也有差异。一般而言，研发费用的投入对企业技术类无形资产的形成产生直接作用，销售费用则直接关联企业市场类无形资产的形成，而管理费用则直接关联企业人力资本类无形资产的形成。资质类无形资产较为综合，研发投入和期间费用（销售、管理、财务费用）对其产生均有支持。

1. 期间费用

期间费用包含销售费用、管理费用和财务费用，分别可以反映企业的营销绩效、运营能力和融资成本情况。单纯的绝对数据分析意义不大，且受营业收入影响，因此使用销售费用率、管理费用率和财务费用率[①]相对指标来分析创业板和科创板高专精特新样本企业的期间费用情况。

整体情况。如表16-53所示，678家专精特新企业总的销售费用率为6.75%，科创板专精特新企业销售费用率（8.42%）明显高于创业板（6.03%）和北交所（4.18%），表明在市场扩张和销售支出方面，科创板专精特新企业相较于创业板和北交所企业更加积极。科创板专精特新企业的管理费用率（9.16%）也高于创业板（7.60%）和北交所（6.77%），表明伴随着企业开拓市场相应增加了较多的管理费用支出。三个板块专精特新上市企业的财务费用率均为负值，表明用于支付资金的利息不多，2022年企业融资更为谨慎，不太愿意借贷资金用于拓展生产，这可能与2022年国际国内发展环境不佳相关。

表 16-53　专精特新样本企业 2022 年期间费用

	销售费用率均值	管理费用率均值	财务费用率均值
总计 678 家	6.75%	8.11%	-0.72%
创业板 338 家	6.03%	7.60%	-0.36%
科创板 264 家	8.42%	9.16%	-1.31%
北交所 76 家	4.18%	6.77%	-0.29%

行业分析。制造业的三类期间费用率基本上和专精特新上市企业整体情况保持一致。

---

① 销售费用率、管理费用率和财务费用率分别由销售费用、管理费用和财务费用比营业收入计算得出。

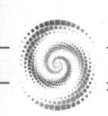

信息传输、软件和信息技术服务业则无论是销售费用率，还是管理费用率均高于整体，表明该行业相对而言发展势头更为强劲。从财务费用率看，相较于全部专精特新样本企业和制造业专精特新企业而言，资金更为充裕（见表16-53、表16-54）。

表 16-54 专精特新样本企业 2022 年期间费用不同行业情况

		销售费用率均值	管理费用率均值	财务费用率均值
制造业	总计 586 家	6.37%	7.68%	-0.69%
	创业板 296 家	5.68%	7.25%	-0.39%
	科创板 219 家	8.04%	8.59%	-1.20%
	北交所 71 家	4.08%	6.66%	-0.39%
信息传输、软件和信息技术服务业	总计 60 家	10.95%	11.08%	-1.31%
	创业板 26 家	10.20%	10.66%	-0.74%
	科创板 30 家	12.15%	12.07%	-2.13%
	北交所 4 家	6.83%	6.37%	1.07%

区域分析。企业销售费用率前三的地区为北京（12.49%）、湖南（8.73%）、福建（8.16%）；企业管理费用率较高的地区有北京（11.26%）、福建（9.93%）和陕西（9.32%）；财务费用率较低的地区有上海（-1.40%）、浙江（-1.21%）和山东（-1.20%）。

表 16-55 专精特新企业数量 10 家以上省份期间费用率情况

省份	公司数（家）	销售费用率	管理费用率	财务费用率
江苏	130	4.75%	6.91%	-0.30%
广东	109	7.82%	8.57%	-0.86%
浙江	85	5.07%	7.07%	-1.21%
上海	57	7.87%	7.79%	-1.40%
北京	56	12.49%	11.26%	-0.68%
四川	31	6.62%	8.62%	-0.88%
山东	31	6.82%	8.60%	-1.20%
安徽	30	5.90%	8.43%	-0.55%
湖北	28	5.47%	7.70%	-0.98%
河南	18	5.66%	6.89%	-0.49%
福建	15	8.16%	9.93%	-0.43%
湖南	15	8.73%	5.75%	-0.12%
天津	13	5.77%	8.53%	0.18%
陕西	12	5.15%	9.32%	-0.93%
辽宁	12	3.39%	7.19%	0.22%

2. 研发支出

整体情况。研发支出是形成企业技术优势和无形资产的重要源泉，也是衡量专精特新企业的一个重要指标。创业板、科创板和北交所专精特新企业 2022 年年报均披露了研发支

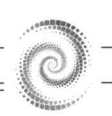

出。由表 16-56 可知，整体上看，专精特新企业的平均研发投入强度[①]较高，达 10.39%，其中，科创板专精特新企业的平均研发投入强度为 14.45%，高于平均水平，更显著高于创业板（7.93%）、北交所（7.16%）以及国际上认为具有竞争力的水平[②]（5%），这符合科创板服务"硬科技"企业的定位。2022 年平均每家企业投入研发资金 0.88 亿元，其中科创板企业平均研发支出过亿，达到 1.11 亿元/家，创业板企业平均研发支出为 0.83 亿元/家，北交所企业由于规模偏小，平均研发支出仅为 0.27 亿元/家。

表 16-56　专精特新企业 2022 年研发支出情况

	平均研发支出（亿元/家）	平均研发投入强度（%）
总计 678 家	0.88	10.39
创业板 338 家	0.83	7.93
科创板 264 家	1.11	14.45
北交所 76 家	0.27	7.16

表 16-57　专精特新企业 2022 年研发支出不同行业情况

	制造业		信息传输、软件和信息技术服务业	
	平均研发支出（亿元/家）	平均研发投入强度（%）	平均研发支出（亿元/家）	平均研发投入强度（%）
总计	0.85	9.31	1.31	22.39
创业板	0.81	7.14	1.19	17.96
科创板	1.09	12.98	1.54	27.91
北交所	0.27	7.05	0.36	9.79

行业分析。由表 16-57 可知，信息传输、软件和信息技术服务业专精特新企业的研发投入强度要明显优于制造业企业。而且对于两个行业而言，科创板专精特新企业的研发投入强度要明显优于整体样本企业和创业板及北交所企业。

区域分析。专精特新企业数量 10 家以上省份的平均研发投入强度均在 5%以上，研发投入强度最低的河南省，其专精特新上市企业的研发投入强度也达到了了 6.98%。北京、上海、广东、安徽和湖南专精特新上市企业的研发投入强度更是达到 10%以上，其中北京专精特新上市公司的平均研发投入强度最高，为 16.66%。在研发支出金额方面，上海企业平均研发支出金额最高（1.40 亿元/家），河南企业平均研发支出在 15 个省级行政区中最低，为 0.53 亿元/家（见表 16-58）。

表 16-58　专精特新企业数量 10 家以上省份研发支出情况

省份	公司数（家）	平均研发支出（亿元/家）	平均研发投入强度（%）
江苏	130	0.77	8.26
广东	109	1.01	12.43

---

① 研发投入强度是研发支出与营业收入的比例。
② 国际上一般认为，研发费用强度在 1%以内的企业难以生存，达到 2%则勉强维持，5%以上的企业才具备竞争力。

续表

省份	公司数（家）	平均研发支出（亿元/家）	平均研发投入强度（%）
浙江	85	0.61	8.40
上海	57	1.40	14.55
北京	56	1.07	16.66
四川	31	0.68	9.68
山东	31	0.54	8.33
安徽	30	0.71	10.87
湖北	28	0.99	9.16
河南	18	0.53	6.98
福建	15	0.57	7.78
湖南	15	1.33	10.51
天津	13	1.21	8.24
陕西	12	0.59	8.03
辽宁	12	0.76	8.47

3．政府补助

政府补助作为引导和扶持专精特新企业成长的政策性工具，在专精特新企业培育和发展方面发挥了重要作用。一般指企业从政府无偿取得的货币性资产或非货币性资产，主要包括财政拨款、财政贴息、税收优惠和无偿划拨的非货币性资产等，但不包含政府作为企业所有者投入的资本。在政府补贴数据统计中，发现政府补助项目主要为科研课题、人才引进、技术创新等方面的奖励为主，其次为一些专项补助。

总体情况。 由表 16-59 可知，政府补助已成为专精特新样本企业可以享受到的"普惠政策"，678 家样本企业有 677 家在 2022 年获得了不同类型的政府补助，覆盖率达到 99.85%（只有科创板企业云涌科技 2022 年未获得政府补助），共计获得 102.46 亿元，平均每家企业补贴为 1 513.41 万元。但是企业之间存在较大差距，2022 年获得最多补助达 2.61 亿元（科创板的金博股份），最少仅为 20.53 万元（北交所的基康仪器）。创业板专精特新企业和科创板专精特新企业总体获得的政府补助总额和均值都相差不大，但都显著高于北交所企业。

表 16-59 专精特新企业政府补助信息披露整体情况

	总计	创业板	科创板	北交所
获得补助企业数量（家）	677	338	263	76
样本企业数量（家）	678	338	264	76
补助覆盖率（%）	99.85	100	99.62	100
所获补助合计（亿元）	102.46	49.05	48.32	5.09
所获补助的平均值（亿元/家）	0.15	0.15	0.18	0.07
所获补助的最大值（亿元/家）	2.61	1.51	2.61	0.21
所获补助的最小值（亿元/家）	0.002	0.002	0.007	0.002

注：补助覆盖率的计算方式为获得补助企业数量/样本企业数量。

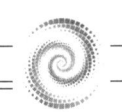

行业分析。由表 16-60 可知,无论是制造业还是信息传输、软件和信息技术服务业,科创板企业获得政府补助均值(0.19 亿元/家,0.16 亿元/家)都要略高于创业板企业(0.14 亿元/家,0.14 亿元/家),明显高于北交所企业(0.07 亿元/家,0.10 亿元/家)。

创业板制造业企业获得政府补助均值与创业板信息传输、软件和信息技术服务业企业持平,均为 0.14 亿元/家;科创板制造业企业获得政府补助均值(0.19 亿元/家)则高于科创板信息传输、软件和信息技术服务业企业(0.16 亿元/家);而北交所制造业企业获得政府补助均值(0.07 亿元/家)要低于北交所信息传输、软件和信息技术服务业企业(0.10 亿元/家)。表明在科创板,制造业企业在获取政府补助方面相较于信息传输、软件和信息技术服务业企业有优势。

表 16-60 专精特新企业政府补助不同行业情况

	制造业		信息传输、软件和信息技术服务业	
	政府补助合计(亿元)	政府补助均值(亿元/家)	政府补助合计(亿元)	政府补助均值(亿元/家)
总计	89.10	0.15	8.63	0.15
创业板	42.55	0.14	3.72	0.14
科创板	41.88	0.19	4.51	0.16
北交所	4.67	0.07	0.40	0.10

区域分析。专精特新企业数量 10 家以上的省份中,湖南省企业的政府补助均值最高,为 3 159.88 万元/家,浙江省企业的政府补助均值最低,为 1 082.53 万元,差额为 2 077.35 万元(见表 16-61)。

表 16-61 专精特新企业数量 10 家以上省份政府补助情况

省份	公司数(家)	政府补助合计(亿元)	政府补助均值(亿元/家)
江苏	129	17.32	0.13
广东	109	14.64	0.13
浙江	85	9.20	0.11
上海	57	9.62	0.17
北京	56	8.42	0.15
四川	31	4.03	0.13
山东	31	3.57	0.12
安徽	30	6.58	0.22
湖北	28	4.87	0.17
河南	18	3.42	0.19
福建	15	2.70	0.18
湖南	15	4.74	0.32
天津	13	2.37	0.18
陕西	12	1.85	0.15
辽宁	12	1.72	0.14

注:江苏的云涌科技未披露 2022 年获得政府补助。

关联分析。 分析表 16-62 可知，政府补助金额前五名企业金额是后五名企业的 475.50 倍，研发强度（22.45%）也显著高于后五名（6.09%），表明政府补助对专精特新企业增加研发投入具有正向相关关系。另外，获得补助前五名企业支付的税费总额是后五名总额的 5.89 倍，税费总额与营业收入比（8.21%）也高于后五名（7.19%）水平，表明企业获取政府补助金额的多少和其税费贡献之间具有一定关联性，即政府补助能在一定程度上提升专精特新企业自身的造血能力，让企业经营更佳从而贡献更多的税费。针对专精特新的政府补助措施需要对其效果进行评估和优化，以便对专精特新企业的发展起到更好的促进作用。

表 16-62 2022 年不同分组企业政府补助金额与税费、研发强度对比

	政府补助总额（亿元）	支付税费总额（亿元）	税费总额/营业收入（%）	研发/营业收入（%）
前五名	8.053 6	5.913 5	8.21	22.45
后五名	0.016 9	1.004 8	7.19	6.09

注：表中数据已剔除无政府补助的企业

四、专精特新上市公司无形资产质量指数

为进一步深化对上市公司无形资产整体质量评价的研究，本报告基于中南财经政法大学企业价值研究中心上市公司无形资产数据库和综合评价理论，从无形资产账面价值、规模能力、持续能力和竞争能力四个维度构建"上市公司无形资产质量指数"，并进行比较和关联分析，以期较为全面、客观地反映和评价专精特新上市公司无形资产的整体竞争力。

（一）指标选取

无形资产质量指数用于反映专精特新上市公司各年度的无形资产整体质量和竞争能力，其评价体系由两级指标构成。

一级指标： 包括无形资产账面价值、无形资产规模能力、无形资产持续能力及无形资产竞争能力四个维度。无形资产账面价值[①]是反映企业无形资产存续状况的基础性财务指标，尽管会计制度的局限性使得该项指标并不能如实反映企业无形资产的市场价值，但基于可比性原则，对该项指标的使用仍具有一定的合理性。无形资产规模能力主要是对企业无形资产的存续规模进行描述，从数量角度评价企业的无形资产竞争力。无形资产持续能力用于反映企业创造、积累无形资产的持续性，持续能力越强的企业所具备的发展潜力往

---

① 为充分体专精特新企业的创新能力，无形资产账面价值剔除了土地使用权的账面价值。另依据《资产评估准则—无形资产》(2009)规定，商誉为不可辨认无形资产，因而本报告将商誉账面价值纳入无形资产账面价值，根据我国会计准则有关规定，只要当企业发生合并行为时，才能进行商誉确认。

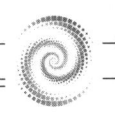

往也越高。无形资产竞争能力则体现了企业利用无形资产创造经营业绩的最终效果,是企业无形资产质量优劣的直接表现,一般采用财务指标进行反映。

二级指标:无形资产账面价值只包含企业无形资产覆盖率这 1 项二级指标。无形资产规模能力包含专利数量、技术标准数量、商标数量、资质数量及著作权数量 5 项二级指标。无形资产持续能力包含研发支出强度、专业人员密度、员工素质、政府补助强度及销售投入 5 项二级指标。无形资产竞争能力包含营业利润率、资产收益率及每股净收益 3 项二级指标。

考虑到指标的科学性和严谨性,本报告对各项二级指标的数据处理采用以下方法:第一,无形资产规模能力所包含的 5 项二级指标均采用截至 2021 年末的无形资产存量指标,而非当年的增量指标;第二,企业所拥有的专利、商标及著作权数量均为已授权、注册和登记的数量,正在申请的专利、商标和著作权均不纳入统计范围;第三,考虑到指标的覆盖率,上述 14 项指标并未全部纳入所有行业的评价体系中,各行业二级指标数量在 10~14 项之间;第四,为体现行业特征,部分二级指标在不同行业中的选取会有所差异,如将资质数量细分为准入类、能力类和荣誉类,将专业人员密度细分为销售人员、技术人员和生产人员等(见表 16-63)。

表 16-63　无形资产质量指数二级指标的含义及计算

一级指标	二级指标	含义及计算方法	单位
无形资产账面价值	无形资产覆盖率	年末无形资产账面价值/总资产账面价值	%
无形资产规模能力	专利数量	已获授权发明专利总量	项
	技术标准数量	参与定制国际、国家和行业技术标准的数量	项
	商标数量	持有注册商标数量	项
	资质数量	各类型(准入、能力、荣誉)资质数量	项
	著作权数量	所获软件著作权数量	项
无形资产持续能力	研发支出强度	当年研发支出/当年营业收入	%
	专业人员密度	技术人员(或销售人员、生产人员)占比	%
	员工素质	本科以上学历员工占比	%
	政府补助强度	当年所获政府补助/当年营业收入	%
	销售投入	当年销售费用/当年营业收入	%
无形资产竞争能力	营业利润率	当年营业利润/当年营业收入	%
	资产收益率(ROA)	当年利润总额/平均资产总额	%
	每股净收益(EPS)	当年净利润/年末股本总额	元

(二)指标权重

为客观反映各项评价指标的相对重要性及各行业(行业分类以证监会行业分类为基础)对不同类型无形资产的依赖性,本报告依据专家问卷调查的结果对上述两级指标的权重进行设置。其中，一级指标的权重一般保持固定以便进行统计处理，9 类行业的 4 项一级指标的权重分别设置为 10%、25%、40%和 25%。二级指标权重的设置则基于指标种类和具体内容的差异对 9 类行业进行了有针对性的微调，但在整体上基本保持一致。经过以上指标选取及权重设置，专精特新上市公司 2022 年度无形资产质量指数评价指标体系如表 16-64 所示。

表 16-64　2022 年度专精特新上市公司无形资产质量指数评价指标体系

二级行业	一级指标	二级指标	权重
医药制造	无形资产账面价值（10%）	无形资产覆盖率	100%
	无形资产规模能力（25%）	发明专利数量	30%
		持有商标数量	20%
		准入类资质数量	50%
	无形资产持续能力（40%）	研发支出强度	30%
		技术人员占比	20%
		员工素质	20%
		政府补助强度	10%
		销售投入	20%
	无形资产竞争能力（25%）	营业利润率	30%
		资产收益率	40%
		每股净收益	30%
科学研究和技术服务业	无形资产账面价值（10%）	无形资产覆盖率	100%
	无形资产规模能力（25%）	发明专利数量	30%
		持有商标数量	20%
		准入类资质数量	50%
	无形资产持续能力（40%）	研发支出强度	30%
		技术人员占比	20%
		员工素质	20%
		政府补助强度	10%
		销售投入	20%
	无形资产竞争能力（25%）	营业利润率	30%
		资产收益率	40%
		每股净收益	30%
汽车制造业	无形资产账面价值（10%）	无形资产覆盖率	100%
	无形资产规模能力（25%）	发明专利数量	30%
		技术标准数量	10%
		持有商标数量	10%
		能力类资质数量	25%
		软件著作权数量	25%
	无形资产持续能力（40%）	研发支出强度	30%
		生产人员占比	20%

续表

二级行业	一级指标	二级指标	权重
汽车制造业	无形资产持续能力（40%）	员工素质	20%
		政府补助强度	10%
		销售投入	20%
	无形资产竞争能力（25%）	营业利润率	30%
		资产收益率	40%
		每股净收益	30%
机械设备仪表	无形资产账面价值（10%）	无形资产覆盖率	100%
	无形资产规模能力（25%）	发明专利数量	30%
		技术标准数量	10%
		持有商标数量	10%
		能力类资质数量	25%
		软件著作权数量	25%
	无形资产持续能力（40%）	研发支出强度	30%
		生产人员占比	20%
		员工素质	20%
		政府补助强度	10%
		销售投入	20%
	无形资产竞争能力（25%）	营业利润率	30%
		资产收益率	40%
		每股净收益	30%
软件、信息技术服务业	无形资产账面价值（10%）	无形资产覆盖率	100%
	无形资产规模能力（25%）	发明专利数量	30%
		技术标准数量	10%
		持有商标数量	10%
		能力类资质数量	25%
		软件著作权数量	25%
	无形资产持续能力（40%）	研发支出强度	30%
		技术人员占比	20%
		员工素质	20%
		政府补助强度	10%
		销售投入	20%
	无形资产竞争能力（25%）	营业利润率	30%
		资产收益率	40%
		每股净收益	30%
计算机、通讯及电子	无形资产账面价值（10%）	无形资产覆盖率	100%
	无形资产规模能力（25%）	发明专利数量	30%
		持有商标数量	20%
		能力类资质数量	25%
		软件著作权数量	25%
	无形资产持续能力（40%）	研发支出强度	30%

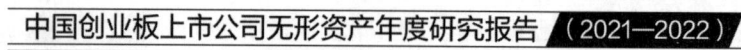

续表

二级行业	一级指标	二级指标	权重
计算机、通讯及电子	无形资产持续能力（40%）	生产人员占比	20%
		员工素质	20%
		政府补助强度	10%
		销售投入	20%
	无形资产竞争能力（25%）	营业利润率	30%
		资产收益率	40%
		每股净收益	30%
化学橡胶塑料	无形资产账面价值（10%）	无形资产覆盖率	100%
	无形资产规模能力（25%）	发明专利数量	30%
		技术标准数量	20%
		持有商标数量	25%
		准入类资质数量	25%
	无形资产持续能力（40%）	研发支出强度	30%
		生产人员占比	20%
		员工素质	20%
		政府补助强度	10%
		销售投入	20%
	无形资产竞争能力（25%）	营业利润率	30%
		资产收益率	40%
		每股净收益	30%
生态保护和环境治理业	无形资产账面价值（10%）	无形资产覆盖率	100%
	无形资产规模能力（25%）	发明专利数量	30%
		技术标准数量	15%
		持有商标数量	10%
		能力类资质数量	25%
		软件著作权数量	20%
	无形资产持续能力（40%）	研发支出强度	30%
		技术人员占比	20%
		员工素质	20%
		政府补助强度	10%
		销售投入	20%
	无形资产竞争能力（25%）	营业利润率	30%
		资产收益率	40%
		每股净收益	30%
其他行业	无形资产账面价值（10%）	无形资产覆盖率	100%
	无形资产规模能力（25%）	专利数量	30%
		技术标准数量	10%
		持有商标数量	10%
		资质总数量	25%
		软件著作权数量	25%

续表

二级行业	一级指标	二级指标	权重
其他行业	无形资产持续能力（40%）	研发支出强度	30%
		技术人员占比	20%
		员工素质	20%
		政府补助强度	10%
		销售投入	20%
	无形资产竞争能力（25%）	营业利润率	30%
		资产收益率	40%
		每股净收益	30%

（三）计分方法

本报告采用"两点法"对二级指标进行无量纲化处理，即利用专家评判法给标准值 1（行业最低值，记 0 分）和标准值 2（行业最高值，记 100 分）打分，从而形成了两个确定的点，利用这两个点就可以确定一条以指标实际值为自变量、以二级指标得分为因变量的一次线性函数方程，从而确定每个实际指标值所对应的分数。最后利用加权平均法即可得出每家样本公司的一级指标得分和最终得分，该得分即为公司的无形资产质量指数。

（四）无形资产质量指数总体分析

基于以上指标体系，本报告对 678 家样本公司 2022 年度无形资产整体质量进行了量化打分，从而获得其无形资产质量指数。

样本公司无形资产质量指数的主要描述统计量及频率分布分别如表 16-65、表 16-66 所示。统计结果表明，专精特新上市公司无形资产质量指数得分均值较低，仅为 15.59 分，最高 34.83 分（科创板公司盟升电子），最低 6.79 分（科创板公司佳华科技），考虑到打分与排序有关，这显示出专精特新上市公司无形资产通常只在某一方面体现出"专"的优势，综合竞争力还有待加强。分板块看，科创板和北交所样本企业无形资产质量指数均值相差不大，分别为 16.34 分和 16.16 分，均高于创业板样本企业的 14.87 分。

表 16-65 无形资产质量指数描述统计量

	样本数量（家）	最大值（分）	最小值（分）	均值（分）
总计	678	34.83	6.79	15.59
创业板	338	25.07	7.46	14.87
科创板	264	34.83	6.79	16.34
北交所	76	23.43	11.48	16.16

表 16-66　无形资产质量指数频率分布

分值区间	公司数量（家）	占比
[5，10)	5	0.74%
[10，15)	330	48.67%
[15，20)	303	44.69%
[20，25)	31	4.57%
[25，30)	5	0.74%
[30，35)	4	0.59%
合计	678	100%

从频率分布来看，2022年无形资产质量指数得分较为集中，明显集中在低分区间段，10～15分区间的企业有330家（48.67%），15～20分区间的企业有303家（44.69%）。得分20分以上的企业仅有40家，占比5.90%，表明大部分企业无形资产综合竞争力偏弱。

（五）基于评价维度的分析

为进一步解构无形资产质量指数，本报告对各项一级指标的得分进行了描述性统计，结果如表16-67所示。统计表明，从一级指标评价维度的差异来看，专精特新上市公司的无形资产账面价值和规模能力相对较差，且企业间的差距较为明显，说明样本企业对无形资产的价值运营转化活动较少、其规模和结构也尚未形成企业的核心竞争力。尽管专精特新上市公司的无形资产持续能力所占权重（40%）较高，但其表现略好于无形资产规模能力。样本公司无形资产竞争能力的描述性指标（竞争能力指标）明显好于其他三个维度指标以及整体质量指数，该项一级指标由3项财务指标构成，因而体现出专精特新上市公司无形资产的运行效果相对较好，在企业无形资产规模能力相对不足的条件下依然通过有效经营实现了盈利。

表 16-67　无形资产质量指数一级指标描述统计量

	最大值	最小值	均值
无形资产账面价值	6.33	0.00	0.38
无形资产规模能力	9.84	0.00	1.14
无形资产持续能力	19.97	0.52	3.44
无形资产竞争能力	24.42	0.49	10.62
无形资产质量指数	34.83	6.79	15.59

（六）基于行业差异的分析

为体现样本公司无形资产质量指数的行业差异，本报告对前述9个二级行业的指数得

分进行了统计（见表16-68）。统计结果表明，有4个行业的质量指数得分均值高于整体样本均值（15.59分）。其中，医药制造业的质量指数得分均值（16.07），是无形资产整体质量最高的行业；机械设备仪表业质量指数得分均值（15.83）位列第二，该行业企业数量最多（264家）；生态保护和环境治理业（15.76）和计算机、通讯及电子行业（15.68）无形资产质量指数得分均值分别位列第三和第四。化学橡胶塑料行业（15.44）和科学研究和技术服务业（15.43）得分均值相近，均略低于全样本均值，位列第五和第六；软件、信息技术服务业企业间无形资产质量得分差异较大，得分均值为15.22分，位列第七；汽车制造业得分均值（14.98）位列第八，仅略高于其他行业（14.79）。

表16-68 无形资产质量指数的行业比较

	化学橡胶塑料	机械设备仪表	汽车制造业	计算机、通讯及电子	软件、信息技术服务业	生态保护和环境治理业	医药制造	科学研究和技术服务业	其他
企业数量（家）	84	264	14	148	60	16	20	12	60
均值（分）	15.44	15.83	14.98	15.68	15.22	15.76	16.07	15.43	14.79
均值排名	5	2	8	4	7	3	1	6	9
最高分	23.43	30.85	17.70	34.83	24.25	24.33	28.61	18.97	26.26
最低分	10.21	11.90	13.11	7.46	6.79	12.55	11.32	12.87	11.09

进一步分析各行业四个一级评价指标得分（见表16-69），无形资产账面价值指标反映的无形资产（含商誉）在总资产中的比重情况，从得分均值看，生态保护和环境治理业（2.09）均值明显高于其他行业，表明行业内企业对无形资产的运用或价值确认方面相较于其他行业内得企业做的更好；另外，软件、信息技术服务业（0.6）也明显高于剩余其他行业。无形资产规模能力反映的是企业拥有的各类无形资产的数量情况，从得分均值看，软件、信息技术服务业（1.55），机械仪表行业（1.29），计算机、通讯及电子（1.23），生态保护和环境治理业（1.11）均值高于1分，表明相对其他行业，对于从事本行业工作所依赖的无形资产种类和数量方面表现相对更好。无形资产持续能力反映的是企业对创造无形资产的资源（人力、资金等）的投入力度，从得分均值看，计算机、通讯及电子（3.79）高于其他行业，但各行业均值差距较小，说明在无形资产投入方面，各行业的企业注重持续投入。无形资产竞争能力反映的是企业利用无形资产在内的所有资源形成的盈利能力，从得分均值看，各行业相差不大，医药制造业（12.44）和科学研究和技术服务业（11.51）得分高于其他行业。值得一提的是，软件、信息技术服务业在无形资产账面价值、规模能力和持续能力三个指标得分均值都较为领先，分别位列第2、第1和第4，但竞争能力指标却位列第9，表明该行业没有充分将无形资产的优势转化为企业在市场上的竞争优势。

表 16-69　各行业无形资产质量指数一级指标描述统计

		化学橡胶塑料	机械设备仪表	汽车制造业	计算机、通讯及电子	软件、信息技术服务业	生态保护和环境治理业	医药制造	科学研究和技术服务业	其他
账面价值	均值	0.24	0.38	0.39	0.25	0.60	2.09	0.30	0.30	0.26
	排名	9	4	3	8	2	1	5	6	7
规模能力	均值	0.80	1.29	0.84	1.23	1.55	1.11	0.58	0.80	0.65
	排名	6	2	5	3	1	4	9	7	8
持续能力	均值	3.59	3.46	3.20	3.79	3.40	2.65	2.74	2.82	2.96
	排名	2	3	5	1	4	9	8	7	6
竞争能力	均值	10.81	10.70	10.55	10.40	9.67	9.90	12.44	11.51	10.92
	排名	4	5	6	7	9	8	1	2	3

（七）无形资产质量指数关联分析

为考察市场对专精特新企业无形资产质量的反应，选择行业无形资产质量指数排名靠前和靠后的企业，关联其首发募集金额和市值进行对比分析。考虑到行业对比分析需要有一定数量的企业，故选择企业数量在 60 家以上的行业，包括机械设备仪表业（264 家），计算机、通讯及电子（148 家），化学橡胶塑料（84 家）和软件、信息技术服务业（60 家）四个行业进行分析，各行业取无形资产质量指数排名前 10 名和后 10 名进行对比关联分析（见表 16-70）。

表 16-70　无形资产质量指数与市值、首发融资额关联分析（亿元）

	首发募资总额	首发募资均值	市值总和	市值均值
化学橡胶塑料（前 10）	50.76	5.08	691.52	69.15
化学橡胶塑料（后 10）	43.21	4.32	275.77	27.58
前 10/后 10	1.17	1.17	2.51	2.51
机械设备仪表（前 10）	117.26	11.73	1 377.96	137.80
机械设备仪表（后 10）	49.06	4.91	275.64	27.56
前 10/后 10	2.39	2.39	5.00	5.00
计算机、通讯及电子（前 10）	96.72	9.67	702.75	70.27
计算机、通讯及电子（后 10）	84.86	8.49	309.87	30.99
前 10/后 10	1.14	1.14	2.27	2.27
软件、信息技术服务业（前 10）	94.18	9.42	848.11	84.81
软件、信息技术服务业（后 10）	67.85	6.78	337.53	33.75
前 10/后 10	1.39	1.39	2.51	2.51

注：首发募集资金数据取自 wind，作者自行计算，市值数据截至 2022 年 12 月 31 日。

从融资规模看，机械设备仪表业无形资产质量指数得分前 10 的企业，首发融资规模总量和均值都是排名后 10 企业的 2.39 倍；软件、信息技术服务业无形资产质量指数得分排

名前 10 的企业，融资规模总量和均值为排名后 10 企业的 1.39 倍；化学橡胶塑料业无形资产质量指数得分排名前 10 的企业，融资规模总量和均值为排名后 10 企业的 1.17 倍；计算机、通讯及电子行业无形资产质量指数排名前 10 的企业，融资规模总量和均值是排名后 10 家企业的 1.14 倍。表明专精特新上市公司无形资产质量和首发融资额之间存在正向关联，无形资产质量指数得分高的，融资规模相对更大。

从公司市值看，机械设备仪表业无形资产质量指数得分前 10 的企业，市值是排名后 10 企业的 5 倍；化学橡胶塑料业和软件、信息技术服务业无形资产质量指数得分排名前 10 的企业，市值是排名后 10 企业的 2.51 倍；计算机、通讯及电子行业无形资产质量指数排名前 10 的企业，市值是排名后 10 家企业的 2.27 倍。表明专精特新上市公司无形资产质量和公司市值之间存在正向关联，无形资产质量指数得分高的，股票市场表现更好，即市值更高。

五、专精特新上市公司无形资产价值指数

无形资产价值评价指数，是从无形资产角度分析上市公司创新能力和企业价值，既体现了资本市场对企业无形资产的认可程度和溢价水平，也体现了企业自身的创新基础和创新能力。

上市公司无形资产价值评价指数=托宾 Q 值×无形资产质量指数

其中：托宾 Q 值是公司市场价值对其资产重置成本的比率[①]，是评价企业市场价值的常用指标，用于反映资本市场对企业无形资产的认可程度和溢价水平，体现出无形资产价值的市场放大效应；无形资产质量指数则是本报告前文中构建的用于反映企业无形资产质量的评价指标，可以看作对无形资产市场价值的合理调整。两项指标相乘，即是创业板上市公司无形资产价值评价指数的数值。两项指标的计算基准日均为 2022 年 12 月 31 日。

（一）无形资产价值指数总体分析

基于 678 家样本公司的 2022 年无形资产质量指数得分和 2022 年 12 月 31 日的托宾 Q 值，本报告计算了样本公司 2022 年度无形资产价值指数。

样本公司无形资产价值指数的主要描述统计量及频率分布如表 16-71 所示。统计结果表明，专精特新上市公司无形资产价值指数得分均值为 39.78 分，得分最高的是机械设备仪表行业的爱美客（300896），为 356.83 分，最低的是机械设备仪表行业的长荣股份（300195），为 4.26 分。分板块看，科创板专精特新企业无形资产价值指数均值（51.75）明

---

① 本报告托宾 Q 值来自国泰安数据库（CSMAR）。

显高于创业板企业（34.26）和北交所企业（22.76%），但科创板和创业板企业的得分差异性大于北交所企业。整体来看，678家样本企业无形资产价值指数得分偏低，40分以下企业466家，占比近七成（68.73%），得分在100分以上的企业35家，仅占5.16%，40～100分的企业177家，占比26.11%。表明专精特新上市企业的无形资产质量没有充分体现，所以对企业市场价值的调整功能也未能得到充分发挥。样本公司需充分挖掘和展现自身的无形资产价值，让市场投资者能更充分地了解企业的核心竞争力。

表16-71　无形资产价值评价指数总体分布

分值区间（分）	20以下	[20～40)	[40～60)	[60～80)	[80～100)	[100～300)	300以上
样本数量（家）	162	304	113	35	29	34	1
占比（%）	23.89	44.84	16.67	5.16	4.28	5.01	0.15
	总计		创业板		科创板		北交所
最小值（分）	4.26		4.26		7.24		9.35
最大值（分）	356.83		356.83		264.00		96.58
总体均值（分）	39.78		34.26		51.75		22.76

（二）基于行业差异的分析

为体现样本公司无形资产价值指数的行业差异，本报告对前述9个二级行业的指数得分均值进行了统计，结果如表16-72所示。

表16-72　无形资产价值指数的行业比较

	化学橡胶塑料	机械设备仪表	汽车制造业	计算机、通讯及电子	软件、信息技术服务业	生态保护和环境治理业	医药制造	科学研究和技术服务业	其他
企业数（家）	84	264	14	148	60	16	20	12	60
均值（分）	36.26	41.01	26.69	42.76	44.56	17.34	38.58	50.98	34.37
均值排名	6	4	8	3	2	9	5	1	7
最高分	180.59	356.83	63.86	256.42	149.37	30.92	116.33	106.19	120.51
最低分	7.24	4.26	10.03	7.66	10.49	5.30	15.81	28.97	8.56

统计结果表明，有4个二级行业的无形资产价值指数得分均值高于全样本均值（39.78）。其中，科学研究和技术服务业的无形资产价值指数得分均值（50.98）明显高于其他行业，成为无形资产整体价值最高的行业。软件、信息技术服务业排名第二（44.56），比第一名低了6.42分。计算机、通讯及电子和机械设备仪表这两大行业的得分均值较为接近，都超过40分，高出全样本均值。医药制造业、化学橡胶塑料业和其他均值都在30～40分区间，分别为38.58分、36.26分和34.37分。汽车制造业和生态保护和环境治理业的无形资产价值指数得分均值明显低于其他行业。整体来看，行业间的无形资产价值指数差异较大。

附录 A

专精特新上市公司无形资产质量指数排名（2022）

医药制造业（20家）

行业排名	证券代码	证券名称	质量指数	行业排名	证券代码	证券名称	质量指数
1	688399	硕世生物	28.61	11	300119	瑞普生物	14.25
2	688075	安旭生物	26.39	12	300142	沃森生物	13.72
3	688468	科美诊断	18.84	13	300683	海特生物	13.50
4	300406	九强生物	18.50	14	300642	透景生命	13.15
5	300685	艾德生物	18.24	15	300501	海顺新材	13.05
6	300639	凯普生物	17.95	16	301201	诚达药业	12.97
7	301089	拓新药业	16.49	17	301277	新天地	12.96
8	688193	仁度生物	15.85	18	833230	欧康医药	12.87
9	300452	山河药辅	15.69	19	300942	易瑞生物	12.45
10	688393	安必平	14.49	20	300966	共同药业	11.32

汽车制造业（14家）

行业排名	证券代码	证券名称	质量指数	行业排名	证券代码	证券名称	质量指数
1	300585	奥联电子	17.70	8	300680	隆盛科技	14.53
2	300643	万通智控	16.84	9	301007	德迈仕	14.34
3	300652	雷迪克	16.48	10	831195	三祥科技	14.30
4	832000	安徽凤凰	16.32	11	301005	超捷股份	14.05
5	301192	泰祥股份	15.25	12	300428	立中集团	13.69
6	833454	同心传动	14.94	13	300304	云意电气	13.46
7	300507	苏奥传感	14.76	14	870436	大地电气	13.11

软件、信息技术服务业（60家）

行业排名	证券代码	证券名称	质量指数	行业排名	证券代码	证券名称	质量指数
1	688152	麒麟信安	24.25	31	300789	唐源电气	14.72
2	688369	致远互联	22.52	32	300311	任子行	14.71
3	688391	钜泉科技	21.68	33	300250	初灵信息	14.61
4	688188	柏楚电子	21.07	34	300678	中科信息	14.40
5	688244	永信至诚	20.64	35	688296	和达科技	14.36
6	300098	高新兴	20.26	36	300810	中科海讯	14.19
7	688191	智洋创新	20.07	37	301269	华大九天	14.18
8	300229	拓尔思	19.88	38	300493	润欣科技	14.01
9	300613	富瀚微	19.70	39	688130	晶华微	13.75
10	688325	赛微微电	19.12	40	688536	思瑞浦	13.34
11	688206	概伦电子	18.89	41	301396	宏景科技	13.33
12	300249	依米康	18.77	42	688619	罗普特	13.03
13	688259	创耀科技	18.55	43	300275	梅安森	12.90
14	688052	纳芯微	18.41	44	688045	必易微	12.84
15	300183	东软载波	17.66	45	688787	海天瑞声	12.68
16	300440	运达科技	17.34	46	300671	富满微	12.59
17	831832	科达自控	17.23	47	301213	观想科技	12.43
18	688589	力合微	17.18	48	688060	云涌科技	12.33
19	688682	霍莱沃	16.92	49	688368	晶丰明源	12.28
20	688508	芯朋微	16.57	50	688291	金橙子	12.13
21	688201	信安世纪	16.48	51	300302	同有科技	12.10
22	688246	嘉和美康	16.35	52	300846	首都在线	12.01
23	835207	众诚科技	15.85	53	688058	宝兰德	11.50
24	301197	工大科雅	15.68	54	838924	广脉科技	11.48
25	688699	明微电子	15.59	55	300588	熙菱信息	10.53
26	688279	峰岹科技	15.39	56	300150	世纪瑞尔	10.50
27	301095	广立微	15.32	57	688039	当虹科技	10.21
28	835305	云创数据	15.16	58	300264	佳创视讯	9.48
29	300508	维宏股份	14.99	59	688327	云从科技	7.66
30	301195	北路智控	14.85	60	688051	佳华科技	6.79

科学研究和技术服务业（12家）

行业排名	证券代码	证券名称	质量指数	行业排名	证券代码	证券名称	质量指数
1	688621	阳光诺和	18.97	7	688046	药康生物	14.61
2	688287	观典防务	17.56	8	300416	苏试试验	14.31
3	688293	奥浦迈	17.16	9	301306	西测测试	14.16
4	301080	百普赛斯	16.39	10	688073	毕得医药	13.88
5	688137	近岸蛋白	16.06	11	301289	国缆检测	13.33
6	688179	阿拉丁	15.85	12	688131	皓元医药	12.87

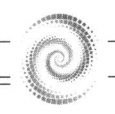

生态保护和环境治理业（16家）

行业排名	证券代码	证券名称	质量指数	行业排名	证券代码	证券名称	质量指数
1	688466	金科环境	24.33	9	688480	赛恩斯	14.60
2	301127	天源环保	19.77	10	688178	万德斯	13.95
3	300172	中电环保	19.13	11	688069	德林海	13.32
4	836263	中航泰达	18.98	12	688156	路德环境	13.32
5	300774	倍杰特	16.37	13	301148	嘉戎技术	13.13
6	300190	维尔利	16.18	14	688565	力源科技	13.02
7	688057	金达莱	15.62	15	300266	兴源环境	12.91
8	300929	华骐环保	14.90	16	300816	艾可蓝	12.55

化学橡胶塑料（84家）

行业排名	证券代码	证券名称	质量指数	行业排名	证券代码	证券名称	质量指数
1	836247	华密新材	23.43	43	688129	东来技术	14.72
2	836077	吉林碳谷	22.76	44	301019	宁波色母	14.72
3	688199	久日新材	22.72	45	871642	通易航天	14.70
4	688639	华恒生物	21.43	46	301196	唯科科技	14.64
5	300398	飞凯材料	19.58	47	300806	斯迪克	14.61
6	300980	祥源新材	19.01	48	836957	汉维科技	14.60
7	832225	利通科技	18.99	49	301212	联盛化学	14.56
8	300343	联创股份	18.84	50	301283	聚胶股份	14.50
9	688357	建龙微纳	18.62	51	688353	华盛锂电	14.45
10	688386	泛亚微透	18.35	52	688065	凯赛生物	14.44
11	688560	明冠新材	18.27	53	301349	信德新材	14.40
12	688275	万润新能	18.15	54	688722	同益中	14.31
13	300767	震安科技	17.90	55	688625	呈和科技	14.28
14	688106	金宏气体	17.82	56	301076	新瀚新材	14.20
15	301092	争光股份	17.78	57	300576	容大感光	14.12
16	688295	中复神鹰	17.66	58	301233	盛帮股份	13.93
17	300777	中简科技	17.38	59	300644	南京聚隆	13.92
18	300927	江天化学	17.16	60	688571	杭华股份	13.86
19	300200	高盟新材	17.00	61	300305	裕兴股份	13.65
20	300041	回天新材	16.98	62	301077	星华新材	13.59
21	688690	纳微科技	16.90	63	300082	奥克股份	13.57
22	300699	光威复材	16.88	64	688680	海优新材	13.57
23	430489	佳先股份	16.86	65	300236	上海新阳	13.44
24	688269	凯立新材	16.76	66	830964	润农节水	13.40
25	300586	美联新材	16.58	67	301300	远翔新材	13.35
26	870204	沪江材料	16.50	68	873527	夜光明	13.29
27	300535	达威股份	16.50	69	300717	华信新材	13.25
28	300568	星源材质	16.39	70	300920	润阳科技	13.20
29	300375	鹏翎股份	15.96	71	300848	美瑞新材	13.13

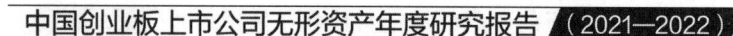

续表

行业排名	证券代码	证券名称	质量指数	行业排名	证券代码	证券名称	质量指数
30	688157	松井股份	15.94	72	301100	风光股份	13.06
31	688268	华特气体	15.86	73	301237	和顺科技	12.98
32	300610	晨化股份	15.68	74	688737	中自科技	12.96
33	301256	华融化学	15.57	75	688203	海正生材	12.87
34	300758	七彩化学	15.50	76	300429	强力新材	12.74
35	831834	三维股份	15.49	77	688026	洁特生物	12.67
36	300587	天铁股份	15.25	78	688323	瑞华泰	12.62
37	688267	中触媒	15.18	79	300905	宝丽迪	12.61
38	301209	联合化学	15.16	80	300716	泉为科技	12.57
39	300446	乐凯新材	15.10	81	300876	蒙泰高新	12.50
40	300596	利安隆	15.07	82	301131	聚赛龙	12.27
41	688219	会通股份	15.02	83	300539	横河精密	11.94
42	688669	聚石化学	14.77	84	300405	科隆股份	10.21

计算机、通讯及电子（148家）

行业排名	证券代码	证券名称	质量指数	行业排名	证券代码	证券名称	质量指数
1	688311	盟升电子	34.83	75	301389	隆扬电子	15.10
2	688489	三未信安	32.43	76	688184	帕瓦股份	15.04
3	688167	炬光科技	31.83	77	688800	瑞可达	14.98
4	688079	美迪凯	23.64	78	688048	长光华芯	14.97
5	688100	威胜信息	22.09	79	688175	高凌信息	14.95
6	300114	中航电测	21.76	80	300346	南大光电	14.93
7	871981	晶赛科技	21.68	81	688665	四方光电	14.92
8	688209	英集芯	20.60	82	688080	映翰通	14.84
9	301050	雷电微力	20.32	83	300548	博创科技	14.84
10	688655	迅捷兴	20.07	84	300351	永贵电器	14.80
11	688689	银河微电	19.40	85	688595	芯海科技	14.80
12	688093	世华科技	19.40	86	300743	天地数码	14.70
13	688035	德邦科技	19.27	87	301319	唯特偶	14.69
14	300177	中海达	19.27	88	688618	三旺通信	14.67
15	688261	东微半导	19.24	89	688135	利扬芯片	14.66
16	300582	英飞特	19.22	90	300479	神思电子	14.64
17	300546	雄帝科技	18.90	91	688661	和林微纳	14.56
18	300101	振芯科技	18.76	92	300909	汇创达	14.52
19	300213	佳讯飞鸿	18.51	93	300711	广哈通信	14.45
20	300460	惠伦晶体	18.51	94	832876	慧为智能	14.45
21	688181	八亿时空	18.41	95	688143	长盈通	14.40
22	688601	力芯微	18.21	96	301150	中一科技	14.40
23	688496	清越科技	18.16	97	688432	有研硅	14.33
24	835640	富士达	18.14	98	688205	德科立	14.30

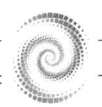

续表

行业排名	证券代码	证券名称	质量指数	行业排名	证券代码	证券名称	质量指数
25	300661	圣邦股份	18.07	99	688380	中微半导	14.30
26	688371	菲沃泰	18.05	100	688636	智明达	14.26
27	688153	唯捷创芯	17.81	101	688159	有方科技	14.13
28	832110	雷特科技	17.39	102	688061	灿瑞科技	14.11
29	300951	博硕科技	17.39	103	301280	珠城科技	14.04
30	688439	振华风光	17.27	104	300964	本川智能	14.04
31	688696	极米科技	17.21	105	872374	云里物里	13.96
32	688019	安集科技	17.14	106	688332	中科蓝讯	13.89
33	300531	优博讯	16.99	107	688416	恒烁股份	13.84
34	688025	杰普特	16.93	108	300689	澄天伟业	13.69
35	430139	华岭股份	16.92	109	300393	中来股份	13.65
36	688503	聚和材料	16.91	110	688220	翱捷科技	13.59
37	300502	新易盛	16.91	111	688107	安路科技	13.58
38	873001	纬达光电	16.90	112	688519	南亚新材	13.58
39	300220	ST金运	16.89	113	301067	显盈科技	13.54
40	300516	久之洋	16.83	114	688286	敏芯股份	13.53
41	688667	菱电电控	16.73	115	688138	清溢光电	13.50
42	688401	路维光电	16.70	116	688403	汇成股份	13.49
43	300474	景嘉微	16.58	117	688141	杰华特	13.48
44	832491	奥迪威	16.56	118	300842	帝科股份	13.44
45	688372	伟测科技	16.55	119	688110	东芯股份	13.39
46	688195	腾景科技	16.24	120	688711	宏微科技	13.38
47	300762	上海瀚讯	16.11	121	301285	鸿日达	13.34
48	688511	天微电子	16.07	122	300956	英力股份	13.29
49	688270	臻镭科技	16.01	123	688208	道通科技	13.28
50	301205	联特科技	15.96	124	300566	激智科技	13.18
51	688230	芯导科技	15.92	125	300903	科翔股份	13.12
52	300414	中光防雷	15.91	126	300162	雷曼光电	12.99
53	688210	统联精密	15.90	127	300581	晨曦航空	12.95
54	301086	鸿富瀚	15.87	128	301321	翰博高新	12.77
55	688123	聚辰股份	15.86	129	300936	中英科技	12.76
56	300857	协创数据	15.77	130	300563	神宇股份	12.59
57	688150	莱特光电	15.71	131	300701	森霸传感	12.58
58	301180	万祥科技	15.68	132	301152	天力锂能	12.56
59	300835	龙磁科技	15.67	133	688216	气派科技	12.51
60	301308	江波龙	15.63	134	688011	新光光电	12.48
61	300590	移为通信	15.59	135	300046	台基股份	12.42
62	300394	天孚通信	15.53	136	301189	奥尼电子	12.37
63	831526	凯华材料	15.49	137	300102	乾照光电	12.32
64	300623	捷捷微电	15.47	138	301183	东田微	12.31

续表

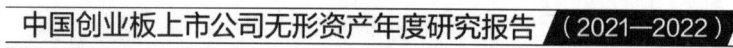

行业排名	证券代码	证券名称	质量指数	行业排名	证券代码	证券名称	质量指数
65	688381	帝奥微	15.45	139	301182	凯旺科技	12.31
66	837821	则成电子	15.43	140	300053	航宇微	12.21
67	833914	远航精密	15.38	141	300455	航天智装	12.03
68	300629	新劲刚	15.32	142	300076	GQY视讯	11.97
69	688132	邦彦技术	15.31	143	300331	苏大维格	11.92
70	301366	一博科技	15.22	144	688027	国盾量子	11.66
71	688525	佰维存储	15.20	145	688234	天岳先进	11.45
72	301041	金百泽	15.20	146	688272	*ST富吉	10.15
73	870357	雅葆轩	15.18	147	688322	奥比中光	9.76
74	300647	超频三	15.10	148	300065	海兰信	7.46

机械设备仪表（264家）

行业排名	证券代码	证券名称	质量指数	行业排名	证券代码	证券名称	质量指数
1	688600	皖仪科技	30.85	133	300048	合康新能	15.24
2	688596	正帆科技	29.15	134	300617	安靠智电	15.24
3	300567	精测电子	25.07	135	301031	中熔电气	15.23
4	688063	派能科技	22.03	136	300510	金冠股份	15.21
5	300018	中元股份	21.56	137	301312	智立方	15.21
6	688016	心脉医疗	21.53	138	301006	迈拓股份	15.21
7	300099	精准信息	21.04	139	300724	捷佳伟创	15.17
8	688082	盛美上海	20.98	140	300880	迦南智能	15.15
9	688273	麦澜德	20.83	141	300112	万讯自控	15.14
10	688420	美腾科技	20.77	142	837046	亿能电力	15.14
11	688335	复洁环保	20.57	143	688630	芯碁微装	15.14
12	301359	东南电子	20.53	144	688170	德龙激光	15.11
13	688226	威腾电气	20.44	145	430300	辰光医疗	15.10
14	688337	普源精电	20.41	146	688557	兰剑智能	15.09
15	430685	新芝生物	19.93	147	688597	煜邦电力	15.06
16	688305	科德数控	19.91	148	688112	鼎阳科技	15.05
17	688378	奥来德	19.89	149	688239	航宇科技	15.04
18	301367	怡和嘉业	19.68	150	688125	安达智能	15.01
19	300306	远方信息	19.63	151	688310	迈得医疗	14.99
20	688622	禾信仪器	19.63	152	688013	天臣医疗	14.98
21	301151	冠龙节能	19.59	153	301129	瑞纳智能	14.95
22	688351	微电生理	19.51	154	300619	金银河	14.94
23	688314	康拓医疗	19.46	155	688383	新益昌	14.94
24	688290	景业智能	19.41	156	300447	全信股份	14.93
25	430418	苏轴股份	19.35	157	301369	联动科技	14.93
26	833781	瑞奇制造	19.34	158	301083	百胜智能	14.90
27	300470	中密控股	19.33	159	301081	严牌股份	14.86

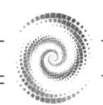

行业排名	证券代码	证券名称	质量指数	行业排名	证券代码	证券名称	质量指数
28	688101	三达膜	19.31	160	300775	三角防务	14.85
29	688200	华峰测控	19.29	161	301311	昆船智能	14.84
30	300286	安科瑞	19.21	162	688070	纵横股份	14.77
31	688400	凌云光	19.18	163	300837	浙矿股份	14.77
32	300667	必创科技	19.16	164	300382	斯莱克	14.74
33	835174	五新隧装	19.11	165	300820	英杰电气	14.73
34	300833	浩洋股份	19.07	166	688017	绿的谐波	14.65
35	300159	新研股份	18.99	167	833523	德瑞锂电	14.64
36	300425	中建环能	18.93	168	834475	三友科技	14.61
37	873169	七丰精工	18.71	169	688237	超卓航科	14.60
38	688677	海泰新光	18.67	170	300780	德恩精工	14.59
39	688558	国盛智科	18.67	171	688127	蓝特光学	14.56
40	688580	伟思医疗	18.65	172	836260	中寰股份	14.56
41	688613	奥精医疗	18.43	173	688528	秦川物联	14.54
42	688120	华海清科	18.42	174	300283	温州宏丰	14.53
43	300515	三德科技	18.25	175	688022	瀚川智能	14.50
44	300896	爱美客	18.23	176	688212	澳华内镜	14.47
45	831961	创远信科	18.12	177	300900	广联航空	14.47
46	834014	特瑞斯	18.08	178	301033	迈普医学	14.46
47	300499	高澜股份	18.06	179	300402	宝色股份	14.46
48	838810	春光药装	17.96	180	301107	瑜欣电子	14.45
49	688155	先惠技术	17.83	181	688448	磁谷科技	14.43
50	688198	佰仁医疗	17.79	182	301388	欣灵电气	14.42
51	688409	富创精密	17.69	183	688329	艾隆科技	14.41
52	688330	宏力达	17.60	184	836942	恒立钻具	14.40
53	688301	奕瑞科技	17.47	185	301120	新特电气	14.37
54	688768	容知日新	17.47	186	300201	海伦哲	14.37
55	300354	东华测试	17.44	187	688056	莱伯泰科	14.37
56	688459	哈铁科技	17.38	188	300035	中科电气	14.37
57	870508	丰安股份	17.37	189	301278	快可电子	14.34
58	688050	爱博医疗	17.29	190	301079	邵阳液压	14.33
59	300971	博亚精工	17.25	191	873223	荣亿精密	14.27
60	871245	威博液压	17.15	192	688663	新风光	14.26
61	836270	天铭科技	17.14	193	301338	凯格精机	14.21
62	688162	巨一科技	17.10	194	300800	力合科技	14.19
63	688779	长远锂科	17.09	195	301255	通力科技	14.18
64	688032	禾迈股份	17.07	196	300902	国安达	14.17
65	688085	三友医疗	17.02	197	301097	天益医疗	14.17
66	688218	江苏北人	17.01	198	688037	芯源微	14.16
67	688320	禾川科技	17.00	199	688395	正弦电气	14.15

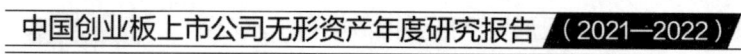

续表

行业排名	证券代码	证券名称	质量指数	行业排名	证券代码	证券名称	质量指数
68	838670	恒进感应	16.93	200	688092	爱科科技	14.14
69	834682	球冠电缆	16.92	201	300154	瑞凌股份	14.11
70	831278	泰德股份	16.91	202	688392	骄成超声	14.11
71	688251	井松智能	16.86	203	300471	厚普股份	14.08
72	300007	汉威科技	16.85	204	688021	奥福环保	14.08
73	831167	鑫汇科	16.83	205	832885	星辰科技	14.04
74	300427	*ST 红相	16.79	206	688028	沃尔德	14.02
75	300430	诚益通	16.79	207	300417	南华仪器	13.99
76	688577	浙海德曼	16.72	208	301309	万得凯	13.97
77	836414	欧普泰	16.58	209	836239	长虹能源	13.90
78	688617	惠泰医疗	16.58	210	688071	华依科技	13.89
79	835892	中科美菱	16.57	211	300669	沪宁股份	13.86
80	688003	天准科技	16.56	212	831689	克莱特	13.85
81	300549	优德精密	16.54	213	300875	捷强装备	13.81
82	430476	海能技术	16.51	214	688659	元琛科技	13.81
83	688283	坤恒顺维	16.51	215	300161	华中数控	13.80
84	300341	麦克奥迪	16.49	216	688681	科汇股份	13.80
85	300950	德固特	16.42	217	688005	容百科技	13.76
86	688410	山外山	16.37	218	688084	晶品特装	13.76
87	300850	新强联	16.34	219	301361	众智科技	13.76
88	300222	科大智能	16.33	220	830879	基康仪器	13.73
89	301012	扬电科技	16.33	221	300897	山科智能	13.71
90	830839	万通液压	16.28	222	688096	京源环保	13.69
91	688685	迈信林	16.28	223	300407	凯发电气	13.64
92	688147	微导纳米	16.24	224	301234	五洲医疗	13.64
93	831855	浙江大农	16.22	225	688067	爱威科技	13.60
94	688700	东威科技	16.18	226	300838	浙江力诺	13.59
95	688114	华大智造	16.16	227	300484	蓝海华腾	13.55
96	300653	正海生物	16.15	228	301121	紫建电子	13.51
97	300371	汇中股份	16.14	229	301125	腾亚精工	13.49
98	688408	中信博	16.09	230	688215	瑞晟智能	13.47
99	833509	同惠电子	16.05	231	688211	中科微至	13.45
100	300480	光力科技	16.04	232	834062	科润智控	13.37
101	300809	华辰装备	15.95	233	301028	东亚机械	13.31
102	688611	杭州柯林	15.90	234	300786	国林科技	13.28
103	688551	科威尔	15.88	235	688165	埃夫特-U	13.19
104	301290	东星医疗	15.87	236	301266	宇邦新材	13.11
105	300342	天银机电	15.87	237	300259	新天科技	13.11
106	300004	南风股份	15.87	238	300853	申昊科技	13.11
107	688160	步科股份	15.85	239	688010	福光股份	13.06

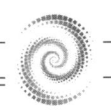

续表

行业排名	证券代码	证券名称	质量指数	行业排名	证券代码	证券名称	质量指数
108	688367	工大高科	15.84	240	301082	久盛电气	13.06
109	688455	科捷智能	15.81	241	301020	密封科技	12.95
110	688510	航亚科技	15.78	242	301273	瑞晨环保	12.94
111	300823	建科机械	15.76	243	300545	联得装备	12.91
112	688312	燕麦科技	15.69	244	300611	美力科技	12.89
113	300990	同飞股份	15.64	245	301158	德石股份	12.85
114	300813	泰林生物	15.63	246	300553	集智股份	12.84
115	688115	思林杰	15.52	247	688148	芳源股份	12.84
116	688113	联测科技	15.52	248	300412	迦南科技	12.83
117	688626	翔宇医疗	15.52	249	688339	亿华通-U	12.76
118	688236	春立医疗	15.51	250	300318	博晖创新	12.75
119	300360	炬华科技	15.47	251	301030	仕净科技	12.74
120	300693	盛弘股份	15.46	252	300594	朗进科技	12.63
121	300812	易天股份	15.43	253	300953	震裕科技	12.54
122	688698	伟创电气	15.43	254	300385	雪浪环境	12.52
123	300862	蓝盾光电	15.40	255	300276	三丰智能	12.36
124	300441	鲍斯股份	15.39	256	300753	爱朋医疗	12.30
125	688377	迪威尔	15.39	257	688328	深科达	12.28
126	300817	双飞股份	15.37	258	301288	清研环境	12.24
127	872808	曙光数创	15.34	259	300173	福能东方	12.22
128	300410	正业科技	15.32	260	688277	天智航-U	12.21
129	688376	美埃科技	15.31	261	688090	瑞松科技	12.20
130	872925	锦好医疗	15.28	262	301368	丰立智能	11.96
131	300557	理工光科	15.26	263	300195	长荣股份	11.95
132	300718	长盛轴承	15.26	264	300540	蜀道装备	11.90

其他（60家）

证券代码	证券名称	质量指数	证监会二级行业	证券代码	证券名称	质量指数	证监会二级行业
688598	金博股份	26.26	A	300706	阿石创	14.02	F
688190	云路股份	20.39	G	300700	岱勒新材	13.89	A
873305	九菱科技	19.73	B	300488	恒锋工具	13.87	B
301398	星源卓镁	19.31	D	301160	翔楼新材	13.87	B
688281	华秦科技	19.12	F	688257	新锐股份	13.77	D
688231	隆达股份	18.83	D	688733	壹石通	13.72	A
301040	中环海陆	18.36	B	300401	花园生物	13.68	J
839725	惠丰钻石	17.77	A	300008	天海防务	13.47	N
300881	盛德鑫泰	17.41	B	300179	四方达	13.40	A
688186	广大特材	17.19	B	300196	长海股份	13.38	A
300946	恒而达	17.05	B	688077	大地熊	13.36	A
301060	兰卫医学	16.84	I	836675	秉扬科技	13.36	A

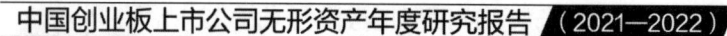

续表

证券代码	证券名称	质量指数	证监会二级行业	证券代码	证券名称	质量指数	证监会二级行业
835179	凯德石英	16.52	A	688398	赛特新材	13.31	A
430510	丰光精密	16.38	B	300395	菲利华	13.30	A
688308	欧科亿	16.25	B	300922	天秦装备	13.17	F
300138	晨光生物	16.22	H	301268	铭利达	12.97	B
688355	明志科技	15.82	B	300930	屹通新材	12.76	L
838971	天马新材	15.47	A	301377	鼎泰高科	12.70	B
300839	博汇股份	15.32	C	301206	三元生物	12.70	J
300885	海昌新材	15.28	B	300993	玉马遮阳	12.60	E
871970	大禹生物	15.04	J	300034	钢研高纳	12.31	D
300489	光智科技	14.86	D	300337	银邦股份	12.28	D
300084	海默科技	14.80	M	301063	海锅股份	12.19	B
688300	联瑞新材	14.78	A	300715	凯伦股份	12.07	A
300855	图南股份	14.76	D	301219	腾远钴业	11.91	D
300435	中泰股份	14.70	K	300234	开尔新材	11.75	A
301137	哈焊华通	14.69	B	839167	同享科技	11.74	G
688233	神工股份	14.59	A	301010	晶雪节能	11.70	A
831152	昆工科技	14.27	G	300988	津荣天宇	11.24	B
300890	翔丰华	14.10	A	300697	电工合金	11.09	D

证监会二级行业对应字母如下： 非金属矿物制品业 A、金属制品业 B、石油加工、炼焦及核燃料加工业 C、有色金属冶炼及压延加工业 D、纺织业 E、其他制造业 F、有色/有色金属冶炼和压延加工业 G、农副食品加工业 H、卫生 I、食品制造业 J、燃气生产和供应业 K、废弃资源综合利用业 L、开采辅助活动 M、土木工程建筑业 N。

附录 B

专精特新上市公司无形资产价值指数排名（2022）

医药制造业（20家）

行业排名	证券代码	证券名称	价值指数	行业排名	证券代码	证券名称	价值指数
1	300685	艾德生物	116.33	11	301201	诚达药业	27.44
2	301089	拓新药业	81.18	12	688193	仁度生物	27.21
3	300942	易瑞生物	66.71	13	300642	透景生命	26.90
4	300142	沃森生物	57.73	14	833230	欧康医药	22.38
5	300452	山河药辅	54.61	15	300683	海特生物	21.56
6	688468	科美诊断	44.97	16	688393	安必平	21.36
7	300406	九强生物	38.67	17	300119	瑞普生物	20.32
8	301277	新天地	32.54	18	300639	凯普生物	19.75
9	688399	硕世生物	30.07	19	300966	共同药业	17.04
10	688075	安旭生物	29.10	20	300501	海顺新材	15.81

汽车制造业（14家）

行业排名	证券代码	证券名称	价值指数	行业排名	证券代码	证券名称	价值指数
1	300585	奥联电子	63.86	8	301007	德迈仕	25.65
2	301192	泰祥股份	46.73	9	300652	雷迪克	23.08
3	300643	万通智控	39.82	10	300304	云意电气	14.96
4	301005	超捷股份	32.61	11	300428	立中集团	12.33
5	300680	隆盛科技	28.94	12	832000	安徽凤凰	11.39
6	833454	同心传动	27.11	13	870436	大地电气	10.84
7	300507	苏奥传感	26.32	14	831195	三祥科技	10.03

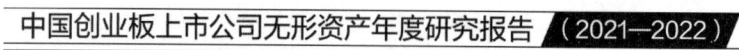

软件、信息技术服务业（60家）

行业排名	证券代码	证券名称	价值指数	行业排名	证券代码	证券名称	价值指数
1	688152	麒麟信安	149.37	31	688368	晶丰明源	34.29
2	688188	柏楚电子	148.22	32	300671	富满微	34.21
3	301269	华大九天	128.49	33	688291	金橙子	34.16
4	688536	思瑞浦	106.35	34	688045	必易微	33.07
5	688201	信安世纪	97.04	35	688191	智洋创新	32.09
6	688206	概伦电子	92.15	36	300249	依米康	30.26
7	688052	纳芯微	86.13	37	688058	宝兰德	29.29
8	301095	广立微	77.69	38	688130	晶华微	28.91
9	688682	霍莱沃	77.23	39	300183	东软载波	27.48
10	688508	芯朋微	70.75	40	300493	润欣科技	26.98
11	300264	佳创视讯	69.09	41	688246	嘉和美康	26.14
12	300613	富瀚微	65.75	42	301197	工大科雅	25.94
13	688369	致远互联	61.42	43	688327	云从科技	25.40
14	688391	钜泉科技	57.42	44	300846	首都在线	25.13
15	688589	力合微	56.28	45	300810	中科海讯	24.93
16	688279	峰岹科技	51.58	46	300275	梅安森	23.64
17	688259	创耀科技	50.61	47	301396	宏景科技	22.74
18	688699	明微电子	45.78	48	300588	熙菱信息	21.22
19	688244	永信至诚	44.65	49	300302	同有科技	21.14
20	300250	初灵信息	43.98	50	300440	运达科技	20.79
21	300229	拓尔思	42.88	51	300098	高新兴	20.25
22	300508	维宏股份	40.57	52	688039	当虹科技	19.00
23	688296	和达科技	40.45	53	835207	众诚科技	18.20
24	300678	中科信息	39.78	54	300789	唐源电气	16.71
25	688060	云涌科技	39.72	55	831832	科达自控	16.36
26	301195	北路智控	39.33	56	835305	云创数据	16.14
27	300311	任子行	38.47	57	688619	罗普特	13.44
28	301213	观想科技	38.16	58	300150	世纪瑞尔	11.23
29	688787	海天瑞声	36.94	59	688051	佳华科技	10.98
30	688325	赛微微电	36.63	60	838924	广脉科技	10.49

科学研究和技术服务业（12家）

行业排名	证券代码	证券名称	价值指数	行业排名	证券代码	证券名称	价值指数
1	688621	阳光诺和	106.19	7	688131	皓元医药	41.30
2	688046	药康生物	63.90	8	300416	苏试试验	39.03
3	688287	观典防务	61.90	9	688137	近岸蛋白	36.63
4	688293	奥浦迈	61.85	10	301306	西测测试	36.55
5	688179	阿拉丁	54.85	11	688073	毕得医药	31.37
6	301080	百普赛斯	49.22	12	301289	国缆检测	28.97

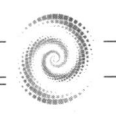

生态保护和环境治理业（16家）

行业排名	证券代码	证券名称	价值指数	行业排名	证券代码	证券名称	价值指数
1	300774	倍杰特	30.92	9	688057	金达莱	15.96
2	688156	路德环境	30.79	10	836263	中航泰达	15.74
3	301127	天源环保	24.81	11	301148	嘉戎技术	14.97
4	688480	赛恩斯	22.33	12	300816	艾可蓝	13.69
5	688466	金科环境	20.41	13	300929	华骐环保	12.26
6	300172	中电环保	19.84	14	688178	万德斯	9.64
7	688565	力源科技	18.95	15	300266	兴源环境	5.74
8	688069	德林海	16.03	16	300190	维尔利	5.30

化学橡胶塑料（84家）

行业排名	证券代码	证券名称	价值指数	行业排名	证券代码	证券名称	价值指数
1	688690	纳微科技	180.59	43	301233	盛帮股份	25.43
2	688639	华恒生物	177.95	44	300758	七彩化学	25.15
3	688269	凯立新材	122.88	45	300717	华信新材	24.95
4	300699	光威复材	99.84	46	300596	利安隆	24.90
5	836077	吉林碳谷	96.58	47	301100	风光股份	23.65
6	688295	中复神鹰	94.68	48	300539	横河精密	23.41
7	300777	中简科技	83.01	49	688323	瑞华泰	23.31
8	300767	震安科技	80.75	50	871642	通易航天	23.11
9	688386	泛亚微透	79.88	51	688353	华盛锂电	22.66
10	688157	松井股份	78.91	52	300200	高盟新材	21.82
11	300343	联创股份	71.58	53	301077	星华新材	21.35
12	688268	华特气体	59.16	54	688203	海正生材	21.19
13	688357	建龙微纳	56.16	55	300236	上海新阳	20.83
14	300576	容大感光	52.21	56	300716	泉为科技	20.19
15	300927	江天化学	51.34	57	300041	回天新材	19.94
16	300586	美联新材	50.59	58	688737	中自科技	19.75
17	688560	明冠新材	45.41	59	688199	久日新材	19.41
18	688625	呈和科技	38.97	60	300905	宝丽迪	19.08
19	688722	同益中	38.95	61	301237	和顺科技	19.03
20	300446	乐凯新材	37.52	62	300305	裕兴股份	18.99
21	301283	聚胶股份	37.13	63	688129	东来技术	18.66
22	300587	天铁股份	36.92	64	301196	唯科科技	18.14
23	300848	美瑞新材	36.26	65	832225	利通科技	17.63
24	301349	信德新材	35.68	66	688571	杭华股份	17.55
25	301209	联合化学	35.18	67	300535	达威股份	17.17
26	301092	争光股份	34.57	68	831834	三维股份	17.12
27	688106	金宏气体	34.28	69	301131	聚赛龙	16.65
28	688267	中触媒	33.09	70	300806	斯迪克	16.64
29	688680	海优新材	32.60	71	300920	润阳科技	15.08

续表

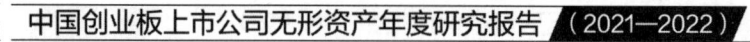

行业排名	证券代码	证券名称	价值指数	行业排名	证券代码	证券名称	价值指数
30	300568	星源材质	32.58	72	430489	佳先股份	14.88
31	301212	联盛化学	31.69	73	836957	汉维科技	14.53
32	300980	祥源新材	31.02	74	300375	鹏翎股份	13.75
33	300610	晨化股份	30.95	75	870204	沪江材料	13.71
34	301019	宁波色母	30.74	76	688275	万润新能	13.64
35	836247	华密新材	30.11	77	300429	强力新材	12.76
36	301256	华融化学	30.08	78	300644	南京聚隆	12.69
37	300876	蒙泰高新	29.81	79	300082	奥克股份	11.31
38	688065	凯赛生物	28.96	80	873527	夜光明	10.95
39	300398	飞凯材料	28.14	81	300405	科隆股份	10.69
40	301076	新瀚新材	27.12	82	830964	润农节水	10.57
41	301300	远翔新材	26.87	83	688219	会通股份	9.01
42	688026	洁特生物	26.66	84	688669	聚石化学	7.24

计算机、通讯及电子（148家）

行业排名	证券代码	证券名称	价值指数	行业排名	证券代码	证券名称	价值指数
1	300661	圣邦股份	256.42	75	300909	汇创达	34.33
2	688107	安路科技	185.98	76	688230	芯导科技	32.66
3	688489	三未信安	127.48	77	301389	隆扬电子	32.58
4	688311	盟升电子	123.97	78	688205	德科立	32.48
5	688019	安集科技	112.56	79	688135	利扬芯片	32.35
6	688261	东微半导	104.99	80	300414	中光防雷	31.83
7	300474	景嘉微	104.13	81	300689	澄天伟业	31.73
8	688711	宏微科技	101.40	82	300701	森霸传感	31.50
9	300101	振芯科技	98.76	83	300623	捷捷微电	30.81
10	688167	炬光科技	98.70	84	688496	清越科技	30.70
11	688123	聚辰股份	94.32	85	688286	敏芯股份	30.62
12	688270	臻镭科技	93.48	86	300460	惠伦晶体	30.32
13	688665	四方光电	91.35	87	832110	雷特科技	30.08
14	688209	英集芯	86.02	88	688689	银河微电	30.02
15	688439	振华风光	85.26	89	688655	迅捷兴	29.30
16	300220	ST金运	75.07	90	300531	优博讯	29.25
17	688601	力芯微	73.45	91	300351	永贵电器	29.02
18	301050	雷电微力	70.41	92	300548	博创科技	28.87
19	688141	杰华特	65.61	93	688025	杰普特	28.84
20	688234	天岳先进	65.44	94	688132	邦彦技术	27.95
21	688100	威胜信息	65.09	95	300065	海兰信	27.42
22	688150	莱特光电	64.11	96	688181	八亿时空	26.79
23	688153	唯捷创芯	63.27	97	300743	天地数码	26.30
24	301180	万祥科技	62.51	98	301205	联特科技	26.15

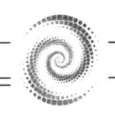

续表

行业排名	证券代码	证券名称	价值指数	行业排名	证券代码	证券名称	价值指数
25	688800	瑞可达	60.63	99	300582	英飞特	26.14
26	688618	三旺通信	59.23	100	300566	激智科技	25.97
27	688661	和林微纳	58.89	101	870357	雅葆轩	25.80
28	688371	菲沃泰	58.37	102	301366	一博科技	25.33
29	300479	神思电子	57.75	103	871981	晶赛科技	24.86
30	300581	晨曦航空	57.53	104	688322	奥比中光	24.54
31	688048	长光华芯	56.17	105	831526	凯华材料	24.39
32	688093	世华科技	56.09	106	301067	显盈科技	24.38
33	688035	德邦科技	54.76	107	688175	高凌信息	24.29
34	300394	天孚通信	53.47	108	688416	恒烁股份	24.05
35	688636	智明达	50.44	109	873001	纬达光电	23.82
36	688401	路维光电	50.09	110	688525	佰维存储	23.81
37	688595	芯海科技	49.76	111	301285	鸿日达	23.64
38	688027	国盾量子	49.00	112	832491	奥迪威	23.64
39	300516	久之洋	48.81	113	300936	中英科技	23.52
40	688381	帝奥微	48.78	114	688210	统联精密	23.49
41	688503	聚和材料	48.56	115	300647	超频三	23.18
42	300629	新劲刚	48.51	116	300076	GQY视讯	23.15
43	688432	有研硅	47.68	117	300177	中海达	23.13
44	688195	腾景科技	47.36	118	301086	鸿富瀚	23.13
45	688380	中微半导	46.11	119	688332	中科蓝讯	23.03
46	688143	长盈通	44.95	120	300857	协创数据	22.33
47	300346	南大光电	44.38	121	300964	本川智能	21.21
48	688079	美迪凯	42.69	122	300162	雷曼光电	21.06
49	301308	江波龙	42.46	123	301280	珠城科技	21.02
50	300546	雄帝科技	42.26	124	301183	东田微	20.75
51	688511	天微电子	41.90	125	300842	帝科股份	20.59
52	688220	翱捷科技	41.46	126	301150	中一科技	20.13
53	301319	唯特偶	41.30	127	688272	*ST富吉	19.97
54	300835	龙磁科技	40.86	128	301152	天力锂能	19.90
55	688372	伟测科技	40.61	129	688011	新光光电	19.83
56	300762	上海瀚讯	39.60	130	301182	凯旺科技	19.20
57	835640	富士达	39.39	131	300053	航宇微	18.99
58	688667	菱电电控	39.31	132	688216	气派科技	18.98
59	300951	博硕科技	38.17	133	300563	神宇股份	18.59
60	300046	台基股份	37.98	134	300455	航天智装	18.13
61	688696	极米科技	37.87	135	300331	苏大维格	17.87
62	430139	华岭股份	37.68	136	300213	佳讯飞鸿	17.56
63	688138	清溢光电	37.59	137	832876	慧为智能	17.32
64	688061	灿瑞科技	37.36	138	688184	帕瓦股份	17.10

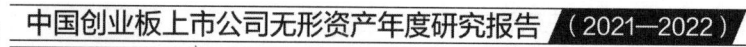

续表

行业排名	证券代码	证券名称	价值指数	行业排名	证券代码	证券名称	价值指数
65	301041	金百泽	37.11	139	833914	远航精密	16.68
66	688403	汇成股份	36.97	140	301189	奥尼电子	15.36
67	688208	道通科技	36.17	141	688159	有方科技	13.78
68	300114	中航电测	36.09	142	688519	南亚新材	13.74
69	872374	云里物里	35.94	143	300393	中来股份	12.96
70	688110	东芯股份	35.83	144	837821	则成电子	11.90
71	300590	移为通信	35.74	145	300956	英力股份	11.25
72	688080	映翰通	35.53	146	300903	科翔股份	10.14
73	300711	广哈通信	35.02	147	300102	乾照光电	10.03
74	300502	新易盛	34.65	148	301321	翰博高新	7.66

机械设备仪表（264家）

行业排名	证券代码	证券名称	价值指数	行业排名	证券代码	证券名称	价值指数
1	300896	爱美客	356.83	133	300306	远方信息	28.91
2	688198	佰仁医疗	264.00	134	688115	思林杰	28.76
3	688700	东威科技	192.90	135	688577	浙海德曼	28.32
4	688050	爱博医疗	186.88	136	301079	邵阳液压	28.27
5	688617	惠泰医疗	152.40	137	300900	广联航空	28.18
6	688016	心脉医疗	146.85	138	688597	煜邦电力	28.18
7	688200	华峰测控	144.05	139	300471	厚普股份	28.16
8	688351	微电生理	135.87	140	688335	复洁环保	28.14
9	300354	东华测试	133.16	141	300360	炬华科技	28.11
10	688063	派能科技	133.10	142	688395	正弦电气	27.85
11	688677	海泰新光	131.72	143	301028	东亚机械	27.45
12	300653	正海生物	126.70	144	688779	长远锂科	27.24
13	688305	科德数控	122.87	145	301107	瑜欣电子	27.16
14	688032	禾迈股份	122.45	146	688330	宏力达	27.00
15	301031	中熔电气	120.54	147	688367	工大高科	26.85
16	688768	容知日新	108.27	148	832885	星辰科技	26.66
17	688301	奕瑞科技	99.95	149	831961	创远信科	26.55
18	688017	绿的谐波	98.99	150	833523	德瑞锂电	26.43
19	688630	芯碁微装	98.66	151	300447	全信股份	26.42
20	301367	怡和嘉业	94.45	152	300617	安靠智电	26.28
21	688112	鼎阳科技	93.54	153	872925	锦好医疗	26.14
22	688082	盛美上海	88.90	154	301388	欣灵电气	26.13
23	688337	普源精电	86.74	155	300812	易天股份	26.11
24	688212	澳华内镜	86.55	156	301255	通力科技	25.79
25	688314	康拓医疗	84.89	157	300499	高澜股份	25.68
26	688600	皖仪科技	83.48	158	300619	金银河	25.68
27	688290	景业智能	83.28	159	873169	七丰精工	25.67

续表

行业排名	证券代码	证券名称	价值指数	行业排名	证券代码	证券名称	价值指数
28	688283	坤恒顺维	79.48	160	300371	汇中股份	25.52
29	688392	骄成超声	78.12	161	688376	美埃科技	25.42
30	300286	安科瑞	77.81	162	688125	安达智能	25.40
31	300693	盛弘股份	76.21	163	688022	瀚川智能	25.34
32	300990	同飞股份	72.37	164	430418	苏轴股份	25.32
33	301278	快可电子	67.88	165	301006	迈拓股份	25.04
34	688114	华大智造	66.33	166	301290	东星医疗	24.97
35	300813	泰林生物	65.43	167	688339	亿华通-U	24.96
36	300718	长盛轴承	61.51	168	300875	捷强装备	24.82
37	688409	富创精密	60.22	169	688557	兰剑智能	24.44
38	688383	新益昌	59.21	170	300427	*ST 红相	24.19
39	833509	同惠电子	59.08	171	300342	天银机电	24.13
40	688037	芯源微	58.72	172	301288	清研环境	23.89
41	688070	纵横股份	57.57	173	688528	秦川物联	23.86
42	688377	迪威尔	57.26	174	688681	科汇股份	23.65
43	688320	禾川科技	56.67	175	838810	春光药装	23.62
44	688120	华海清科	56.37	176	688312	燕麦科技	23.56
45	300470	中密控股	56.30	177	688028	沃尔德	23.31
46	688239	航宇科技	55.78	178	836270	天铭科技	23.18
47	300833	浩洋股份	55.23	179	688251	井松智能	23.15
48	300553	集智股份	55.16	180	835892	中科美菱	23.15
49	300820	英杰电气	54.25	181	688215	瑞晟智能	23.10
50	300902	国安达	53.31	182	300201	海伦哲	23.01
51	688237	超卓航科	50.61	183	688148	芳源股份	22.80
52	301012	扬电科技	50.44	184	300971	博亚精工	22.77
53	688085	三友医疗	48.68	185	301309	万得凯	22.58
54	688127	蓝特光学	48.51	186	301368	丰立智能	22.42
55	688147	微导纳米	48.45	187	301121	紫建电子	22.05
56	300480	光力科技	48.17	188	300786	国林科技	22.02
57	688378	奥来德	48.00	189	300669	沪宁股份	22.00
58	301033	迈普医学	47.30	190	300112	万讯自控	21.88
59	301266	宇邦新材	47.20	191	300838	浙江力诺	21.70
60	300950	德固特	47.18	192	300557	理工光科	21.62
61	300567	精测电子	46.83	193	300540	蜀道装备	21.52
62	688685	迈信林	46.64	194	300004	南风股份	21.43
63	688622	禾信仪器	45.95	195	301151	冠龙节能	21.23
64	688551	科威尔	45.74	196	830839	万通液压	20.57
65	688170	德龙激光	45.42	197	833781	瑞奇智造	20.11
66	300018	中元股份	45.40	198	300897	山科智能	19.97
67	688400	凌云光	45.33	199	871245	威博液压	19.82

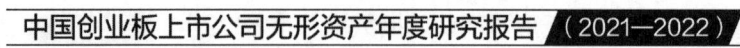

续表

行业排名	证券代码	证券名称	价值指数	行业排名	证券代码	证券名称	价值指数
68	688273	麦澜德	44.96	200	301158	德石股份	19.81
69	688510	航亚科技	44.94	201	688459	哈铁科技	19.53
70	688596	正帆科技	44.91	202	300823	建科机械	19.53
71	688226	威腾电气	44.83	203	300510	金冠股份	19.35
72	301359	东南电子	44.14	204	300159	新研股份	19.31
73	688071	华依科技	43.97	205	300853	申昊科技	19.21
74	688611	杭州柯林	43.91	206	688448	磁谷科技	19.11
75	301312	智立方	43.49	207	301081	严牌股份	19.06
76	688013	天臣医疗	43.38	208	688021	奥福环保	18.88
77	688277	天智航-U	43.34	209	300035	中科电气	18.65
78	688160	步科股份	43.21	210	430300	辰光医疗	18.59
79	688084	晶品特装	43.19	211	301030	仕净科技	18.49
80	688558	国盛智科	42.87	212	688218	江苏北人	17.88
81	300382	斯莱克	42.62	213	870508	丰安股份	17.59
82	300515	三德科技	42.56	214	300862	蓝盾光电	17.55
83	430685	新芝生物	42.54	215	835174	五新隧装	17.17
84	688420	美腾科技	41.77	216	300154	瑞凌股份	17.09
85	688056	莱伯泰科	40.67	217	834475	三友科技	16.98
86	300775	三角防务	40.42	218	300430	诚益通	16.92
87	688580	伟思医疗	40.42	219	300441	鲍斯股份	16.90
88	301129	瑞纳智能	39.95	220	300161	华中数控	16.79
89	301120	新特电气	39.61	221	688005	容百科技	16.63
90	688613	奥精医疗	39.44	222	300800	力合科技	16.62
91	688698	伟创电气	39.08	223	688165	埃夫特-U	15.94
92	688408	中信博	38.42	224	830879	基康仪器	15.87
93	838670	恒进感应	38.03	225	836942	恒立钻具	15.86
94	872808	曙光数创	37.65	226	688101	三达膜	15.74
95	688236	春立医疗	37.46	227	688155	先惠技术	15.69
96	300417	南华仪器	37.38	228	300318	博晖创新	15.59
97	300837	浙矿股份	37.35	229	873223	荣亿精密	15.57
98	301369	联动科技	36.63	230	834014	特瑞斯	15.48
99	688113	联测科技	36.35	231	300412	迦南科技	15.43
100	300549	优德精密	36.34	232	688455	科捷智能	15.41
101	688663	新风光	36.29	233	831278	泰德股份	15.40
102	300809	华辰装备	36.16	234	300007	汉威科技	15.25
103	430476	海能技术	35.39	235	837046	亿能电力	14.92
104	300880	迦南智能	35.33	236	300259	新天科技	14.81
105	300667	必创科技	35.28	237	836260	中寰股份	14.68
106	688003	天准科技	34.81	238	300276	三丰智能	14.44
107	300341	麦克奥迪	33.43	239	300222	科大智能	13.99

专精特新上市公司无形资产价值指数排名（2022）

续表

行业排名	证券代码	证券名称	价值指数	行业排名	证券代码	证券名称	价值指数
108	688626	翔宇医疗	33.42	240	688010	福光股份	13.92
109	301361	众智科技	33.13	241	688162	巨一科技	13.80
110	300099	精准信息	32.85	242	301311	昆船智能	13.79
111	301125	腾亚精工	32.77	243	300545	联得装备	13.78
112	300410	正业科技	32.40	244	300953	震裕科技	13.64
113	300753	爱朋医疗	32.18	245	831689	克莱特	13.63
114	301234	五洲医疗	32.16	246	831167	鑫汇科	13.43
115	688067	爱威科技	31.52	247	300780	德恩精工	13.43
116	300724	捷佳伟创	31.48	248	688211	中科微至	13.27
117	300850	新强联	31.27	249	300425	中建环能	13.21
118	688092	爱科科技	31.14	250	301082	久盛电气	12.95
119	688410	山外山	31.12	251	831855	浙江大农	12.75
120	836414	欧普泰	31.06	252	300283	温州宏丰	12.59
121	300402	宝色股份	31.03	253	688328	深科达	11.38
122	301083	百胜智能	30.96	254	300594	朗进科技	11.37
123	688310	迈得医疗	30.34	255	688090	瑞松科技	11.29
124	300817	双飞股份	30.25	256	300611	美力科技	10.90
125	688329	艾隆科技	30.01	257	688096	京源环保	10.41
126	300484	蓝海华腾	29.99	258	300407	凯发电气	10.29
127	301273	瑞晨环保	29.94	259	834062	科润智控	10.03
128	688659	元琛科技	29.71	260	834682	球冠电缆	9.70
129	301020	密封科技	29.66	261	836239	长虹能源	9.35
130	300048	合康新能	29.56	262	300173	福能东方	8.73
131	301338	凯格精机	29.55	263	300385	雪浪环境	7.71
132	301097	天益医疗	28.99	264	300195	长荣股份	4.26

其他（60家）

证券代码	证券名称	价值指数	证监会二级行业	证券代码	证券名称	价值指数	证监会二级行业
688281	华秦科技	120.51	F	300993	玉马遮阳	28.62	E
300855	图南股份	110.59	D	835179	凯德石英	27.20	A
300395	菲利华	85.75	A	300401	花园生物	26.24	J
688190	云路股份	85.18	G	873305	九菱科技	25.01	B
688598	金博股份	79.32	A	300008	天海防务	24.32	N
688300	联瑞新材	58.34	A	300697	电工合金	23.99	D
300179	四方达	56.90	A	301160	翔楼新材	23.30	B
301268	铭利达	55.54	B	300138	晨光生物	22.13	H
688233	神工股份	54.13	A	300839	博汇股份	22.00	C
688231	隆达股份	52.41	D	300988	津荣天宇	21.95	B
300946	恒而达	47.50	B	301206	三元生物	20.57	J
688355	明志科技	45.48	B	301063	海锅股份	20.49	B

续表

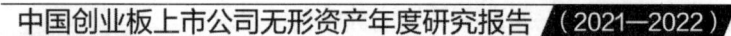

证券代码	证券名称	价值指数	证监会二级行业	证券代码	证券名称	价值指数	证监会二级行业
300034	钢研高纳	43.58	D	300234	开尔新材	20.44	A
688308	欧科亿	43.54	B	301219	腾远钴业	19.61	D
301398	星源卓镁	42.50	D	300337	银邦股份	19.44	D
300700	岱勒新材	39.78	A	688077	大地熊	18.96	A
300885	海昌新材	39.10	B	301040	中环海陆	18.21	B
430510	丰光精密	38.77	B	301137	哈焊华通	17.47	B
300930	屹通新材	36.35	L	839167	同享科技	16.85	G
301060	兰卫医学	35.29	I	688257	新锐股份	15.95	D
300881	盛德鑫泰	35.01	B	300435	中泰股份	15.93	K
301377	鼎泰高科	34.87	B	871970	大禹生物	15.85	J
300706	阿石创	34.65	F	300890	翔丰华	14.00	A
839725	惠丰钻石	34.64	A	300196	长海股份	13.87	A
688733	壹石通	34.56	A	301010	晶雪节能	13.44	A
300488	恒锋工具	32.76	B	836675	秉扬科技	12.88	A
688398	赛特新材	31.66	A	300489	光智科技	12.45	D
831152	昆工科技	31.26	G	300084	海默科技	12.15	M
300922	天秦装备	30.56	F	300715	凯伦股份	10.17	A
838971	天马新材	29.60	A	688186	广大特材	8.56	B

证监会二级行业对应字母如下：非金属矿物制品业 A、金属制品业 B、石油加工、炼焦及核燃料加工业 C、有色金属冶炼及压延加工业 D、纺织业 E、其他制造业 F、有色/有色金属冶炼和压延加工业 G、农副食品加工业 H、卫生 I、食品制造业 J、燃气生产和供应业 K、废弃资源综合利用业 L、开采辅助活动 M、土木工程建筑业 N。